統計學
STATISTICS
$H_0: \theta = \theta_0$
$H_a: \theta \neq \theta_0$
$\theta_0 = \theta + \sigma$
$\theta_0 + \Delta$
陳美源 著
三民書局

國家圖書館出版品預行編目資料

統計學／陳美源著.－－初版一刷.－－臺北市； 三民，2002
面； 公分

ISBN 957-14-3636-4 (平裝)

1. 統計學

510 91010600

網路書店位址 http://www.sanmin.com.tw

著作人 陳美源
發行人 劉振強
著作財產權人 三民書局股份有限公司
臺北市復興北路三八六號
發行所 三民書局股份有限公司
地址／臺北市復興北路三八六號
電話／二五〇〇六六〇〇
郵撥／〇〇〇九九九八──五號
印刷所 三民書局股份有限公司
門市部 復北店／臺北市復興北路三八六號
重南店／臺北市重慶南路一段六十一號
初版一刷 西元二〇〇二年八月
編 號 S 51041
基本定價 捌元陸角
行政院新聞局登記證局版臺業字第〇二〇〇號

ISBN 957-14-3636-4 (平裝)

謹以本書獻給：

先父　**陳潭全**　先生

母親　**謝蘇梅**　女士

自　序

大專院校的大多數科系均將統計學列為必修課程，因為這門科學是協助我們瞭解龐大資料背後所掩藏事實的有效工具。

教授統計學多年以來，發現許多同學以為，只需熟悉種種公式，就可以學好統計學；在指導論文的過程中，也發現同學常常誤用各種檢測方法。究其原因，都是對於統計邏輯缺乏完整的認識。而坊間的統計書籍在習題部分也多著重於統計方法的實際運用，本書則以一套資料貫穿全書，以期讀者對統計邏輯的脈絡可以一目了然。

本書的完成首先要感謝三民書局在編印上的協助。對所有曾上過我統計課程的中正大學同學也一併致謝，臺上臺下良好的互動當然是莫大的鼓勵，茫然瞌睡的臉龐倒也激發出更多淺顯的詮釋。最後特別感謝恩師彭作奎教授及管中閔教授，在學術路上給我的引領及啟發。當然內人玲珍在生活及精神上的照顧與砥礪，兒子冠廷、昱廷的嘻笑調皮，精采了我的人生，在此感謝上天的眷愛。

本書從構思、提筆、校對至完稿約歷時兩年，雖力求盡善盡美，但疏漏謬誤在所難免，尚祈學界先進先賢及讀者朋友不吝指正，本人衷心感謝。

「水可以載舟亦可以覆舟」，統計學者霍夫 (Darrel Huff) 在「如何用統計說謊」一書中，揭穿各類用統計說謊的伎倆，指出：「一項包裝良好的統計，勝過希特勒的彌天大謊」。本書當然希望帶給讀者揭穿謊言的能力!

陳美源　謹誌

於中正大學國際經濟系

民國九十一年夏

統計學

目　次

4. 基本機率概念

5. 間斷隨機變數

6. 連續隨機變數

11. 變異數分析

12. 配適度檢定: 卡方檢定

13. 無母數統計檢定

14. 相關理論

15. 簡單線性迴歸分析

16. 複迴歸

17. 抽樣方法

1. 統計學緒論

我們經常聽到「e知識時代已經來臨」。e知識時代的來臨是由電腦網路的普及所開啟，而知識更隨著網路傳輸速度的加快而達到無遠弗屆的境界。e知識時代的特色在於透過網路能快速而大量的獲取訊息，正因所有訊息唾手可得，人與人之間競爭的成敗，不全然決定於訊息的獲取，而決定於誰能在最短時間內，將手中的資料訊息轉換成有助於決策判斷的**資訊** (information)，進而做出正確的決定；而這種將**資料訊息** (data observations) 轉換成資訊的工具，即是統計學所探討的內容。因此，統計學雖是一門古老的科學，在e知識時代裡卻更有其絕對的重要性。

何謂「統計學」? 統計學是一種工具，幫助人們以有效率的方式瞭解龐大資料背後所埋藏的事實，或將資料經過整理分析後，使人們對不確定的事情有進一步的瞭解，作為決策的依據；就字面上解釋，統計就是「統合」與「計算」**資料** (data)，使得決策者能將手中的資料，以最小的成本(包含時間與金錢)，得到有利於做出正確決策的資訊；從而瞭解過去、熟悉現在，進而掌握未來。因此，統計學所分析的對象為數值資料，而所使用的分析工具包含統合與計算的技巧。「統合」指的是資料內容的決定、蒐集與整理，而「計算」則是將整理後的資料、應用適當的數學公式，算出有用的數值，作為幫助決策的資訊。

在統合工作中，所謂資料內容的決定，即是要決定什麼樣的資料是所要統合和計算的；有時候人們會取得一組資料，而需要針對該資料做好整理然後提出報告，甚至需要對該資料所隱含的事實提出看法與見解；有時候人們則必須先蒐集相關的資料，並加以整理、計算與分析後，進而對事情的真相有更進一步的瞭解。因此，除了被指定的資料外，統計工作的資料必須是與想瞭解的事物相關的；譬如，某個班級的80位同學是我們研究的對象，那麼我們的資料是什麼？是同學的身高？體重？性別？還是統計學的成績？如果我們想要知道的是這個班上同學的統計學程度，那麼這80位同學統計學的成績就是我們統計工作所要分析的資料。如果我們好奇這個班上究竟男生多還是女生多，那麼這80位同學的性別就是我們統計工作所要分析的資料。也就是說，統計分析的資料是由想要瞭解的事情或是所要回答的問題所決定的。再者，為什麼這80位同學的統計學成績才是我們統計分析的資料，而不是另外一個班級同學的統計學成績呢？這種研究對象該如何決定的問題，當然取決於我們所要研究或瞭解的課題。如果我們就是想要瞭解那個特定班上同學的統計學表現，那麼該班級的80位同學就是我們分析的對象；但是，如果我們想要瞭解的是臺灣學生統計學的程度，那麼又該如何決定我們的研究對象呢？當然，我們的研究對象必須要對「臺灣學生」具有足夠的代表性，至於如何在所有的臺灣學生中得到具有足夠代表性的研究對象則是**抽樣方法** (sampling method) 所討論的重點；因此，抽樣方法的決定也屬於統計學中統合工作的一環。

決定了研究課題中的對象及資料後，接下來就是將資料加以整理、計算，以得到有用的資訊，幫助我們瞭解事情真相、解答想要瞭解的問題。值得注意的是，統計方法固然能有效而正確地反映事情的真相，並有助於提出正確決策，但是資料是否來自具有代表性的研究對象，更為重要；一組來自不具代表性研究對象的資料，即使所使用的統計分析方法再好，也無法得到反映事情真相的分析結果。所以在從事統計分析時，我們必須確定所分析的資料是來自具有代表性的研究對象，此為統計工作者的圭臬，否則，統計工作者將淪為數字魔術師。綜而言之，統計工作是一種以科學方式回答問題的過程，由問題的本身界定研究對象的範圍，並由問題內容決定所要分析的是代表研究對象身上**特定特徵** (characteristic) 的數值資料，進而運用適當的抽樣方法取得具有研究對象代表性的數值資料，再以圖形或數學公式表現及說明該數值資料，冀能得到有關於所有研究對象的資訊，最後回答有關全體研究對象的問題。

1.1 敘述統計與推論統計

就統計的功能而言，統計可分為**敘述統計** (descriptive statistics) 與**推論統計** (inferential statistics)；敘述統計的內容在於針對一組資料，運用不同的整理與表現方法，使人能在很短的時間內，瞭解這組資料的內涵；所以，敘述統計的工作是以簡單而有效的方法，提供明瞭易懂的表現方式，使人快速地對一組「既定」的資料有所瞭解。而對於一組數值資料，尤其是個數眾多的一組資料，如何才能以簡單的方法讓人輕易明瞭該組資料的內容呢？當然最快速的方法就是將所有原始數值資料直接陳列出來，不做任何的統合、計算工作，這也是一種敘述統計的方式，但是效果必然不佳；人們對圖形的理解，通常是最直接、最能接受的，因此以圖表方式表現資料數值歸納的結果，不失為簡易的敘述統計方法，我們將在第 2 章中介紹在統計學中常用的圖表方法；除了圖表外，數字的表現方式也是敘述統計的重要方法，猶如除了以相片可以很容易說明某人的高矮胖瘦外，我們也可以利用身高、體重數值讓人瞭解某人的高矮胖瘦；當然，在敘述統計中，我們是要以數字表現一組具有許多的數值資料。

由於統計分析的是數值資料，因此，敘述統計的目的在於敘述、說明的是數值資料，而資料數值必定為實數，因此，敘述統計即在於描述所分析資料的數值在實數線上的分布情形，當然我們可以用圖形表現分布情形，也可以若干數字表現其分布情形；因此，我們將在第 3 章中介紹描述資料在實數線上分布情形的一些數字。

至於推論統計的目的則在於瞭解一個包含非常多個研究對象的課題，抑或一個存在不確定性的課題；例如，我們想要瞭解臺灣人民是否支持興建核四電廠，此時這個問題的研究對象為全臺二千三百萬的臺灣人民，當然，這個問題最精確的答案是由全民公投所得到的意見為研究資料，進行敘述統計分析所得到結論；但全民公投需耗費龐大的人力與經費，並非一般學術研究單位所能承擔的；此時，必須利用訪察「少許」但具有「代表性」的臺灣公民的意見，藉由推論統計的進行，得到臺灣人民是否支持興建核四電廠的「推論」結果。這裡特別強調「推論」，是因為我們所得到的結果，係依據少數臺灣公民的意見表達而來。而我們必須明瞭，依據少數人意見所得到的結果，有可能與依據所有公民意見所得到的結果有所不同。因此我們稱由少數研究對象所得到的結果為「推論」結果。又如我們想要知道某一枚硬幣出現正面與反面的可能性是不是一樣。在這個問題中，那一枚硬幣即是我們的研究對象，但其出現正面或反面則存在不確定性，此時，我們面對的是一個存在不確定性的問題。這時，唯有以實際投擲該枚硬幣，觀察記錄出現正面與反面的次數，作為統計推論所需的研究資料了。

由於在現實生活中充斥著不確定性，例如，明天的股票會漲還是會跌？這個週末是晴天還是雨天？今天回家途中會不會塞車？因此，每一個人都會對這樣具有不確定性的問題有興趣；而推論統計即在於討論如何透過對少數研究對象的觀察，所得到的樣本資料，對不確定性的問題能有進一步的瞭解，從而做出正確的決策。因此，統計學的內容，主要著重於推論統計；而本書中，除了第 2 章及第 3 章針對敘述統計進行探討外，此後所有章節均屬推論統計的範疇。

1.2 母體與樣本

在前述推論統計的簡介中，我們知道推論統計的研究對象是由所要討論的不確定性問題來界定；例如前面提到臺灣人民是否支持興建核四電廠的問題，這個問題的不確定性來自於這個問題的研究對象 (臺灣人民) 太多所致，而此問題中的研究對象 (臺灣人民)，在推論統計中即稱為**母體** (population)，而實際用於推論統計分析的少數但具有代表性的研究對象，在推論統計中稱為**樣本** (sample)，而所觀察到代表樣本的意見或特徵數值資料，即稱為**樣本觀察值** (sample observation)，也就是樣本資料；綜而言之，母體、樣本和樣本資料是依所面對的問題而定，假若我們的問題改為臺北縣縣民是否支持興建核四電廠，那麼這個問題的母體即成為臺北縣縣民，而所分析的樣本研究對象則是少數的臺北縣縣民。因為樣本必須具有母體的代表性，而樣本資料則是樣本研究對象所表達的意見，假若我們將問題改為臺北縣縣民的所得水準，臺北縣縣民仍為問題的母體，所以樣本研究對象與前一個問題相同，但樣本資料則改為樣本研究對象的所得水準。

從以上說明可知，推論統計是以少數但具有代表性的樣本觀察資料，以推論所有母體資料數值在實數線上的分布情形；由前文的敘述統計簡介中，我們知道資料數值在實數線上分布情形可以用一些數字加以描述，因此，所有母體資料數值在實數線上的分布情形也可以用一些特定的數字予以描述，這些特定的數字即稱為**母體參數** (population parameter)，當然這些數值是無法觀察到的。換言之，推論統計是以少數但具有代表性的樣本觀察資料，以推論描述所有母體資料數值在實數線上分布情形的母體參數。

1.3 本書的特色

一般的統計書，無論是英文或中文，不是太簡單就是有太多的數學令人望而生畏；此外，絕大多數的統計書都提供了各式各樣的資料與例題，這樣固然可以幫助讀者熟悉統計分析方法，但往往模糊了統計分析方法的邏輯脈絡，無法讓讀者感覺一氣呵成，甚至形成系統性理解統計分析方法的障礙。此外，一般統計書中令人眼花撩亂的資料，也使得讀者易於忽略理論基礎，無法正確分析問題，以為統計學只是一門套用各式各樣公式的學科而已。本書中所舉的例題中，較著重於統計問題的形成、假設條件的陳述以及統計方法的選定邏輯，至於資料的數值運算，本書則以電腦軟體 Excel 的操作為主。

在本書中，將只使有一組資料來貫穿書中的每一個章節以及各種統計分析方法，以避免例題過多所造成的缺點，本書中所使用的資料如表 1.1 所示。利用表 1.1 的資料，我們首先討論如何以敘述統計的方法描述、說明該組資料在實數線上的分布情形，並如何以該組資料作為樣本觀察值進行推論統計及迴歸分析的討論。

本書所著重的是如何建立讀者對於統計學的基本觀念，因此少許的數學證明是免不了的；但除了以數學證明外，本書提供了許多幫助瞭解討論內容的圖形說明，以減少讀者記憶、背誦的負擔；換言之，本書企圖改變一般人認為統計學只是一大堆需要硬記公式的錯誤觀念；本書另一個特色是充分利用電腦軟體 Excel，以輔助讀者對於書中所討論各個課題的理解；由於 Excel 的使用，本書的內容不在強調資料的計算過程，而在於著重計算方式使用的邏輯及理由，以及計算結果的說明與應用。本書不但以 Excel 處理資料的運算，並以 Excel 製作一般統計書中所附的一些重要分配的機率分配表，使讀者對隨機變數的機率分配能有更進一步的理解，對於統計學不再是遙不可及的學科。

表 1.1 資 料

座號	系別	性別	身高	體重	英文	統計	微積分
1	會計	男	168.50	65.70	68.28	67.04	69.33
2	經濟	女	161.69	57.98	68.79	65.73	69.64
3	企管	女	163.76	56.47	69.80	67.22	68.05
4	經濟	女	169.12	56.77	72.55	65.24	67.71
5	財金	男	177.38	67.46	69.53	66.81	68.47
6	資管	女	160.89	54.49	69.37	67.61	69.09
7	財金	女	165.43	55.48	70.39	66.77	70.60
8	經濟	男	167.55	64.61	69.14	67.28	69.47
9	企管	男	176.93	67.86	68.31	68.48	69.24
10	資管	女	157.51	49.36	72.52	67.18	69.29
11	財金	男	164.41	65.66	70.03	68.50	69.58
12	經濟	女	170.07	54.66	69.97	68.23	69.12
13	會計	男	170.79	66.10	69.70	68.16	68.51
14	會計	男	177.11	65.58	69.92	68.09	68.65
15	資管	男	168.98	67.26	69.89	67.34	68.61
16	資管	女	158.76	53.34	70.66	70.64	68.88
17	經濟	女	156.53	56.57	69.45	67.27	70.39

表 1.1 資料（續）

座號	系別	性別	身高	體重	英文	統計	微積分
18	企管	男	166.42	65.75	70.67	68.53	70.09
19	經濟	女	153.95	57.29	70.55	66.89	68.55
20	財金	女	159.96	56.65	70.26	66.98	69.14
21	資管	女	157.99	54.25	70.79	67.14	69.52
22	財金	男	165.62	63.67	68.55	68.71	69.06
23	經濟	男	177.08	68.89	71.50	67.80	70.29
24	財金	男	172.46	63.69	70.20	68.52	67.44
25	經濟	女	156.16	58.91	68.91	69.95	68.47
26	企管	男	170.47	68.37	69.96	66.55	67.33
27	會計	女	160.49	54.14	68.88	68.58	69.14
28	會計	女	159.74	53.50	71.57	70.70	69.81
29	經濟	男	172.45	62.48	70.46	67.90	69.84
30	財金	男	167.72	64.29	70.41	68.89	68.87
31	企管	女	157.72	58.78	68.73	67.02	67.93
32	會計	男	168.31	68.45	69.11	69.50	69.65
33	經濟	男	163.26	63.71	71.70	68.13	70.64
34	財金	女	163.90	54.13	70.97	68.60	67.66
35	企管	男	165.15	64.99	69.80	68.20	68.36
36	企管	男	167.17	64.61	71.18	68.21	69.98
37	經濟	男	172.86	65.97	70.34	69.86	66.38
38	資管	女	160.50	56.74	69.39	67.30	69.63
39	會計	女	156.64	52.99	70.53	67.81	71.51
40	資管	女	159.28	55.17	71.29	67.21	69.34
41	財金	男	168.55	64.94	70.49	67.68	69.28
42	財金	女	160.88	58.15	68.72	67.02	69.28
43	企管	女	158.44	52.58	70.91	67.31	69.35
44	經濟	男	162.00	64.85	70.77	67.94	70.59
45	會計	男	172.73	70.01	73.26	67.32	68.71
46	經濟	男	166.99	70.96	71.73	68.03	68.84
47	資管	女	158.56	49.40	67.88	70.17	69.72
48	資管	男	169.01	63.14	70.95	68.04	70.30
49	財金	女	163.62	52.32	69.97	68.82	68.83
50	經濟	女	160.35	54.44	71.97	68.62	69.79
51	財金	女	162.29	53.61	69.66	67.81	67.46

表 1.1　資料（續）

座號	系別	性別	身高	體重	英文	統計	微積分
52	財金	女	156.50	56.55	69.68	68.07	68.82
53	企管	男	165.38	61.73	69.36	67.01	68.70
54	經濟	男	169.48	65.65	70.34	69.38	68.72
55	財金	女	154.99	50.74	68.54	70.54	68.18
56	財金	女	161.30	54.01	70.52	68.86	71.15
57	企管	女	156.81	54.66	70.13	67.56	67.75
58	經濟	男	167.37	64.59	70.86	67.62	70.31
59	財金	男	172.37	68.05	70.10	68.35	69.11
60	會計	女	158.89	52.79	69.25	68.56	70.56
61	會計	女	163.45	53.73	69.20	68.57	67.34
62	經濟	男	166.45	68.40	70.01	70.22	68.26
63	資管	男	167.83	63.42	69.86	67.31	69.39
64	企管	女	156.71	55.07	70.01	67.78	68.18
65	財金	男	167.72	64.95	68.79	67.38	67.87
66	企管	女	160.62	52.59	69.16	67.73	69.23
67	會計	男	171.52	61.94	69.42	67.76	68.64
68	企管	女	156.46	54.22	70.72	67.51	68.26
69	財金	女	150.60	56.72	71.78	68.03	69.03
70	財金	男	174.03	66.06	69.16	68.18	70.00
71	經濟	男	168.98	62.38	68.99	68.00	69.97
72	財金	女	155.91	55.02	70.75	67.45	70.89
73	財金	男	173.34	65.92	71.07	69.28	70.44
74	經濟	女	154.81	54.74	68.86	69.11	69.18
75	財金	男	173.20	65.42	69.29	69.08	69.49
76	財金	男	176.13	65.95	68.97	69.37	67.28
77	企管	女	157.96	59.53	70.31	68.65	69.98
78	財金	男	169.72	64.46	69.63	67.27	68.39
79	經濟	男	173.64	64.09	70.26	68.50	66.65
80	會計	女	158.57	54.23	69.50	67.88	69.88

1.4 電腦軟體 Excel

由於科技的發展以及電腦的普及，應用套裝軟體取代電子計算機的運算已成必然趨勢，而這也使得傳統的統計教學面臨改變；因為電腦軟體提供了快速而正確運算的功能，使得統計分析中有關資料的計算工作，均可藉由電腦的使用快速完成。因此，統計電腦軟體的介紹，亦成為統計教學的重點之一；SAS、SPSS、MINITAB 和 EView 是數個廣為使用的統計商業電腦軟體，然而，這些軟體所費不貲，一份要價大約在新臺幣兩萬元左右；為減少讀者的負擔，同時又能達成同樣計算快速的方便性，本書中，不論是在敘述統計抑或在推論統計的介紹中，皆以個人電腦中 Microsoft Office 所提供的 Excel 軟體作為輔助說明。

在本書的每一章中，均會以 Excel 輔助說明討論的內容，所使用的資料均為上述 80 位同學的資料，而所有的過程除了在書中有詳盡的說明外，也可連結三民教科書專區的「大專教學資源連結區」作者網頁，附有每一章所使用的 Excel 檔案，例如上述的資料將儲存在網頁中的 chapter 1 **子目錄** (subdirectory) 中，其檔案名稱為 statdata.xls。此外，在作者網頁中，亦將每一章節所有 Excel 的操作過程以 Powerpoint 檔案輔助說明，這些 Powerpoint 檔案儲放於網頁中相對應章節的子目錄中。

假定所蒐集或取得的數值資料已以 Ascii 形式儲存，我們可以將其轉存為 Excel 檔，以方便往後的分析。首先以**滑鼠** (mouse) 於 Excel 的 Icon 上**輕按** (click) 左鍵兩下以開啟 Excel，點選『檔案 (F)』進而選取『開啟舊檔 (O)』，即可開啟「開啟舊檔」對話框；在對話框的左上方有一個小方框，以游標點入小方框右邊的黑色倒三角形，以選取資料檔所在的子目錄，進而點選所要的 Ascii 資料檔；之後，即進入「匯入字串精靈——步驟 3 之 1」對話框，按下「下一步 (N)」，即可看到數值資料被區分為不同的行 (column)，若此區分為正確，按下「完成(F)」，即可將完成轉換Ascii資料檔案為Excel檔案。此一轉換過程，在作者網頁的chapter1子目錄中之chapt1_1.ppt檔案，有著詳細的示範說明。

在利用Excel從事統計分析時，『資料分析』是十分有用的工具巨集，以下我們介紹如何開啟Excel中的『資料分析』工具巨集；首先開啟Excel，以游標點選『工具(T)』，於『工具(T)』的選項中點選『增益集(I)』，即進入「增益集」對話框，將游標移至「分析工具箱」前的正方框中輕按一下，則在框中出現「✓」符號，再以滑鼠按下「確定」，即可將「分析工具箱」加入「現有的增益功能(A)」中，而在『工具(T)』的選項中即多出了『資料分析(D)』。此一過程的示範說明，請參考作者網頁子目錄chapter1中的chapt1_2.ppt。

1.5　本書主要探討內容

由於統計學的目的在於解決不確定性的問題，因此，統計學討論的重點著重於推論統計的探討，本書的內容亦然，主要在於推論統計的討論與說明；而本書的內容粗略可分為三大部分，第一部分為敘述統計的介紹，其中包括以圖表與數值來表現與說明資料的內容；第二部分為推論統計的部分，主要在於討論對於一個、兩個或兩個以上母體變數參數的統計檢定，其中以平均數與變異數的討論為重點；而第三部分則以**迴歸分析**(regression analysis)為討論重點。

2. 敘述統計：圖表方法

敘述統計 (descriptive statistics) 在於討論如何以圖形、表格和數字來描述所獲得的數值資料；相對應於不同的資料，就會有不同的方法使能適切地表現出資料的內涵，因此，為介紹資料的敘述方法，首先必須對資料的種類有所瞭解。

2.1 資料種類

在統計上，所謂**資料** (data) 即是代表研究對象身上所觀察到的**特徵** (character) 數值，這些特徵可以是研究對象贊成或反對的意見、研究對象的身高或體重的數值、研究對象的性別、抑或研究對象所歸屬的類別等。舉例而言，對於一個統計學班上的 80 個同學，這 80 個同學是我們觀察或欲瞭解的研究對象，若我們想要瞭解的是這班同學的身高，則這 80 個同學的身高是我們要蒐集和分析的資料；又若我們想要瞭解的是這班同學的男女比例，則這 80 個同學的性別是我們要蒐集和分析的資料；又若我們想要瞭解的是這班同學的科系分布，則這 80 個同學的所屬的科系別才是我們要蒐集和分析的資料。若以數值表現研究對象的非數值特徵，如以 0 和 1 分別表示研究對象贊成和反對的意見，以 0 和 1 分別表示研究對象為女性和男性，以 1、2、3、4 和 5 分別表示研究對象屬於經濟、財金、企管、資管和會計等五個系別，以 1、2、3、4 和 5 分別表示研究對象非常不同意、不同意、沒意見、同意和非常同意的意願表達；因此，統計學所分析的資料，均為數值資料，所以我們也說資料是以數值顯示研究對象所擁有既定特徵的觀察結果。

根據上述的說明，隨所代表研究對象特徵的不同，數值資料大抵可分為四類：**名目資料** (nominal data)、**排序資料** (ordinal data)、**區間資料** (interval data) 和**比例資料** (ratio data)。

1. 名目資料

資料的數字僅是一個標籤，使能按研究對象所擁有某種特徵的不同屬性予以歸類；例如，以數值「1」代表男性、而以「0」代表女性的性別資料將研究對象歸類為男性與女性；以身分證字號代表不同的人；以「1」代表經濟系、「2」代表財金系、「3」代表企管系、「4」代表會計系和「5」代表資管系的科系資料。在名目資料中的數字，僅作為不同屬性的區分，沒有大小的實質意義；且這些數字經過四則運算的結果，是沒有被定義的，不具有歸類研究對象的功能。

2. 排序資料

資料的數字不僅是一個標籤，以區分元素的不同屬性，其數值的大小是有意義的，但數值間的四則運算後的數值，則不具意義。例如，考試成績的排名，第一名比第二名表現好，但兩個同學的名次和、名次差、名次積和名次商均無意義；又如在市場問卷調查中，通常以「1」、「2」、「3」、「4」和「5」分別代表「非常喜愛」、「喜愛」、「沒意見」、「不喜愛」和「非常不喜愛」的商品喜愛偏好程度。

3. 區間資料

資料的數字具有大小的含意，而且數值間的加、減運算後的數值具有意義，但其**比例** (ratio) 則不具意義，並且，這種資料不具有**自然原點** (natural initial point)，例如溫度，臺灣夏天的平均溫度為攝氏 30 度，而冬天平均溫度為攝氏 12 度，則冬天與夏天相差 18 度。

4. 比例資料

資料的數字可從事四則運算，運算後結果仍具意義，這種資料不但具有自然原點，並且具有特定的衡量單位；例如身高，可以公分為 1 單位自地板以上衡量一個人身高的單位數，若為 170 個單位，則此人身高為 170 公分；

若以公尺為 1 單位，此人身高將有 1.7 個單位，亦即 1.7 公尺，此時的地板即為衡量身高的自然原點。由於身高的資料是以所衡量的單位數除上每 1 單位所代表的尺度 (如公分、公尺)，是以身高是為比例資料；而我們可以兩個人身高差距或其身高的比例作為兩人身高的比較。

此外，資料亦可被分類為**屬質資料** (qualitative data) 和**屬量資料** (quantitative data)：

1. **屬質資料**

提供標籤或名稱以區分不同的類別屬性，名目資料和排序資料均為屬質資料。

2. **屬量資料**

說明某件物品數量的多寡，通常屬量資料是數值資料，區間資料和比例資料均為屬量資料。

一般而言，資料的來源通常有兩個：一為既有的資料，如政府機關所出版的資料；一為蒐集的資料，如抽樣問卷調查而來的資料，或由實驗得到的數據資料。在統計分析的討論上，資料的蒐集是重要的課題，在抽樣問卷調查的資料蒐集上，調查對象的選取、問卷調查問題的設計均是討論的重點；而在藉由實驗的取得資料上，實驗設計亦是討論的重要課題。

對於屬質和屬量資料的描述方法，雖然大同小異，但過程卻迥然不同；因此，本章先就屬質資料敘述統計的方法做介紹，再推展到屬量資料敘述統計的方法。

2.2 屬質資料的敘述方法

屬質資料的敘述方法包括：

1. 次數分配表 (frequency distribution table)

次數分配表在於描述資料中所包含所有類別出現的次數；例如，在統計學課堂上 80 位同學的科系次數分配表為：

科系別次數分配表

經濟	20
財金	24
企管	14
會計	12
資管	10

2. 相對次數分配表 (relative frequency distribution table)

將次數分配表中的各個類別次數除上資料中的資料個數，即成相對次數分配表，如：

科系別相對次數分配表

經濟	20/80 = 0.25
財金	24/80 = 0.30
企管	14/80 = 0.175
會計	12/80 = 0.15
資管	10/80 = 0.125

3. 累加次數分配表 (cumulative frequency distribution table) 和累加相對次數分配表 (cumulative relative frequency distribution table)

將次數分配表和相對次數分配表中的數值改成由上到下累加的數值，如：

科系別累加次數分配表

經濟	20
財金	44
企管	58
會計	70
資管	80

科系別累加相對次數分配表

經濟	0.25
財金	0.55
企管	0.725
會計	0.875
資管	1.00

4. **直方圖** (bar graphs)

以與資料屬性數目相同的長方形表現每一屬性的次數，如：

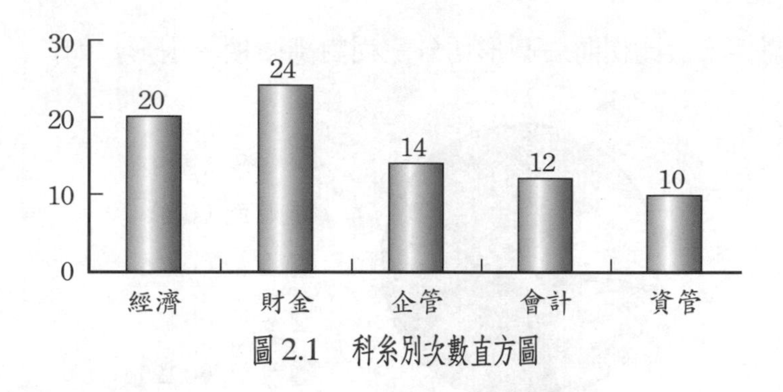

圖 2.1 科系別次數直方圖

5. **肩形圖** (ogive)

將累加次數直方圖中以線段連結相鄰兩個長方形頂端的中心點所構成的線形圖，即為肩形圖 (ogive)，如：

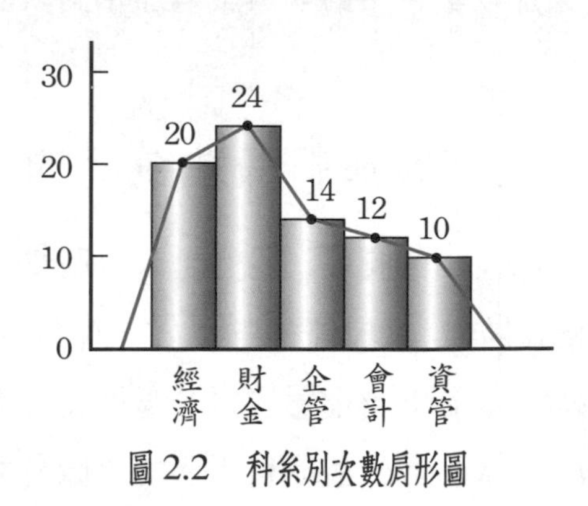

圖 2.2 科系別次數肩形圖

6. **直條圖** (histogram)

以與資料屬性數目相同的長方條表現每一屬性的次數，如：

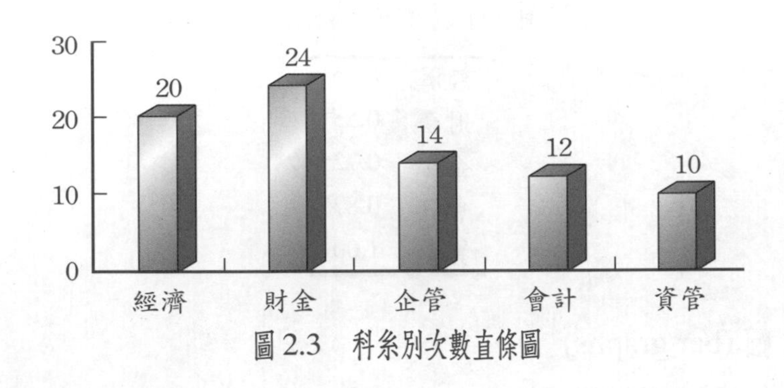

圖 2.3　科系別次數直條圖

7. **圓形圖** (pie charts)

按各屬性次數比例將一圓形切分成相對應面積的扇形，如：

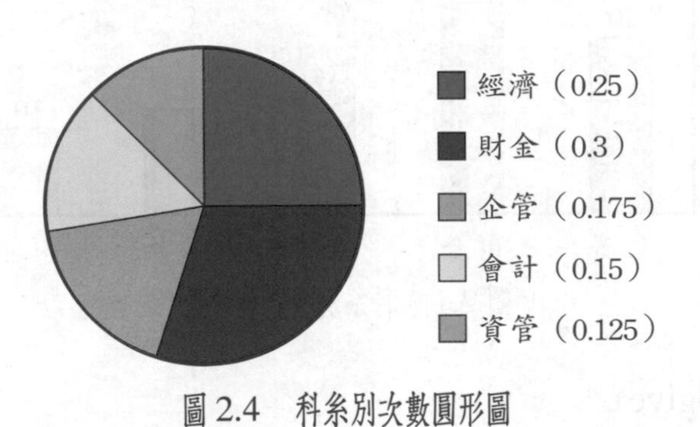

圖 2.4　科系別次數圓形圖

在上述的介紹中，我們以科系別的次數為各種圖形繪製的說明，當然，我們可以依科系別的累加次數、相對次數或累加相對次數作為圖形繪製的標的。

Excel 在屬質資料敘述統計的使用

在上述科系別敘述統計中的圖表，我們可以利用 Excel 來製作；在表 1.1 中的資料以 Excel 的格式儲存，假設儲存格式為行 A 為座號、行 B 為科系別、行 C 為性別、行 D 為身高、行 E 為體重、行 F 為英文分數、行 G 為統計分數及行 H 為微積分分數；首先，我們說明科系別的次數分配表與相對次數分配表的製作過程如下：

1. 首先我們須先以不同數字代表科系別，所以我們先在科系別的行 B 後加入一個新的行，以方便儲存代表科系別的數值；將浮標點在行C，則行C中的背景成為淺藍色，將箭頭點向『插入(I)』工具項並拉下工作選項，再點選『欄(C)』，即可增加一個新的行，此時性別欄變為行D，而原先的行C則成為空白的行，在這個空白的行C中，對應於行B中不同的科系，鍵入數字，如以「1」表經濟、以「2」表財金、以「3」表企管、以「4」表會計、以「5」表資管。

2. 在行C後再增加一個新行，為行D，在此行的前五列中分別鍵入1、2、3、4和5，以作為分組的準則，所鍵入1到5的數字，分別表示(0,1]、(1,2]、(2,3]、(3,4]和(4,5]等五個分組，因此，1到5數字所代表的科系將會隨著數字歸類為五個分組。

3. 將箭頭點在『工具(T)』並拉下工作選項，點選『資料分析(D)』，可看到『資料分析(D)』的對話框，在對話框內『分析工具(A)』的選項中點選『直方圖』，將箭頭點選在『直方圖』上後再點選『確定』，即進入直方圖的對話框；在對話框中的『輸入範圍(I)』的框框中輸入$C$2:$C$81，即行C中表示科系別的80個數字，或將箭頭點向『輸入範圍(I)』框框右邊的紅色箭頭，此時，『直方圖』框變成扁平的圖框，再將箭頭(已變成白色的十字符號)點向行C的第2列，並按住滑鼠左邊按鍵垂直拉到行C的第81列後，放開滑鼠左鍵，我們可以在扁扁的『直方圖』框框中看到$C$2:$C$81的範圍，將箭頭點向框框最右邊的紅點，即可回到較大的直方圖對話框；以同樣的方式輸入『組界範圍(B)』的範圍：$D$1:$D$5；之後，在『輸出選項』中點選『新工作表(P)』，再點『確定』，即可在一個新的工作表中出現的結果如下：

組界	頻率
1	20
2	24
3	14
4	12

5	10
其他	0

將表中的「組界」改成「科系」,「頻率」改為「次數」,組界欄中的1、2、3、4和5分別改為經濟、財金、企管、會計和資管,並刪除掉「其他」列,即為前述的科系別次數分配表。

在輸出上述科系別次數分配表的Excel工作表中,先以游標點選行A後,按住電腦鍵盤左下角的「ctrl」鍵同時以游標點選行B,如此即可同時選取行A及行B作為繪圖的資料範圍;將箭頭點選『圖表精靈』或以游標點選『插入(I)』選項中的『圖表(H)』,即可出現圖表精靈的對話框,在對話框中的『圖表類型(C)』選項內點選『直條圖』,並在『副圖表類型(T)』選項中點選最上排左邊的圖形,然後再按下『下一步(N)』即可看到直方圖,按下『完成(F)』即可完成繪圖,如圖2.1所示;假若在『副圖表類型(T)』選項中點選第二排左邊的圖形,所得到的圖形即為直條圖,如圖2.3所示。有關於次數分配圖及直方圖(直條圖)的製作過程,請參考作者網頁子目錄chapter2中的chapt2_1.ppt。

2.3 屬量資料的敘述方法

在屬質資料中,因其所代表的資料屬性個數有限且容易判別,因此,按照資料所表現的屬性,我們很容易製作次數分配表;然而,屬量資料通常所表現的屬性有無限多個,是以屬量資料通常為連續的數值,因此,屬量資料中出現相同數值的可能性相當小,無法如屬質資料般按屬性將資料歸類,進而計算出每一類別出現的次數,若按數值的相同與否從事歸類,則極大可能出現與觀察值個數相同的分組組數,而每一組的次數均為1,這樣的分組與沒有分組是一樣的;因此,人為的資料歸類是必要的,一般而言,人為歸類的程序包含:

1. 決定人為歸類的類別個數，即決定組數；
2. 決定每一個類別的範圍大小，即決定組距；
3. 決定每一個類別範圍的邊界值。

只要決定了分組的方式，將屬量資料予以分組，我們就可以依照屬質資料圖表製作的方式，將人為分組的資料以圖表方式表現出來。必然的，不同的分組方式，如分類組數的不同，將使分組的結果不同，製作的圖表也將呈現不同型態，當然也可能使分析者對於該資料產生不同的解讀。

Excel 在屬量資料敘述統計的使用

為了要將屬量資料予以分組，首先我們需要確定要將資料分為幾組，亦即需先決定組數，組數決定後，我們需要知道每一個分組的**組界** (boundary)，如此才能決定每一個組內所包含的數值的個數，稱之為**頻率**或**次數** (frequency)，進而製作出次數分配表；因此，首先需找出資料中的極大值與極小值。我們可以利用 Excel 中以函數或由排序功能求得身高資料的最大值與最小值；在 Excel 中，點選『檔案 (F)』功能內之『開啟舊檔 (O)』即進入開啟舊檔的對話框，將存有表 1.1 資料的 Excel(statdata.xls) 檔開啟，資料開啟後，將箭頭指向工作表中第四行最上端的英文字母 D，則該行即變為淺藍背景，之後，點選『資料 (D)』功能內之『排序 (S)』，進入到排序對話框，在框中可看到『主要鍵』出現「身高」兩字，如要資料由小到大排序，則點選『遞增 (A)』，若要資料由大到小排序，則點選『遞增 (D)』，然後按下『確定』，即在行 D 中出現排序後的身高資料；由排序後的第一列資料和最後一列資料即可得到最小值 (150.60) 與最大值 (177.38)；此過程請參考作者網頁子目錄 chapter2 中的 chapt2_2.ppt。

至於以函數功能求得身高資料的最大值與最小值的過程為：在 Excel 中，先將箭頭點到一個空白位置以輸出結果，之後，點選『插入 (I)』功能中的『f_x 函數 (F)』，及進入「插入函數」的對話框中，在「函數類別 (C)」中點選『全部』，則可在右邊的「函數名稱 (N)」框中出現許多的函數名稱，點選『MAX』

(求算最大值)或『MIN』(求算最小值)後按『確定』,即進入「MAX」或「MIN」的對話框,在「Number1」框中輸入身高資料的範圍,按下『確定』即可在輸出的欄位中得到最大值或最小值; 此過程請參考作者網頁子目錄 chapter2 中的 chapt2_3.ppt。

上述即為 Excel 中對於一個數列最大值和最小值求算過程, 我們所得到的最大值為 177.38 而最小值為 150.60;由最大值減去最小值,我們知道身高資料最高與最矮間相差 26.78 公分,若我們決定將身高資料分為 10 組,每一組組距為 2.678 公分, 為計算並製作出組界, 先在行 K 的第一個列中輸入 153.278 (= 150.60 + 2.678),將箭頭移至第二個列中並在工作表頂部「=」符號後的空白欄位中輸入「= $K1 + 2.678」,此時可看到行 K 的第二個列位中出現 155.956 之後,再以『複製』和『貼上』功能鍵,將行 K 的第二個列位中的算式貼到行 K 的第三個到第十個列位上,即得到另外八個組界數值,有了組界數值資料,我們就可以按照前述科系別次數分配表的製作過程,在 Excel 中,以『工具 (T)』項中的『資料分析 (D)』、『直方圖』功能,身高資料 (D2:D81) 為輸入範圍, K1 到 K10 十個數值為組界範圍, 即可製作身高次數分配表如下:

表 2.1 身高資料 10 組次數分配表

組界	頻率
小於 153.278	1
153.278 到 155.956	4
155.956 到 158.634	14
158.634 到 161.312	12
161.312 到 163.990	8
163.990 到 166.668	7
166.668 到 169.346	14
169.346 到 172.024	6
172.024 到 174.702	9
174.702 到 177.380	5

至於 80 位同學的身高資料經過分組後, 我們可以利用 Excel 繪製直方

圖、直條圖和圓形圖；在 Excel 中，將輸出的 10 個分組次數點選為輸入範圍，再點選工作表上方的『圖表精靈』，在「圖表精靈」的對話框中，點選『圖表類型 (C)』的直條圖，並在『副圖表類型 (T)』點選最上排的左邊圖形以繪製直方圖，或點選第二排左邊的圖形以繪製直條圖；或點選『圖表類型 (C)』的圓形圖，並在『副圖表類型 (T)』點選最上排的左邊圖形以繪製圓形圖。以上過程請參考作者網頁子目錄 chapter2 中的 chapt2_4.ppt。

對於屬量資料的分組，在統計學中一直是討論的重點，假若我們將組數減少為 5 組，則組距為 5.356 公分；利用 Excel 計算出另外四個組界數值，並以『工具 (T)』中的『資料分析 (D)』、『直方圖』輸出以下結果：

表 2.2　身高資料 5 組次數分配表

組界	頻率
155.956	5
161.312	26
166.668	15
172.024	20
177.380	14

根據此輸出的 5 個分組的頻率，利用 Excel 中的『圖表精靈』繪製以下的直方圖、直條圖和圓形圖。比較組數不同的直方圖，很明顯地，組數較少（5 組）的圖形比組數較多（10 組）的圖形來的平滑，我們也較能看出 80 位同學的平均身高；若以 80 位同學的身高資料直接以 Excel 中的『圖表精靈』繪製其直方圖，每一個長方形的長度即為一位同學實際的身高，因此直方圖完全表現出 80 位同學的身高資料，故其完全寫實，但其呈現鋸齒狀的劇烈跳動，我們無法由此直方圖立即瞭解同學約略的平均身高；是以，我們的結論為：屬量資料的分組直方圖，組數越多，越能表現實際的資料，但較無法讓人對資料的概況一目了然；而組數越少，直方圖對於實際資料的描述越失真，但能讓人較容易瞭解資料的概況。

3. 敘述統計：位置和分散程度的衡量

在敘述統計中，除了以圖表顯示分析資料的內涵外，也可以利用一些簡單的數值來表現資料的內容；例如，一個班上同學的平均身高就可以使人約略瞭解該班同學是高還是矮。這些數值包括表現資料數值在實數線上分布的位置、表現資料的分散程度、表現資料分布是否對稱的偏態和資料分布集中程度的峰態等衡量。

3.1 位置的衡量

假設我們所要分析的資料為 $\{x_1,x_2,\cdots,x_n\}$，所謂**位置衡量** (location measure) 在於以一個數值標示、說明資料數值在實數線上的位置，只要知道表示位置的衡量，我們就可在實數線上的特定範圍找到所有的資料；對於表現資料在實數線上位置的數值包括：

1. **極大值** (maximum, Max)

以所有資料數值中的最大數值作為位置衡量，即 $\max\{x_1,x_2,\cdots,x_n\}$；只要知道極大值，我們就會在實數線上此數值的左邊觀察到所有的資料。

2. **極小值** (minimum, Min)

以所有資料數值中的最小數值作為位置衡量，即 $\min\{x_1,x_2,\cdots,x_n\}$；只要知道極小值，我們就會在實數線上此數值的右邊觀察到所有的資料。

3. **中位數** (median, m_e)

中位數為按數值大小排序的資料內中間位置的觀察值，若資料數值個數為偶數，則中位數為中間兩個資料數值的平均數；中位數讓我們知道有一半的資料小於該數值，而另一半的資料則大於該數值。

4. **眾數** (mode, m_o)

眾數為資料數值中出現次數最多的資料數值，假若所有資料數值僅出現一次，此時稱此資料沒有眾數；當然，也有可能有兩個資料數值出現的次數最多，則該兩個數值稱為此資料的兩個眾數，因此，眾數不一定存在，若存在也不一定唯一存在，可有多個眾數同時存在。

5. **百分位數** (percentiles)

第 p 個百分位數是在資料中有 $p\%$ 的數值等於或小於該數值；計算第 p 個百分位數的步驟為：

(a)先由小到大將資料數值排序；

(b)計算指標數 $i=(p/100)n$，其中 n 為資料數值個數；

(c)若 i 不為整數則求整數（即去除小數點以後位數加上 1），而以該整數位置上的資料數值即為第 p 個百分位數；若 i 為整數則以第 i 個和第 $i+1$ 個位置上兩個資料數值得平均數即為第 p 個百分位數。

6. **四分位數** (quartiles)

四分位數即是將資料切成四等分的三個數值，第一個四分位數 (Q_1) 即是第 25 個百分位數，第二個四分位數即是中位數，而第三個四分位數 (Q_3) 即是第 75 個百分位數。

7. **平均數** (mean)

對於一組數值的平均數計算方式主要包括**算術平均數** (arithmetic mean) 和**幾何平均數** (geometric mean) 兩種：

(a)算術平均數：$\bar{x}=\sum_{i=1}^{n}x_i/n$，因算術平均數可視為所有資料數值以 $1/n$ 為係數的線性組合 (linear combination)，不但計算簡易且具有良好的統計特性，因此在統計上最為廣泛應用。

(b)幾何平均數：幾何平均數的算法為 $(x_1x_2\cdots x_n)^{1/n}$。

8. **截取平均數** (trimmed mean)

例如 95% 的截取平均數為截取中間 95% 的資料數值所計算的平均數，換言之，所有資料數值最大的 2.5% 和最小的 2.5% 的資料被捨棄掉。這個統計量被設計用來減少極端的資料數值對平均數計算結果的影響效果；例如，101 寢室的四位同學每月的零用錢分別為 6000 元、6500 元、5500 元和 6000 元，則這間寢室同學的平均零用錢為 $(6000+6500+5500+6000)/4=6000$ 元；而 201 寢室的四位同學每月的零用錢分別為 6000 元、6500 元、5500 元和 16000 元， 則這間寢室同學的平均零用錢為 $(6000+6500+5500+16000)/4=8500$ 元，我們不能說 201 寢室的同學擁有較多的零用錢，因為此間寢室有一位同學擁有特別多的零用錢， 使得該間寢室四位同學的平均零用錢提高了 2500 元。

3.2 分散度的衡量

上述位置的衡量，提供了資料數值座落在實數線上的位置訊息，除了這個位置訊息外，對於資料在實數線上分散的程度，也是描述資料的重要資訊，以下即是統計上常見的資料**分散度衡量** (measures of dispersion)：

1. **全距** (range)

一組資料的全距即是最大的資料數值與最小的資料數值間的差距即極大值減去極小值，$\max\{x_1, x_2, \cdots, x_n\}-\min\{x_1, x_2, \cdots, x_n\}$；由定義可知，全距值極易受到資料中所存在的極端值的影響。

2. **四分位數距** (interquartile range)

一組資料的四分位數距即是第三個四分位數與第一個四分位數的差距即 $Q_3 - Q_1$；四分位數距的數值較不受到極端數值資料的影響。

3. **平均絕對離差** (average of absolute deviations)

對於一組資料數值，我們知道所有數值到任一個固定的數 c 的距離總和，即 $\sum_{i=1}^{n}|x_i - c|$，此總和大者表示分散程度較高，而總和小者表示分散程度較低；若以算術平均數 $(\bar{x})$ 為中心，即 $c = \bar{x}$，所有資料數值到平均數的絕對距離總和為 $\sum_{i=1}^{n}|x_i - \bar{x}|$，當然，此數值越大表示資料數值分布得越分散，數值越小表示資料數值分布得越集中，因此，此數值可作為資料分散度的衡量方法；由於統計學上以平均數的討論為主，因此，以平均絕對離差 $\sum_{i=1}^{n}|x_i - \bar{x}|/n$ 取代 $\sum_{i=1}^{n}|x_i - \bar{x}|$。

4. **變異數** (variance)

將上述的絕對離差改為距離平方，則所有資料數值到平均數的距離平方總和為 $\sum_{i=1}^{n}(x_i - \bar{x})^2$，此數值一般又稱**總變異** (total variation)；總變異越大依然表示資料數值分布得越分散，總變異越小依然表示資料數值分布得越集中，因此，總變異仍可作為資料分散度的衡量方法，而其平均數即為變異數，$\sigma^2 = \sum_{i=1}^{n}(x_i - \bar{x})^2/n$。

5. **標準差** (standard deviation)

標準差即為變異數的平方根，即上述的 σ。

3.3 平均數與變異數的應用

1. Z – scores

Z – scores 是用以衡量資料的相對位置，其計算方式為

$$z_i = \frac{x_i - \bar{x}}{\sigma},$$

其中 z_i 是第 i 個資料數值的 Z – score， $\bar{x}$ 為平均數， σ 是標準差； 通常 Z – score被稱為標準化資料數值，由定義可知，z_i 可解釋為資料數值 x_i 到平均數 $\bar{x}$ 間存在 z_i 個標準差的距離。例如一組身高資料的平均數為 170 公分或 1.7 公尺，而標準差為 10 公分或 0.1 公尺，其中有一身高為 180 公分或 1.8 公尺，此身高到平均身高的差距為 10 公分或 0.1 公尺，此差距隨著衡量單位的不同而有不同數值； 若改以 Z – scores 表示， 不論是 10 公分或 0.1 公尺的身高差距，均等於 1 個 Z – score，因為

$$z = \frac{x_i - \bar{x}}{\sigma} = \frac{10\text{公分}}{10\text{公分}} = \frac{0.1\text{公尺}}{0.1\text{公尺}} = 1.$$

所以，Z – scores 可以避免資料數值受到衡量單位影響所造成的困擾。

2. **柴比雪夫定理** (Chebyshev's Theorem)

柴比雪夫定理可讓我們很快知道大概有多少母體實現值落在距平均數 k 個標準差的範圍內。

定理 3.1 柴比雪夫定理

對於任何一組資料 $\{x_1, \cdots, x_n\}$ 而言， 至少有 $(1 - 1/k^2)$ 比例的資料數值落在離平均數 k 個標準差的範圍內， 其中 k 是任何大於 1 的數值； 以數學式表示：

$$\frac{\sum_{i=1}^{n} I(x_i \le k\sigma)}{n} \ge 1 - 1/k^2,$$

其中，若資料數值 $x_i \le k\sigma$，則 $I(x_i \le k\sigma) = 1$，否則，$I(x_i \le k\sigma) = 0$。

例如：

(a)至少有 $[1 - 1/(2^2)] = 0.75$ 的資料數值落在離平均數 $k = 2$ 個標準差的範圍內；

(b)至少有 $[1 - 1/(3^2)] = 0.89$ 的資料數值落在離平均數 $k = 3$ 個標準差的範圍內；

(c)至少有 $[1 - 1/(4^2)] = 0.94$ 的資料數值落在離平均數 $k = 4$ 個標準差的範圍內。

3. **實證原則**

當我們相信資料是來自常態分配的母體時，則

(a)約有 68% 的資料數值落在離平均數 1 個標準差的範圍內；

(b)約有 95% 的資料數值落在離平均數 2 個標準差的範圍內；

(c)幾乎所有的資料數值落在離平均數 3 個標準差的範圍內。

4. **極端值的檢定** (detection of outliers)

以 Z − score 大於 3 或小於 −3 的資料數值視為極端值，被認定為極端值的資料數值將被剔除，以避免所計算的平均數受到極端值影響。

3.4 偏態的衡量 (measures of skewness)

對於資料是否具對稱性，有時亦十分重要，例如，股票投資人會在意股票報酬資料是不是對稱的，如果是對稱的，表示股票出現等額正報酬與負報

酬的機率相等；我們以下圖說明：如果資料數值分布呈現對稱現象，則若在平均數 $\bar{x}$ 右邊的某一個距離出現一個資料數值，則依對稱性的定義，我們必定能在平均數 $\bar{x}$ 左邊的相等距離處發現一個資料數值，此時對稱資料的分布將如圖 3.1 所示。

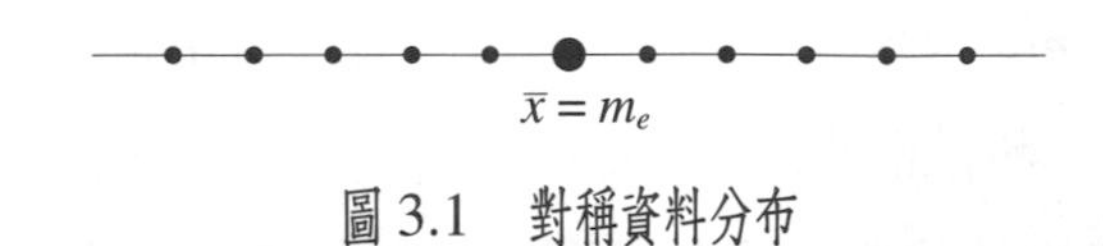

圖 3.1　對稱資料分布

由於對稱資料的分布會以平均數為中心 (因為 $\sum_{i=1}^{n}(x_i - \bar{x}) = 0$)，因此，中位數將等於平均數；也正因為具對稱性，所有資料數值到平均數的正、負絕對離差的總和必定為 0，即

$$\sum_{i=1}^{n}(-1)^{I(x_i)}|x_i - \bar{x}| = 0,$$

其中，$I(x_i) = 1$ 若 $x_i < \bar{x}$ 而 $I(x_i) = 0$ 若 $x_i > \bar{x}$，此衡量方法可稱為**加符號絕對離差和** (sum of signed absolute deviation)。另者，在對稱資料下，$\sum_{i=1}^{n}(x_i - \bar{x})^3$ 亦將等於 0。假若資料數值在實數線上的分布，如圖 3.2 所示：

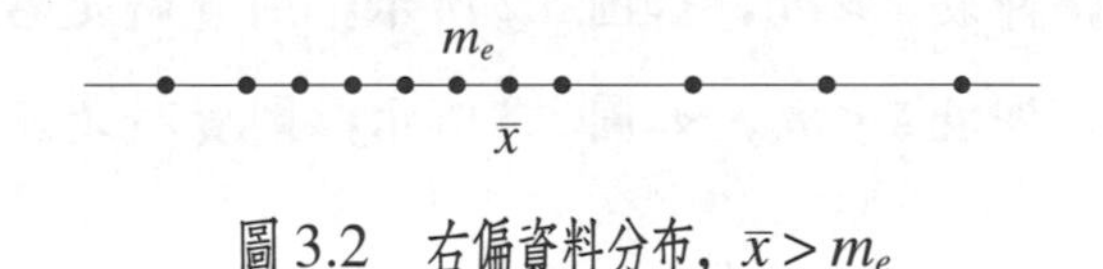

圖 3.2　右偏資料分布，$\bar{x} > m_e$

資料數值偏向落在實數線段的左邊，這樣的資料將呈現平均數 $\bar{x}$ 大於中位數的結果，亦即 $m_e - \bar{x} < 0$，在統計上我們稱之為**右偏** (skewed to the right 或 skewed left) 分布資料，此外，這種右偏的資料，在平均數右邊的資料離開平均數較遠，而在平均數左邊的資料離開平均數較近，因此，加符號絕對離差和將大於 0，即 $\sum_{i=1}^{n}(-1)^{I(x_i)}|x_i - \bar{x}| > 0$，而 $\sum_{i=1}^{n}(x_i - \bar{x})^3$ 亦必定大於 0，此數值大於 0 越多，資料越右偏。最後，假若資料數值在實數線上的分布，如圖 3.3 所示：

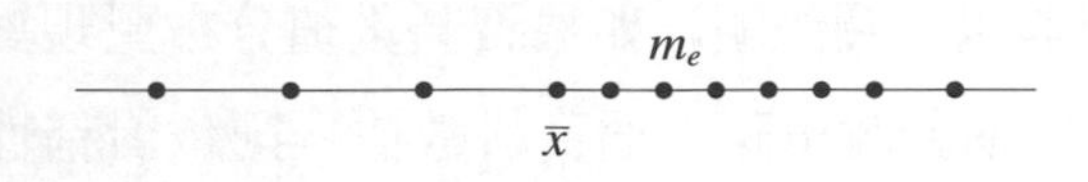

圖 3.3　左偏資料分布, $\bar{x} < m_e$

資料數值偏向落在實數線段的右邊，這樣的資料將呈現平均數 $\bar{x}$ 小於中位數的結果，亦即 $m_e - \bar{x} > 0$，在統計上我們稱之為**左偏** (skewed to the left 或 skewed right) 分布資料，此外，這種左偏的資料，在平均數左邊的資料離開平均數較遠，而在平均數右邊的資料離開平均數較近，因此，加符號絕對離差和將小於 0，即 $\sum_{i=1}^{n}(-1)^{I(x_i)}|x_i - \bar{x}| < 0$，而 $\sum_{i=1}^{n}(x_i - \bar{x})^3$ 也必定小於 0，而且此數值小於 0 越多，資料越左偏。

在統計上，對於資料對稱性的衡量方法如下：

1. **司皮爾森係數** (Spearson coefficient)

利用中位數與平均數的相對位置作為資料對稱性的衡量，其計算如下：

$$SK_p = \frac{3(\bar{x} - m_e)}{\sigma}.$$

(a)若 $SK_p = 0$，即表 $\bar{x} = m_e$，如圖 3.1 所示，則資料是對稱的分布；

(b)若 $SK_p > 0$，即表 $\bar{x} > m_e$，如圖 3.2 所示，則資料是右偏的分布；

(c)若 $SK_p < 0$，即表 $\bar{x} < m_e$，如圖 3.3 所示，則資料是左偏的分布。

當資料右 (左) 偏時，若司皮爾森係數大於 0 越多 (小於 0 越多)，則表示資料分布越右 (左) 偏，此現象如下圖說明：

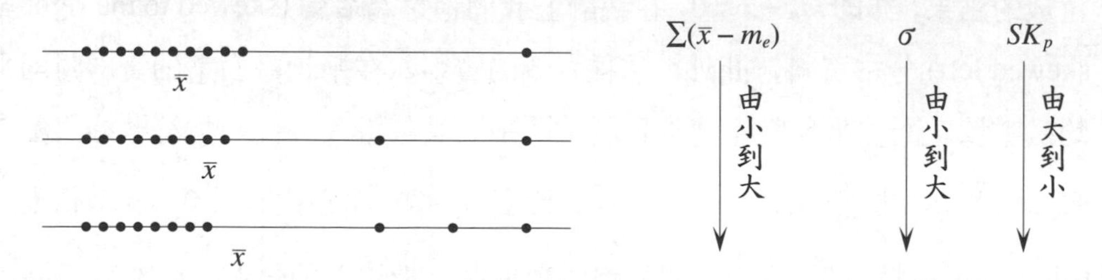

圖 3.4　司皮爾森係數說明圖

圖中，由上到下三種資料分布，依目視可知其右偏程度也由大到小；由於三組資料的中位數均為由左算起第 6 個資料的數值，故三組資料具有相同的中位數，而平均數則由上至下呈現逐漸增加，因此數值 $(\bar{x}-m_e)$ 由上至下呈現逐漸增加的趨勢，數值 $\sigma^2=\sum_{i=1}^{n}(x_i-\bar{x})^2/n$ 亦由上至下呈現逐漸增加的趨勢，惟其增加幅度較 $(\bar{x}-m_e)$ 為快，因此，司皮爾森係數將由上至下呈現由大到小的減少，所以 SK_p 越接近 0，表示資料越接近對稱，而 SK_p 越大，則資料右偏程度越高。

2. **偏態係數** (skewness coefficient)

$$\alpha_3=\frac{\dfrac{\sum_{i=1}^{n}(x_i-\bar{x})^3}{n}}{\sigma^3}.$$

偏態係數的應用：

(a)若 $\alpha_3=0$，則資料是對稱的分布；
(b)若 $\alpha_3>0$，則資料是右偏的分布；
(c)若 $\alpha_3<0$，則資料是左偏的分布。

當資料右 (左) 偏時，若偏態係數大於 0 越多 (小於 0 越多)，則表示資料分布越右 (左) 偏，此現象如下圖說明：

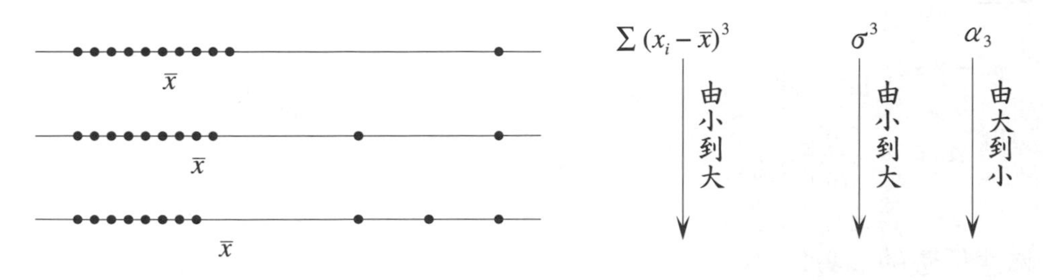

圖 3.5 偏態係數說明圖

圖中，由上到下三種資料分布，依目視可知其右偏程度也由大到小；而數值

$\sum_{i=1}^{n}(x_i-\bar{x})^3$ 由上至下呈現由小到大的增加，數值 σ^3 亦由上至下呈現由小到大的增加，惟其增加幅度較 $\sum_{i=1}^{n}(x_i-\bar{x})^3$ 為快，因此，偏態係數 $\alpha_3=\sum_{i=1}^{n}(x_i-\bar{x})^3/\sigma^3$ 將由上至下呈現由大到小的減少，所以 α_3 越接近 0，表示資料越接近對稱，而 α_3 越大，則資料右偏程度越高。

除了以上兩種偏態的衡量方法外，本書另外提出**平均絕對離差係數** (coefficient of average signed absolute deviation, ASAD) 的衡量方法如下：

$$ASAD=\sum_{i=1}^{n}(-1)^{I(x_i)}|x_i-\bar{x}|/\sigma.$$

從圖 3.1 的對稱資料，很明顯可看出 $ASAD=0$；對於圖 3.2 的右偏分布資料，加正號的絕對離差和會大於加負號的絕對離差和，故 $ASAD>0$；對於圖 3.3 的左偏分布資料，加正號的絕對離差和會小於加負號的絕對離差和，故 $ASAD<0$。因此，平均絕對離差係數與司皮爾森係數及偏態係數相同均能判定資料分布是否對稱。

3.5 峰態的衡量 (measures of kurtosis)

對於資料峰態的衡量，在統計上是以**峰態係數** (kurtosis coefficient) 予以衡量：

$$\alpha_4=\frac{\dfrac{\sum_{i=1}^{n}(x_i-\bar{x})^4}{n}}{\sigma^4}.$$

峰態係數的涵義：

1. 若 $\alpha_4=3$，則資料為常態峰 (mesokurtosis) 分布；

2. 若 $\alpha_4 > 3$，則資料為高狹峰 (leptokurtosis) 分布；

3. 若 $\alpha_4 < 3$，則資料為低狹峰 (platykurtosis) 分布。

關於高狹峰的資料分布可以下圖予以說明。

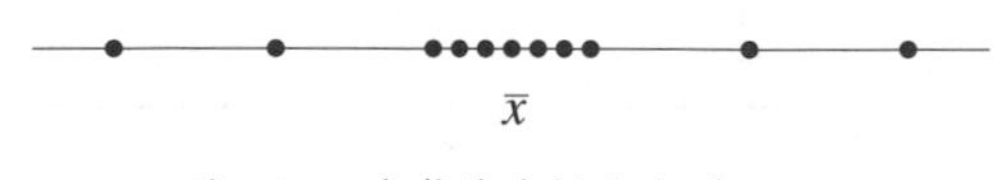

圖 3.6　高狹峰資料分布圖

若將上圖資料以 2 公分為組距繪製直方圖，如下圖，其中在 $\bar{x}$ 處，存在陡高的直條，故稱高狹峰資料；

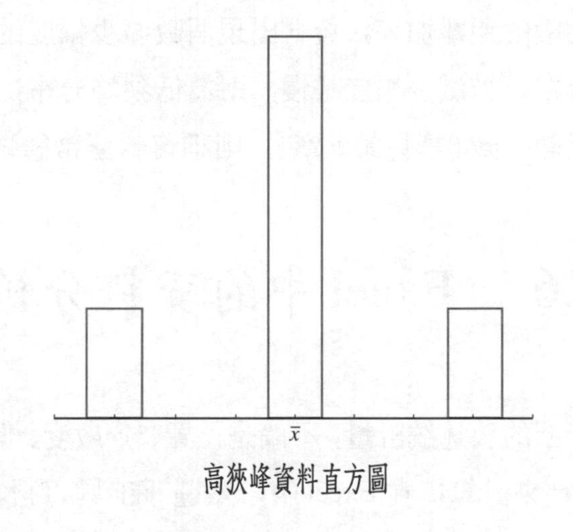

高狹峰資料直方圖

由圖 3.6 可知，高狹峰分布資料的特性是大部分的資料集中在平均數 $\bar{x}$ 的附近，而稍微離開平均數一些距離，資料很快就變少了。而低狹峰的資料分布如下圖 3.7 所示：

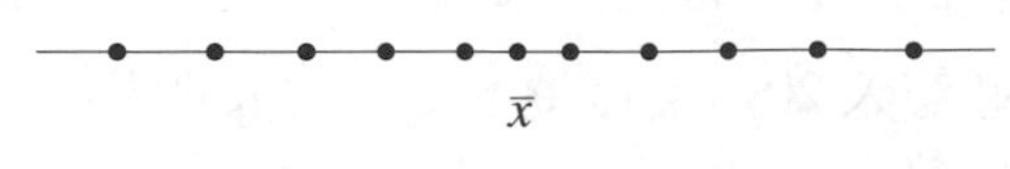

圖 3.7　低狹峰資料分布圖

若將上圖資料以 2 公分為組距繪製直方圖，如下圖，圖中不再出現陡高的直線，故稱低狹峰資料；

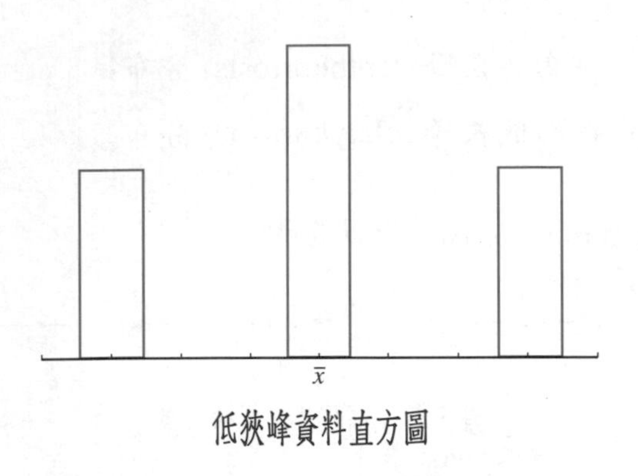

低狹峰資料直方圖

由圖 3.7 可知，低狹峰分布資料的特性是資料並不集中，離開平均數較遠距離處，仍然有資料出現，但出現的個數變少。所以高、低狹峰分布資料的差別在於隨著離開平均數的距離加大，資料出現個數減少幅度的差異，減少幅度快，則為高狹峰分布，若減少幅度較慢，則為低狹峰分布；倘若減少的幅度與常態分配密度函數一致 (詳見第 5 章)，則稱資料呈常態峰分布。

3.6 Excel 中的資料分析

對於前面所介紹的敘述統計量，不論是位置、分散度、偏態或峰態參數，我們也可利用 Excel 來計算；在 Excel 中，點選『工具 (T)』中的『資料分析 (D)』，在「資料分析」的對話框的『分析工具 (A)』中選擇『敘述統計』並按下『確定』，即可進入敘述統計的對話框，在對話框中的『輸入範圍 (I)』點選 80 位同學的身高資料，也在『平均數信賴度 (N)』的框中，先點入符號 % 前的白點，並在右邊的框框中鍵入結果輸出的位置，之後點選『輸出選項』及『Kth Smallest』並鍵入 20，最後按下『確定』，即可在結果輸出位置得到以下的結果：

表 3.1　身高資料的敘述統計輸出結果

平均數	164.685875
標準誤	0.732001411

中間值	164.78
眾數	168.98
標準差	6.547219662
變異數	42.8660853
峰度	−0.932059642
偏態	0.11886071
範圍	26.78
最小值	150.6
最大值	177.38
總和	13174.87
個數	80
第K個最小值(20)	158.76

表中之**標準誤** (standard error) 為平均數的標準差，總和為所有數值的加總結果，即 $\sum_{i=1}^{n} x_i$；第 K(20) 個最小值為第一個四分位數 (或第 25 個百分位數)，因為 $20/80 = 0.25$。上述 Excel 過程，請參考作者網頁子目錄 chapter3 中的 chapt3_1.ppt。

3.7 分組資料位置和分散度的衡量

從事統計分析時，有時候我們並無法拿到**原始資料** (raw data)，而是政府機構所出版的資料，這些資料大抵已經過處理，這些資料通常稱為**次級資料** (secondary data)。由於這些資料已經過處理，因此，政府機構會以上述提及之敘述統計方法予以呈現，其中又以將原始資料予以分組所製成的次數分配表最多。對於這種次級資料，我們該如何從事敘述統計的工作呢？為簡化說明，我們以前面分為 10 個分組的身高資料作為討論的對象，其次數分配如下表所示：

表 3.2　身高次數分配表

組界	次數
小於 153.278	1
153.278 到 155.956	4
155.956 到 158.634	14
158.634 到 161.312	12
161.312 到 163.990	8
163.990 到 166.668	7
166.668 到 169.346	14
169.346 到 172.024	6
172.024 到 174.702	9
174.702 到 177.380	5

很明顯的，這裡所得到的 10 個分組身高的次級資料，僅有 10 個組界與次數的數值，對於 80 位同學身高的描述顯然不如 80 個同學的原始身高資料翔實。此時，我們僅能利用這個分組資料計算出表 3.1 中的所列統計量的**近似值** (approximation)。

3.7.1　分組資料位置的衡量

1. **平均數**

分組資料的平均數：

$$\bar{x}=\frac{\Sigma f_i M_i}{\Sigma f_i}=\frac{\Sigma f_i M_i}{n},$$

其中 M_i 是第 i 組分組資料中間的數值而 f_i 為第 i 組分組資料的次數，此時，第 i 組分組資料的數值總和是以 $f_i M_i$ 代表，而以加總所有分組的數值總和代表所有資料數值的總和，是故，上式的計算，即為分組資料的平均數。顯然分組資料平均數必定與原始資料的平均數有所差異，此差異係因資料分組所致，因此稱之為**分組誤差** (grouping error)。

我們可以利用 Excel 來計算分組資料的平均數，由表 2.1 中的組界，我們很容易得到各組中位數 (M_i)，因為分組組距為 2.678，組距的一半為 1.339，利用 Excel 將組界欄中每一組的最大值減去 1.339 或每一組的最小值加上 1.339，即可得到組中位數欄，再將次數欄與組中位數欄中的數值相對應相乘，即可得到每一組 $f_i M_i$ 的數值所組成的欄位，在一個空白欄位上，點選加總符號『Σ』，並點選 10 個 $f_i M_i$ 數值的欄位，按下『Enter』即可在選定的空白欄位上出現 $\sum_{i=1}^{10} f_i M_i$ 的數值，該數值除上 80 即為此分組資料的平均數。由表 3.1 中原始身高資料的平均數為 164.685875，故平均數的分組誤差即為 164.685875 − 164.59255 = 0.0933。上述 Excel 過程，請參考作者網頁子目錄 chapter3 中的 chapt3_2.ppt。

組界	次數 (f_i)	組中位數 (M_i)	$f_i \times M_i$
小於 153.278	1	151.939	151.939
153.278 到 155.956	4	154.617	618.468
155.956 到 158.634	14	157.295	2202.13
158.634 到 161.312	12	159.973	1919.676
161.312 到 163.990	8	162.651	1301.208
163.990 到 166.668	7	165.329	1157.303
166.668 到 169.346	14	168.007	2352.098
169.346 到 172.024	6	170.685	1024.11
172.024 到 174.702	9	173.363	1560.267
174.702 到 177.380	5	176.041	880.205
總和			13167.404

2. 中位數

分組資料數值中位數的計算如下：

$$m_e = L_{m_e} + W_{m_e}\left(\frac{\frac{n}{2} - F_{m_e}}{f_{m_e}}\right),$$

其中

L_{m_e} = 中位數所在分組的下限數值

W_{m_e} = 中位數所在分組的組距

f_{m_e} = 中位數所在分組的資料次數

F_{m_e} = 中位數所在分組以前所有分組的累積次數

這個計算方法的邏輯在於，由於資料的分組形同身高資料已由矮到高排序，因此，中位數是為中位數所在組中第 $n/2-F_{m_e}$ 個同學的身高，然而，資料已經過分組，我們無法觀察到那個同學的身高，是以我們假設在中位數組內的身高資料呈現等幅度的差距，其平均差距為 W_{m_e}/f_{m_e}，所以，中位數組中第 $n/2-F_{m_e}$ 個同學的身高比前一組的下限數值 L_{m_e} 多了 $(n/2-F_{m_e})(W_{m_e}/f_{m_e})$ 公分，因此，中位數為 $L_{m_e}+(n/2-F_{m_e})(W_{m_e}/f_{m_e})$ 公分；其中關係可用下圖表示：

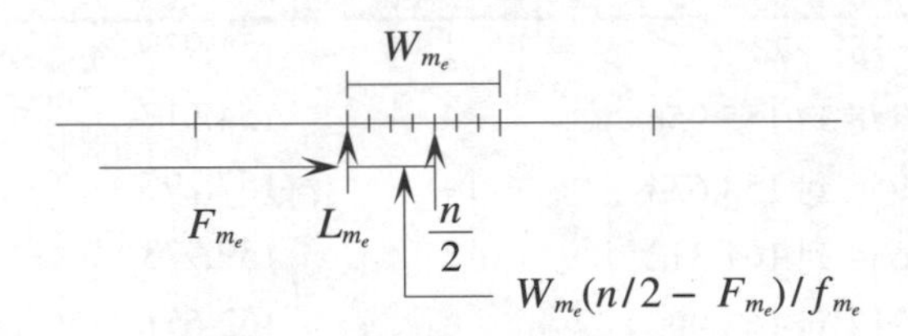

分組中位數求算示意圖

在分為 10 組的身高資料中，我們先計算每一組的累積次數，如表 3.3 所示，由於總共有 80 個身高資料，所以中位數應該落在 (163.990,166.668] 的組中，在這一組中的次數為 7 (f_{m_e})，而組距為 2.678 (W_{m_e})，所以，中位數組中每一個同學平均的身高差距為 0.383 ($W_{m_e}/f_{m_e}=2.678/7$)，而前一組的下限數值為 163.990，故假設身高排行第 40 個同學的身高為 164.373，而身高排行第 41 個同學的身高為 164.756，故分組身高資料的中位數為 164.5645 ((164.373 + 164.756)/2)。由表 3.1 中原始身高資料的中位數為 164.78，故中位數的分組誤差為 164.78 − 164.5645 = 0.2155。

表 3.3　身高資料累加次數分配表

組界	次數 (f_i)	累積次數 ($\sum f_i$)
小於 153.278	1	1
153.278 到 155.956	4	5
155.956 到 158.634	14	19
158.634 到 161.312	12	31
161.312 到 163.990	8	39
163.990 到 166.668	7	46
166.668 到 169.346	14	60
169.346 到 172.024	6	66
172.024 到 174.702	9	75
174.702 到 177.380	5	80
總和		

3. 眾數

分組資料眾數的計算如下：

(a) **粗略法** (crude method)：

$$m_o = \frac{L_{m_o} + U_{m_o}}{2},$$

其中

L_{m_o} = 眾數所在分組的下限數值

U_{m_o} = 眾數所在分組的上限數值

此方法，僅粗略地以眾數所在組的中間數值 $(L_{m_o} + U_{m_o})/2$ 為眾數。由上一表中，我們發現有兩組具有最大的次數 14，即 (155.956,158.634] 和 (166.668,169.346] 兩組，因此，此分組資料具有兩個眾數，依粗略法，眾數組中的組中位數 157.295 和 168.007 即為此分組資料的兩個眾數；由此可知，眾數的個數和其數值會隨著分組的組數不同而有所變動。

(b)King 氏法：

$$m_o = L_{m_o} + \frac{f_{+1}W_{m_o}}{f_{-1} + f_{+1}},$$

其中

W_{m_o}= 眾數所在分組的組距

f_{-1}= 眾數所在分組的前一組中資料出現的次數

f_{+1}= 眾數所在分組的後一組中資料出現的次數

這個方法是考慮了眾數所在分組前一、後一組資料觀察值出現的次數對決定眾數的影響，如果前一組的次數較多，則眾數數值應較接近所在分組的下限數值，而如果後一組的次數較多，則眾數數值應較接近所在分組的上限數值；此邏輯，可用比例 $f_{+1}/(f_{-1}+f_{+1})$ 來表示，當 f_{+1} 小時， $f_{+1}/(f_{-1}+f_{+1})$ 會呈現較小數值， 因此， 所決定的眾數 $(L_{m_o}+(W_{m_o}f_{+1})/(f_{-1}+f_{+1}))$ 會是較接近 L_{m_o} 的數值；反之，當 f_{+1} 大時，$f_{+1}/(f_{-1}+f_{+1})$ 會呈現較大數值， 因此， 所決定的眾數 $(L_{m_o}+(W_{m_o}f_{+1})/(f_{-1}+f_{+1}))$ 會是較離開 L_{m_o} 的數值；此邏輯如下圖所示。

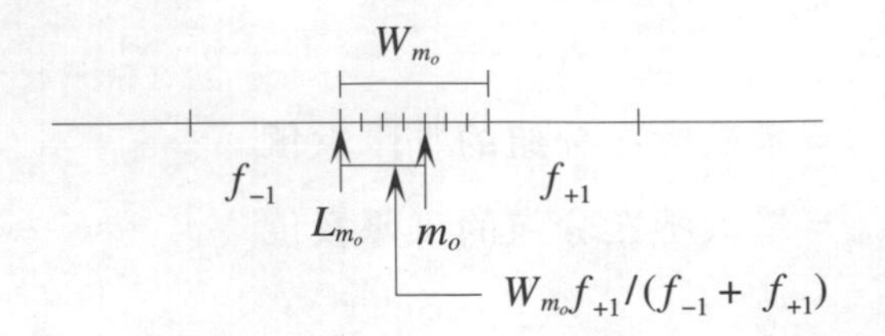

圖 3.8 King 氏法的示意圖

根據此邏輯，King 氏法可修改成：

$$m_o = U_{m_o} - \frac{f_{-1}W_{m_o}}{f_{-1} + f_{+1}}.$$

由分為 10 組的身高資料之表 3.3，King 氏法所決定的第一個眾數為

$$
\begin{aligned}
m_o &= L_{m_o} + \frac{f_{+1}W_{m_o}}{f_{-1}+f_{+1}} \\
&= 155.956 + \frac{12\times 2.678}{4+12} \\
&= 157.9645.
\end{aligned}
$$

而第二個眾數為

$$
\begin{aligned}
m_o &= L_{m_o} + \frac{f_{+1}W_{m_o}}{f_{-1}+f_{+1}} \\
&= 166.668 + \frac{6\times 2.678}{7+6} \\
&= 167.904.
\end{aligned}
$$

(c)**Czuber 氏法：**

Czuber 氏法與 King 氏法具有相同的邏輯，在 King 氏法中，眾數的決定是以眾數所在組前、後組的次數作為權數的加權平均數，而 Czuber 氏法則以數所在組的次數 (f_{m_o}) 與其前、後組次數的差距 (即 $f_{m_o}-f_{-1}$ 和 $f_{m_o}-f_{+1}$) 作為權數的加權平均數；依定義，$f_{m_o}-f_{-1}$ 和 $f_{m_o}-f_{+1}$ 必為大於 0 的數值，若 $f_{-1}>f_{+1}$，表示 $f_{m_o}-f_{-1}<f_{m_o}-f_{+1}$，則眾數應為靠近眾數所在組前一組的上限數值，相反地，若 $f_{-1}<f_{+1}$，表示 $f_{m_o}-f_{-1}>f_{m_o}-f_{+1}$，則眾數應為靠近眾數所在組後一組的下限數值，此邏輯可以下圖說明：

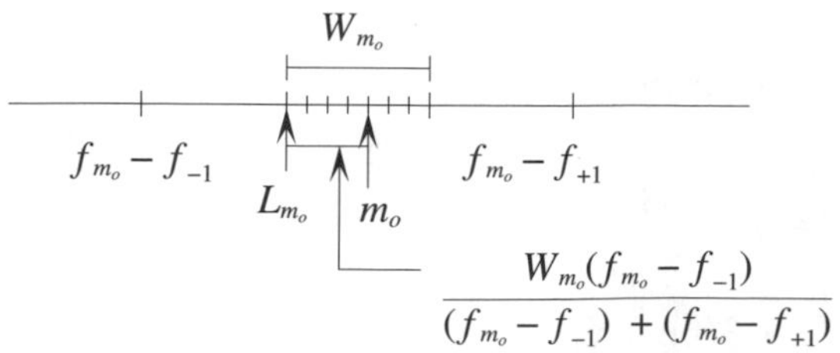

圖 3.9　Czuber 氏法邏輯示意圖

基於此，Czuber 決定眾數的方法為：

$$m_o = L_{m_o} + \frac{(f_{m_o} - f_{-1})W_{m_o}}{(f_{m_o} - f_{-1}) + (f_{m_o} - f_{+1})},$$

其中

$f_{m_o} =$ 眾數所在分組的次數

由分為 10 組的身高資料之表 3.3，Czuber 氏法所決定的第一個眾數為

$$\begin{aligned} m_o &= L_{m_o} + \frac{(f_{m_o} - f_{-1})W_{m_o}}{(f_{m_o} - f_{-1}) + (f_{m_o} - f_{+1})} \\ &= 155.956 + \frac{10 \times 2.678}{10 + 2} \\ &= 158.1885. \end{aligned}$$

而第二個眾數為

$$\begin{aligned} m_o &= L_{m_o} + \frac{(f_{m_o} - f_{-1})W_{m_o}}{(f_{m_o} - f_{-1}) + (f_{m_o} - f_{+1})} \\ &= 166.668 + \frac{7 \times 2.678}{7 + 8} \\ &= 167.9177. \end{aligned}$$

(d)Pearson 氏法：

由於 Pearson 指出，對於一個偏態資料 (skewed data) 其平均數、中位數及眾數間存在以下關係：

$$(m_o - \bar{x}) = 3(m_e - \bar{x}).$$

因此

$$m_o = \bar{x} + 3(m_e - \bar{x}).$$

4. **四分位數** (quartile)

在分組資料中，四分位數的決定和中位數的決定其邏輯是相同的；所以，

(a)第一個四分位數：

$$Q_1 = L_{Q_1} + W_{Q_1}\left(\frac{\frac{n}{4} - F_{Q_1}}{f_{Q_1}}\right).$$

(b)第三個四分位數：

$$Q_3 = L_{Q_3} + W_{Q_3}\left(\frac{\frac{3n}{4} - F_{Q_3}}{f_{Q_3}}\right).$$

由分為 10 組的身高資料之表 3.3 中，第一個四分位數為

$$\begin{aligned} Q_1 &= L_{Q_1} + \frac{\frac{n}{4} - F_{Q_1}}{f_{Q_1}} W_{Q_1} \\ &= 155.956 + \frac{(20-5)\times 2.678}{19} \\ &= 158.071. \end{aligned}$$

而第三個四分位數為

$$\begin{aligned} Q_3 &= L_{Q_3} + \frac{\frac{3n}{4} - F_{Q_3}}{f_{Q_3}} W_{Q_3} \\ &= 166.668 + \frac{(60-46)\times 2.678}{14} \\ &= 169.346. \end{aligned}$$

3.7.2 分組資料分散程度的衡量

1. 變異數

在分組資料中，由於已無法觀察到原始資料，因此，在每一個分組中，以其組中位數替代該組中的每一個資料數值，所以在第 i 組中每一個資料數

值到平均數實際距離的平方和，即總變異，$\Sigma(x_i - \bar{x})^2$ 則以 $\Sigma f_i(M_i - \bar{x})^2$ 替代，是故其變異數的計算為

$$\sigma^2 = \frac{\Sigma f_i(M_i - \bar{x})^2}{n}.$$

2. 標準差

變異數的平方根。以分組的身高資料為例，由前面的討論，分組平均數為 $\bar{x} = 164.685875$。

組界	f_i	M_i	$M_i - \bar{x}$	$(M_i - \bar{x})^2$	$f_i(M_i - \bar{x})^2$
小於 153.278	1	151.939	− 12.7469	162.4834596	162.4834596
153.278 到 155.956	4	154.617	− 10.0689	101.3827472	405.5309888
155.956 到 158.634	14	157.295	− 7.3909	54.62540281	764.7556393
158.634 到 161.312	12	159.973	− 4.7129	22.21142641	266.5371169
161.312 到 163.990	8	162.651	− 2.0349	4.14081801	33.12654408
163.990 到 166.668	7	165.329	0.6431	0.41357761	2.89504327
166.668 到 169.346	14	168.007	3.3211	11.02970521	154.4158729
169.346 到 172.024	6	170.685	5.9991	35.98920081	215.9352049
172.024 到 174.702	9	173.363	8.6771	75.29206441	677.6285797
174.702 到 177.380	5	176.041	11.3551	128.938296	644.69148
總和					3327.99993

由上表的計算結果，分組變異數 $\sigma^2 = 3327.99993/79 = 42.12658139$，而分組標準差則為 $\sqrt{42.12658139} = 6.490499317$；因此，由表 3.1 中原始身高資料的變異數為 42.8660853 (標準差為 6.547219662)，故分組變異數的分組誤差為 $42.8660853 - 42.12658139 = 0.73950391$， 而分組標準差的分組誤差為 $6.547219662 - 6.490499317 = 0.056720345$。

3.8 習　題

1. 請以 Excel 計算表 1.1 中體重資料分為 5 組的平均數，並計算其分組誤差；再比較此分組誤差 (5 組) 與前述所計算的分組誤差 (10 組)，並說明比較結果。
2. 請以 Excel 計算表 1.1 中體重資料分為 5 組的中位數，並計算其分組誤差；再比較此分組誤差 (5 組) 與前述所計算的分組誤差 (10 組)，並說明比較結果。

4. 基本機率概念

在上一章的敘述統計的討論中，我們介紹了描述一組數值資料在實數線分布情形的衡量，如位置衡量、分散程度衡量、偏態衡量及峰態衡量等；我們也在第 1 章中提到，除了敘述統計外，統計推論是統計分析的主要工具，之所以需要推論，可能是因為想要觀察瞭解的研究對象群體過於龐大，無法一一加以觀察每一個研究對象的特徵，而只能藉由少數研究對象的觀察，進而「推論」所有研究對象的該項特徵；或是因為想要瞭解的是尚未發生的事情，而目前所能觀察到的是這個時點以前的歷史資料，所以藉由歷史資料的觀察進而「推論」未來發生的事情。不論是推論龐大的研究對象群體，或是推論無法預知的未來，均存在**不確定性** (uncertainty)；一般而言，「不確定性」是以機率大小來表示，因此，在討論推論統計前，我們須對於「機率」有所介紹。

而為了能以較為科學的數值分析方式進行統計推論，我們須先將想要瞭解的研究對象特徵，轉換成**實數值** (real numbers)，不同的實數值代表不同研究對象的特徵差異，因此，對於研究對象某個特徵的研究，可以針對轉換數值在實數線上的分布而有所瞭解；我們以不同的實數數值來表現研究對象特定特徵的差異，例如以不同的公分數表現不同的身高特徵，藉由這些數值在實數線上的分布情形，即可瞭解所有研究對象所具有該特徵的全貌；所以，統計推論乃是以觀察表現部分研究對象該特徵的數值，據以推論所有研究對象的特徵數值在實數線的分布情形。

「機率」對大多數人而言並不陌生，而且日常生活中也充斥「機率」這個名詞，例如每天氣象報告中的降雨機率，上、下班塞車的機率，股票價格上漲的機率等等。機率這個名詞雖被廣泛使用，但使用者對機率的基本觀念卻未必正確；譬如，拿出一枚硬幣來，請問這枚硬幣出現正面的機率是多少?

絕大部分的人會毫不猶豫地回答 1/2；很少人會考慮這枚硬幣是不是一枚**公正的** (fair) 硬幣。如果這不是一枚公正的硬幣，那麼這枚硬幣出現正面的機率將不會是 1/2；又如果投擲硬幣的人是個職業賭徒，他極可能可以任意操縱硬幣出現的結果，此時，他手中的那枚硬幣出現正、反面的機率取決於他的個人意志以及控制硬幣的能力；因此，對於機率一詞的使用，應有較嚴謹的觀念與定義。在本章中，我們將介紹基本的機率概念，以為往後討論推論統計的基礎。

4.1 隨機實驗

在上述投擲硬幣的例子中，硬幣出現正、反面的機率，除了該枚硬幣本身的材質外，亦決定於投擲者的個人意志及其控制硬幣的能力，因此，若要有意義地討論與該枚硬幣相關的機率，首先須界定一些先決條件，此外，對於機率的四則運算，也需有基本的假設條件。

首先定義**實驗** (experiment)，一個實驗是一個產生完整**出象** (outcome) 的過程，若重複這個實驗，則一個且只有一個**可能出象** (possible outcome) 會出現；例如，投擲一枚硬幣是一個實驗，而這個實驗的可能出象有二：其一是硬幣出現正面，其二則是硬幣出現反面；又如投擲一個骰子也是一個實驗，這個骰子所出現的點數 (1，2，3，4，5 或 6 點) 即為這個實驗的可能出象；又如一場籃球比賽是一個實驗，其可能出象為主隊贏、客隊贏或平手。此外，一個實驗也可以是由數個實驗所組成的複合實驗，如連續投擲硬幣三次，這個實驗包含了三個投擲一枚硬幣的實驗，此時每一次的投擲硬幣稱為**試驗** (trial)，又如同時投擲一枚硬幣與一個骰子的實驗，則這個實驗包含投擲一枚硬幣與投擲一個骰子兩個試驗。

一個實驗所有**可能出象** (possible outcomes) 的集合稱為「**樣本空間**」(sample space)，通常以符號 S 代表，而從事一個實驗所得到的一個出象被稱為「**樣本點**」(sample point)；例如投擲二枚硬幣實驗的樣本空間為：

$$\mathcal{S} = \{(\text{正}，\text{正})、(\text{正}，\text{反})、(\text{反}，\text{正})、(\text{反}，\text{反})\}$$

而投擲一枚硬幣三次實驗的樣本空間為:

$$\begin{aligned}\mathcal{S} = \{&(\text{正}，\text{正}，\text{正})、(\text{正}，\text{正}，\text{反})、(\text{正}，\text{反}，\text{正})、(\text{反}，\text{正}，\text{正})、\\&(\text{正}，\text{反}，\text{反})、(\text{反}，\text{正}，\text{反})、(\text{反}，\text{反}，\text{正})、(\text{反}，\text{反}，\text{反})\}\end{aligned}$$

而同時投擲一枚硬幣與一個骰子的實驗的樣本空間為:

$$\begin{aligned}\mathcal{S} = \{&(\text{正}，1)、(\text{正}，2)、(\text{正}，3)、(\text{正}，4)、(\text{正}，5)、(\text{正}，6)、\\&(\text{反}，1)、(\text{反}，2)、(\text{反}，3)、(\text{反}，4)、(\text{反}，5)、(\text{反}，6)\}\end{aligned}$$

在統計學課堂 80 位同學的例子中， 任意抽取一位同學的隨機實驗將有 80 個同學的可能出象，因此其樣本空間為

$$\mathcal{S} = \{E_1,E_2,\cdots,E_{80}\},$$

其中，E_i 代表第 i 個同學。

4.2 出象機率的給定

一個實驗出象的機率是衡量這個出象在這個實驗中出現的可能性的數值，當然，對於一個實驗所有出象的可能性，我們是無法知道的，例如，投擲任意一枚硬幣實驗出現正、反面出象的機率為何，是無法得知的，因為我們不知道該枚硬幣是否為公正的硬幣，而且也未說明誰將投擲該枚硬幣；但因為是出象出現可能性的數值衡量，不論其機率值為何，其必須滿足以下兩個條件:

1. $0 \leq \mathbb{P}(E_i) \leq 1, \forall i$，其中 E_i 表示實驗的一個可能出象；
2. $\mathbb{P}(E_1) + \mathbb{P}(E_2) + \cdots + \mathbb{P}(E_k) = \sum_{i=1}^{k}\mathbb{P}(E_i) = 1$，其中 k 為所有可能出象的個數。

由於 E_i 代表實驗的出象，是一個現象而非數值，而 $\mathbb{P}(E_i)$ 為出象 i 的機率數值，所以 $\mathbb{P}(\cdot)$ 是一個定義域為出象集合而值域為實數的函數，是故，$\mathbb{P}(\cdot)$ 稱為**機率集合函數** (probability set function)，為區分集合函數與實數函數的差別，我們以 $\mathbb{P}(\cdot)$ 表示為集合函數。上述條件中，第一個條件表示任何一個出象皆有可能出現但不必然出現，故其出現的機率必須大於 0 而小於 1；而第二個條件表示這個實驗必定出現可能出象的其中之一，所以所有可能出象的機率和為 1。為了能確定每一個出象的機率，我們可以根據以下三種方法決定，給予所有出象機率數值：

1. **古典方法** (classical method)

古典方法在於假定所有出象具有相等的出現機率，因此，由上述第二個條件：$\mathbb{P}(E_1)+\mathbb{P}(E_2)+\cdots+\mathbb{P}(E_k)=1$，所以每一個出象的機率為 $1/k$。例如，投擲一個骰子的樣本空間為 $S=\{1,2,3,4,5,6\}$，則每一個點數出現的機率為 $\mathbb{P}(1)=\mathbb{P}(2)=\cdots=\mathbb{P}(6)=1/6$；而投擲一枚硬幣與一個骰子的實驗中，依古典方法所給定每一個出象的機率為 1/12。

2. **相對次數法** (relative frequency method)

相對次數法是以大量重複從事實驗並記錄每一次實驗的出象進而計算每一個出象的相對次數，例如，投擲一枚硬幣 10000 次，假若其中出現正面 5020 次，則依相對次數法給定該枚硬幣出現正面的機率為 $\mathbb{P}(\text{正})=5020/10000=0.502$；當然，相對次數法僅適用於定義有限個可能出象實驗的機率值。

3. **主觀法** (subjective method)

主觀法是依個人的認知，主觀地給予每一個出象機率數值。

本書第 1 章中提到的 80 位學生的統計學課堂上， 老師要點名一位學生來回答問題，則某個學生被點中的機率是多少呢？這位老師共有 80 個不同學生供其選擇，因此，在這個實驗中，共有 80 個可能的出象；由機率給定的原則，任何一個學生皆有被點中的可能，故每一位同學被點中的機率必定在 0 與 1 之間，而且，由於這位老師必定要點一位同學回答問題，因此，所有 80 位同學被點中的機率總和必定等於 1；單由這兩個原則，我們還是無法得知每一位同學被點中的機率值，假若該位老師依古典方法點選學生，即每一位學生被點中的機率相等，則任何一學生被點中的機率均為 1/80；當然，如果老師點選學生回答問題的次數足夠多，我們也可以實際觀察老師點選學生回答問題的記錄，計算每一位學生被點選的相對次數，以作為被點到的機率值。由於是相對次數，故其必介於 0 與 1 之間且其和為 1；此外，統計老師可能只點選坐在前面幾排的學生，這種主觀的行為，使得每一位學生具有不同的被點到機率。

由上述說明，我們知道機率討論的基礎在於實驗可能出象的機率給定，唯有基本可能出象的機率定義後，我們才能探討以下**事件機率** (event probability) 的計算。

4.3 事件與事件機率

所謂的**事件** (event) 是某些樣本點所組成的集合，通常以符號 E 表示，而一個事件的機率即等於事件集合內所包含的每一個樣本點的機率總和。例如，在投擲一個骰子的實驗中，出現偶數點數的集合即為一個事件，$E = \{2,4,6\}$，而此事件的機率為

$$\mathbb{P}(\text{偶數點數}) = \mathbb{P}(E) = \mathbb{P}(\{2,4,6\}) = \mathbb{P}(2) + \mathbb{P}(4) + \mathbb{P}(6).$$

若依古典方法所給定的出象機率，則此事件的機率為 $1/6 + 1/6 + 1/6 = 1/2$，若依相對次數法，而點數 2、4 和 6 點出現的相對次數分別為 0.151、0.162 和 0.171，則此事件的機率為 $0.151 + 0.162 + 0.171 = 0.484$，而又若依主觀法，而主觀給定點數 2、4 和 6 點的機率分別為 0.15、0.20 和 0.10，則此事件的機率為 $0.15 + 0.20 + 0.1 = 0.45$。

又在統計老師點選學生回答問題的例子中，假若我們想知道被點到的是經濟系學生的機率，則因 80 名學生中有 20 位來自經濟系，因此，被點到的學生

是經濟系的機率等於 20 位經濟系學生被點到機率的總和，假若每一位學生被點到的機率是依古典方法所給定，則被點到的是經濟系學生的機率即等於 20/80。

又如我們想知道點到的是男生的機率，因為 80 名學生中有 40 位是男生，因此，被點到的是男生的機率即等於 40 位男生被點到機率的總和，假若每一位學生被點到的機率是依古典方法所給定，則被點到的是男生的機率即等於 40/80。

由於事件機率是機率討論的重點，而事件則是可能出象的部分集合，因此，事件機率的計算，與**集合代數** (set algebra) 的運算有關，是以，以下我們介紹一些集合代數的基本內容。

4.4 集合代數

定義 4.1

假若集合 A_1 中的每一個元素 (element) 也是集合 A_2 中的一個元素，即集合 A_1 中的每一個元素皆可以在集合 A_2 中找到，則稱集合 A_1 為集合 A_2 的子集合 (subset) 或稱部分集合，書寫成 $A_1 \subset A_2$；若集合 A_1 與集合 A_2 具有相同的元素，則稱這兩個集合相等，書寫成 $A_1 = A_2$。換言之，若 $A_1 \subset A_2$ 且 $A_2 \subset A_1$，則 $A_1 = A_2$。

例如上述投擲一個骰子的實驗中，出現偶數點數的集合 {2,4,6} 為樣本空間 {1,2,3,4,5,6} 的子集合，所以，上述提及的事件是樣本空間的子集合；而出現點數 2 的集合 {2} 則為偶數點數集合的子集合。

定義 4.2

若一個集合 A 不具有任何元素，則集合 A 稱為空集合 (null set)，書寫成 $A = \varnothing$。

假設集合 A 定義為投擲一顆骰子出現大於6點點數的集合，由於骰子不可能出現6點以上點數的結果，因此集合 A 為空集合。值得注意的是，若 $A = \{\quad\}$，為空集合，但若 $A = \{\varnothing\}$，則集合 A 不為空集合，而是包含符號 $\varnothing$ 一個元素的集合；此外，一個空集合為任何一個集合的子集合。

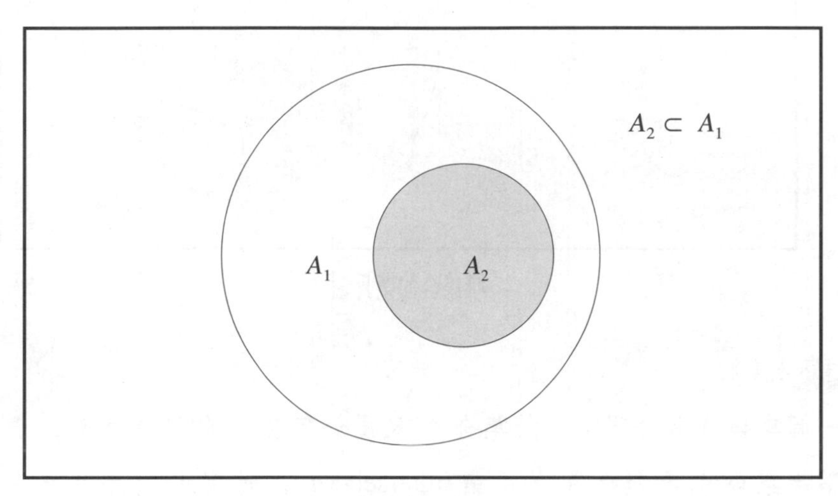

子集合的范氏圖

定義4.3

一個集合 A 包含集合 A_1 和集合 A_2 中所有的元素，則這個集合 A 稱為集合 A_1 和集合 A_2 的聯集 (union)，書寫成 $A_1 \cup A_2 = A$。換言之，集合 A 中的每一個元素必定可以在集合 A_1 中或集合 A_2 中或兩個集合中找到。

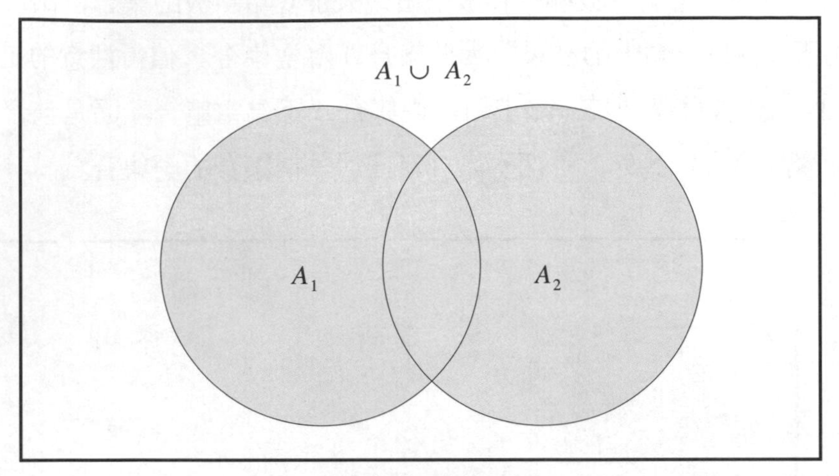

聯集合的范氏圖

定義4.4

一個集合 A 包含同時屬於集合 A_1 又屬於集合 A_2 的所有元素，則這個集合 A 稱為集合 A_1 和集合 A_2 的交集 (intersection)，書寫成 $A_1 \cap A_2 = A$。

假定集合 A_1 代表投擲一顆骰子出現偶數點數的集合，故其包含2、4和6點數的三種出象，而集合 A_2 代表投擲一顆骰子出現點數小於4的集合，故其包含1、2和3點數的三種出象；則集合 A_1 和集合 A_2 的聯集為點數1、2、3、4和6出象的集合。而集合 A_1 和集合 A_2 的交集則為點數為2出象的集合。

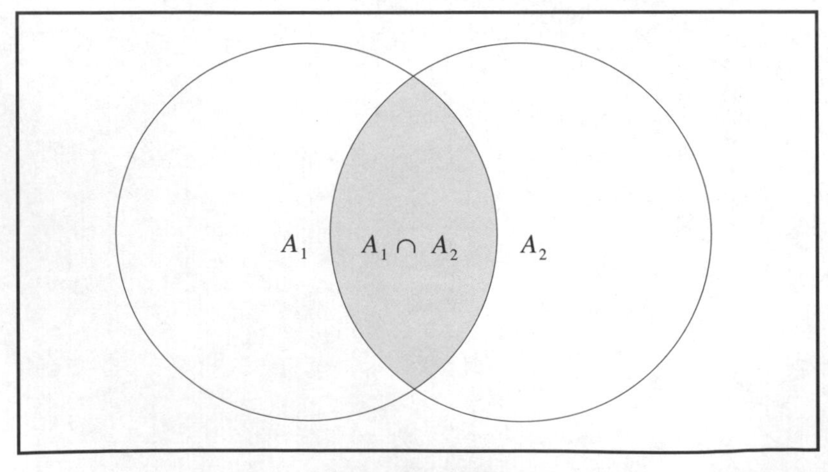

交集合的范氏圖

定義 4.5

一個包含所有考量的元素的集合，稱為空間集合 (space set) 或宇集合 (universal set)，以 $\mathcal{A}$, $\mathcal{B}$, 或 $\mathcal{C}$ ⋯表示

定義 4.6

令 $\mathcal{A}$ 表示一個空間且令 A 為空間 $\mathcal{A}$ 的子集合，則一個集合中包含所有屬於 $\mathcal{A}$ 的元素但不存在於集合 A 中，則此集合稱為集合 A 的餘集合 (complement set)，書寫成 A^c。由此定義可知道，在定義餘集合前，必須先界定空間集合。

又例如在統計學課堂 80 位同學中，所有 80 位同學即組成宇集合，以 A_1 表示所有男生的集合，而以 A_2 表示經濟系學生的集合，則 $A_1 \cap A_2$ 為班上的經濟系男生，計有 12 位同學。而 $A_1 \cup A_2$ 為所有男生與所有經濟系女生所組成的集合。而 A_1 集合的餘集合則為所有女同學所組成的集合。

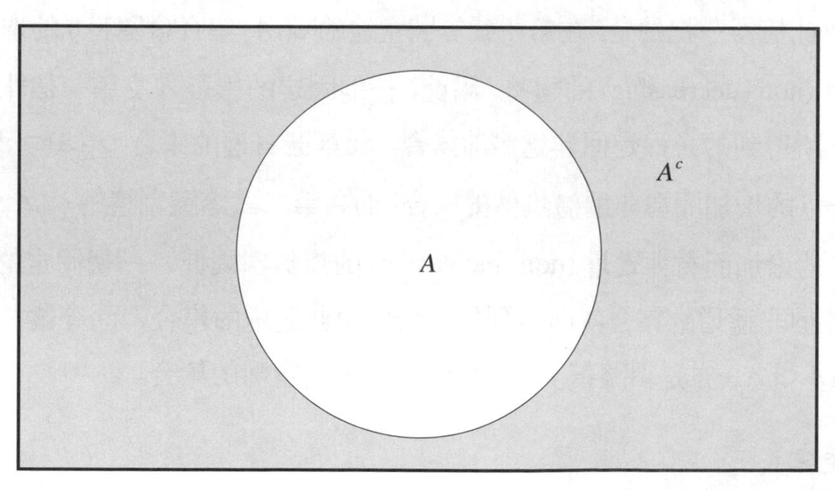

餘集合

集合運算法則：在集合的運算中，包含了交集與聯集的運算，而集合交集與聯集運算具有以下的法則：

1. $\mathcal{A}^c = \varnothing, \varnothing^c = \mathcal{A}, (\mathcal{A}^c)^c = \mathcal{A}.$

2. $\mathcal{A} \cup A = \mathcal{A}, \varnothing \cup A = A, A \cup A^c = \mathcal{A}, A \cup A = A.$

3. $\mathcal{A} \cap A = A, \varnothing \cap A = \varnothing, A \cap A^c = \varnothing, A \cap A = A.$

4. **結合律** (associate laws):

$$A_1 \cup (A_2 \cup A_3) = (A_1 \cup A_2) \cup A_3$$
$$A_1 \cap (A_2 \cap A_3) = (A_1 \cap A_2) \cap A_3$$

5. **交換律** (commutative laws):

$$A_1 \cup A_2 = A_2 \cup A_1$$
$$A_1 \cap A_2 = A_2 \cap A_1$$

6. **分配律** (distribution laws):

$$A \cap (\cup_j A_j) = \cup_j (A \cap A_j)$$
$$A \cup (\cap_j A_j) = \cap_j (A \cup A_j)$$

在此值得一提的是，在第一式等號左邊的 $\cup_j A_j$ 集合會隨著 j 的增加而有**非遞減** (non-decreasing) 的趨勢，因此，一個固定的集合 A 交集一個非遞減的集合，所得到的必然是個非遞減的集合，而等號右邊的集合 $\cup_j (A \cap A_j)$ 亦是個隨著 j 的增加而有非遞減趨勢的集合；而在第二式等號左邊的 $\cap_j A_j$ 集合會隨著 j 的增加而有**非遞增** (non-increasing) 的趨勢，因此，一個固定的集合 A 聯集一個非遞增的集合，所得到的必然是個非遞增的集合，而等號右邊的集合 $\cap_j (A \cup A_j)$ 亦是個隨著 j 的增加而有非遞增趨勢的集合。

7. **恆等式**：

$$\cup_j A_j = A_1 \cup (A_1^c \cap A_2) \cup (A_1^c \cap A_2^c \cap A_3) \cup \cdots.$$

此等式的主要邏輯是將所有集合的聯集，切割成許多完全沒有**重疊** (disjoint) 的集合的聯集，亦即，等號右邊的每一個集合間 A_1、$(A_1^c \cap A_2)$、$(A_1^c \cap A_2^c \cap A_3) \cdots$ 互為沒有重疊的集合。若由范氏圖可看出，集合 $\cup_j A_j$ 所包含的面

積即等於所有集合 A_1、$(A_1^c \cap A_2)$、$(A_1^c \cap A_2^c \cap A_3)\cdots$ 面積的總和。

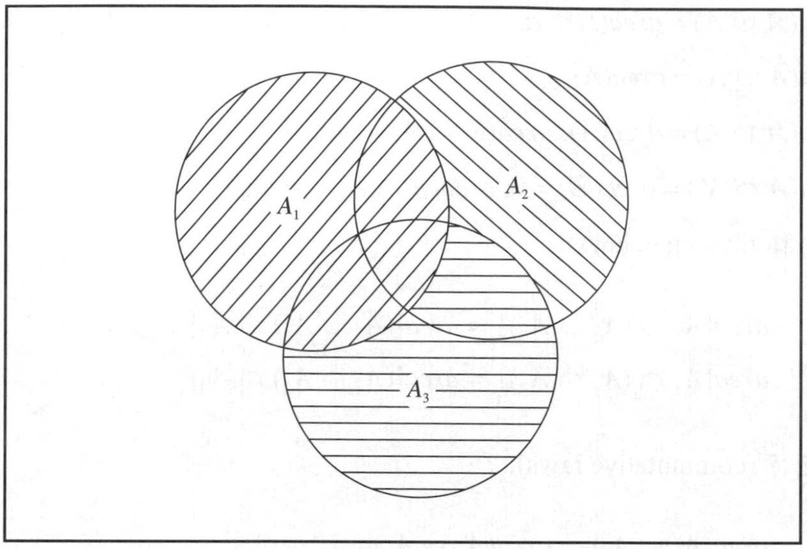

恆等式的范氏圖說明

上圖以 $A_1 \cup A_2 \cup A_3$ 為例說明； $A_1 \cup A_2 \cup A_3$ 的面積等於右斜線面積（即 A_1 集合），加上左斜線面積（即 $A_1^c \cup A_2$），再加橫線面積（即 $A_1^c \cup A_2^c \cup A_3$）。

8. De Morgan 氏定律：

(a) $(\cup_j A_j)^c = \cap_j A_j^c$

(b) $(\cap_j A_j)^c = \cup_j A_j^c$

同樣地，$\cup_j A_j$ 為非遞減集合，而 $(\cup_j A_j)^c$ 則為非遞增集合；$\cap_j A_j$ 為非遞增集合，而 $(\cap_j A_j)^c$ 則為非遞減集合。

以上所述的各項運算法則，利用范氏圖即可輕而易舉說明。亦即等號左邊集合所包含的面積等於等號右邊集合所包含的面積。 若以函數 $area(A)$ 表示集合 A 在范氏圖中的面積，並定義空集合的面積為 0，$area(\varnothing) = 0$，則上述的運算法則可改寫為：

1. $area(\mathcal{A}^c) = area(\varnothing) = 0$, $area(\varnothing^c) = area(\mathcal{A})$, $area[(\mathcal{A}^c)^c] = area(\mathcal{A})$.

2. $area(\mathcal{A} \cup A) = area(\mathcal{A})$, $area(\varnothing \cup A) = area(A)$, $area(A \cup A^c) = area(\mathcal{A})$, $area(A \cup A) = area(A)$.

3. $area(\mathcal{A} \cap A) = area(A)$, $area(\varnothing \cap A) = area(\varnothing) = 0$, $area(A \cap A^c) = area(\varnothing) = 0$, $area(A \cap A) = area(A)$.

4. 結合律 (associate laws):

$$area[A_1 \cup (A_2 \cup A_3)] = area[(A_1 \cup A_2) \cup A_3]$$
$$area[A_1 \cap (A_2 \cap A_3)] = area[(A_1 \cap A_2) \cap A_3]$$

5. 交換律 (commutative laws):

$$area(A_1 \cup A_2) = area(A_2 \cup A_1)$$
$$area(A_1 \cap A_2) = area(A_2 \cap A_1)$$

6. 分配律 (distribution laws):

$$area[A \cap (\cup_j A_j)] = area[\cup_j (A \cap A_j)]$$
$$area[A \cup (\cap_j A_j)] = area[\cap_j (A \cup A_j)]$$

7. 恆等式:

$$area(\cup_j A_j) = area(A_1) + area(A_1^c \cap A_2) + area(A_1^c \cap A_2^c \cap A_3) + \cdots.$$

8. De Morgan 氏定律:

(a) $area[(\cup_j A_j)^c] = area(\cap_j A_j^c)$

(b) $area[(\cap_j A_j)^c] = area(\cup_j A_j^c)$

在瞭解集合運算的法則後，若將宇集合 $\mathcal{A}$ 的面積限定為1，則每一個宇集合 $\mathcal{A}$ 中的子集合的面積即為介於0與1間的數值，此面積相當於該集合所擁有的機率值，因此，相對應於上述集合運算法則中的 $area(\cdot)$ 函數即可視為機率集合函數，由此機率集合函數運算規則與集合運算法則間的關係即顯而易見了；以下為機率集合函數的幾個重要的運算特性：

定理 4.1

對於一個集合 $C \subset \mathcal{C}$，則 $\mathbb{P}(C) = 1 - \mathbb{P}(C^c)$。

證明：因為 $\mathcal{C} = C \cup C^c$，而且 $C \cap C^c = \varnothing$，則 $\mathbb{P}(\mathcal{C}) = \mathbb{P}(C) + \mathbb{P}(C^c) = 1$。

定理 4.2

空集合的機率集合函數值為零，即 $\mathbb{P}(\varnothing) = 0$。

證明：令 $C = \varnothing$，由前述特性得到 $C^c = \mathcal{C}$，則 $\mathbb{P}(\varnothing) = 1 - \mathbb{P}(\mathcal{C}) = 0$。

定理 4.3

若 C_1 和 C_2 為空間 $\mathcal{C}$ 的兩個子集合，假設 $C_1 \subset C_2$，則 $\mathbb{P}(C_1) \le \mathbb{P}(C_2)$。

證明：由於 $C_2 = C_1 \cup (C_1^c \cap C_2)$ 且因 $C_1 \cap (C_1^c \cap C_2) = \varnothing$, $\mathbb{P}(C_2) = \mathbb{P}(C_1) + \mathbb{P}(C_1^c \cap C_2)$，然而 $\mathbb{P}(C_1^c \cap C_2) \ge 0$，因此 $\mathbb{P}(C_2) \ge \mathbb{P}(C_1)$。

定理 4.4

對於每一個空間集合 $\mathcal{C}$ 的子集合 C，則 $0 \le \mathbb{P}(C) \le 1$。

證明：由於 $\varnothing \subset C \subset \mathcal{C}$，則 $\mathbb{P}(\varnothing) \le \mathbb{P}(C) \le \mathbb{P}(\mathcal{C})$ 或 $0 \le \mathbb{P}(C) \le 1$。

定理 4.5

若 C_1 和 C_2 為空間集合 $\mathcal{C}$ 的兩個子集合，則 $\mathbb{P}(C_1 \cup C_2) = \mathbb{P}(C_1) + \mathbb{P}(C_2) - \mathbb{P}(C_1 \cap C_2)$。

證明：由於

$$C_1 \cup C_2 = C_1 \cup (C_1^c \cap C_2) \text{ 而且 } C_2 = (C_1 \cap C_2) \cup (C_1^c \cap C_2),$$

則

$$\mathbb{P}(C_1 \cup C_2) = \mathbb{P}(C_1) + \mathbb{P}(C_1^c \cap C_2)$$
$$\mathbb{P}(C_2) = \mathbb{P}(C_1 \cap C_2) + \mathbb{P}(C_1^c \cap C_2)$$

因此，

$$\mathbb{P}(C_1 \cup C_2) = \mathbb{P}(C_1) + \mathbb{P}(C_2) - \mathbb{P}(C_1 \cap C_2).$$

相互排斥事件 (mutually exclusive events)：令 C 表示一個樣本空間且令 $C_1, C_2, C_3, \cdots$ 為 C 的子集合，假若這些集合中，沒有任何兩個集合具有相同的元素，即 $C_i \cap C_j = \varnothing$，則這些集合稱為**相互不重疊集合** (mutually disjoint sets) 或相互排斥事件，而 $\mathbb{P}(C_1 \cup C_2 \cup C_3 \cup \cdots) = \mathbb{P}(C_1) + \mathbb{P}(C_2) + \mathbb{P}(C_3) + \cdots$。

4.5 條件機率

在日常使用機率時，我們經常會說若某件事情發生，其發生的機率為 0.4，而若另外一件事情發生了，則這件事情發生的機率提高為 0.5，亦即這件事情發生的機率會受到其他事情發生與否的影響；又如明天股票指數漲跌的機率，會因為今天晚上政府部門是否發布重大財經消息而有所不同，此即所謂的**條件機率** (conditional probability)；假設一個事件 A 原先發生的機率為 $\mathbb{P}(A)$，當我們獲得新的訊息知道某一事件 B 已發生，則這個新訊息的獲取，將使我們調整原本對事件 A 發生機率的預期，而計算出新的機率值。由於事件 B 已發生，表示集合 B 已被一個新的機率集合函數重新定義為具有 1 的機率值，此一新的機率集合函數即為事件 B 已然發生的條件機率集合函數，以 $\mathbb{P}(\cdot|B)$ 表示，所以 $\mathbb{P}(B|B) = 1$；事件 B 已然發生的情況下，唯有在原先 $A \cap B$ 的集合中才存在集合 A 中的元素，因此，事件 B 已然發生再發生事件 A 的機率即為 $A \cap B$ 集合被條件機率集合函數 $\mathbb{P}(\cdot|B)$ 所定義的機率值，即 $\mathbb{P}(A \cap B|B)$，此機率即為條件機率 $\mathbb{P}(A|B)$；由於 $\mathbb{P}(B|B) = 1$ 是由 $\mathbb{P}(B)/\mathbb{P}(B) = 1$

而來，因此，$\mathbb{P}(A \cap B|B) = \mathbb{P}(A \cap B)/\mathbb{P}(B)$，進而 $\mathbb{P}(A|B) = \mathbb{P}(A \cap B|B) = \mathbb{P}(A \cap B)/\mathbb{P}(B)$，此即為條件機率的數學定義式。

依據條件機率的定義：

$$\mathbb{P}(A|B) = \frac{\mathbb{P}(A \cap B)}{\mathbb{P}(B)}$$

$$\mathbb{P}(B|A) = \frac{\mathbb{P}(A \cap B)}{\mathbb{P}(A)}$$

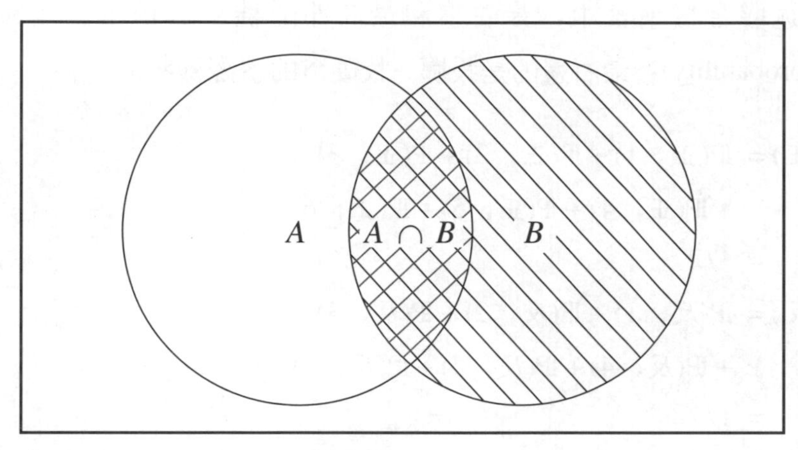

條件機率的范氏圖說明

如上圖所示，條件機率 $\mathbb{P}(A|B)$ 為右斜線面積(即 $A \cap B$ 的面積)占左斜線面積(即 B 的面積)的比例；此一數值可視為在將左斜線面積設定為 1 時(即 $\mathbb{P}(B) = 1$ 時)，右斜線面積所應有的比例。

舉例而言，在投擲一枚硬幣與一個骰子的實驗中，其樣本空間可以表示為

	1	2	3	4	5	6
正	(正，1)	(正，2)	(正，3)	(正，4)	(正，5)	(正，6)
反	(反，1)	(反，2)	(反，3)	(反，4)	(反，5)	(反，6)

根據給定的機率於樣本空間內的所有元素，即得到投擲一枚硬幣與一個骰子的**聯合機率** (joint probability)，依定義，聯合機率乃是兩個事件同時發生的機率，例如，$\mathbb{P}$(正，1) 表示硬幣出現正面與骰子出現 1 點同時發生的機率。

若依古典方法，樣本空間內12個出象具有相等的機率值，則聯合機率分配表為

	1	2	3	4	5	6	
正	ℙ(正，1) = 1/12	ℙ(正，2) = 1/12	ℙ(正，3) = 1/12	ℙ(正，4) = 1/12	ℙ(正，5) = 1/12	ℙ(正，6) = 1/12	$\frac{1}{2}$
反	ℙ(反，1) = 1/12	ℙ(反，2) = 1/12	ℙ(反，3) = 1/12	ℙ(反，4) = 1/12	ℙ(反，5) = 1/12	ℙ(反，6) = 1/12	$\frac{1}{2}$
	1/6	1/6	1/6	1/6	1/6	1/6	

從上述聯合機率表中，最右邊和最底部的機率數值稱為**邊際機率** (marginal probability)；最右邊的是投擲一枚硬幣的邊際機率：

$$\begin{aligned}\mathbb{P}(\text{正}) &= \mathbb{P}(\text{正}，1) + \mathbb{P}(\text{正}，2) + \mathbb{P}(\text{正}，3)\\ &\quad + \mathbb{P}(\text{正}，4) + \mathbb{P}(\text{正}，5) + \mathbb{P}(\text{正}，6)\\ &= 1/2\end{aligned}$$

$$\begin{aligned}\mathbb{P}(\text{反}) &= \mathbb{P}(\text{反}，1) + \mathbb{P}(\text{反}，2) + \mathbb{P}(\text{反}，3)\\ &\quad + \mathbb{P}(\text{反}，4) + \mathbb{P}(\text{反}，5) + \mathbb{P}(\text{反}，6)\\ &= 1/2.\end{aligned}$$

而最底部的是投擲一個骰子的邊際機率：

$$\mathbb{P}(1) = \mathbb{P}(\text{正}，1) + \mathbb{P}(\text{反}，1) = 1/6$$
$$\mathbb{P}(2) = \mathbb{P}(\text{正}，2) + \mathbb{P}(\text{反}，2) = 1/6$$
$$\mathbb{P}(3) = \mathbb{P}(\text{正}，3) + \mathbb{P}(\text{反}，3) = 1/6$$
$$\mathbb{P}(4) = \mathbb{P}(\text{正}，4) + \mathbb{P}(\text{反}，4) = 1/6$$
$$\mathbb{P}(5) = \mathbb{P}(\text{正}，5) + \mathbb{P}(\text{反}，5) = 1/6$$
$$\mathbb{P}(6) = \mathbb{P}(\text{正}，6) + \mathbb{P}(\text{反}，6) = 1/6.$$

則在硬幣出現正面下，骰子出現1點的條件機率為

$$\mathbb{P}(1 \mid \text{正}) = \frac{\mathbb{P}(\text{正}，1)}{\mathbb{P}(\text{正})} = \frac{1/12}{1/2} = 1/6.$$

而在骰子出現 1 點下，硬幣出現正面的條件機率為

$$\mathbb{P}(\text{正}\,|\,1) = \frac{\mathbb{P}(\text{正},\ 1)}{\mathbb{P}(1)} = \frac{1/12}{1/6} = 1/2.$$

又例如在 80 位同學的班上，我們已知有 40 位男生及 40 位女生，而且，有 20 位學生屬於經濟系，而 60 位為非經濟系同學；假設 40 位男生中有 12 位屬於經濟系，則將有 28 位不屬於經濟系，而在女生中，將有 8 位屬於經濟系和 32 位不屬於經濟系，這些訊息可用下表顯示：

	男生	女生	小計
經濟系	12	8	20
非經濟系	28	32	60
小計	40	40	80

再假定按古典方法給定每一位學生被點到的機率均相等，為 1/80，則點到屬於經濟系男生的機率為 $\mathbb{P}$(男，經濟系) = 12/80，點到屬於經濟系女生的機率為 $\mathbb{P}$(女，經濟系) = 8/80，點到屬於非經濟系男生的機率為 $\mathbb{P}$(男，非經濟系) = 28/80，點到屬於非經濟系女生的機率為 $\mathbb{P}$(女，非經濟系) = 32/80，這些機率值可以用以下的聯合機率分配表表示：

	男生	女生	小計
經濟系	12/80	8/80	20/80
非經濟系	28/80	32/80	60/80
小計	40/80	40/80	1

假定統計老師點了一位同學回答問題，若已知道被點到的是一位女同學，則此女同學是屬於經濟系的機率為

$$\mathbb{P}(\text{經濟系}\,|\,\text{女生}) = \frac{\mathbb{P}(\text{經濟系},\ \text{女生})}{\mathbb{P}(\text{女生})} = \frac{8/80}{40/80} = \frac{8}{40}.$$

獨立事件：兩個事件 A 與 B 相互**獨立** (independent)，表示事件 A 發生的機率不會受到事件 B 發生與否的影響，而事件 B 發生的機率不會受到事件 A 發生

與否的影響，因此兩個事件 A 與 B 相互獨立，即

$$\mathbb{P}(A|B) = \mathbb{P}(A)$$
$$\mathbb{P}(B|A) = \mathbb{P}(B)$$

因此，若 $\mathbb{P}(A|B) \neq \mathbb{P}(A)$ 或 $\mathbb{P}(B|A) \neq \mathbb{P}(B)$，表示事件 A 發生的機率會因事件 B 的發生而改變，而事件 B 發生的機率也會因事件 A 的發生而改變，則兩個事件 A 和 B 為**相依** (dependent) 事件。值得注意的是，$\mathbb{P}(A \cap B) = 0$ 不為兩個事件 A 和 B 相互獨立的條件，$\mathbb{P}(A \cap B) = 0$ 表示事件 A 與事件 B 不同時發生。此外，由上述兩個條件機率的計算中，我們可以發現，所謂在硬幣出現正面下，骰子出現 1 點的條件機率 $\mathbb{P}(1|\text{正})$ 可視為在 12 個出象的樣本空間中，將出現正面硬幣的 6 個出象作為新的樣本空間的元素， 此時骰子出現 1 點為 6 個元素中的一個，因此其依古典方法所給定的機率為 1/6。也就是說，條件機率也是一個機率集合函數，只是其所定義的樣本空間為包含條件事件的所有元素的集合。所以，在骰子出現 1 點下，硬幣出現正面的條件機率可視為在以出現 1 點骰子下包含 2 個元素為樣本空間， 此時硬幣出現正面為 2 個元素中的一個，因此其依古典方法所給定的機率為 1/2。由於，條件機率也是一個機率集合函數，因此，其必須滿足機率集合函數的定義：

1. $0 \leq \mathbb{P}(A|B) \leq 1$;
2. $\mathbb{P}(B|B) = 1$.

此外，若 $\mathbb{P}(C_2 \cup C_3 \cup \cdots|B) = \mathbb{P}(C_2|B) + \mathbb{P}(C_3|B) + \cdots$，則 $C_2, C_3, \cdots$ 為**相互不重疊的集合** (mutually disjoint sets)。

由投擲一枚硬幣與一顆骰子的隨機實驗的例子中，很明顯的，我們可以發現

$$\mathbb{P}(\text{正}，1) = \mathbb{P}(\text{正}) \times \mathbb{P}(1) = \frac{1}{2} \times \frac{1}{6} = \frac{1}{12}$$

$$\mathbb{P}(\text{反}，1) = \mathbb{P}(\text{反}) \times \mathbb{P}(1) = \frac{1}{2} \times \frac{1}{6} = \frac{1}{12}$$

$$\mathbb{P}(\text{正}，2) = \mathbb{P}(\text{正}) \times \mathbb{P}(2) = \frac{1}{2} \times \frac{1}{6} = \frac{1}{12}$$

$$\mathbb{P}(\text{反}，2) = \mathbb{P}(\text{反}) \times \mathbb{P}(2) = \frac{1}{2} \times \frac{1}{6} = \frac{1}{12}$$

$$\mathbb{P}(\text{正}，3) = \mathbb{P}(\text{正}) \times \mathbb{P}(3) = \frac{1}{2} \times \frac{1}{6} = \frac{1}{12}$$

$$\mathbb{P}(\text{反}，3) = \mathbb{P}(\text{反}) \times \mathbb{P}(3) = \frac{1}{2} \times \frac{1}{6} = \frac{1}{12}$$

$$\mathbb{P}(\text{正}，4) = \mathbb{P}(\text{正}) \times \mathbb{P}(4) = \frac{1}{2} \times \frac{1}{6} = \frac{1}{12}$$

$$\mathbb{P}(\text{反}，4) = \mathbb{P}(\text{反}) \times \mathbb{P}(4) = \frac{1}{2} \times \frac{1}{6} = \frac{1}{12}$$

$$\mathbb{P}(\text{正}，5) = \mathbb{P}(\text{正}) \times \mathbb{P}(5) = \frac{1}{2} \times \frac{1}{6} = \frac{1}{12}$$

$$\mathbb{P}(\text{反}，5) = \mathbb{P}(\text{反}) \times \mathbb{P}(5) = \frac{1}{2} \times \frac{1}{6} = \frac{1}{12}$$

$$\mathbb{P}(\text{正}，6) = \mathbb{P}(\text{正}) \times \mathbb{P}(6) = \frac{1}{2} \times \frac{1}{6} = \frac{1}{12}$$

$$\mathbb{P}(\text{反}，6) = \mathbb{P}(\text{反}) \times \mathbb{P}(6) = \frac{1}{2} \times \frac{1}{6} = \frac{1}{12}$$

因此，此隨機實驗中硬幣的出象與骰子的出象是相互獨立的。然而，統計學課堂上 80 位學生的性別與是否屬於經濟系間則不是相互獨立的，因為

$$\mathbb{P}(\text{男，經濟系}) = \frac{12}{80} \neq \mathbb{P}(\text{男}) \times \mathbb{P}(\text{經濟系}) = \frac{40}{80} \times \frac{20}{80} = \frac{10}{80},$$

$$\mathbb{P}(\text{女，經濟系}) = \frac{8}{80} \neq \mathbb{P}(\text{女}) \times \mathbb{P}(\text{經濟系}) = \frac{40}{80} \times \frac{20}{80} = \frac{10}{80},$$

$$\mathbb{P}(\text{男，非經濟系}) = \frac{28}{80} \neq \mathbb{P}(\text{男}) \times \mathbb{P}(\text{非經濟系}) = \frac{40}{80} \times \frac{60}{80} = \frac{30}{80},$$

$$\mathbb{P}(\text{男，非經濟系}) = \frac{32}{80} \neq \mathbb{P}(\text{女}) \times \mathbb{P}(\text{非經濟系}) = \frac{40}{80} \times \frac{60}{80} = \frac{30}{80}.$$

由條件機率集合函數的定義，我們知道

$$\mathbb{P}(A \cap B) = \mathbb{P}(B)\ \mathbb{P}(A|B).$$

此關係通常稱為機率的**乘法原則** (multiplication rule)，這個乘法原則可擴展至三個事件 C_1、C_2 和 C_3 上，由於

$$\begin{aligned}\mathbb{P}(C_1 \cap C_2 \cap C_3) &= \mathbb{P}[(C_1 \cap C_2) \cap C_3] \\ &= \mathbb{P}(C_1 \cap C_2)\,\mathbb{P}(C_3|C_1 \cap C_2).\end{aligned}$$

但是 $\mathbb{P}(C_1 \cap C_2) = \mathbb{P}(C_1)\,\mathbb{P}(C_2|C_1)$，因此

$$\mathbb{P}(C_1 \cap C_2 \cap C_3) = \mathbb{P}(C_1)\,\mathbb{P}(C_2|C_1)\,\mathbb{P}(C_3|C_1 \cap C_2).$$

4.6 貝氏理論

在討論條件機率時，我們提及條件機率是在獲得新訊息後，我們會調整計算某一事件發生的機率值；通常該事件原先所認定發生的機率值稱為**事前機率** (prior probability)，而在獲得新訊息後，對該事件所作調整後的機率值稱為**事後機率** (posterior probability)，**貝氏理論** (Bayes' theorem) 即說明了此一機率調整的過程。

令集合 A_1 表供應商 1 所供應的零件，而集合 A_2 表供應商 2 所供應的零件，我們知道有 65% 的零件由供應商 1 供應，而有 35% 的零件由供應商 2 供應，即 $\mathbb{P}(A_1) = 0.65$ 和 $\mathbb{P}(A_2) = 0.35$，由過去的經驗知道，供應商 1 所供應的零件中 98% 是良品 (以 G 表示) 而 2% 為不良品 (以 B 表示)，供應商 2 所供應的零件中則有 95% 是良品而 5% 為不良品，亦即

$$\begin{aligned}&\mathbb{P}(G|A_1) = 0.98, \mathbb{P}(B|A_1) = 0.02, \\ &\mathbb{P}(G|A_2) = 0.95, \mathbb{P}(B|A_2) = 0.05,\end{aligned}$$

假設我們拿到一個零件是不良品，而我們想要知道這個不良的零件來自供應商 1 的機率為何？而來自供應商 2 的機率又為何？亦即我們想知道 $\mathbb{P}(A_1|B)$ 和 $\mathbb{P}(A_2|B)$ 的數值。由條件機率的定義

$$\mathbb{P}(A_1|B) = \frac{\mathbb{P}(A_1 \cap B)}{\mathbb{P}(B)}.$$

此外，

$$\mathbb{P}(A_1 \cap B) = \mathbb{P}(A_1)\ \mathbb{P}(B|A_1).$$

由於事件 B 的發生來自於 $(A_1 \cap B)$ 和 $(A_2 \cap B)$，因此

$$\begin{aligned}\mathbb{P}(B) &= \mathbb{P}(A_1 \cap B) + \mathbb{P}(A_2 \cap B)\\ &= \mathbb{P}(A_1)\ \mathbb{P}(B|A_1) + \mathbb{P}(A_2)\ \mathbb{P}(B|A_2),\end{aligned}$$

依貝氏理論

$$\mathbb{P}(A_1|B) = \frac{\mathbb{P}(A_1)\ \mathbb{P}(B|A_1)}{\mathbb{P}(A_1)\ \mathbb{P}(B|A_1) + \mathbb{P}(A_2)\ \mathbb{P}(B|A_2)}$$

$$\mathbb{P}(A_2|B) = \frac{\mathbb{P}(A_2)\ \mathbb{P}(B|A_2)}{\mathbb{P}(A_1)\ \mathbb{P}(B|A_1) + \mathbb{P}(A_2)\ \mathbb{P}(B|A_2)}$$

則

$$\begin{aligned}\mathbb{P}(A_1|B) &= \frac{\mathbb{P}(A_1)\ \mathbb{P}(B|A_1)}{\mathbb{P}(A_1)\ \mathbb{P}(B|A_1) + \mathbb{P}(A_2)\ \mathbb{P}(B|A_2)}\\ &= \frac{(0.65)(0.02)}{(0.65)(0.02) + (0.35)(0.05)} = \frac{0.0130}{0.0130 + 0.0175}\\ &= \frac{0.0130}{0.0305} = 0.4262,\end{aligned}$$

$$\begin{aligned}\mathbb{P}(A_2|B) &= \frac{\mathbb{P}(A_2)\ \mathbb{P}(B|A_2)}{\mathbb{P}(A_1)\ \mathbb{P}(B|A_1) + \mathbb{P}(A_2)\ \mathbb{P}(B|A_2)}\\ &= \frac{(0.35)(0.05)}{(0.65)(0.02) + (0.35)(0.05)} = \frac{0.0175}{0.0130 + 0.0175}\\ &= \frac{0.0175}{0.0305} = 0.5738.\end{aligned}$$

此結果表示該不良零件來自供應商 1 的機率為 0.4262，而來自供應商 2 的機

率為 0.5738。

此外，在統計學課堂 80 位學生的例子中，假定我們並不知道學生性別與科系的聯合機率分配表，我們僅知道其中有 1/4 的學生屬於經濟系，而在經濟系學生中有 6/10 的男生，而在不屬於經濟系的學生中則有 7/15 的男生，假設統計老師點到的是一名男生，則其恰好是經濟系學生的機率是多少？不是經濟系學生的機率又是多少？

綜合所有已知訊息如下：

$$\begin{aligned}\mathbb{P}(\text{經濟系}) &= 1/4,\\ \mathbb{P}(\text{非經濟系}) &= 3/4,\\ \mathbb{P}(\text{男}|\text{經濟系}) &= 6/10,\\ \mathbb{P}(\text{女}|\text{經濟系}) &= 4/10,\\ \mathbb{P}(\text{男}|\text{非經濟系}) &= 7/15,\\ \mathbb{P}(\text{女}|\text{非經濟系}) &= 8/15.\end{aligned}$$

而我們想知道的是 $\mathbb{P}(\text{經濟系}|\text{男})$ 和 $\mathbb{P}(\text{非經濟系}|\text{男})$。由條件機率定義可知

$$\mathbb{P}(\text{經濟系}|\text{男}) = \frac{\mathbb{P}(\text{男，經濟系})}{\mathbb{P}(\text{男})},$$

$$\mathbb{P}(\text{非經濟系}|\text{男}) = \frac{\mathbb{P}(\text{男，非經濟系})}{\mathbb{P}(\text{男})}.$$

其中兩個分子項的聯合機率可由下式求得：

$$\mathbb{P}(\text{男，經濟系}) = \mathbb{P}(\text{經濟系}) \times \mathbb{P}(\text{男}|\text{經濟系}) = \frac{1}{4} \times \frac{6}{10} = \frac{3}{20},$$

$$\mathbb{P}(\text{男，非經濟系}) = \mathbb{P}(\text{非經濟系}) \times \mathbb{P}(\text{男}|\text{非經濟系}) = \frac{3}{4} \times \frac{7}{15} = \frac{7}{20}.$$

以上聯合機率結果與前述聯合機率分配表中的結果相符；此外，依據邊際機率的定義，$\mathbb{P}(\text{男}) = \mathbb{P}(\text{男，經濟系}) + \mathbb{P}(\text{男，非經濟系}) = 10/20$；所以，我們所要求算的答案為

$$\mathbb{P}(\text{經濟系}|\text{男}) = \frac{\mathbb{P}(\text{男，經濟系})}{\mathbb{P}(\text{男})} = \frac{3/20}{1/2} = \frac{3}{10},$$

$$\mathbb{P}(\text{非經濟系}|\text{男}) = \frac{\mathbb{P}(\text{男，非經濟系})}{\mathbb{P}(\text{男})} = \frac{7/20}{1/2} = \frac{7}{10}.$$

假若有 n 個相互排斥事件 $A_1, A_2, \cdots, A_n$，其聯集即為整個的樣本空間，若已知道事前機率 $\mathbb{P}(A_1), \mathbb{P}(A_2), \cdots, \mathbb{P}(A_n)$ 和條件機率 $\mathbb{P}(B|A_1), \mathbb{P}(B|A_2), \cdots, \mathbb{P}(B|A_n)$，則任一個事件 A_i 的事後機率為

$$\mathbb{P}(A_i|B) = \frac{\mathbb{P}(A_i)\,\mathbb{P}(B|A_i)}{\mathbb{P}(A_1)\,\mathbb{P}(B|A_1) + \mathbb{P}(A_2)\,\mathbb{P}(B|A_2) + \cdots + \mathbb{P}(A_n)\,\mathbb{P}(B|A_n)}.$$

4.7 習　題

1. 在統計學課堂上，每一學期舉行期中及期末兩次考試，定義以下兩個事件：

(a)事件 A：期中考試及格；

(b)事件 B：期末考試及格。

以**范氏圖** (Venn diagram) 表現下列事件並說明其涵義：

E_1: B^c

E_2: $(A \cap B)$

E_3: $(A \cup B)^c$

E_4: $(A^c \cup B)$

假設期中、期末考試的及格率均為 0.8，而兩次考試均及格的機率為 0.7，則

(a)一個學生至少有一次考試及格的機率值為何？

(b)一個學生只有一次考試及格的機率值為何？

(c)一個學生沒有一次考試及格的機率值為何?

(d)已知一個學生的期中考試及格，那她期末考試及格的機率為何?

(e)已知一個學生的期中考試不及格，那她期末考試也不及格的機率為何?

2. 兩個事件 A 和 B 的機率為 $\mathbb{P}(A)=0.4$ 及 $\mathbb{P}(B)=0.5$，且知道$\mathbb{P}(A \cap B)=0.2$。利用范氏圖計算下列機率:

(a)$\mathbb{P}(A|B)$

(b)$\mathbb{P}(B|A)$

(c)$\mathbb{P}(A|A \cup B)$

(d)$\mathbb{P}(A \cap B|A \cup B)$

3. 回答下列問題:

(a)對於任何兩個集合 A 和 B，請證明

$$\mathbb{P}(A)=\mathbb{P}(A \cap B)+\mathbb{P}(A \cap B^c).$$

並以范氏圖輔助說明。

(b)利用上一題的結果，證明

$$\mathbb{P}(A)=\mathbb{P}(A|B)\ \mathbb{P}(B)+\mathbb{P}(A|B^c)\ \mathbb{P}(B^c).$$

4. 考慮以下隨機實驗：投擲一個骰子 (以 1 ～ 6 數字定義 1 ～ 6 個點數)，如果出現的點數小於 3，則再一次投擲該骰子；定義隨機變數 X 為投擲骰子兩次的點數和，回答下列問題:

(a)定義此隨機實驗的樣本空間;

(b)定義隨機變數 X 的機率函數;

(c)計算隨機變數 X 的平均數與變異數;

(d)定義事件 A 為「X 為奇數值」的集合，計算 $\mathbb{P}(A)$;

(e)定義事件 B 為「X 的實現值大於 3」的集合，計算 $\mathbb{P}(B)$;

(f)計算 $\mathbb{P}(A \cap B)$ 和 $\mathbb{P}(A \cup B)$;

(g)計算 $\mathbb{P}(A|B)$。

5. 關於 S_1、S_2、I_1 和 I_2 四個集合的相關機率為：

$$\mathbb{P}(S_1) = 0.4, \mathbb{P}(S_2) = 0.6$$
$$\mathbb{P}(I_1|S_1) = 0.9, \mathbb{P}(I_2|S_1) = 0.1$$
$$\mathbb{P}(I_1|S_2) = 0.15, \mathbb{P}(I_2|S_2) = 0.85.$$

計算 $\mathbb{P}(S_1|I_1)$、$\mathbb{P}(S_1|I_2)$、$\mathbb{P}(S_2|I_1)$ 及 $\mathbb{P}(S_2|I_2)$。

5. 間斷隨機變數

若要說人類最偉大的發明之一是「數」，是無可置疑的；由於數字的發明，使得人類的科學得以建立，因此，「數字」是所有科學的基礎。在統計科學中，所分析的對象也是一組的數字，如何以簡單、快速的方法達到描述該組資料在實數線上分布的情形即為討論的重點；因此，對於所要分析的資料數字是如何產生的，有必要先作討論。在本章中，我們先探討間斷隨機變數所定義出來的數值。

假設某一個實驗具**有限** (finite) 或**無限但可數** (countably infinite) 個數的出象，則定義於這個實驗的隨機變數即為將所有出象映至實數線上相等個數的數值，因數值的個數有限，這些數值必為間斷的，因此這一個隨機變數便稱為「**間斷隨機變數**」(discrete random variable)；而每一個不同的出象被這個隨機變數映至的實數值則稱為**實現值** (realization)。通常一個隨機變數以大寫英文字母表示，而實現值則以小寫英文字母表示。以下為幾個間斷隨機變數的例子：

1. 假設隨機變數 X 定義為擲一個骰子所出現的點數，則 $X = \{1,2,3,4,5,6\}$，為一間斷隨機變數，而數值 $\{1,2,3,4,5,6\}$ 則為實現值。
2. 假設隨機變數 Y 定義於投一個硬幣的出象，正面為 1、反面為 0，即 $Y = \{0,1\}$。
3. 假設隨機變數 Z 定義於一年中的四季，1 為春季、2 為夏季、3 為秋季、4 為冬季，即 $Z = \{1,2,3,4\}$。

5.1 機率分配

一個隨機變數的**機率分配** (probability distribution) 在於描述這個隨機變數所有實現值所具有的機率值，而這些機率值決定於相對應出象的機率值。對於一個間斷隨機變數 X，機率分配是以**機率函數** (probability function) 描述，而此機率函數以 $P(X=x)$ 表示隨機變數的實現值等於 x 下的機率值，而此機率值則等於定義於該實現值 x 的出象的機率值。例如，對於定義於擲一個骰子所出現點數的隨機變數 X，其機率函數為

$$
\begin{aligned}
P(X=1) &= P(X(E_1)=1) = \mathbb{P}(E_1)\\
P(X=2) &= P(X(E_2)=2) = \mathbb{P}(E_2)\\
P(X=3) &= P(X(E_3)=3) = \mathbb{P}(E_3)\\
P(X=4) &= P(X(E_4)=4) = \mathbb{P}(E_4)\\
P(X=5) &= P(X(E_5)=5) = \mathbb{P}(E_5)\\
P(X=6) &= P(X(E_6)=6) = \mathbb{P}(E_6),
\end{aligned}
$$

其中，$E_1, E_2, E_3, E_4, E_5, E_6$ 分別代表骰子出現點數的六個出象，而此機率值決定於定義於此六個出象的機率集合函數；若此機率集合函數是依古典方法定義，即在實驗中每一個出象具有同樣的機率值，$\mathbb{P}(E_1)=\mathbb{P}(E_2)=\mathbb{P}(E_3)=\mathbb{P}(E_4)=\mathbb{P}(E_5)=\mathbb{P}(E_6)=1/6$，則 $P(X=1)=P(X=2)=P(X=3)=P(X=4)=P(X=5)=P(X=6)=1/6$。若對於一個不公平的骰子，依相對次數決定的機率集合函數為

$$\mathbb{P}: \{E_1,E_2,E_3,E_4,E_5,E_6\} \to \{0.05,0.10,0.15,0.20,0.25,0.25\},$$

則其機率函數為

$$P(X=1) = P(X(E_1)=1) = \mathbb{P}(E_1) = 0.05$$

$$P(X=2)=P(X(E_2)=2)=\mathbb{P}(E_2)=0.10$$
$$P(X=3)=P(X(E_3)=3)=\mathbb{P}(E_3)=0.15$$
$$P(X=4)=P(X(E_4)=4)=\mathbb{P}(E_4)=0.20$$
$$P(X=5)=P(X(E_5)=5)=\mathbb{P}(E_5)=0.25$$
$$P(X=6)=P(X(E_6)=6)=\mathbb{P}(E_6)=0.25.$$

5.2 期望值與變異數

一個隨機變數的**期望值** (expected value) 或**平均數** (mean) 是在衡量該隨機變數的**中心位置** (central location)，而一個間斷隨機變數 X 的期望值以數學式可表示為

$$\begin{aligned} E(X) &= \mu_X \\ &= \sum_{\text{all } x} xP(X=x), \end{aligned}$$

其中 μ_X 表示隨機變數 X 的平均數。從上式中，很明顯知道期望值是隨機變數所有實現值以其相對應之機率為**權數** (weight) 的**加權平均數** (weighted average)；因此，平均數所衡量的「中心位置」並非所有實現值的算術平均數的位置，而是加權平均數的位置。而此「中心位置」可以用幾何分析加以說明為所有實現值在實數線上的平衡點如下：

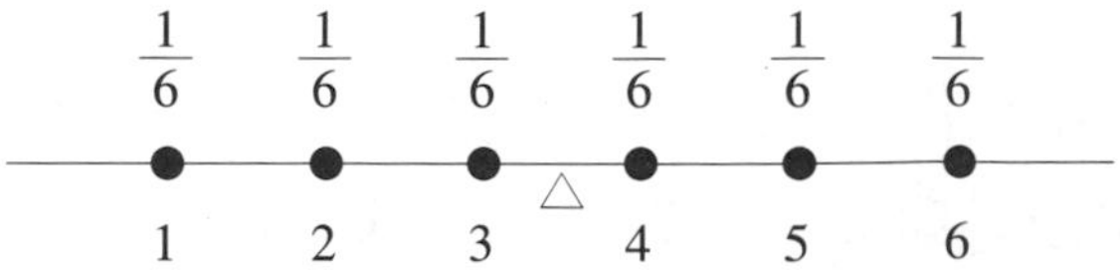

$\frac{1}{6}$ $\frac{1}{6}$ $\frac{1}{6}$ $\frac{1}{6}$ $\frac{1}{6}$ $\frac{1}{6}$

1 2 3 △ 4 5 6

圖 5.1　均等骰子點數機率的期望值

在骰子點數出現機率均等為 1/6 時，則其期望值為

$$E(X)=(1+2+3+4+5+6)/6=3.5.$$

此數值即為圖 5.1 中線上三角支點標示的位置，在這樣的支點下，圖中的線段方能維持平衡；倘若骰子點數出現 1、2 和 3 的機率均為 1/12 而出現 4、5 和 6 的機率均為 3/12，我們以黑色實心圓大小代表不同的機率值，

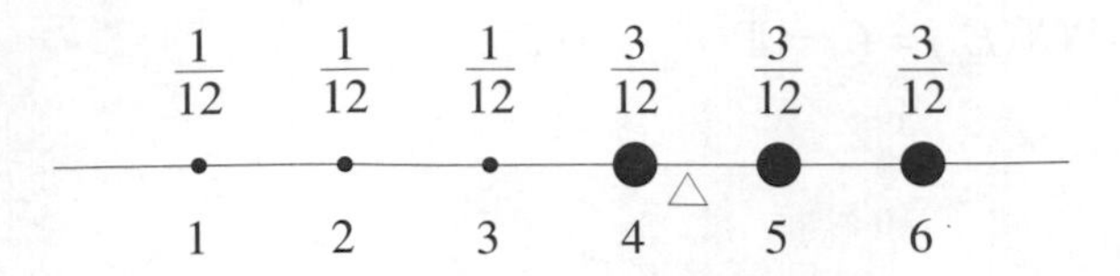

圖 5.2　不均等骰子點數機率的期望值

則其期望值為

$$E(X) = (1+2+3)/12 + (3\times 4 + 3\times 5 + 3\times 6)/12 = 4.25.$$

此數值即為圖 5.2 中線上三角支點標示的位置，在這樣的支點下，圖中的線段方能維持平衡；倘若骰子點數出現 1、2 和 3 的機率均為 3/12 而出現 4、5 和 6 的機率均為 1/12，

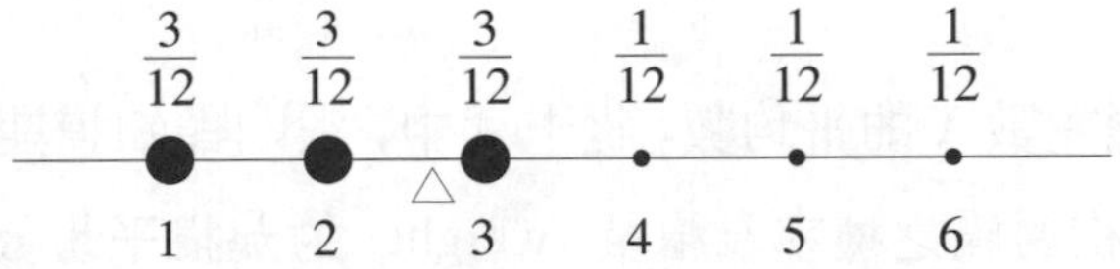

$\frac{3}{12}$ $\frac{3}{12}$ $\frac{3}{12}$ $\frac{1}{12}$ $\frac{1}{12}$ $\frac{1}{12}$

1 2 3 4 5 6

圖 5.3　不均等骰子點數機率的期望值

則其期望值為

$$E(X) = (3\times 1 + 3\times 2 + 3\times 3)/12 + (4+5+6)/12 = 2.75.$$

此數值即為圖 5.3 中線上三角支點標示的位置，在這樣的支點下，圖中的線段方能維持平衡；因此，期望值可解釋為**重心** (gravity) 的所在。

假設重複擲上述不公平的骰子 N 次，而出現 1 點到 6 點的次數分別為 n_1, n_2,n_3,n_4,n_5 及 n_6，則這 N 個點數的算術平均數為

$$\bar{x}_N = \frac{1}{N}(n_1\times 1 + n_2\times 2 + n_3\times 3 + n_4\times 4 + n_5\times 5 + n_6\times 6)$$

$$= (n_1/N)\times 1 + (n_2/N)\times 2 + (n_3/N)\times + (n_4/N)\times 4 + (n_5/N)\times 5 + (n_6/N)\times 6$$
$$\to P(X=1)\times 1 + P(X=2)\times 2 + P(X=3)\times 3 + P(X=4)\times 4 + P(X=5)\times 5$$
$$+ P(X=6)\times 6$$
$$= E(X).$$

顯而易見，$\bar{x}_N$ 收斂到 $E(X)$ 奠基於 n_i/N 收斂到 $P(X=i)$；或者說，$\bar{x}_N$ 是以相對次數為給定機率所計算而得的期望值，這也說明了算術平均數是求算母體平均數的良好方法。

如在統計學課堂上 80 位學生的例子中，我們定義 X 為 80 位學生性別的隨機變數，即

$X(E_i) = 1$, 若第 i 個同學為男生
$\quad\quad = 0$, 若第 i 個同學為女生

由於 80 位學生中有 40 位同學是男生，因此 $\sum_{i=1}^{80} X(E_i) = 40$，而男生的相對次數為 $\sum_{i=1}^{80} X(E_i)/80 = 0.5$ 即為隨機變數所有實現值的算術平均數，而此相對次數亦等於 80 位學生中是為男生的機率。另者，這個相對次數也可視為 80 個性別實現值以機率 1/80 為權數所計算的期望值。

又如定義 Y 為 80 位學生所屬科系的隨機變數，即

$Y(E_i) = 1$, 若第 i 個學生為經濟系同學
$\quad\quad = 2$, 若第 i 個學生為財金系同學
$\quad\quad = 3$, 若第 i 個學生為企管系同學
$\quad\quad = 4$, 若第 i 個學生為會計系同學
$\quad\quad = 5$, 若第 i 個學生為資管系同學

由於學生中有 20 位來自經濟系、24 位來自財金系、14 位來自企管系、12 位來自會計系和 10 位來自資管系，因此，依古典機率給定原則 $P(Y=1) = 20/80$、$P(Y=2) = 24/80$、$P(Y=3) = 14/80$、$P(Y=4) = 12/80$ 和 $P(Y=5) = 10$

/80，則此隨機變數 80 個學生所屬科系實現值的算術平均數為

$$\begin{aligned}\bar{y}_{80} &= \frac{1}{80}\sum_{i=1}^{80} Y(E_i) \\ &= \frac{1}{80}(1\times 20 + 2\times 24 + 3\times 14 + 4\times 12 + 5\times 10) \\ &= 1\times\frac{20}{80} + 2\times\frac{24}{80} + 3\times\frac{14}{80} + 4\times\frac{12}{80} + 5\times\frac{10}{80} \\ &= \sum_{j=1}^{5} jP(Y=j) = E(Y).\end{aligned}$$

因此，隨機變數 Y 所有 80 個學生所屬科系實現值的算術平均數等於其期望值。

在統計分析中，由隨機變數的**線性轉換** (linear transformation) 而成新隨機變數的**動差** (moment)，也是討論的重點。一個間斷隨機變數 X 的線性轉換可表示為 $Y=a+bX$，其中 a 及 b 為常數，經過線性轉換後的隨機變數 Y 亦為間斷的，而間斷隨機變數 X 與 Y 的期望值存在下述的關係：

定理 5.1

假設間斷隨機變數 X 的期望值為 μ_X，則由 X 經過線性轉換的隨機變數 $Y=a+bX$ 的期望值為 $E(Y)=a+b\mu_X$。

證明：因為隨機變數 X 與隨機變數 Y 間是一對一的轉換，則實現值 $y=a+bx$ 且 $P(Y=y)=P(X=x)$，因此

$$\begin{aligned}E(Y) &= \sum_{\text{all } y} yP(Y=y) \\ &= E(a+bX) \\ &= \sum_{\text{all } x}(a+bx)P(X=x) \\ &= a\sum_{\text{all } x}P(X=x) + b\sum_{\text{all } x}xP(X=x) \\ &= a+bE(X) = a+b\mu_X,\end{aligned}$$

因 $\sum_{\text{all } x}P(X=x)=1$ 及 $\sum_{\text{all } x}xP(X=x)=E(X)$。

對於一個常數 c，我們也可將其視為一個只有單一個實現值的隨機變數，當然，此實現值出現的機率為 1；而其期望值則為

$$E(c) = cP(X = x) = c \times 1 = c.$$

例如在前一節中的隨機變數 X 定義投擲一顆骰子的隨機實驗，其機率函數為

$$\begin{aligned}
P(X=1) &= P(X(E_1)=1) = \mathbb{P}(E_1) = 0.05 \\
P(X=2) &= P(X(E_2)=2) = \mathbb{P}(E_2) = 0.10 \\
P(X=3) &= P(X(E_3)=3) = \mathbb{P}(E_3) = 0.15 \\
P(X=4) &= P(X(E_4)=4) = \mathbb{P}(E_4) = 0.20 \\
P(X=5) &= P(X(E_5)=5) = \mathbb{P}(E_5) = 0.25 \\
P(X=6) &= P(X(E_6)=6) = \mathbb{P}(E_6) = 0.25.
\end{aligned}$$

而其期望值為

$$\begin{aligned}
E(X) &= 1 \times 0.05 + 2 \times 0.10 + 3 \times 0.15 + 4 \times 0.20 + 5 \times 0.25 + 6 \times 0.25 \\
&= 4.25.
\end{aligned}$$

假若一個新的隨機變數 Y 定義成 $Y = 1 + 2X$，則其機率函數為

$$\begin{aligned}
P(Y = 1 + 2 \times 1 = 3) &= P(X=1) = \mathbb{P}(E_1) = 0.05 \\
P(Y = 1 + 2 \times 2 = 5) &= P(X=2) = \mathbb{P}(E_2) = 0.10 \\
P(Y = 1 + 2 \times 3 = 7) &= P(X=3) = \mathbb{P}(E_3) = 0.15 \\
P(Y = 1 + 2 \times 4 = 9) &= P(X=4) = \mathbb{P}(E_4) = 0.20 \\
P(Y = 1 + 2 \times 5 = 11) &= P(X=5) = \mathbb{P}(E_5) = 0.25 \\
P(Y = 1 + 2 \times 6 = 13) &= P(X=6) = \mathbb{P}(E_6) = 0.25.
\end{aligned}$$

其期望值為

$$\begin{aligned}
E(Y) &= 3 \times 0.05 + 5 \times 0.10 + 7 \times 0.15 + 9 \times 0.20 + 11 \times 0.25 + 13 \times 0.25 \\
&= 9.5 \\
&= 1 + 2 \times 4.25.
\end{aligned}$$

上述說明所要強調的是隨機變數 Y 的實現值取決於隨機變數 X 的實現值，因此其機率函數將與隨機變數 X 的機率相同。

一個隨機變數的「變異數」在於衡量該隨機變數的**分散程度** (dispersion) 或**變動性** (variability)，假設我們考慮在實數線上的若干數值，比如 10 個數值，則這 10 個數值的分散程度可以用這 10 個數值到某一個基準點 c 的距離總和來衡量，此一總和愈大表示這 10 個數值的分散程度愈大；例如有兩組資料，$\{x_1,x_2,x_3,x_4,x_5,x_6,x_7,x_8,x_9,x_{10}\}$ 和 $\{y_1,y_2,y_3,y_4,y_5,y_6,y_7,y_8,y_9,y_{10}\}$，將這兩組資料點在實數線上，如圖 5.4 所示，

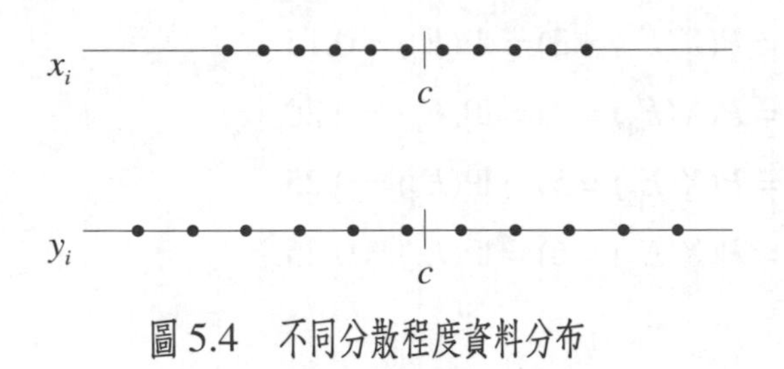

圖 5.4　不同分散程度資料分布

顯然的，

$$\sum_{i=1}^{10}|x_i-c|<\sum_{i=1}^{10}|y_i-c|,$$

其中，$|x_i-c|$ 表示數值 x_i 到數值 c 的距離。若將絕對距離改成取平方，則絕對距離總和大的資料，其平方的總和依然較大；如上述的例子，

$$\sum_{i=1}^{10}(x_i-c)^2<\sum_{i=1}^{10}(y_i-c)^2.$$

若將這 10 個數值視為一個間斷隨機變數 X 的實現值，然後想像將此隨機變數定義的實驗重複 N 次，再將這重複實驗 N 次的實現值到基準點 c 的距離平方加總起來，即

$$\text{Total}=\sum_{i=1}^{10}n_i(x_i-c)^2,$$

其中，$n_i, i = 1,\cdots,10$ 表示重複實驗 N 次中出現實現值 x_i 的次數；若將總和除以次數 N 則成為平均數值，即

$$\begin{aligned}\text{average} &= \frac{1}{N}[\text{Total}] \\ &= \frac{1}{N}\sum_{i=1}^{10} n_i(x_i - c)^2 \\ &= \sum_{i=1}^{10}\frac{n_i}{N}(x_i - c)^2 \\ &\to \sum_{i=1}^{10}(x_i - c)^2 P(X = x_i). \qquad (1)\end{aligned}$$

「→」表「趨近於」；若將基準點 c 改為衡量中心位置，即期望值或平均數，則上式成為 $\sum_{i=1}^{10}(x_i - \mu_X)^2 P(X = x_i)$，此即為間斷隨機變數 X 的變異數，σ_X^2。因此，間斷隨機變數 X 的變異數正式定義為

$$\begin{aligned}\text{var}(X) &= \sigma_X^2 \\ &= E[X - E(X)]^2 \\ &= \sum_{\text{all } x}(x - \mu_X)^2 P(X = x).\end{aligned}$$

由此定義可知，一個間斷隨機變數的變異數可定義為其所有實現值到其平均數距離平方以相對應的機率值為權數的加權平均。從圖 5.4，我們很容易可以理解 $\{x_i\}_{i=1}^{10}$ 的分布較 $\{y_i\}_{i=1}^{10}$ 來得窄，故其變異數會較小；然而，任何一個定義性別的隨機變數只有 2 個實現值 0 與 1，而定義於骰子點數的隨機變數只有 6 個實現值 $\{1,2,3,4,5,6\}$，這些實現值在實數線上的位置是固定的，因此，任意兩個性別隨機變數具有相同的實現值，故其變異數均相等？同樣的，任意兩個骰子點數隨機變數具有相同的實現值，故其變異數也應該相等？答案當然是否定的。

在圖 5.1 中均等骰子點數機率的例子，$P(X = 1) = P(X = 2) = \cdots = P(X = 6) = 1/6$，其期望值為 $E(X) = 3.5$，而其變異數則為

$$
\begin{aligned}
\mathrm{var}(X) &= E[X - E(X)]^2 \\
&= \sum_{x=1}^{6}(x-3.5)^2 P(X=x) \\
&= [(1-3.5)^2 + (2-3.5)^2 + (3-3.5)^2 + (4-3.5)^2 \\
&\quad + (5-3.5)^2 + (6-3.5)^2]/6 \\
&= 2.916666667.
\end{aligned}
$$

而在圖 5.2 中不均等骰子點數機率的例子，其期望值為 4.25，相較於圖 5.1，由圖 5.2 可看出點數 5 和 6 到期望值的距離變短了， 而其相對應的機率值較大，相反的，點數 1 和 2 到期望值的距離變長了，而其相對應的機率值較小，因此，點數 5 和 6 到期望值距離變短的效果，將會大於點數 1 和 2 到期望值距離變長的效果，如此將使得圖 5.2 所計算出來的變異數會較圖 5.1 的變異數 (2.916666667) 為小，即

$$
\begin{aligned}
\mathrm{var}(X) &= E[X - E(X)]^2 \\
&= \sum_{x=1}^{6}(x-4.25)^2 P(X=x) \\
&= [(1-4.25)^2](1/12) + [(2-4.25)^2](1/12) + [(3-4.25)^2](1/12) \\
&\quad + [(4-4.25)^2](3/12) + [(5-4.25)^2](3/12) + [(6-4.25)^2](3/12) \\
&= 2.354166667.
\end{aligned}
$$

此數值小於 2.916666667，因此，圖 5.2 的骰子點數隨機變數較圖 5.1 的骰子點數隨機變數具有較小的變異數。同樣的道理，在圖 5.3 的骰子點數的隨機變數，其期望值為 2.75，相較於圖 5.1，由圖 5.3 可看出點數 1 和 2 到期望值的距離變短了，而其相對應的機率值較大，相反的，點數 5 和 6 到期望值的距離變長了，而其相對應的機率值較小，因此，點數 1 和 2 到期望值距離變短的效果會大於點數 5 和 6 到期望值的距離變長的效果，如此將使得圖 5.3 所計算出來的變異數會較圖 5.1 例子的變異數 (2.916666667) 為小，即

$$
\mathrm{var}(X) = E[X - E(X)]^2
$$

$$= \sum_{x=1}^{6}(x-2.75)^2 P(X=x)$$
$$= [(1-2.75)^2](3/12) + [(2-2.75)^2](3/12) + [(3-2.75)^2](3/12)$$
$$+ [(4-2.75)^2](1/12) + [(5-2.75)^2](1/12) + [(6-2.75)^2](1/12)$$
$$= 2.354166667.$$

此數值小於 2.916666667，因此，圖 5.3 的骰子點數隨機變數較圖 5.1 的骰子點數隨機變數具有較小的變異數。

一個間斷隨機變數 X 的變異數與經其線性轉換的隨機變數 $Y=a+bX$ 之變異數間，存在下述關係：

定理 5.2

假設間斷隨機變數 X 的期望值為 μ_X 及變異數為 σ_X^2，則由 X 經過線性轉換的隨機變數 $Y=a+bX$ 的變異數為 $\sigma_Y^2=b^2\sigma_X^2$。

證明：

$$\begin{aligned}\mathrm{var}(Y) &= \sigma_Y^2\\ &= E[(Y-E(Y))^2]\\ &= E\{[a+bX-(a+bE(X))]^2\}\\ &= E[b^2(X-E(X))^2]\\ &= b^2E[(X-E(X))^2] = b^2\sigma_X^2.\end{aligned}$$

對於一個常數 c 而言，其變異數為零，因為

$$\mathrm{var}(c) = E[(c-E(c))^2] = E[(c-c)^2] = E(0) = 0.$$

5.3 雙變量間斷隨機變數

假設一個複合試驗包含兩個實驗，這個複合試驗的出象是其所包含之兩個實驗所有出象的配對組合，則這個複合試驗的出象需藉定義該兩個實驗的隨機變數的所有實現值兩兩配對來表現，因此，定義此複合試驗的出象是以雙變量隨機變數表示。若每一個隨機變數是間斷的，則此雙變量隨機變數亦是間斷的。例如，我們考慮一個同時投擲一個骰子和一枚硬幣的複合試驗，我們已知投擲一個硬幣有 2 個出象，$\{H,T\}$；投擲一枚骰子有 6 個出象，$\{E_1, E_2,E_3,E_4,E_5,E_6\}$，則此複合試驗包含以下 12 個出象：

$$\begin{Bmatrix} (H,E_1)、(H,E_2)、(H,E_3)、(H,E_4)、(H,E_5)、(H,E_6) \\ (T,E_1)、(T,E_2)、(T,E_3)、(T,E_4)、(T,E_5)、(T,E_6) \end{Bmatrix}$$

若我們令 X 為定義投擲一個骰子實驗的隨機變數，X: $\{H,T\} \to \{1,0\}$，而 Y 為定義投擲一枚硬幣實驗的隨機變數，Y:$\{E_1,E_2,E_3,E_4,E_5,E_6\} \to \{1,2,3,4,5,6\}$，則 12 個複合試驗的出象可相對應表示如下：

$$\begin{Bmatrix} (1,1)、(1,2)、(1,3)、(1,4)、(1,5)、(1,6) \\ (0,1)、(0,2)、(0,3)、(0,4)、(0,5)、(0,6) \end{Bmatrix}$$

而描述這 12 個出象的機率分配即為所謂的「**聯合機率函數**」(joint probability function)，即

$$P(1,1) = \mathbb{P}(H,E_1)、P(1,2) = \mathbb{P}(H,E_2)、P(1,3) = \mathbb{P}(H,E_3)、$$
$$P(1,4) = \mathbb{P}(H,E_4)、P(1,5) = \mathbb{P}(H,E_5)、P(1,6) = \mathbb{P}(H,E_6)、$$
$$P(0,1) = \mathbb{P}(T,E_1)、P(0,2) = \mathbb{P}(T,E_2)、P(0,3) = \mathbb{P}(T,E_3)、$$
$$P(0,4) = \mathbb{P}(T,E_4)、P(0,5) = \mathbb{P}(T,E_5)、P(0,6) = \mathbb{P}(T,E_6)，$$

將聯合機率函數中的橫向兩列 (row) 相加所得到的 6 個數值即稱為隨機變數 X 的「**邊際機率函數**」(marginal probability function)，即

$$\begin{aligned}\mathbb{P}(X=1) &= \sum_{\text{all } y} P(X=1,Y=y)\\ &= P(X=1,Y=1)+P(X=1,Y=2)+P(X=1,Y=3)\\ &\quad +P(X=1,Y=4)+P(X=1,Y=5)+P(X=1,Y=6)\\ \mathbb{P}(X=0) &= \sum_{\text{all } y} P(X=0,Y=y)\\ &= P(X=0,Y=1)+P(X=0,Y=2)+P(X=0,Y=3)\\ &\quad +P(X=0,Y=4)+P(X=0,Y=5)+P(X=0,Y=6).\end{aligned}$$

很顯然的，上述的邊際機率函數即為隨機變數 X 本身的機率函數；若將聯合機率函數中的縱向六欄 (column) 相加所得到的 2 個數值則稱為隨機變數 Y 的邊際機率函數，即

$$\begin{aligned}\mathbb{P}(Y=1) &= \sum_{\text{all } x} P(X=x,Y=1) = P(X=1,Y=1) + P(X=0,Y=1)\\ \mathbb{P}(Y=2) &= \sum_{\text{all } x} P(X=x,Y=2) = P(X=1,Y=2) + P(X=0,Y=2)\\ \mathbb{P}(Y=3) &= \sum_{\text{all } x} P(X=x,Y=3) = P(X=1,Y=3) + P(X=0,Y=3)\\ \mathbb{P}(Y=4) &= \sum_{\text{all } x} P(X=x,Y=4) = P(X=1,Y=4) + P(X=0,Y=4)\\ \mathbb{P}(Y=5) &= \sum_{\text{all } x} P(X=x,Y=5) = P(X=1,Y=5) + P(X=0,Y=5)\\ \mathbb{P}(Y=6) &= \sum_{\text{all } x} P(X=x,Y=6) = P(X=1,Y=6) + P(X=0,Y=6).\end{aligned}$$

很明顯的，上述的邊際機率函數亦即為隨機變數 Y 本身的機率函數。

在前面章節中提到，兩個事件 A 與 B 是相互獨立的，若且唯若 $\mathbb{P}(A|B)=\mathbb{P}(A)$ 或 $\mathbb{P}(A\cap B)=\mathbb{P}(A)\times\mathbb{P}(B)$，在此，$A\cap B$ 表示兩個事件 A 與 B 同時發生，若隨機變數 X 將事件 A 定義為 x, $X(A)=x$，而隨機變數 Y 將事件 B 定義為 $y, Y(B)=y$；則 $P(X=x,Y=y)=\mathbb{P}(A\cap B)$。因此，若所有實現值 x 與 y 的組合均滿足 $P(X=x,Y=y)=P(X=x)\times P(Y=y)$，則兩個隨機變數 X 與 Y 是相互獨立的。

現在，我們來看定義包括投擲一個骰子和投擲一枚硬幣的複合試驗的雙變量的間斷隨機變數：$\{(x,y): x = 0,1, y = 1,2,3,4,5,6\}$，將這 12 個出象點在 $X - Y$ 平面上，如圖 5.5 所示，我們會認為隨機變數 X 與隨機變數 Y 互相獨立；但若將其聯合機率分配考慮在內，則會有不同的結果。假設我們考慮以下三個不同的聯合機率函數，如表 5.1、表 5.2 及表 5.3 所示。

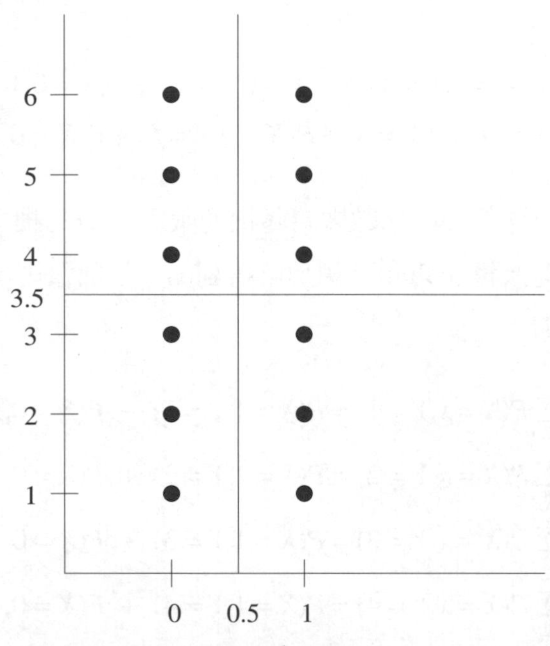

圖 5.5　兩個獨立的間斷隨機變數

表 5.1　互相獨立隨機變數 X 與 Y 的聯合機率分配

	$Y=1$	$Y=2$	$Y=3$	$Y=4$	$Y=5$	$Y=6$	$P(X=x)$
$X=0$	1/12	1/12	1/12	1/12	1/12	1/12	1/2
$X=1$	1/12	1/12	1/12	1/12	1/12	1/12	1/2
$P(Y=y)$	1/6	1/6	1/6	1/6	1/6	1/6	1.0

這個聯合機率分配可以圖 5.5 所示，由此圖可看出，由於具有均等的聯合機率，因而這兩個隨機變數相互獨立，此時，隨機變數 X 和 Y 實現值大小的組合，在機率值上看不出一定的型態。

而隨機變數 X 與 Y 的共變異數求算如下：

隨機變數 X 的平均數 $E(X)$ 為

$$E(X)=\sum_{x=0}^{1} xP(X=x)=0\times(1/2)+1\times(1/2)=1/2.$$

而隨機變數 Y 的平均數 $E(Y)$ 為

$$E(Y)=\sum_{y=1}^{6} xP(Y=y)=(1+2+3+4+5+6)/6=3.5.$$

因此，此二變數的共變異數為

$$\begin{aligned}\operatorname{cov}(X,Y)&=E[(X-E(X))(Y-E(Y))]\\&=\sum_{x=0}^{1}\sum_{y=1}^{6}(x-0.5)(y-3.5)P(X=x,Y=y)\\&=0.\end{aligned}$$

一如預期，我們計算求得的共變異數為 0，證實隨機變數 X 與 Y 乃相互獨立。值得進一步說明的是， 若在 $Y=E(Y)=3.5$ 畫一條水平線及在 $X=E(X)=0.5$ 畫一條垂直線，則可將 $X-Y$ 平面分成 4 個象限，而每一個象限內分別有 3 個點；在右上角的第一象限，3 個點的 $(x-0.5)(y-3.5)>0$，在左上角的第二象限，3 個點的 $(x-0.5)(y-3.5)<0$，在左下角的第三象限，3 個點的 $(x-0.5)(y-3.5)>0$，在右下角的第四象限，3 個點的 $(x-0.5)(y-3.5)<0$；由於每一個點上的機率值均相等，而每一個象限內 3 個點 $|(x-0.5)(y-3.5)|$ 的和均相等，因此，第一、三象限內 6 個點的 $(x-0.5)(y-3.5)$ 正值將會被第二、四象限內 6 個點的 $(x-0.5)(y-3.5)$ 負值所抵消，因而得到共變異數為 0 的結果。

假若聯合機率分配如表 5.2 所示，

表 5.2　正相關隨機變數 X 與 Y 的聯合機率分配

	$Y=1$	$Y=2$	$Y=3$	$Y=4$	$Y=5$	$Y=6$	$P(X=x)$
$X=0$	3/24	3/24	3/24	1/24	1/24	1/24	1/2
$X=1$	1/24	1/24	1/24	3/24	3/24	3/24	1/2
$P(Y=y)$	1/6	1/6	1/6	1/6	1/6	1/6	1.0

這個聯合機率分配可以圖 5.6 所示，由此圖可看出，這兩個隨機變數呈現**正相關** (positive correlation)，因為小的 X 實現值與小的 Y 實現值聯合機率及大的 X 實現值與大的 Y 實現值聯合機率較大，是以這兩個隨機變數為正相關。由於此時隨機變數 X 和 Y 具有和表 5.1 中同樣的邊際機率函數，因此其具有相同的平均數 $E(X)=0.5$ 和 $E(Y)=3.5$；同樣在 $Y=E(Y)=3.5$ 畫一條水平線及在 $X=E(X)=0.5$ 畫一條垂直線，則可將 $X-Y$ 平面分成 4 個象限，由於每一個點的座標 (x,y) 與圖 5.5 相同，因此，每一個點的 $(x-0.5)(y-3.5)$ 也與圖 5.5 相同，唯一不同的是其對應的機率值不同；在圖 5.6 中，第一、三象限內 6 個點的機率值大於第二、四象限內 6 個點的機率值，因此，第一、三象限內 6 個點 $(x-0.5)(y-3.5)$ 乘上較大機率值所得到的正值，將會大於第二、四象限內 6 個點 $(x-0.5)(y-3.5)$ 乘上較小機率值所得到的負值，故而使得共變異數為正值。

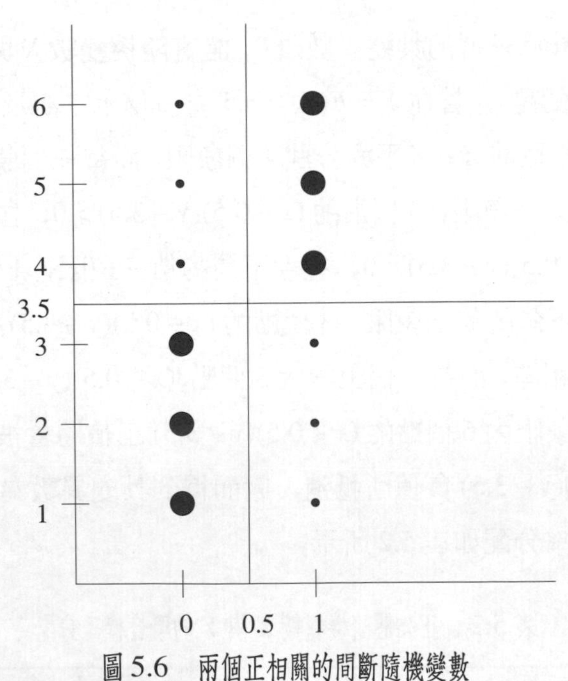

圖 5.6 兩個正相關的間斷隨機變數

此時隨機變數 X 與 Y 的共變異數求算如下：由此聯合分配知道兩個變數的邊際機率分配與表 5.1 相同，因而具有相同的平均數，故此二變數的共變異數為

$$
\begin{aligned}
\text{cov}(X,Y) &= E[(X-E(X))(Y-E(Y))] \\
&= \sum_{x=0}^{1}\sum_{y=1}^{6}(x-0.5)(y-3.5)P(X=x,Y=y) \\
&= 0.375
\end{aligned}
$$

一如預期，我們計算求得的共變異數大於 0，證實隨機變數 X 和 Y 為正相關。

假若聯合機率分配如表 5.3 所示，

表 5.3　負相關隨機變數 X 與 Y 的聯合機率分配

	$Y=1$	$Y=2$	$Y=3$	$Y=4$	$Y=5$	$Y=6$	$P(X=x)$
$X=0$	1/24	1/24	1/24	3/24	3/24	3/24	1/2
$X=1$	3/24	3/24	3/24	1/24	1/24	1/24	1/2
$P(Y=y)$	1/6	1/6	1/6	1/6	1/6	1/6	1.0

這個聯合機率分配可以圖 5.7 所示，由此圖可看出，這兩個隨機變數呈現**負相關** (negative correlation)，因為小的 X 實現值與大的 Y 實現值聯合機率及大的 X 實現值與小的 Y 實現值聯合機率較大，是以這兩個隨機變數為負相關。由於此時隨機變數 X 和 Y 具有和表 5.1 中同樣的邊際機率函數，因此其具有相同的平均數 $E(X)=0.5$ 和 $E(Y)=3.5$；同樣在 $Y=E(Y)=3.5$ 畫一條水平線及在 $X=E(X)=0.5$ 畫一條垂直線，則可將 $X-Y$ 平面分成 4 個象限，由於每一個點的座標 (x,y) 與圖 5.5 相同，因此，每一個點的 $(x-0.5)(y-3.5)$ 也與圖 5.5 相同，惟一不同的是其對應的機率值不同；在圖 5.7 中，第一、三象限內 6 個點的機率值小於第二、四象限內 6 個點的機率值，因此，第一、三象限內 6 個點 $(x-0.5)(y-3.5)$ 乘上較小機率值所得到的正值，將會小於第二、四象限內 6 個點 $(x-0.5)(y-3.5)$ 乘上較大機率值所得到的負值，使得共變異數為負值的計算結果。

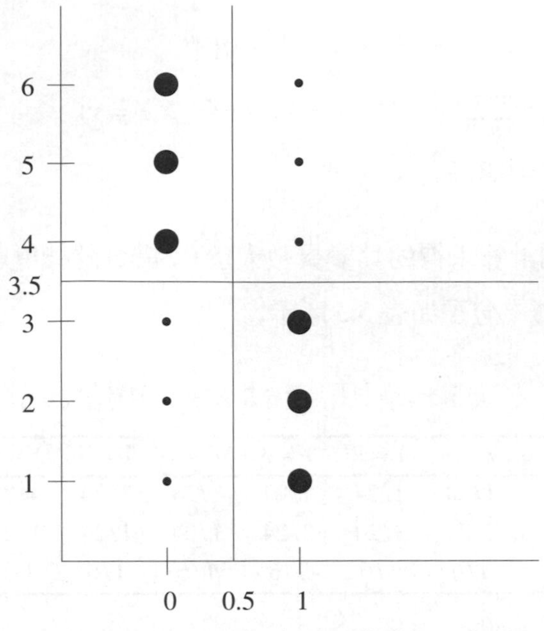

圖 5.7 兩個負相關的間斷隨機變數

隨機變數 X 與 Y 的共變異數的求算如下：由此聯合分配知道兩個變數的邊際機率分配與表 5.1 相同，因而具有相同的平均數，因此，兩個變數的共變異數為

$$\begin{aligned}\operatorname{cov}(X,Y) &= E[(X-E(X))(Y-E(Y))] \\ &= \sum_{x=0}^{1}\sum_{y=1}^{6}(x-0.5)(y-3.5)P(X=x,Y=y) \\ &= -0.375.\end{aligned}$$

一如預期，我們計算求得的共變異數小於 0，證實隨機變數 X 和 Y 為負相關。

又在統計學課堂 80 位學生的資料中，假設我們定義 X 為性別隨機變數：令 E_i 代表座號為 i 的同學，

$$\begin{aligned}X(E_i) &= 1, E_i \text{ 為男生} \\ &= 0, E_i \text{ 不為男生}\end{aligned}$$

並定義 Y 為其所屬科系隨機變數：

$$
\begin{aligned}
Y(E_i) &= 1, E_i \text{ 為經濟系學生} \\
&= 2, E_i \text{ 為財金系學生} \\
&= 3, E_i \text{ 為企管系學生} \\
&= 4, E_i \text{ 為會計系學生} \\
&= 5, E_i \text{ 為資管系學生}
\end{aligned}
$$

由於總共有 80 位學生，因此我們可將這 80 位學生視為兩個隨機變數所定義隨機實驗的可能出象，再假設依古典方法給定出象的機率，因而，每一個出象的機率為 1/80，則這兩個隨機變數的聯合機率分配為

	$Y=1$	$Y=2$	$Y=3$	$Y=4$	$Y=5$	$P(X=x)$
$X=0$	8/80	11/80	8/80	6/80	7/80	40/80
$X=1$	12/80	13/80	6/80	6/80	3/80	40/80
$P(Y=y)$	20/80	24/80	14/80	12/80	10/80	1.0

假定我們能從事這個聯合試驗 N 次，則前述衡量變數關係的數值為

$$
\begin{aligned}
\text{average} &= \frac{1}{N}\sum_{x=0}^{1}\sum_{y=1}^{5} n_{xy}(x-c_1)(y-c_2) \\
&= \sum_{x=0}^{1}\sum_{y=1}^{5}\frac{n_{xy}}{N}(x-c_1)(y-c_2) \\
&\to \sum_{x=0}^{1}\sum_{y=1}^{5} P(X=x,Y=y)(x-c_1)(y-c_2),
\end{aligned}
$$

其中，n_{xy} 表示 N 次聯合試驗中出現 $X=x$ 與 $Y=y$ 的次數。若將基準點 (c_1,c_2) 以 (μ_X,μ_Y) 代替，則

$$
\begin{aligned}
\text{average} &= \sum_{x=0}^{1}\sum_{y=1}^{5} P(X=x,Y=y)(x-\mu_X)(y-\mu_Y) \\
&\to E[(X-E(X))(Y-E(Y))] \equiv \text{cov}(X,Y).
\end{aligned}
$$

這裡的 $\text{cov}(X,Y)$ 稱為隨機變數 X 與隨機變數 Y 的**共變異數** (covariance)。因此，隨機變數 X 與 Y 的共變異數的正式定義為

$$\begin{aligned}\text{cov}(X,Y) &= E[(X-E(X))(Y-E(Y))] \\ &= E[XY - YE(X) - XE(Y) + E(X)E(Y)] \\ &= E(XY) - E(Y)E(X) - E(X)E(Y) + E(X)E(Y) \\ &= E(XY) - E(X)E(Y) \\ &= \sum_{\text{all } x}\sum_{\text{all } y} xyP(X=x,Y=y) - \sum_{\text{all } x} xP(X=x)\sum_{\text{all } y} yP(Y=y).\end{aligned}$$

顯而易見，共變異數是 $(x-E(X))$ 與 $(y-E(Y))$ 乘積以聯合機率 $P(X=x,Y=y)$ 為權數的加權平均數， 通常隨機變數 X 與 Y 的共變異數以 $\sigma_{X,Y}$ 表示， 即 $\text{cov}(X,Y)=\sigma_{X,Y}$。

定理 5.3

就兩個常數 a 及 b，間斷隨機變數 X 和隨機變數 Y 間存在 $\text{cov}(aX,bY) = ab\times\text{cov}(X,Y)$。

證明：依定義

$$\begin{aligned}\text{cov}(aX,bY) &= E[(aX-E(aX))(bY-E(bY))] \\ &= \sum_{\text{all } x}\sum_{\text{all } y}(ax-a\mu_X)(by-b\mu_Y)P(aX=ax,bY=by) \\ &= \sum_{\text{all } x}\sum_{\text{all } y}ab(x-\mu_X)(y-\mu_Y)P(X=x,Y=y) \\ &= ab\sum_{\text{all } x}\sum_{\text{all } y}(x-\mu_X)(y-\mu_Y)P(X=x,Y=y) \\ &= abE[(X-E(X))(Y-E(Y))] = ab\times\text{cov}(X,Y).\end{aligned}$$

定理 5.4

假設間斷隨機變數 X 和隨機變數 Y 分別具有平均數 μ_X, μ_Y 及變異數 σ_X^2, σ_Y^2，而其間存在的共變異數為 $\sigma_{X,Y}$；就兩個常數 a 及 b，$\text{var}(aX+bY)=a^2\sigma_X^2+b^2\sigma_Y^2+2ab\sigma_{X,Y}$。

證明：依定義

$$\begin{aligned}
&\text{var}(aX+bY)\\
&= E\{[(aX+bY)-E(aX+bY)]^2\}\\
&= E\{[a(X-E(X))+b(Y-E(Y))]^2\}\\
&= E\{a^2[X-E(X)]^2\}+E\{b^2[Y-E(Y)]^2\}+E\{2ab[X-E(X)][Y-E(Y)]\}\\
&= a^2E\{[X-E(X)]^2\}+b^2E\{[Y-E(Y)]^2\}+2abE\{[X-E(X)][Y-E(Y)]\}\\
&= a^2\sigma_X^2+b^2\sigma_Y^2+2ab\sigma_{X,Y}.
\end{aligned}$$

定理 5.5

假設間斷隨機變數 X 和隨機變數 Y 相互獨立，則其間之共變異數為零，即 $\text{cov}(X,Y)=0$。

證明： 依定義間斷隨機變數 X 和隨機變數 Y 相互獨立表示對所有實現值而言，$P(X=x,Y=y)=P(X=x)P(Y=y)$，則

$$\begin{aligned}
\text{cov}(X,Y) &= \sum_{\text{all } x}\sum_{\text{all } y}(x-\mu_X)(y-\mu_Y)P(X=x,Y=y)\\
&= \sum_{\text{all } x}\sum_{\text{all } y}(x-\mu_X)(y-\mu_Y)P(X=x)P(Y=y)\\
&= \sum_{\text{all } x}(x-\mu_X)P(X=x)\sum_{\text{all } y}(y-\mu_Y)P(Y=y)\\
&= [\sum_{\text{all } x}xP(X=x)-\sum_{\text{all } x}\mu_XP(X=x)][\sum_{\text{all } y}yP(Y=y)-\sum_{\text{all } y}\mu_YP(Y=y)]\\
&= (\mu_X-\mu_X)(\mu_Y-\mu_Y)=0.
\end{aligned}$$

間斷隨機變數 X 和隨機變數 Y 相互獨立，則其間之共變異數為 0；然而，兩間斷隨機變數的共變異數為 0，並不表示其必為相互獨立。

定理 5.6

假設間斷隨機變數 X 和隨機變數 Y 相互獨立，則 $E(XY)=E(X)E(Y)$。

證明：間斷隨機變數 X 和隨機變數 Y 相互獨立，$P(X=x,Y=y)=P(X=x)P(Y=y)$，則

$$
\begin{aligned}
E(XY) &= \sum_{\text{all } x}\sum_{\text{all } y} xyP(X=x, Y=y) \\
&= \sum_{\text{all } x}\sum_{\text{all } y} xyP(X=x)P(Y=y) \\
&= \sum_{\text{all } x} xP(X=x)\sum_{\text{all } y} yP(Y=y) \\
&= E(X)E(Y).
\end{aligned}
$$

由於共變異數存在著隨機變數 X 和隨機變數 Y 的**衡量單位** (measure unit)，不同的衡量單位將產生不同數值的共變異數，造成我們無法直接由共變異數數值的大小來判斷相關程度的大小；在統計學上，消除隨機變數衡量單位造成統計量的影響，將實現值減去平均數後再除上標準差的標準化作法，亦即 Z – scores 的轉換；換言之，我們不直接以原來隨機變數 X 和隨機變數 Y 的實現值計算共變異數，而以其相應之 Z – scores 加以計算。令 Z_X 表隨機變數 X 實現值的 Z – scores 和 Z_Y 表隨機變數 Y 實現值的 Z – scores，即

$$
Z_X = \frac{X - E(X)}{\sqrt{\text{var}(X)}},\ Z_Y = \frac{Y - E(Y)}{\sqrt{\text{var}(Y)}}.
$$

很明顯的，$E(Z_X) = 0$ 和 $E(Z_Y) = 0$，則 Z_X 和 Z_Y 的共變異數依定義為

$$
\begin{aligned}
\text{cov}(Z_X, Z_Y) &= E\{[Z_X - E(Z_X)][Y - E(Y)]\} \\
&= E\left[\left(\frac{X - E(X)}{\sqrt{\text{var}(X)}}\right)\left(\frac{Y - E(Y)}{\sqrt{\text{var}(Y)}}\right)\right] \\
&= \frac{E\{[X - E(X)][Y - E(Y)]\}}{\sqrt{\text{var}(X)}\ \sqrt{\text{var}(Y)}} \\
&= \frac{\text{cov}(X, Y)}{\sqrt{\text{var}(X)}\ \sqrt{\text{var}(Y)}} \\
&\equiv \text{corr}(X, Y) = \rho_{X,Y}.
\end{aligned}
$$

因此，Z_X 和 Z_Y 的共變異數即為隨機變數 X 和隨機變數 Y 的**相關係數** (correlation coefficient)。由 Cauchy - Schwartz 不等式，$|XY| \le |X|^{1/2}|Y|^{1/2}$，我們得到 $-1 \le \text{corr}(X,Y) \le 1$。而由相關係數判斷隨機變數 X 和隨機變數 Y 間「線性」

關係的原則如下：

1. $\text{corr}(X,Y) = 1$, 表示 X 和 Y 存在完全的線性正相關；
2. $\text{corr}(X,Y) = -1$, 表示 X 和 Y 存在完全的線性負相關；
3. $0 < \text{corr}(X,Y) < 1$, 表示 X 和 Y 存在線性正相關；
4. $-1 < \text{corr}(X,Y) < 0$, 表示 X 和 Y 存在線性負相關；
5. $\text{corr}(X,Y) = 0$, 表示 X 和 Y 為線性不相關。

在瞭解描述間斷隨機變數基本特性的期望值、變異數及共變異數後，我們以下討論在統計學中常見的幾個間斷隨機變數。

5.4 白努力機率分配

一個實驗如果僅有兩種出象，則此實驗即稱為**白努力實驗** (Bernoulli experiment)；通常我們以「成功」和「失敗」代表那兩個出象。一個定義於這兩個出象的隨機變數，即稱為**白努力隨機變數** (Bernoulli random variable)；當然，以任意兩個數值均可分別代表「成功」和「失敗」兩個出象，如 1 與 2，10 與 20；但是，當然都不若以 1 與 0 分別代表「成功」和「失敗」兩個出象來的簡單方便。假若以 1 與 0 分別代表「成功」和「失敗」兩個出象，而「成功」出象的機率為 p，「失敗」出象的機率則為 $1-p$，則此白努力隨機變數 X 的機率函數為 $P(X=1)=p$ 及 $P(X=0)=1-p$；其平均數或期望值為

$$
\begin{aligned}
\mu_X &= E(X) \\
&= 0 \times P(X=0) + 1 \times P(X=1) \\
&= p,
\end{aligned}
$$

由此可知，唯有以 1 與 0 代表「成功」和「失敗」兩個出象的白努力隨機變數，其平均數方為 p。

以統計學課堂 80 位學生為例，我們以 X 定義學生性別的隨機變數，以 x_i

$= X(E_i) = 1$ 表示第 i 位學生為男生而以 0 表示為女生，則 $\sum_{i=1}^{80} x_i$ 表男生的人數，而 $\sum_{i=1}^{80} x_i/80$ 即為班上男生所佔的比例，由於班上有 40 位男生，故 $p = 1/2$ 為在這個班上任意抽出一位學生而恰好是男生的機率；而隨機變數 X 所有 80 個實現值的簡單算術平均數為

$$\begin{aligned}\sum_{i=1}^{80} x_i/80 &= [40\times 1 + 40\times 0]/80 \\ &= 1\times\frac{40}{80} + 0\times\frac{40}{80} \\ &= 1\times p + 0\times(1-p) \\ &= p = E(X).\end{aligned}$$

上式中的 (40/80) 為男、女生的相對次數即為男、女生的機率 p 和 $1-p$，故所有實現值的簡單算術平均數即為隨機變數的期望值 ($E(X)$)。

此外，若令 $x_i = 1$ 和 $x_i = 0$ 代表在重複 N 次白努力實驗中，第 i 次實驗出現「成功」和「失敗」兩個出象，則數值 $\sum_{i=1}^{N} x_i$ 即為出現「成功」出象的次數，而此 N 次實驗所有實現值的簡單算術平均數為

$$\sum_{i=1}^{N} x_i/N = 1\times\frac{\text{成功次數}}{N} + 0\times\frac{\text{失敗次數}}{N}$$

若上式中「成功」和「失敗」的相對次數 (成功次數 /N 和失敗次數 /N) 視為「成功」和「失敗」的出現機率，則所有實現值的簡單算術平均數即可視為以相對次數為機率所計算的期望值；若試驗次數 N 趨近無限大，則「成功」的相對次數會趨近於機率值 p，「失敗」的相對次數會趨近於機率值 $1-p$，而所有實現值的簡單算術平均數則會趨近至期望值；值得注意的是，這些結果只成立於以 1 與 0 代表「成功」和「失敗」兩個出象的白努力隨機變數。此外，此白努力隨機變數的變異數為

$$\sigma_X^2 = \mathrm{var}(X) = E[(X - E(X))^2]$$

$$= E(X^2) - \mu_X^2$$
$$= 0^2 \times P(X=0) + 1^2 \times P(X=1) - p^2$$
$$= p - p^2 = p(1-p).$$

故其變異數也僅決定於 p 的數值，而偏態係數

$$\alpha_3 = \frac{E[(X - E(X))^3]}{\sigma_X^3}.$$

其中的分子項為

$$E[(X - E(X))]^3 = \sum_{\text{all } x} [x - E(X)]^3 P(X = x)$$
$$= (0-p)^3 P(X=0) + (1-p)^3 P(X=1)$$
$$= -p^3(1-p) + (1-p)^3 p,$$

僅為 p 的函數，因此，偏態係數僅為 p 的函數；同理可證明峰態係數亦僅為 p 數值的函數；所以，只要知道 p 的數值，我們即可瞭解白努力隨機變數實現值在實數線上的分布情形，亦即一個白努力隨機變數只存在一個**未知參數** (unknown parameter)，p。

5.5 二項式機率分配

一個實驗如果包含連續從事 n 次**相等** (identical) 且**獨立** (independent) 的白努力實驗；此處所謂的相等，表示每一次白努力實驗的出現「成功」的機率值是固定不變的，即 $P(X=1)=p$ 及 $P(X=0)=1-p$，而所謂的獨立，表示某一次白努力實驗出現「成功」的機率不受到前一次出象的影響；這個實驗則稱為**二項式實驗** (binomial experiment)：而在二項式實驗中，我們感興趣的是在這 n 次的白努力實驗中，出現了多少次的「成功」的出象。而定義於在二項式實驗中出現多少次「成功」出象的隨機變數，即稱為**二項式隨機變數**

(binomial random variable)；例如，$n = 3$，則所有可能的出象包括

$$\{(+,+,+),(+,+,-),(+,-,+),(-,+,+),(+,-,-),(-,+,-),(-,-,+),(-,-,-)\},$$

其中，「+」與「−」分別代表「成功」和「失敗」的出象，則定義於此實驗的二項式隨機變數 X 為

$$X((+,+,+)) = 3;$$
$$X((+,+,-)) = 2, X((+,-,+)) = 2, X((-,+,+)) = 2;$$
$$X((+,-,-)) = 1, X((-,+,-)) = 1, X((-,-,+)) = 1;$$
$$X((-,-,-)) = 0,$$

而其機率函數為

$$P(X = 3) = \mathbb{P}((+,+,+)) = p \times p \times p = p^3$$
$$P(X = 2) = \mathbb{P}((+,+,-)) + \mathbb{P}((+,-,+)) + \mathbb{P}((-,+,+)) = 3P^2(1-p)$$
$$P(X = 1) = \mathbb{P}((+,-,-)) + \mathbb{P}((-,+,-)) + \mathbb{P}((-,-,+)) = 3P(1-p)^2$$
$$P(X = 0) = \mathbb{P}((-,-,-)) = (1-p)^3.$$

很明顯的，出現「成功」出象的次數決定於白努力實驗的次數 n 和白努力實驗中出現「成功」的機率 p。令 X 為定義在包含 n 次相等且獨立的白努力實驗中出現「成功」的次數，而白努力實驗中出現「成功」的機率為 p，則 X 的實現值包括 $X = 0,1,2,\cdots,n$，由排列組合知道，在 n 次相等且獨立的白努力實驗中出現 x 次「成功」的排列組合個數為

$$C_x^n = \frac{n!}{x!(n-x)!},$$

其中 $n! = n(n-1)(n-2)\cdots(2)(1)$ 及 $0! = 1$；而每一個出現 x 次「成功」組合的機率為 $p^x(1-p)^{n-x}$，因此，所有出現 x 次「成功」組合的機率為

$$P(X = x) = C_x^n p^x(1-p)^{n-x} = \frac{n!}{x!(n-x)!}p^x(1-p)^{n-x},$$

此即為二項式隨機變數 X 的機率函數，一般表示為 $X \sim B(n,p)$，其機率函數可以表示如下：

$X = x$	$P(X = x)$
0	$C_0^n p^0(1-p)^{n-0}$
1	$C_1^n p^1(1-p)^{n-1}$
2	$C_2^n p^2(1-p)^{n-2}$
$\vdots$	$\vdots$
$n-1$	$C_{n-1}^n p^{n-1}(1-p)^1$
n	$C_n^n p^n(1-p)^0$

之所以稱為二項式機率分配是因為在二項展開式

$$(a+b)^n = \sum_{x=0}^{n} C_x^n a^x b^{n-x},$$

當中對應於一特定 x 值的展開項，在 $a = p$ 和 $b = (1-p)$ 時，

$$\begin{aligned}(a+b)^n &= \sum_{x=0}^{n} C_x^n a^x b^{n-x}\\ &= \sum_{x=0}^{n} C_x^n p^x (1-p)^{n-x}\\ &= C_0^n p^0(1-p)^{n-0} + C_1^n p^1(1-p)^{n-1} + \cdots + C_n^n p^n(1-p)^0\\ &= \sum_{\text{all } x} P(X=x) = 1.\end{aligned}$$

而這個二項式隨機變數 X 的平均數為

$$\begin{aligned}E(X) &= \sum_{\text{all } x} x \frac{n!}{x!(n-x)!} p^x (1-p)^{n-x}\\ &= \sum_{\text{all } x} \frac{n(n-1)!}{(x-1)!(n-x)!} p p^{(x-1)} (1-p)^{n-x}\\ &= np \sum_{\text{all } x} \frac{(n-1)!}{(x-1)![(n-1)-(x-1)]!} p^{(x-1)} (1-p)^{[(n-1)-(x-1)]}\\ &= np[p + (1-p)]^{n-1} = np.\end{aligned}$$

再者，由於

$$
\begin{aligned}
E(X^2) &= \sum_{\text{all } x} x^2 \frac{n!}{x!(n-x)!} p^x (1-p)^{n-x} \\
&= \sum_{\text{all } x} x \frac{n!}{(x-1)!(n-x)!} p^x (1-p)^{n-x} \\
&= \sum_{\text{all } x} (x-1) \frac{n!}{(x-1)!(n-x)!} p^x (1-p)^{n-x} \\
&\quad + \sum_{\text{all } x} \frac{n!}{(x-1)!(n-x)!} p^x (1-p)^{n-x} \\
&= \sum_{\text{all } x} \frac{n(n-1)(n-2)!}{(x-2)!(n-x)!} p^2 p^{(x-2)} (1-p)^{[(n-2)-(x-2)]} \\
&\quad + \sum_{\text{all } x} \frac{n(n-1)!}{(x-1)!(n-x)!} p p^{(x-1)} (1-p)^{[(n-1)-(x-1)]} \\
&= n(n-1)p^2[p+(1-p)]^{n-2} + np[p+(1-p)]^{n-1} \\
&= n(n-1)p^2 + np,
\end{aligned}
$$

則

$$
\text{var}(X) = n(n-1)p^2 + np - (np)^2 = np - np^2 = np(1-p).
$$

當然我們可證明其偏態和峰態係數均僅為 n 和 p 的函數；故一個二項式隨機變數僅包含 n 及 p 兩個未知參數，亦即只要知道 n 及 p 的數值，我們即可瞭解其實現值在實數線上的分布情形了。

此外，令 X 表示一個白努力隨機變數，$P(X=1)=p, P(X=0)=1-p$，則由前一節的討論知道，其期望值與變異數為 $E(X)=p$ 和 $\text{var}(X)=p(1-p)$，而令二項式隨機變數 Y 為重複此白努力實驗 n 次中出現成功的次數，即 $Y \sim B(n,p)$；因此，令 X_i 表示第 i 個白努力實驗的隨機變數，由於每一次白努力實驗的隨機變數是**相等** (identical) 且**獨立** (independent)，即對於所有 i 而言 $P(X_i)=p$ 且 $P(X_i|X_j)=P(X_i)$(第 i 個白努力實驗出現成功的機率不受到其他第 j 個實驗出象的影響)，也因此 $\text{cov}(X_i,X_j)=0$；因此二項式隨機變數 Y 與白努力隨機變數 X 間的關係為

$$Y = \sum_{i=1}^{n} X_i.$$

由此關係可知道

$$E(Y) = E(\sum_{i=1}^{n} X_i)$$
$$= \sum_{i=1}^{n} E(X_i) = \sum_{i=1}^{n} p = np,$$

以及

$$\text{var}(Y) = \text{var}(\sum_{i=1}^{n} X_i)$$
$$= \sum_{i=1}^{n} \text{var}(X_i) + 2\sum_{i=1}^{n-1}\sum_{j=i+1}^{n} \text{cov}(X_i, X_j)$$
$$= \sum_{i=1}^{n} \text{var}(X_i) = \sum_{i=1}^{n} p(1-p) = np(1-p).$$

不同機率下 $n = 20$ 的二項分配的機率分配如圖 5.8 所示:

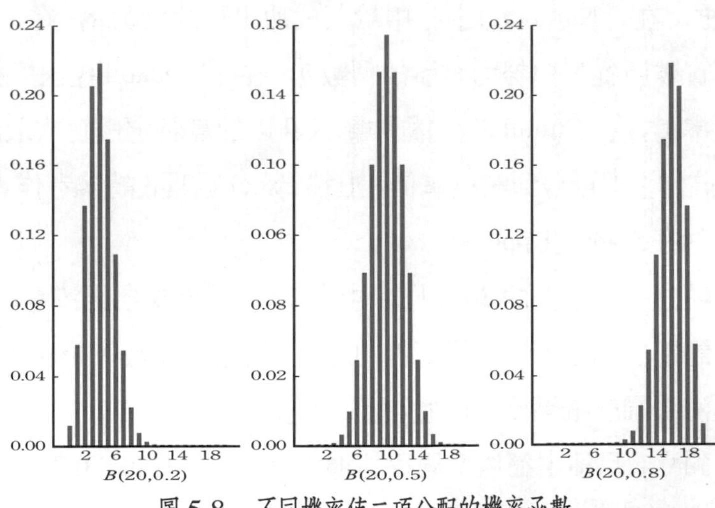

圖 5.8　不同機率值二項分配的機率函數

在上圖中，當 $p = 0.2$ 時，二項分配呈現右偏的實現值分布，當 $p = 0.5$ 時，二項分配呈現對稱的實現值分布，當 $p = 0.8$ 時，二項分配呈現左偏的實現值

分布。此現象可解釋如下，對於一個固定的 n 而言，我們可發現

$$C_0^n = C_n^n$$
$$C_1^n = C_{n-1}^n$$
$$C_2^n = C_{n-2}^n$$
$$C_3^n = C_{n-3}^n$$
$$\vdots = \vdots$$

表示 C_x^n 數值在所有 $x = 0,1,2,\cdots,n$ 值間呈現對稱的分配，因此唯有在 $p = 1 - p$ 時，$P(X = x) = C_x^n p^x(1 - p)^{n-x} = C_x^n p^n$ 方會在所有 $x = 0,1,2,\cdots,n$ 值間呈現對稱的分配，因此唯有在 $p = 0.5 = 1 - p$ 時，二項分配呈現對稱的實現值分布；當 $p < 0.5$ 時，$p^x(1 - p)^{n-x}$ 在 x 較小數值時具有較大的數值，因此其分配會呈現右偏的分布；反之，當 $p > 0.5$ 時，$p^x(1 - p)^{n-x}$ 在 x 較大數值時具有較大的數值，因此其分配會呈現左偏的分布。在附錄的表 1 中，我們以 Excel 製作出不同 n 和 p 組合的二項機率分配表，我們在 Excel 中點入『插入』功能的『函數』，在「插入函數」的對話框中點選函數「BINOMDIST」，即可得到「BINOMDIST」的對話框，在『Number_s』框中輸入成功出現的次數 x，在『Trials』框中輸入二項實驗所從事白努力實驗的個數 n，在『Probability_s』框中輸入出現成功的機率值，在『Cumulative』框中輸入 0 以計算特定成功次數的機率值，最後按下『確定』即可得到該機率值。上述 Excel 過程，請參考作者網頁子目錄 chapter5 中的 chapt5_1.ppt。

例如在統計學課堂上的 80 位同學中有 20 位同學來自經濟系，假定統計老師每次上課都要抽點 1 位同學回答問題，定義隨機變數 X 為在連續 10 堂課的抽點中經濟系同學被點到的次數，故 X 的實現值為 $\{0,1,2,\cdots,10\}$，由於每一次抽點相互獨立，且抽中經濟系同學的機率固定為 $20/80 = 0.25$，因此，每一次的抽點可視為獨立且均等的白努力實驗，故 X 為二項式機率分配的隨機變數，即 $X \sim B(10,0.25)$。

5.6 波氏機率分配

不論是自然科學抑或社會科學的研究，經常會對一段時間、一段距離、一個區域或一個空間（泛稱一個**區間** (interval)）內發生某個事件或出現某個事物的次數有所興趣；例如，在企業的**行銷** (marketing) 策略研究中，如何針對特定族群提出廣告訴求，因而產品消費者的年齡層是其重要的參考依據；在道路交通號誌的管理規劃上，如何設定每一個路口紅燈與綠燈的秒數，俾使交通最為順暢，因此，對於一段時間內通過每一個路口的車輛數量，是道路燈號設計的重要參考數據；在空氣品質的監控上，對於一個地區的一個單位空間內含有二氧化硫的單位數，是監控空氣品質的重要指標；若在相等的一個區間發生或出現某個事件的機率相同且在兩個相等區間所發生的次數相互獨立，則此事件或事物出現的個數即為**波氏隨機變數** (Poisson random variable)，而此個數可為 0,1,2,⋯；而描述這個隨機變數所有實現值的機率則稱為波氏機率函數，即

$$P(X=x)=\frac{\mu^x e^{-\mu}}{x!},\ e=2.71828,$$

其中，μ 表示在研究的特定區間內平均發生某事件的「平均」個數，即 $\mu=E(X)$；而這個波氏隨機變數通常以 $X\sim Poisson(\mu)$ 表示之。

由**指數函數** (exponential function) 的定義，我們知道對任一實數 m 而言，

$$1+m+\frac{m^2}{2!}+\frac{m^3}{3!}+\cdots=\sum_{x=0}^{\infty}\frac{m^x}{x!}\rightarrow e^m,\ \text{當 } x\rightarrow\infty.$$

則

$$P(X=x)=\frac{\mu^x e^{-\mu}}{x!},\ e=2.71828,$$

是一個有效的機率函數，因為 $0 < P(X-x) < 1$ 且

$$\sum_{x=0}^{\infty} P(X=x) = \sum_{x=0}^{\infty} \frac{\mu^x e^{-\mu}}{x!} = e^{-\mu} \sum_{x=0}^{\infty} \frac{\mu^x}{x!} = \frac{e^{\mu}}{e^{\mu}} = 1.$$

一個 $X \sim Poisson(\mu)$ 的波氏隨機變數具有平均數：

$$\begin{aligned} E(X) &= \sum_{x=0}^{\infty} x \frac{\mu^x e^{-\mu}}{(x-1)!} \\ &= e^{-\mu} \sum_{x=0}^{\infty} \frac{\mu^x}{(x-1)!} \\ &= e^{-\mu} \mu \sum_{x=0}^{\infty} \frac{\mu^{(x-1)}}{(x-1)!} \\ &= \mu e^{-\mu} e^{\mu} = \mu. \end{aligned}$$

再者，由於

$$\begin{aligned} E(X^2) &= \sum_{x=0}^{\infty} x^2 \frac{\mu^x e^{-\mu}}{x!} \\ &= e^{-\mu} \sum_{x=0}^{\infty} (x-1) \frac{\mu^x}{(x-1)!} + e^{-\mu} \sum_{x=0}^{\infty} \frac{\mu^x}{(x-1)!} \\ &= e^{-\mu} \sum_{x=0}^{\infty} \frac{\mu^2 \mu^{(x-2)}}{(x-2)!} + e^{-\mu} \sum_{x=0}^{\infty} \frac{\mu \mu^{(x-1)}}{(x-1)!} \\ &= \mu^2 + \mu \end{aligned}$$

則其變異數為 $\text{var}(X) = E(X^2) - E(X)^2 = \mu^2 + \mu - \mu^2 = \mu$；因此，一個波氏隨機變數僅具有一個未知參數 μ。圖 5.9 表現不同平均數 μ 波氏隨機變數的機率函數。

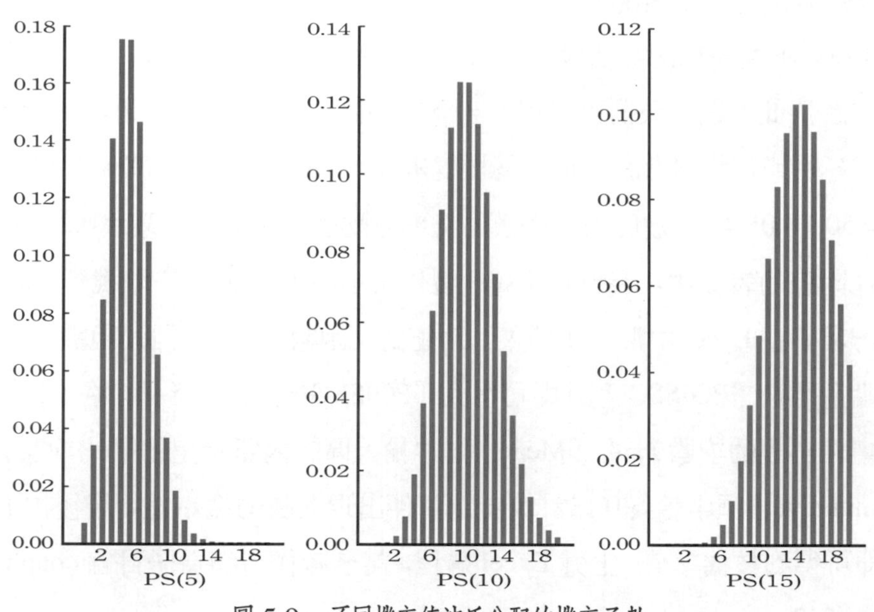

圖 5.9 不同機率值波氏分配的機率函數

波氏隨機變數除了用以描述一段區間發生某事件個數的機率分配外，在統計學上，也可應用於概略求算二項式隨機變數的機率分配；其中的邏輯如下：假設 X 為一個具有平均數 μ 的波氏隨機變數，想像將所考慮的「那一段」區間，分為 n 個相等的小區間，而每一個小區間內最多僅允許一個事件發生，則這每一個小區間內發生事件可視為一個白努力實驗「成功」的出象，而未發生事件可視為一個白努力實驗「失敗」的出象，此時，若再假設每一個小區段內發生一個事件的機率均相等，其等於 μ/n；則這個波氏隨機變數即可視為一個二項式隨機變數，其包含 n 個具有「成功」出象為 μ/n 的白努力實驗；換言之，一個 $X \sim Poisson(\mu)$ 的機率分配可以一個 $Y \sim B(n,p)$ 來取代，其中，$\mu = n \times p$。

上圖中的三個圖為平均數分別為 $\mu = 5,10$ 和 15 下，$X = 0,1,\cdots,20$ 的機率分配；因此，這三個波氏隨機變數可視為具機率值 5/21,10/21 和 15/21 的三個二項分配，即 $B(21,5/21)$,$B(21,10/21)$ 和 $B(21,15/21)$，也因此，$\mu = 5$ 的波氏隨機變數將具右偏分配，$\mu = 15$ 的波氏隨機變數將具左偏分配。

相反的，因為一般統計書籍所附錄的二項式隨機變數的機率分配表，僅

包含 $n \leq 20$ 及有限個數的 p 值的機率分配表，若我們考慮的二項式隨機變數，$n > 20$ 和 p 不在表列的數值內，則其機率分配無法查表得知，因而造成不方便。為解決此問題，我們可以用 $\mu = np$ 所相對應的波氏隨機變數機率分配表來取代；例如，我們考慮二項式隨機變數 $X \sim B(50,0.05)$，$P(X=3)$ 機率值可由 $\mu = 50 \times 0.05 = 2.5$ 波氏隨機變數的機率分配表查知 $P(X=3) \approx 0.2138$。

在附錄的表 2 中，我們以 Excel 製作出不同 μ 值的波氏隨機變數機率分配表，我們在 Excel 中點入『插入』功能的『函數』，在「插入函數」的對話框中點選函數「POISSON」，即可得到「POISSON」的對話框，在『X』框中輸入事件出現的次數 x，在『Mean』框中輸入區間內所發生的平均次數 μ，在『Cumulative』框中輸入 0 以計算特定事件出現次數的機率值，最後按下『確定』即可得到該機率值。上述 Excel 過程，請參考作者網頁子目錄 chapter5 中的 chapt5_2.ppt。

5.7 超幾何機率分配

假設在一個箱子中放有 N 個球，其中有 r 個紅球和 $N-r$ 個白球；從這個箱子中任意抽出 n 個球，令隨機變數 X 表示在抽出 n 個球中紅球的個數，則這個隨機變數即稱為**超幾何隨機變數** (hypergeometric random variable)，這個隨機變數的實現值包含 $\{0,1,2,\cdots,n\}$，此所包含的實現值與二項式隨機變數的實現值相同，然而，在二項式隨機變數所從事的白努力實驗具有相等且獨立的出現「成功」的機率，而在此，每抽一個球所出現紅球的機率不相等，而且其機率取決於前面所抽出球的出象，即非獨立的；在抽第一球時，出現紅球或白球的機率各為 r/N 和 $(N-r)/N$；然而在抽第二球時，若第一球為紅球，則第二球為紅球的機率為 $(r-1)/(N-1)$，而出現白球的機率為 $(N-r)/(N-1)$；相反的，若第一球為白球，則第二球為紅球的機率為 $r/(N-1)$，而出現白球的機率為 $(N-r-1)/(N-1)$；由此可見，第二次抽球時，出現紅球和白球的機率不但不相等，且視第一球抽出的究竟是白球或紅球而定。

前述超幾何隨機變數的機率分配為

$$P(X=x)=\frac{C_x^r C_{n-x}^{N-r}}{C_n^N}.$$

值得注意的是，超幾何機率分配是用來決定自一個有限個數出象的母體中，以**抽樣不置回** (sampling without replacement) 的取樣方式所得到一組樣本資料的機率，假設我們每抽一球即馬上放回，亦即**抽樣置回** (sampling with replacement) 的取樣方式，則每一次抽球出現紅球和白球的機率固定為 r/N 和 $(N-r)/N$，此時所定義的超幾何隨機變數和二項式隨機變數相同。另者，若箱子中的總球數 N 非常大，使得每一次抽球出現紅球的機率 $r/N,(r-1)/(N-1), r/(N-1),\cdots,(r-n)/(N-n)$ 幾乎相等，也使得每一次抽球出現白球的機率 $(N-r)/N,(N-r-1)/(N-1),(N-r)/(N-1),\cdots,(N-r-n)/(N-n)$ 幾乎相等，則此時所定義的超幾何隨機變數和二項式隨機變數亦相同。由此可知，以抽樣取回的抽樣方式和自無限大的母體取樣所得到的每一個資料均有相等且獨立的機率值。

在統計學課堂 80 位同學中，共有 20 位經濟系的同學，定義 X 為任意抽取 10 位同學中經濟系同學的人數，則 X 的實現值共有 $\{0,1,2,3,4,5,6,7,8,9,10\}$，而其機率函數為

$$\begin{aligned}P(X=x)&=\frac{C_x^r C_{n-x}^{N-r}}{C_n^N}\\&=\frac{C_x^{20} C_{10-x}^{80-20}}{C_{20}^{80}}\\&=\frac{C_x^{20} C_{10-x}^{60}}{C_{20}^{80}}\end{aligned}$$

因 $N=80, n=10$ 和 $r=20$。此機率分配函數可以用 Excel 加以計算，其過程如下。以 Excel 一個新的工作表，在 A1:A11 中輸入 0 到 10 的 11 個數字，在 B1 的位置，點選『插入 (I)』中的『f_x 函數 (F)』，在「插入函數」的對話框中的

『函數名稱 (N)』點選「HYPGEOMDIST」後即可進入「HYPGEOMDIST」對話框，在「Sample_s」框中輸入 A1，A1 為 $x=0$ 的數值，在「Number_sample」框中輸入樣本個數 $n=10$，在「Population_s」框中輸入母體中成功之個數，即經濟系同學的個數 $r=20$，在「Number_pop」框中輸入母體大小 $N=80$，按下『確定』，即可在 B1 位置出現 $P(X=0)$ 的機率值；再將 B1『複製』並『貼上』於 B2:B11，即可得到所有 $X=0,1,\cdots,10$ 實現值的機率值如下：

$X=x$	$P(X=x)$
0	0.045790701
1	0.179571376
2	0.295256781
3	0.267402368
4	0.147318897
5	0.051427688
6	0.011479395
7	0.001611143
8	0.000135419
9	6.12065E − 06
10	1.12212E − 07

由上表之機率分配，我們可以利用 Excel 工作表計算出 $E(X)=2.5$ 和 $\text{var}(X)=1.661392$。上述 Excel 過程，請參考作者網頁子目錄 chapter5 中的 chapt5_3.ppt。

5.8 習　題

1. 假設隨機變數 X 是一個二項式分配，其中 $n=100$ 及 $p=0.05$，利用常態分配逼近法計算 $P(X=10)$。
2. 假設兩個獨立的常態分配隨機變數 X 和 Y，其中 $E(X)=10$, $E(Y)=15$, $\text{var}(X)=3$, $\text{var}(Y)=4$ 及 $\text{cov}(X,Y)=-1$，請計算
(a) $P(10 \le X+Y \le 20)$;

(b) $P(0 \le 3X - 2Y \le 10)$.

3. 假設臺灣大學生的男生比例為 0.55，如果隨機抽樣 20 個大學生，則其中有 14 個女生的機率為何?

4. 一個二項式分配的平均數為 20、變異數為 16，計算應有的 n 及 p。

6. 連續隨機變數

在前面章節中是以間斷隨機變數的討論為主，由於間斷隨機變數是以少數的實數值定義隨機實驗所有的少數幾個可能出象，因此依據機率給定原則，我們可以知道每一個出象的機率值，即為其機率函數；而在間斷隨機變數期望值與變異數的討論中，我們知道不同的機率函數即產生不同的期望值與變異數，當然也會產生不同的偏態與峰態係數，因此，對於期望值（位置衡量）、變異數（分散度衡量）、偏態係數（偏態衡量）及峰態係數（峰態衡量）的瞭解即等於瞭解該間斷隨機變數的機率分配函數；而統計學的目的即在於藉各種不同的方法使能瞭解隨機變數實現值在實數線上分布的情形，但因間斷隨機變數僅有少數有限個數值，因此其實現值在實數線上的分布情形即可以其機率函數表示。所以，在統計學上，對於間斷隨機變數期望值、變異數、偏態係數及峰態係數進行討論即等於對其機率函數進行討論，亦即對其實現值在實數線上的分布情形進行瞭解。

然而一個隨機變數所定義的試驗具有無限多個出象，而這無限多個不同的出象被這個隨機變數給定連續的無限多個實數值，由於此隨機變數具有連續、無限多個實現值，因此稱為「連續隨機變數」。相較於間斷隨機變數，由於連續隨機變數對應於無限多個出象，使得我們無法對每一個出象定義其機率值，例如以相對次數法給定機率值，由於具有無限多個實現值 $(N=\infty)$，則每一個實現值的機率為 $1/N=1/\infty=0$，是以我們無法如同間斷隨機變數一般定義連續隨機變數的**機率函數** (probability function)。然而，對於一個隨機變數的實現值在實數線上的分布情形又該如何表現呢?

6.1 累加分配函數及機率密度函數

想像我們將一個連續隨機變數的所有實現值點布在一條實數線上，假定是所有臺灣人的身高，如下圖：

由於我們無法依機率給定原則給予每一個實現值機率值，因此無法寫出其機率函數；然而，為表現連續隨機變數實現值在實數線上分布情形，想像我們由實數線的最左邊的 $-\infty$，依著相等步伐，一步一步的向右走，隨著步伐不斷增加，越來越多的實現值被走過，藉由累積每一步的相對次數，即可繪畫出類似分組的累加相對次數圖，而走到最右邊的 ∞，累加的相對次數為 1，當然此次數圖會呈現鋸齒狀的圖形。然而，若將每一步的步伐縮得越小，則圖形將會越來越平滑，即得到所謂的**累加分配函數** (cumulative distribution function，簡稱為 cdf)，如下圖所示：

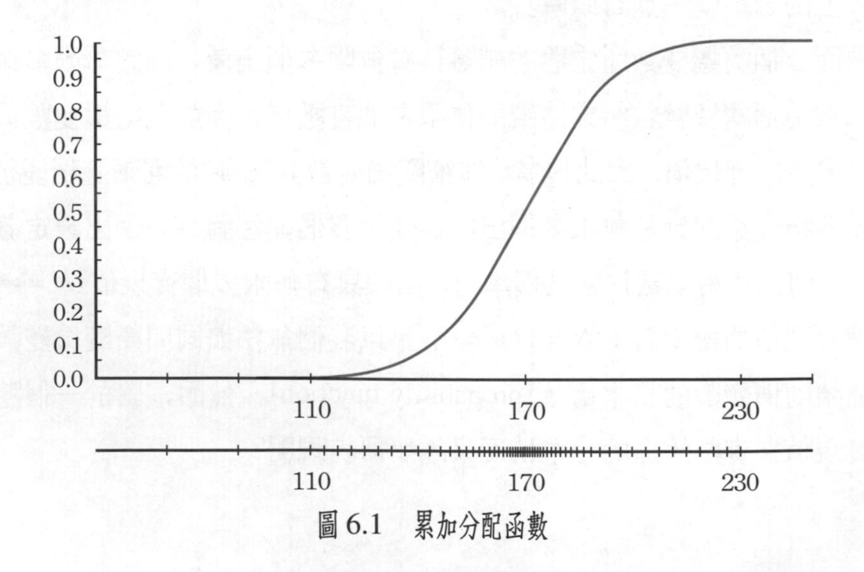

圖 6.1 累加分配函數

由圖形可知，累加分配函數由左至右逐漸增加，而其增加的幅度取決於實現值分布在實數線上的緊密程度，越緊密則累加分配函數增加幅度越大，而越鬆散則增加幅度越小；一個連續隨機變數 X 的累加分配函數通常以函數 F_X 表示，其正式定義為

$$\begin{aligned} F_X(a) &= \mathbb{P}(\omega: X(\omega) \le a) \\ &= \int_{-\infty}^{a} dF_X(x), \end{aligned}$$

其中 ω 表示連續隨機變數 X 所定義隨機實驗的可能出象，而 $dF_X(x)$ 表示在數值 x 下，走一步所增加的相對次數，因此，$F_X(a)$ 表示自 $-\infty$ 走到數值 a 時，所有步伐所累積的相對次數，當然，當走完實數線到達 $+\infty$ 時，所累積的相對次數必等於 1；另者，很明顯的，累加分配函數在實現值分布稀疏時(每一步密度小)，其增加幅度較慢，而在實現值分布緊密時(每一步密度大)，其增加幅度較快；因此，累加分配函數也可視為描述隨機變數實現值分布在實數線上的情形。也正由於累加分配函數是一步一步相對次數累加的結果，因此，任何一個隨機變數實現值的分布必定能以一個特定的累加分配函數予以描述，亦即任一隨機變數的累加分配函數必定存在；假若每一步的增幅，相對應於實數值可以一個函數形式 $f_X(x),\ x \in R$ 表示，亦即若累加分配函數 $F_X(x)$ 對於任一實現值 x 均為**可微分的** (differentiable)，即 $dF_X(x) = f_X(x)dx$，則

$$\begin{aligned} F_X(a) &= \int_{-\infty}^{a} dF_X(x) \\ &= \int_{-\infty}^{a} f_X(x)dx, \end{aligned}$$

其中因 $f_X(x)$ 表現包含實現值 x 步伐的密度，故稱其為**機率密度函數** (probability density function，簡稱為 pdf)；因此，機率密度函數也可視為描述隨機變數實現值分布在實數線上的情形。由定義可知，機率密度函數是累加分配函數微分的結果，因此其不一定存在，除非累加分配函數是可微分的；是故，一個連續隨機變數的累加分配函數必然存在，而其機率密度函數則不一定存

在。

對於任一連續隨機變數 X 的累加分配函數與機率密度函數可如圖 6.2 所示，圖中機率密度函數最高點即是累加分配函數增幅最大的所在。

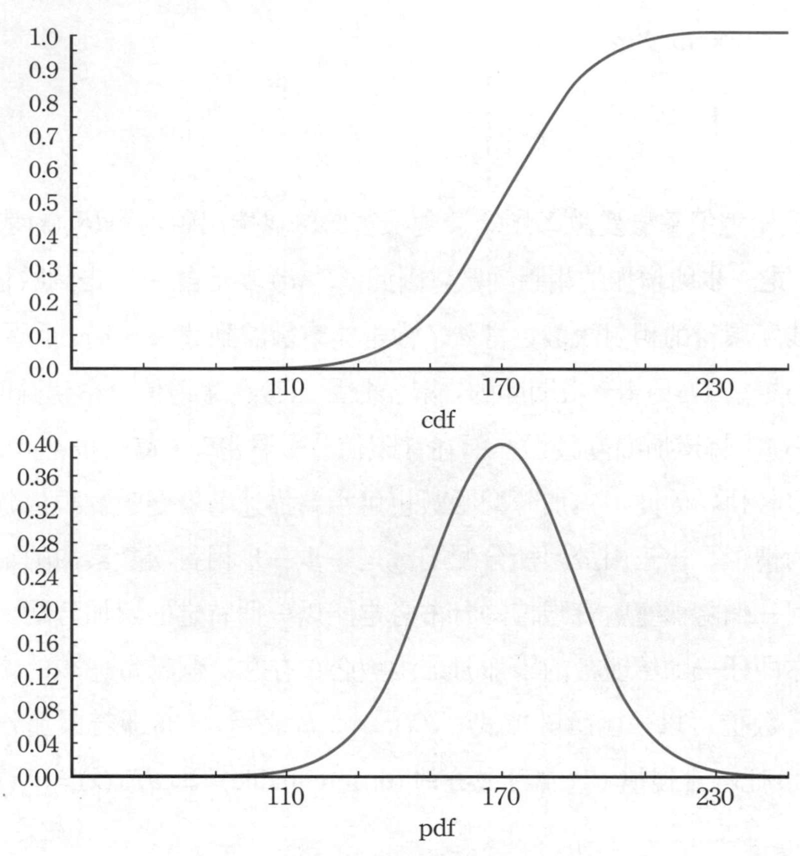

圖 6.2　累加分配函數與機率密度函數

換言之，由於我們無法定義連續隨機變數單一實現值的機率值，取而代之的是一個範圍內實現值的機率，即實現值在 $[x_1,x_2]$ 區間的機率為

$$\begin{aligned} F_X(x_1 \le X \le x_2) &= F_X(x_2) - F_X(x_1) \\ &= \int_{-\infty}^{x_2} f_X(x)dx - \int_{-\infty}^{x_1} f_X(x)dx \\ &= \int_{x_1}^{x_2} f_X(x)dx. \end{aligned}$$

在間斷隨機變數 X 的討論中，其期望值為所有實現值以相對應的機率值為權數的加權平均數，即

$$E(X)=\sum_{\text{all } x} xP(X=x).$$

然在連續隨機變數 Y 中存在無限多個實現值，則單一個實現值的機率為 0 ($\lim_{N\to\infty} 1/N=0$)，因此，我們無法建立連續隨機變數的機率函數，取而代之是由前述先以一個一個步伐 (Δy) 所建立的累加相對次數圖，而此以一個一個的步伐，相當於將連續隨機變數無限多個實現值分組成有限組數、類似的間斷隨機變數，因而能就每一個組內計算其相對次數作為該組的機率值 $P(\Delta y)$，縱然實現值個數 (N) 趨近無窮大，每一組內的實現值個數亦隨之增加而使得相對次數維持固定；所以，其期望值可如在間斷隨機變數時一般，為

$$E(Y)=\sum_{\text{all } \Delta y} \bar{y}P(\Delta y),$$

其中 $\bar{y}$ 為組中位數。之後，再假設每一個步伐的大小趨近於 0，即 $\Delta y\to 0$，則將使相對次數圖趨於平滑的曲線，即成為累加分配函數，此時，$P(\Delta y)=dF_Y(y)$ 且 $\sum_{\text{all } \Delta y}\to\int$，則期望值成為

$$E(Y)=\int_{-\infty}^{\infty} y\,dF_Y(y),$$

再者，如果 $dF_Y(y)/dy=f_Y(y)$ 存在，

$$E(Y)=\int_{-\infty}^{\infty} yf_Y(y)dy.$$

同樣的道理，連續隨機變數 Y 的變異數則為

$$\operatorname{var}(Y)=\int_{-\infty}^{\infty}[y-E(Y)]^2 f_Y(y)dy.$$

6.2 聯合累加分配函數及機率密度函數

在前面章節有關兩個間斷隨機變數的討論中，由於個別間斷隨機變數具有限個實現值，因此，兩個間斷隨機變數成對實現值出現的組合亦為有限的個數，所以可以對每一對實現值定義其機率值，因而我們可以討論其聯合機率函數；藉由聯合機率函數，我們可以進一步得到個別間斷隨機變數的邊際機率函數，並可計算兩個隨機變數的共變異數，以瞭解兩個隨機變數間的相關性。但是，在兩個連續隨機變數的情況下，因個別連續隨機變數均具有無限多個實現值，是以成對實現值出現的組合亦為無限多個，所以無法對每一對實現值定義其機率值；如同在前述單一連續隨機變數的討論一般，我們以聯合分配函數描述成對隨機變數實現值在**二維** (two-dimension) 平面上的分布情形；如同在單一連續隨機變數累加分配函數的介紹一般，我們先將二維平面切分成許多的小方格，每一個方格的長和寬分別表示為 Δx 和 Δy，如下圖所示；假設我們從下圖左下角的點 $(-\infty,-\infty)$ 開始，向右上方一個方格、一個方格的加總其中的相對次數，一直到右上角的點 (∞,∞) 為止，最後的加總結果等於 1，當然每增加一個方格所增加的相對次數，取決於該方格內的相對次數大小（即密度），不同的座標位置的方格就有不同的相對次數，所以在座標點 (x,y) 上增加一個方格所增加的相對次數定義為 $dF(x,y)$，所以，

$$\sum_{\text{all } \Delta x, x\le a} \sum_{\text{all } \Delta y, y\le b} dF(x,y) = F(a,b).$$

其中 $F(a,b)$ 表示隨機變數 X 的實現值小於 a 與 Y 的實現值小於 b 下所有方格的相對次數和，當然，$F(a,b)$ 的數值呈現鋸齒狀的增加幅度；將每一個方格的長與寬縮到最小，即 $\Delta x \to dx \approx 0$ 和 $\Delta y \to dy \approx 0$，$F(a,b)$ 將成為平滑的非遞減函數，即為**聯合累加分配函數** (joint cumulative distribution function, jcdf)。同樣地，假定在所有實現值組合點 (x,y) 上，函數 $F(x,y)$ 為可微分的，即 $dF(x,y) =$

$f(x,y)dxdy$， 此時，函數 $f(x,y)$ 即稱為隨機變數 X 和 Y 的**聯合機率密度函數** (joint probability density function, jpdf)。

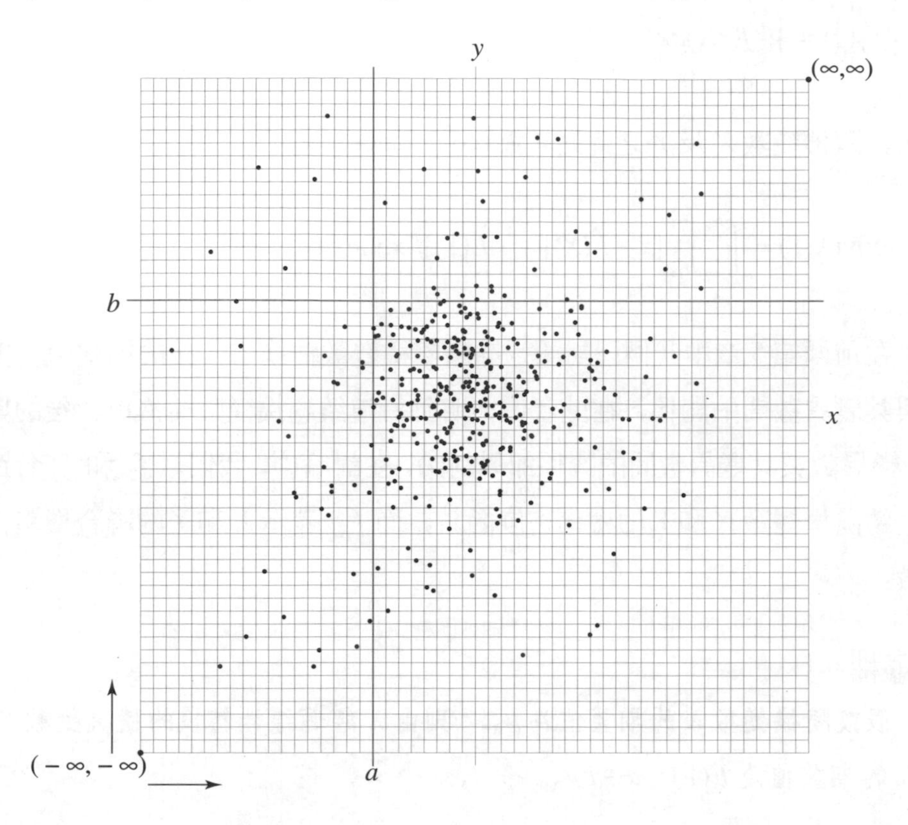

假若兩個連續隨機變數 X 及 Y 具有聯合累加分配函數 $F(x,y)$，則 $x_1 \le X \le x_2$ 和 $y_1 \le Y \le y_2$ 的機率為

$$P(x_1 \le X \le x_2, y_1 \le Y \le y_2) = \int_{x_1}^{x_2} \int_{y_1}^{y_2} dF(x,y).$$

若其聯合機率密度函數 $f(x,y)$ 存在，則

$$P(x_1 \le X \le x_2, y_1 \le Y \le y_2) = \int_{x_1}^{x_2} \int_{y_1}^{y_2} f(x,y)dxdy.$$

隨機變數 X 的邊際機率密度函數為

$$f_X(x) = \int_{-\infty}^{\infty} f(x,y)dy,$$

而隨機變數 Y 的邊際機率密度函數為

$$f_Y(y) = \int_{-\infty}^{\infty} f(x,y)dx.$$

最後，隨機變數 X 及 Y 之**共變異數** (covariance) 則為

$$\mathrm{cov}(X,Y) = \int_{-\infty}^{\infty}\int_{-\infty}^{\infty} [x - E(X)][y - E(Y)]f(x,y)dxdy.$$

在前面第 5 章中我們已討論過間斷隨機變數轉換前、後的期望值、變異數與共變異數間的關係，在此我們亦將針對連續隨機變數轉換前、後的期望值、變異數與共變異數間的關係加以討論，在討論中，我們以 f_X 和 f_Y 分別表示連續隨機變數 X 和 Y 的機率密度函數，而 f_{XY} 表示 X 和 Y 的聯合機率密度函數。

定理 6.1

假設隨機變數 X 的期望值為 μ_X，則由 X 經過線性轉換的隨機變數 $Y = a + bX$ 的期望值為 $E(Y) = a + b\mu_X$。

證明：因為隨機變數 X 與隨機變數 Y 間是一對一的轉換，則 $y = a + bx$ 且 $f_Y(y) = f_X(x)$，則

$$\begin{aligned} E(Y) &= \int_{-\infty}^{\infty} y f_Y(y)dy \\ &= \int_{-\infty}^{\infty} (a + bx) f_X(x)dx \\ &= a\int_{-\infty}^{\infty} f_X(x)dx + b\int_{-\infty}^{\infty} x f_X(x)dx \\ &= a + b\mu_X. \end{aligned}$$

因 $\int_{-\infty}^{\infty} f_X(x)dx = 1$ 及 $\int_{-\infty}^{\infty} x f_X(x)dx = \mu_X$。

定理 6.2

假設連續隨機變數 X 的期望值為 μ_X 及變異數為 σ_X^2，則由 X 經過線性轉換的隨機變數 $Y = a + bX$ 的變異數為 $\sigma_Y^2 = b^2\sigma_X^2$。

證明：

$$\begin{aligned}
\sigma_Y^2 &= \text{var}(Y) = E[(Y - E(Y))^2] \\
&= \int_{-\infty}^{\infty} [y - E(Y)]^2 f_Y(y)dy \\
&= \int_{-\infty}^{\infty} [a + bx - E(a + bX)]^2 f_X(x)dx \\
&= \int_{-\infty}^{\infty} [a + bx - (a + b\mu_X)]^2 f_X(x)dx \\
&= \int_{-\infty}^{\infty} b^2(x - \mu_X)^2 f_X(x)dx \\
&= b^2\int_{-\infty}^{\infty} (x - \mu_X)^2 f_X(x)dx \\
&= b^2\text{var}(X) = b^2\sigma_X^2.
\end{aligned}$$

定理 6.3

就兩個常數 a 及 b，連續隨機變數 X 和隨機變數 Y 間存在 $\text{cov}(aX,bY) = ab\text{cov}(X,Y)$。

證明：依定義

$$\begin{aligned}
\text{cov}(aX,bY) &= E[(aX - E(aX))(bY - E(bY))] \\
&= \int_{-\infty}^{\infty}\int_{-\infty}^{\infty} [ax - E(aX)][by - E(bY)] f_{XY}(x,y)dxdy \\
&= \int_{-\infty}^{\infty}\int_{-\infty}^{\infty} ab[x - E(X)][y - E(Y)] f_{XY}(x,y)dxdy \\
&= ab\int_{-\infty}^{\infty}\int_{-\infty}^{\infty} [x - E(X)][y - E(Y)] f_{XY}(x,y)dxdy \\
&= ab\text{cov}(X,Y).
\end{aligned}$$

定理 6.4

假設間斷隨機變數 X 和隨機變數 Y 分別具有平均數 μ_X, μ_Y 及變異數 σ_X^2, σ_Y^2，而其間存在的共變異數為 $\sigma_{X,Y}$；就兩個常數 a 及 b，$\text{var}(aX+bY)=a^2\sigma_X^2+b^2\sigma_Y^2+2ab\sigma_{X,Y}$。

證明：同定理 5.4。

定理 6.5

假設連續隨機變數 X 和隨機變數 Y 相互獨立，則其間之共變異數為零，即 $\text{cov}(X,Y)=0$。

證明： 依定義連續隨機變數 X 和隨機變數 Y 相互獨立表示對所有實現值而言，$f_{XY}(x,y)=f_X(x)\times f_Y(y)$，則

$$\begin{aligned}
\text{cov}(X,Y) &= \int_{-\infty}^{\infty}\int_{-\infty}^{\infty}[x-E(X)][y-E(Y)]f_{XY}(x,y)dxdy \\
&= \int_{-\infty}^{\infty}\int_{-\infty}^{\infty}[x-E(X)][y-E(Y)]f_X(x)f_Y(y)dxdy \\
&= \{\int_{-\infty}^{\infty}[x-E(X)]f_X(x)dx\}\{\int_{-\infty}^{\infty}[y-E(Y)]f_Y(y)dy\} \\
&= \{\int_{-\infty}^{\infty}xf_X(x)dx-\int_{-\infty}^{\infty}E(X)f_X(x)dx\}\ \{\int_{-\infty}^{\infty}yf_Y(y)dy \\
&\quad -\int_{-\infty}^{\infty}E(Y)f_Y(y)dy\} \\
&= [E(X)-E(X)][E(Y)-E(Y)]=0.
\end{aligned}$$

此外，

定理 6.6

假設連續隨機變數 X 和隨機變數 Y 相互獨立，則 $E(XY)=E(X)E(Y)$。

證明：由於 $f_{XY}(x,y)=f_X(x)\times f_Y(y)$，則

$$E(XY)=\int_{-\infty}^{\infty}\int_{-\infty}^{\infty}xyf_{XY}(x,y)dxdy$$
$$=\int_{-\infty}^{\infty}\int_{-\infty}^{\infty}xyf_X(x)f_Y(y)dxdy$$
$$=[\int_{-\infty}^{\infty}xf_X(x)dx][\int_{-\infty}^{\infty}yf_Y(y)dy]$$
$$=E(X)E(Y).$$

在瞭解描述連續隨機變數基本特性的期望值、變異數及共變異數後，我們以下討論在統計學中常見且十分重要的幾個連續隨機變數。

6.3 均等分配

一個連續隨機變數將所有出象定義於實數線上一個線段內的所有實數值，而在這一個線段內的每一個實現值具有相同的密度函數值，這個連續的隨機變數稱為**均等隨機變數** (uniform random variable)；而所定義的機率密度函數即稱為**均等機率密度函數** (uniform probability density function)。

假定一個均等隨機變數 X 定義於實數線上 $[a,b]$ 的一個線段，因其在此線段內具有相等的機率密度，如圖 6.3 所示，

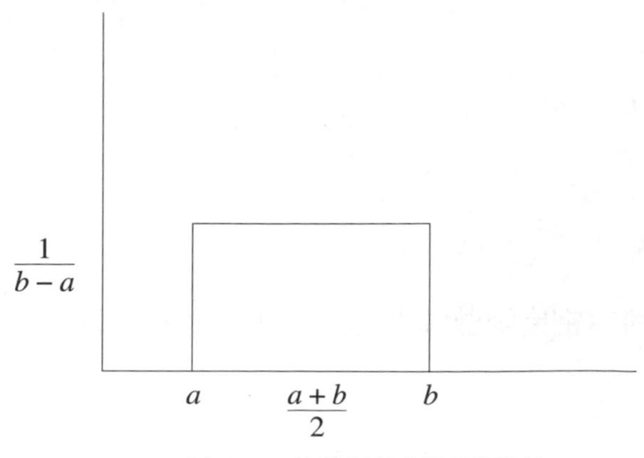

圖 6.3　均等分配連續隨機變數

則此均等隨機變數的機率密度函數為

$$f_X(x) = 1/(b-a),\ a \le x \le b,$$
$$= 0,\ \text{otherwise.} \qquad (2)$$

由於

$$\int_{-\infty}^{\infty} f_X(x)dx = \int_{-\infty}^{\infty} f_X(x)dx$$
$$= \int_a^b \frac{1}{b-a}dx$$
$$= \frac{1}{b-a}\int_a^b dx = \frac{1}{b-a}(b-a) = 1.$$

因此，式 (2) 是一個有效的機率密度函數；此外，這個均等隨機變數 X 的平均數為

$$E(X) = \int_{-\infty}^{\infty} x f_X(x)dx$$
$$= \int_{-\infty}^{\infty} \frac{x}{b-a}dx$$
$$= \frac{1}{b-a}\int_a^b xdx$$
$$= \frac{1}{b-a}\left.\frac{x^2}{2}\right|_a^b$$
$$= \frac{1}{b-a}\left[\frac{b^2}{2} - \frac{a^2}{2}\right]$$
$$= \frac{a+b}{2}.$$

由均等隨機變數的機率密度函數圖中可知，此平均數確為機率密度函數重心所在；又由於

$$
\begin{aligned}
E(X^2) &= \int_{-\infty}^{\infty} x^2 f_X(x)dx \\
&= \int_a^b x^2/(b-a)dx \\
&= \frac{1}{b-a}\int_a^b x^2 dx \\
&= \frac{1}{b-a}\frac{x^3}{3}\bigg|_a^b \\
&= \frac{b^3-a^3}{3(b-a)} \\
&= (a^2+ab+b^2)/3,
\end{aligned}
$$

則

$$
\begin{aligned}
\mathrm{var}(X) &= E(X^2) - E(X)^2 \\
&= (a^2+ab+b^2)/3 - (a+b)^2/4 \\
&= (4a^2+4ab+4b^2-3a^2-6ab-3b^2)/12 \\
&= \frac{a^2-2ab+b^2}{12} = \frac{(b-a)^2}{12}.
\end{aligned}
$$

此外，考慮以下的機率密度函數

$$
\begin{aligned}
f(x) &= 2, 0 \le x \le 0.5, \\
&= 0, \text{otherwise},
\end{aligned}
$$

很明顯的，$\int_{-\infty}^{\infty} f(x)dx = 2 \times 0.5 = 1$，因此 $f(x)$ 是一個有效的機率密度函數，但是，其值不介於 0 與 1 之間。在統計學上，使用最為廣泛的是標準均等分配 $(a=0, b=1)$， 此標準均等分配是統計學中討論**亂數產生器** (random number generator) 的基礎。

6.4 常態隨機變數

對於自然現象、社會現象或人類行為均有「一般性」或稱「常態性」的看法，譬如，臺北市的每日平均溫度，根據過去的氣象紀錄顯示臺北市每日的平均溫度大約在攝氏 28 度左右，也就是說，在大部分日子裡臺北市的溫度為攝氏 28 度，高於或低於攝氏 28 度的日數將隨著差異的逐漸增加而遞減，所以，攝氏 28 度的平均溫度是常態溫度，而高於或低於攝氏 28 度則為非常態的溫度。在前面章節對於連續隨機變數的機率密度函數的介紹中，機率密度函數是一個表現連續隨機變數實現值分布情況的函數，其所描述的是實現值在實數線上分布的緊密程度，若此緊密程度可以用以下這個特定的函數表示：

$$f(x)=\frac{1}{\sqrt{2\pi}\sigma}e^{-(x-\mu)^2/2\sigma^2},$$

則此連續隨機變數 X 稱為**常態隨機變數** (normal random variable)，而上式即為具有平均數 (μ) 和標準差 (σ) 的常態隨機變數之機率密度函數，而 $\pi=3.14159$ 和 $e=2.71828$；而其所對應的累加分配函數則為

$$\begin{aligned}F(c)&=\int_{-\infty}^{c}f(x)dx\\&=\int_{-\infty}^{c}\frac{1}{\sqrt{2\pi}\sigma}e^{-(x-\mu)^2/2\sigma^2}dx.\end{aligned}$$

在統計學的討論中，以標準常態分配的應用最多，所謂標準常態分配的隨機變數為具 $\mu=0$ 和 $\sigma=1$ 的常態分配變數，其累加分配和機率密度函數如圖 6.4 所示：

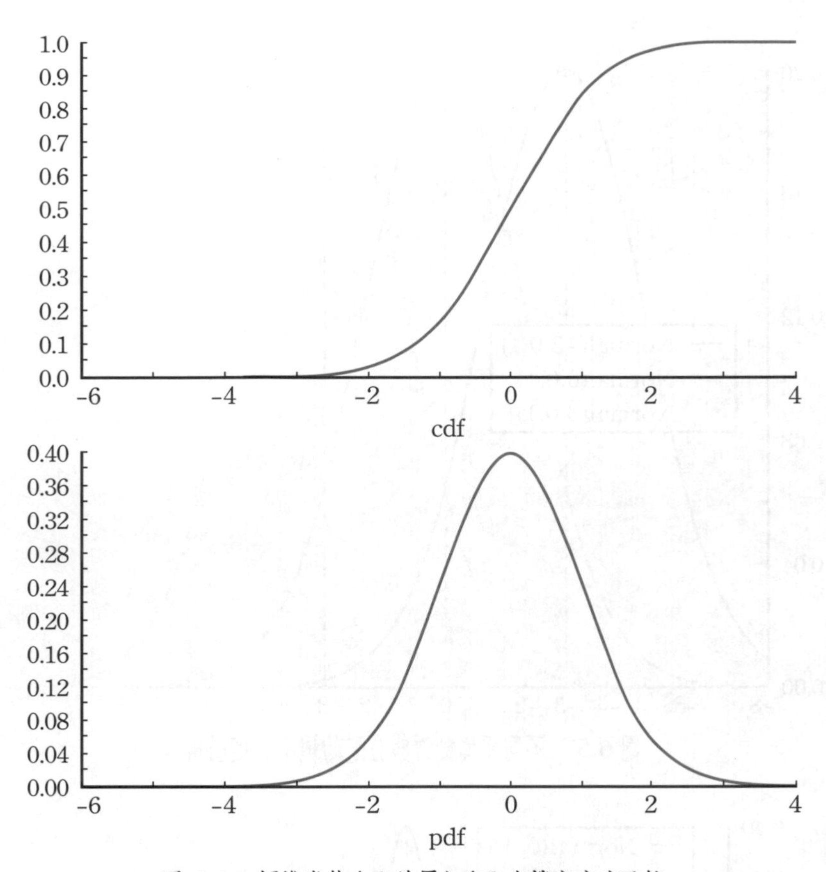

圖 6.4　標準常態分配的累加分配與機率密度函數

一個常態隨機變數的機率密度函數呈現出如圖 6.4 的**鐘形** (bell-shape)，其函數形式為

$$f(x)=\frac{1}{\sqrt{2\pi}\sigma}e^{-(x-\mu)^2/2\sigma^2},$$

其中 μ 和 σ^2 為常態隨機變數的平均數和變異數，是常態隨機變數機率密度函數的未知參數，$\pi=3.14159$ 和 $e=2.71828$。常態隨機變數機率密度函數具有下列幾個特性：

1. 一個常態隨機變數呈現出鐘形的機率密度函數；
2. 不同的平均數與變異數表現出不同的常態隨機變數，如圖 6.5 及圖 6.6 所示；

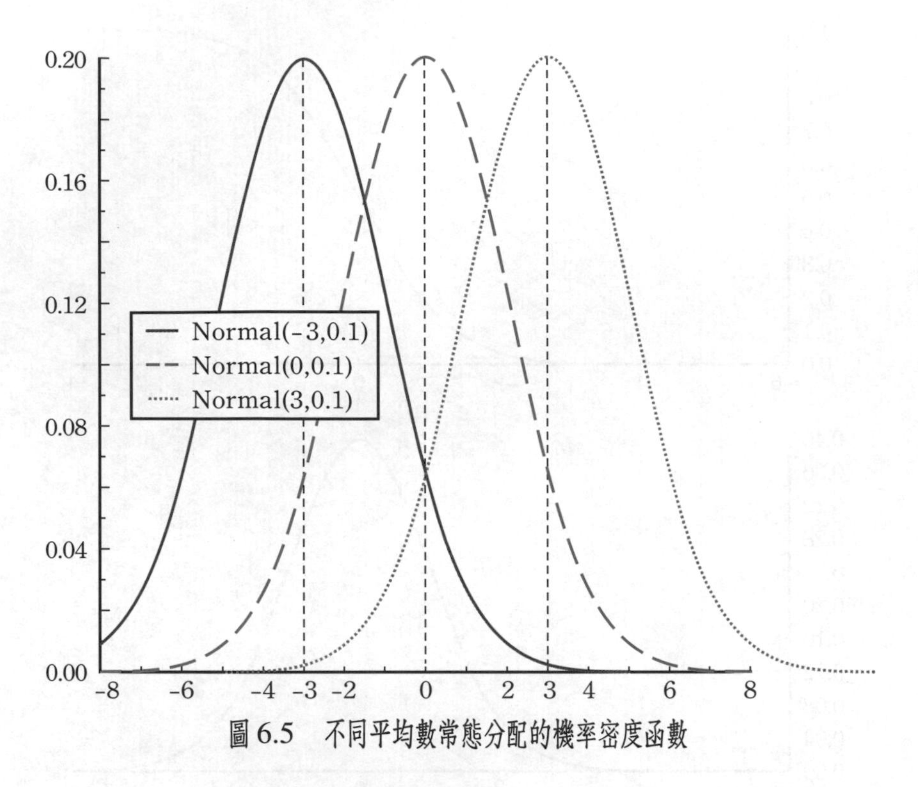

圖 6.5　不同平均數常態分配的機率密度函數

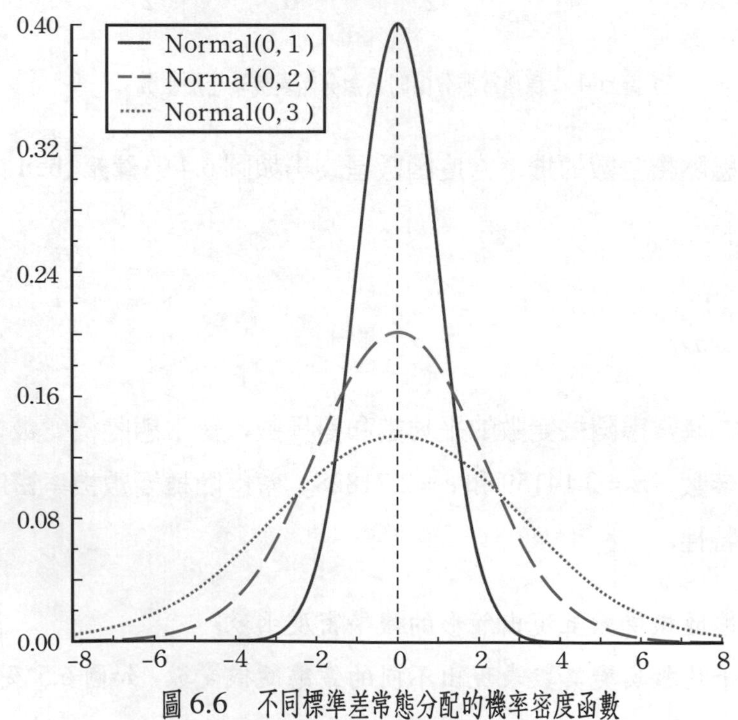

圖 6.6　不同標準差常態分配的機率密度函數

3. 給定兩個實數值 x_1 與 x_2， 假設 $x_1 < \mu$ 而 $x_2 > \mu$ 且 $|x_1 - \mu| = |x_2 - \mu|$， 則 $f(x_1) = f(x_2)$ 因 $(x_1 - \mu)^2 = (x_2 - \mu)^2$，即常態隨機變數機率密度函數是以平均數為軸兩邊互相對稱的；其尾部向正、負無窮大無限延伸趨近於零但不會等於零，因為 $f(\infty)$ 和 $f(-\infty)$ 趨近於0；因為是對稱的，所以其偏態係數 (α_3) 等於0；
4. 常態隨機變數的平均數代表其機率密度函數在實數線上座落的位置 (location)，在此位置上的機率密度最高，等於 $1/\sqrt{2\pi\sigma^2}$，因為機率密度函數 $f(x)$ 極大值的一階條件為 $\partial f(\mu)/\partial x = 0$；
5. 常態隨機變數的變異數代表其機率密度函數圖形的寬度， 因為 σ^2 值愈大，其機率密度函數值愈小，但機率密度函數所涵蓋的面積必須等於1，因此，其所涵蓋的範圍必定較寬。
6. 一個具有標準差 σ 的常態分配隨機變數，不但偏態係數為0，而其峰態係數為 $\alpha_4 = 3\sigma^4$；所以一個常態分配僅有兩個描述實現值分布的未知參數 μ 和 σ。

由於我們人類對事物具有「一般性」或「常態性」的看法，因此，在各類科學研究中，我們常會對感興趣的隨機變數予以常態機率分配的假設。在此一假設下，我們想知道該隨機變數在區間範圍 $[x_1,x_2]$ 的機率值，當然，藉由直接積分運算可以計算其機率值，然而透過常態隨機變數的標準化，我們可藉由書中附錄所提供的標準常態累加機率表，即附表3，簡易而快速地得到我們想要的機率值。以下我們將討論標準化的過程：

1. 假設 X 為具有平均數 μ 和變異數 σ^2 的常態隨機變數；
2. $(X - \mu)$ 為具有平均數0和變異數 σ^2 的常態隨機變數；
3. $(X - \mu)/\sigma$ 為具有平均數0和變異數1的常態隨機變數。

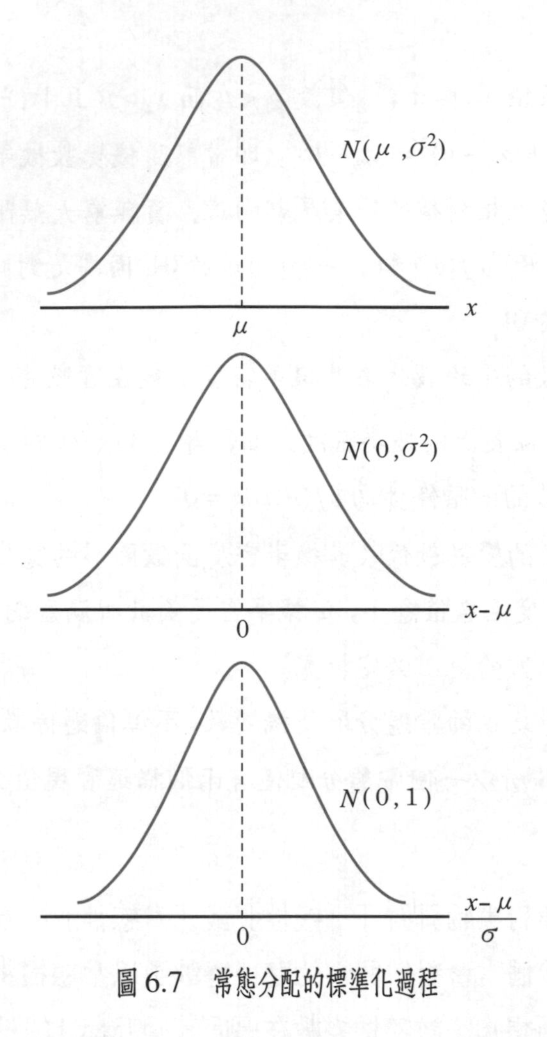

圖 6.7　常態分配的標準化過程

上述標準化過程可用圖 6.7 表示；顯而易見，$Z=(X-\mu)/\sigma$ 是在衡量隨機變數 X 的實現值到平均數 μ 間存在多少個標準差；隨機變數 X 與隨機變數 Z 機率分配間的關係可用下式表示：

$$
\begin{aligned}
P(x_1 \le X \le x_2) &= P(x_1-\mu \le X-\mu \le x_2-\mu) \\
&= P\left(\frac{x_1-\mu}{\sigma} \le \frac{X-\mu}{\sigma} \le \frac{x_2-\mu}{\sigma}\right) \\
&= P(z_1 \le Z \le z_2) \\
&= P(-\infty \le Z \le \mathrm{Z}_2) - P(-\infty \le Z \le \mathrm{Z}_1) = F(\mathrm{Z}_2) - F(\mathrm{Z}_1).
\end{aligned}
$$

例如，臺灣成人的平均身高為 170 公分，標準差為 15 公分，假設身高的

分配為常態分配，則身高在 160 到 185 公分間的臺灣成人佔有多少比率？

$$
\begin{aligned}
P(160 \le X \le 185) &= P(160 - 170 \le X - 170 \le 185 - 170) \\
&= P\left(\frac{-10}{15} \le \frac{X - 170}{15} \le \frac{15}{15}\right) \\
&= P(-0.667 \le Z \le 1) \\
&= P(-\infty \le Z \le 1) - P(-\infty \le Z \le -0.667) \\
&= F(1) - F(-0.667) \\
&= F(1) - [1 - F(0.667)] \\
&= 0.8413 - (1 - 0.7476) = 0.5889
\end{aligned}
$$

由於常態機率分配是對稱的，因此 $P(-0.667 \le Z \le 0) = P(0 \le Z \le 0.667)$；由於在附表 3 中，雖然我們可以查得 $P(-\infty \le Z \le 0.66) = 0.7453$ 和 $P(-\infty \le Z \le 0.67) = 0.7485$，但表中並未提供 $P(-\infty \le Z \le 0.667)$ 的機率值，我們可利用**內插法** (interpolation) 加以求得，即

$$
\frac{y - 0.7453}{0.667 - 0.66} = \frac{0.7485 - 0.7453}{0.67 - 0.66}
$$

得到 $y = 0.7476 = P(-\infty \le Z \le 0.667)$。

在第 5 章中，我們曾討論二項式機率分配與波氏機率分配間以 $\mu = n \times p$ 互換的關係，但是，所討論的二項式隨機變數 $X \sim B(n,p)$，無法由書末附錄所提供二項式機率分配表，也無法由 $\mu = n \times p$ 的波氏機率分配查得其機率分配。我們可以利用 $\mu = n \times p$ 和 $\sigma^2 = n \times p \times (1 - p)$ 的常態分配計算其機率分配；例如，$n = 200$ 和 $p = 0.2$ 的二項式隨機變數 X，則 $P(X = 30)$ 可以由常態變數 $Y \sim N(40,32)$ 之機率分配求得：

$$
\begin{aligned}
P(X = 30) &\sim P(29.5 \le Y \le 30.5) \\
&= P\left(\frac{29.5 - 40}{\sqrt{32}} \le \frac{Y - 40}{\sqrt{32}} \le \frac{30.5 - 40}{\sqrt{32}}\right) \\
&= P(-1.85616 \le Z \le -1.67938) = 0.014823.
\end{aligned}
$$

常態分配在統計上之所以具有十分重要的地位，與**中央極限定理** (central limit theorem, CLT) 有莫大的關係，此定理定義如下：

中央極限定理

假設 $X_1, X_2, \cdots, X_n$ **為相互獨立且均等之隨機變數，若** $\mathbb{E}(X_i) = \mu_X < \infty$, $\text{var}(X_i) = \sigma_X^2 < \infty$, **則在** n **足夠大的情況下，**

$$\sqrt{n}\left(\frac{\overline{X}_n - \mu_X}{\sigma_X}\right) \to N(0,1), \text{其中 } \overline{X}_n = \sum_{i=1}^{n} X_i / n.$$

當然由以上的定理中，我們不難理解，隨機變數 X 的平均數 μ_X 與變異數 σ_X^2 必須是有限的數值，而通常具有限數值變異數的隨機變數必然具有限的平均數，亦即有限的高階動差必隱含有限的低階動差；所以，如果隨機變數不具有限的變異數，則其平均數將不會服從中央極限定理，因此，縱然 n 十分龐大，平均數也不會有常態的極限分配。

本書附錄中的表 3 提供了標準常態分配的機率分配表，方便讀者能很快的查得標準常態分配的百分位數，由於標準常態分配是以 0 為中心點的對稱分配，因此

$$\int_{-\infty}^{0} f(x)dx = 0.5,$$

其中 $f(x)$ 為標準常態分配的機率密度函數；所以一般統計書籍僅提供一半的機率分配表，即 $0 \leq X < x$ 的累加機率，然為與 Excel 統一起見，本書提供 $-\infty \leq X < x$ 的累加機率，附錄表 3 的最左邊一行是百分位數包含小數點一位的數字，而最上面一列表示小數點後第二位的數值，結合不同的行與列可得到包含小數點後兩位數的百分位數，而其行與列交叉位置上的數值即為該百分位數；例如在表 3 的最左邊一行的 1.2 數字列上，向右到 .05 的所在行上，即是 1.2 數字列與 .05 數字行交叉位置的數值 0.8943，所以

$$\int_{-\infty}^{1.25} f(x)dx = 0.8943.$$

亦即，標準常態分配第 89.43 個百分位數為 1.25；由表 3 我們也可查得第 97.5 個百分位數為 1.96，此數值在統計假設檢定上最常被用到。

附錄中表 3 的標準常態分配的機率分配表是以 Excel 製作，其過程如下：以一張新的 Excel 工作表，在 A1:A360 欄位中輸入 0 到 359 的數字，並將之除上 100 再加上 0.5 得到 0.00 到 3.59 的數值放置於 B1:B360 欄位中，在 C1 欄位中點選『插入 (I)』、『f_x 函數 (F)』，在「插入函數」對話框中的『函數類別 (C)』選擇「統計」，而在『函數名稱 (N)』中點選『NORMDIST』即進入「NORMDIST」對話框，在『X』框中輸入 B1，在『Mean』框中輸入標準常態分配的平均數 0，在『Standard_dev』框中輸入標準常態分配的變異數 1，最後在『Cumulative』框中輸入 1，按下『確定』即在 C1 位置上得到 0.5，此數值即為標準常態分配在 B1 數值下的累加機率，因 B1 的數值為 0，故其累加機率為 0.5；利用『複製』將 C1『貼上』到 C2:C360 欄位上，再將 C1:C360 欄位上的數值減去 0.5 後放置於 D1:D360，所得到的 360 個機率值即為附錄表 3 中的數值。上述 Excel 過程，請參考作者網頁子目錄 chapter6 中的 chapt6_1.ppt。

假定臺灣成人的身高 X 為常態分配，平均數為 170 公分而標準差為 6.5 公分，則臺灣成人身高在 160 到 165 公分的機率為

$$\begin{aligned}
P(160 \le X \le 165) &= P(\frac{160-170}{6.5} \le \frac{X-170}{6.5} \le \frac{165-170}{6.5}) \\
&= P(-1.53846 \le Z \le -0.76973) \\
&= P(-\infty < Z \le -0.76973) - P(-\infty < Z \le -1.53846) \\
&= P(-\infty \le Z \le 1.53846) - P(-\infty \le Z \le 0.76973) \\
&\approx F(1.54) - F(0.77) \\
&= 0.9382 - 0.7793 = 0.1589.
\end{aligned}$$

而臺灣成人身高在 160 到 175 公分的機率為

$$
\begin{aligned}
P(160 \le X \le 175) = & P(\frac{160-170}{6.5} \le \frac{X-170}{6.5} \le \frac{175-170}{6.5}) \\
& = P(-1.53846 \le Z \le 0.76973) \\
& = P(-\infty < Z \le 0.76973) - P(-\infty < Z \le -1.53846) \\
& = F(0.76973) - F(-1.53846) \\
& = P(0 \le Z \le 0.76973) + P(0 \le Z \le 1.53846) \\
& \approx F(0.77) - [1 - F(1.54)] \\
& = 0.7793 - (1 - 0.9382) = 0.7175.
\end{aligned}
$$

6.5 指數隨機變數

在第 5 章所介紹的波氏隨機變數，是定義在一段區間內某一事件、某一現象發生的次數；其實有時候，我們可能更關心事件或現象接連發生兩次之間時間相距的長短。例如我們會關心九二一大地震之後，下一次臺灣地區發生七級以上強震，大約會在何時? 在研究消費者行為時，我們需要瞭解消費者從買新車到下一次買車期間究竟相隔多久，而這個期間的長短，又受到什麼因素影響? 在勞動經濟學中，對於勞動者從上一個工作離職到找到下一個工作為止，究竟費時多久，一直是研究的重點；對於發生兩次事情間隔期間的長短，可以用**指數隨機變數** (exponential random variable) 來表示；一個具指數分配的隨機變數 X，其機率密度函數可表示為

$$f(x) = \frac{1}{\mu} e^{-x/\mu},\ x \ge 0,\ \mu > 0.$$

其中，μ 為平均數，而變異數為 $\text{var}(X) = \mu^2$。圖 6.8 表現不同 μ 值的機率密度函數:

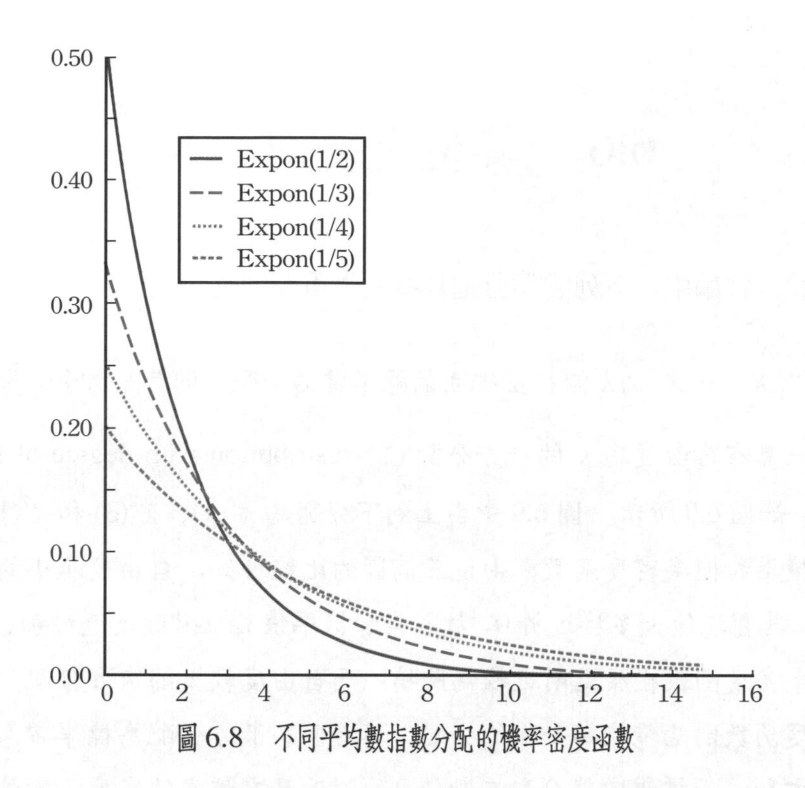

圖 6.8 不同平均數指數分配的機率密度函數

假定天文臺發布某日凌晨 1 點到 3 點間，平均每 600 秒將可看到 3600 顆流星，在那段時間內觀察天空，則等待超過 1000 秒來看到流星的機率為何？令 X 表具 $\mu = 600$ 的指數隨機變數，則等待超過 1000 秒的機率為

$$P(X \geq 1000) = \int_{1000}^{\infty} \frac{1}{\mu} e^{-x/\mu} dx$$

$$= 1 - \int_{1000}^{\infty} \frac{1}{\mu} e^{-x/\mu} dx = 1 - 0.811124 = 0.188876.$$

上式中的 0.811124 可利用 Excel 計算而得，點選『插入 (I)』、『f_x 函數 (F)』，在「插入函數」對話框中的『函數類別 (C)』選擇「統計」，而在『函數名稱 (N)』中點選『EXPONDIST』即進入「EXPONDIST」對話框，在『X』框中輸入 1000，在『Lambda』框中輸入 $1/\mu = 1/600$，最後在『Cumulative』框中輸入 1，按下『確定』即得到 0.811124。上述 Excel 過程，請參考作者網頁子目錄 chapter6 中的 chapt6_2.ppt。

6.6 其他重要的分配

在統計推論中，下列幾個分配具有相當重要的地位：

1. 若 $X_1, X_2, \cdots, X_k$ 為 k 個相互獨立的標準常態分配，則其平方和，即 $\sum_{i=1}^{k} X_i^2$，為一具有自由度為 k 的卡方分配 (χ^2-distribution with degree of freedom k)；如圖 6.9 所示。圖 6.9 中由上到下分別為 $\chi^2(1)$、$\chi^2(3)$ 和 $\chi^2(10)$ 的累積機率和機率密度函數，由這三個圖的比較可知，自由度越小的卡方分配，其實現值大多接近於 0，故其累加機率值於 0 附近迅速增加，因而其機率密度函數在原點附近較為陡峭；而自由度較大的卡方分配，其機率密度函數則呈現較為平緩的分配。其乃因為卡方分配為標準常態分配的平方和，而標準常態分配在數值 0 的附近具有較高的密度，當較少個數的標準常態分配的平方和所形成自由度較小的卡方分配，其接近於實現值 0 的實現值是由接近於 0 的標準常態分配實現值所構成，因此具有較大的機率密度；然而此現象會隨著標準常態分配平方和的個數增加而趨緩，因而自由度較大的卡方分配具有較平緩的機率密度函數。

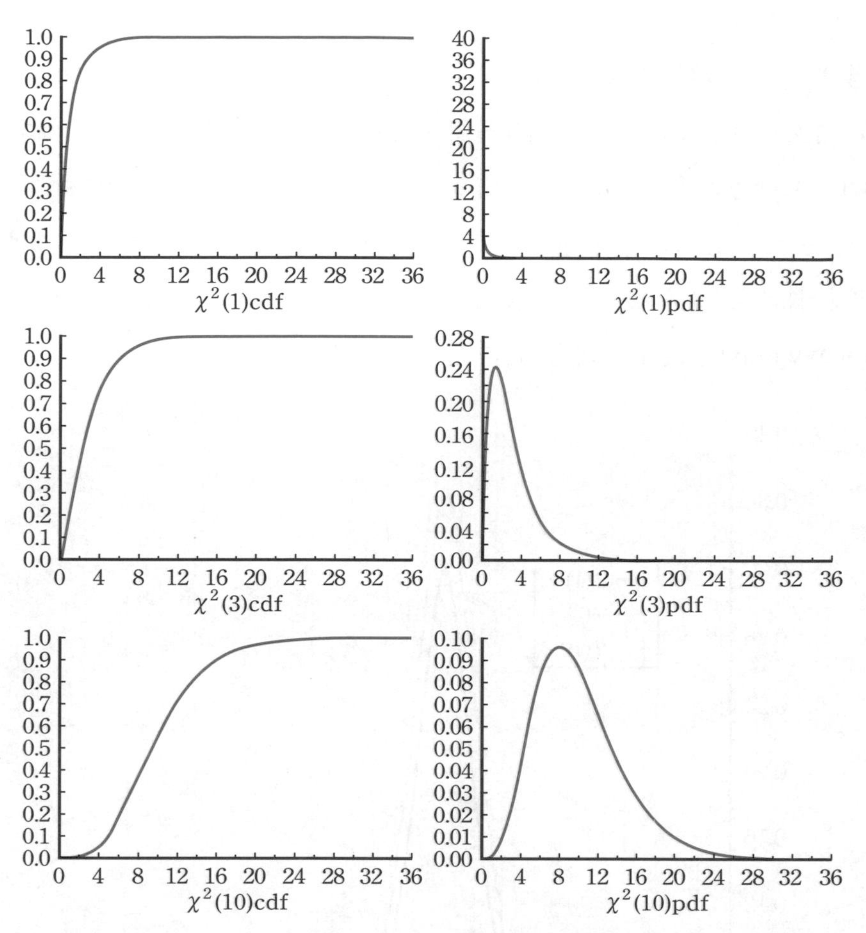

圖 6.9　不同自由度的卡方分配的累加機率和機率密度函數

本書附錄中的表 5 提供了不同自由度下，一些有用的百分位數，以利於往後章節所討論假設檢定的進行，其中包括 0.5、1、2.5、5、10、90、95、97.5、99 和 99.5 等 10 個百分位數，而這些百分位數均由 Excel 產生。上述 Excel 過程，請參考作者網頁子目錄 chapter6 中的 chapt6_3.ppt。在此須提醒讀者，在 Excel 的功能函數「CHIINV」傳回的是尾端分量，即 $P(\chi \geq \chi^2_\alpha(\upsilon)) = \alpha$ 之 $\chi^2_\alpha(\upsilon)$，而非平常所定義之分量，即 $P(\chi \leq \chi^2_\alpha(\upsilon)) = \alpha$ 之 $\chi^2_\alpha(\upsilon)$；本書為了統一分量表的表現方式，而採用後者之分量，與 Excel 回傳之分量有所不同。例如，在書末附錄之表 5 中，$P(\chi \leq \chi^2_{0.005}(5)) = 0.005$ 之 $\chi^2_{0.005}(5) = 0.4118$，而此數值若要由 Excel 產生，則在「CHIINV」對話框中之「Probability」須輸入 0.995，而於「Deg_freedom」中輸入自由度 5，方能得到相同的數值 0.4118。

2. 若 X 為一個標準常態分配，Y 為一個具有自由度為 k 的卡方分配，且 X 與 Y 相互獨立，則 $X/\sqrt{Y/k}$ 為一個具有自由度 k 的 $t-$ 分配 (t-distribution with degree of freedom k)，如圖 6.10 所示。由圖 6.10 可知，自由度越大的 $t-$ 分配，越像標準常態分配，當自由度趨近於無窮大時，$t-$ 分配即趨近於標準常態分配；此外，自由度越小之 $t-$ 分配具有較肥厚的尾端分配 (heavy tails)，表示出現極端實現值的可能性較大。

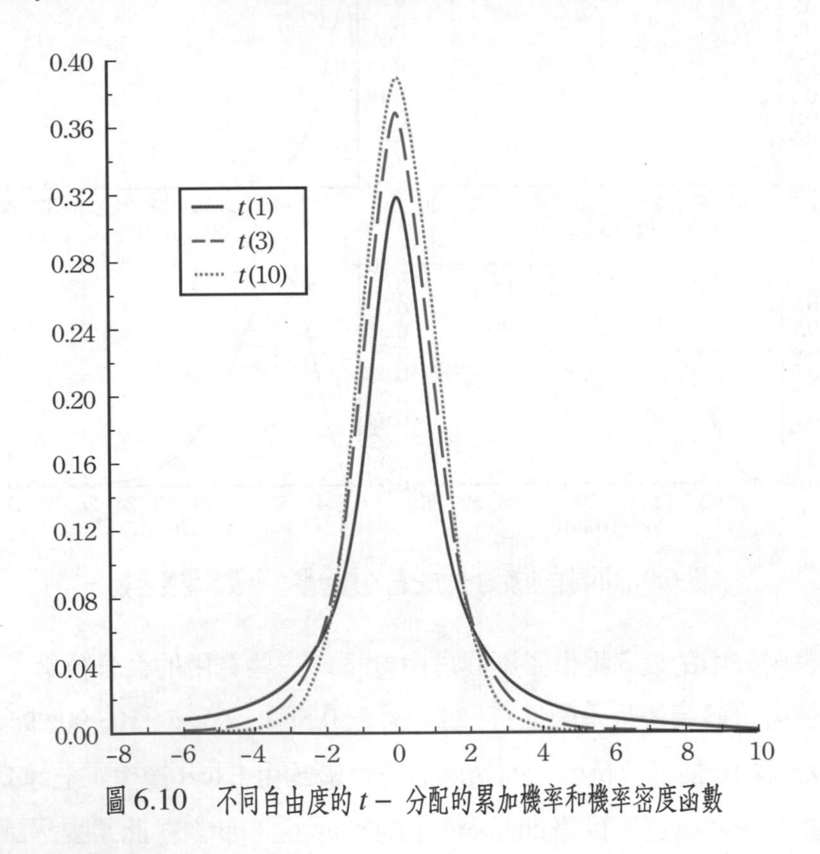

圖 6.10　不同自由度的 $t-$ 分配的累加機率和機率密度函數

在本書附錄表 4 中提供了不同自由度下，一些有用的百分位數，包括 90、95、97.5、99 和 99.5 等 5 個百分位數，而這些百分位數亦均由 Excel 產生。上述 Excel 過程，請參考作者網頁子目錄 chapter6 中的 chapt6_4.ppt。在此須提醒讀者，在 Excel 的功能函數「TINV」傳回的尾端分量為 $P(t \geq t_{\alpha}(\upsilon)) = 2\alpha$ 之 $t_{\alpha}(\upsilon)$，而非平常所定義之分量，即 $P(-\infty \leq t \leq t_{\alpha}(\upsilon)) = \alpha$ 之 $t_{\alpha}(\upsilon)$；例如，在書末附錄之表 4 中，$P(-\infty \leq t \leq t_{0.90}(10)) = 0.90$ 之 $t_{0.90}(10) = 1.3721$，而此數值若

要由 Excel 產生，則在「TINV」對話框中之「Probability」須輸入 0.2，而於「Deg_freedom」中輸入自由度 10，方能得到相同的數值 1.3721。

3. X 為一個具有自由度為 n 的卡方分配，Y 為一個具有自由度為 m 的卡方分配，且 X 與 Y 相互獨立，則 $(X/n)/(Y/m)$ 為一個具有第一自由度為 n、第二自由度為 m 的 $F-$ 分配 (F-distribution with the first degree of freedom n and second degree of freedom m)，一般表示為 $F(n,m)$。固定第二自由度為 10 下，不同第一自由度 1、3、10 之 $F-$ 分配的機率密度函數如圖 6.11 和圖 6.12 所示。由圖可知，較小第一自由度的 F 在 0 附近具有較陡峭的機率密度函數，且有較肥厚的尾端分配。在本書附錄的表 6 中，提供了不同 (n,m) 組合的 $F(n,m)$ 之 90、95、99 百分位數，表 6 中，最左邊一行為第一自由度 n 的數字，最上面一列為第二自由度 m 的數字，特定行與列交叉位置上的數值即為該第一自由度與第二自由度下的第 90 個百分位數；例如，在表 6 之第 90 個百分位數值表中，$n=10$ 與 $m=10$ 自由度下 $F(10,10)$ 的第 90 個百分位數為 2.322。假若以 $F_\alpha(n,m)$ 表示 $F(n,m)$ 下第 α 個百分位數，即

$$P(F(n,m) \le F_\alpha(n,m)) = \alpha.$$

則

$$F_\alpha(n,m) = \frac{1}{F_{1-\alpha}(m,n)}.$$

由此關係式，我們可以計算出第 1、5、10 個百分位數。例如，我們想要知道 $F(10,5)$ 分配的第 10 個百分位數，顯然的，我們無法在附錄的表 6 中查得，但我們可查得 $F_{0.9}(5,10)=2.521$，因此

$$F_{0.1}(10,5) = \frac{1}{F_{0.9}(5,10)} = 1/2.521 = 0.39668.$$

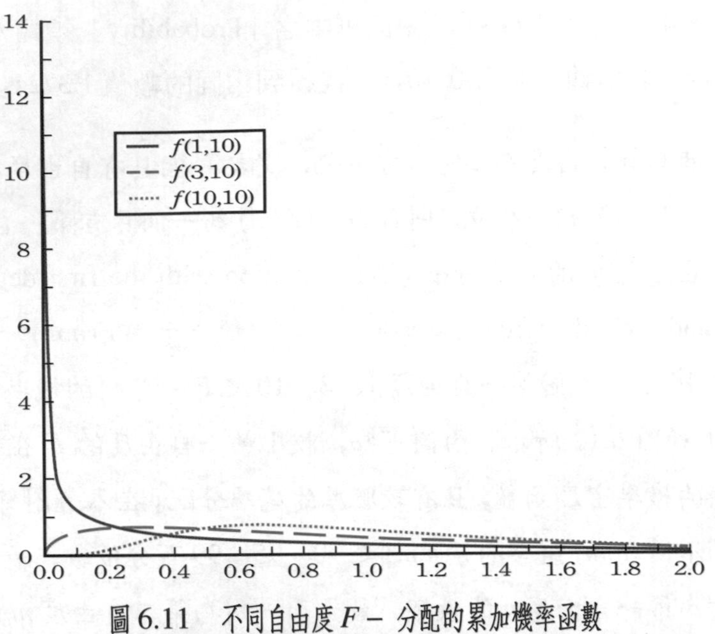

圖 6.11　不同自由度 $F-$ 分配的累加機率函數

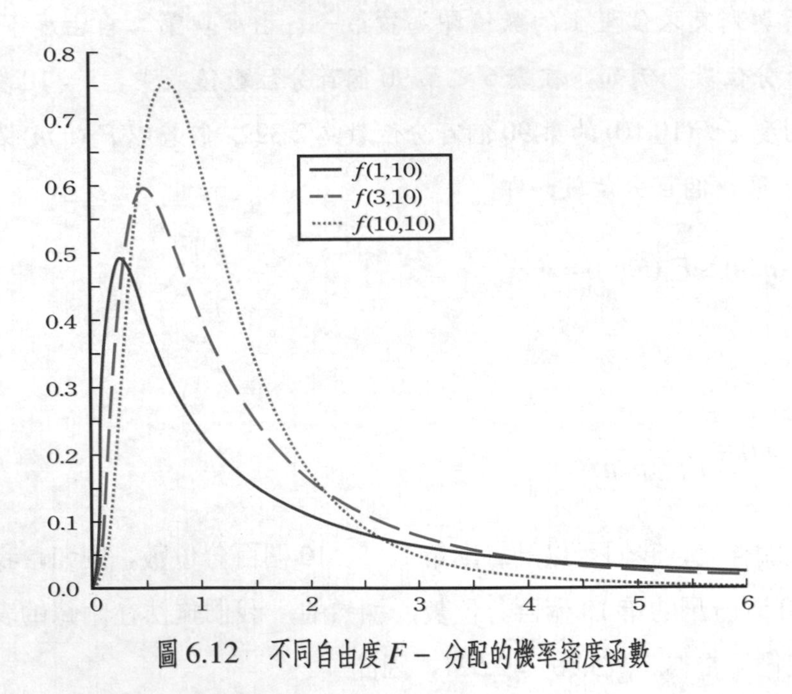

圖 6.12　不同自由度 $F-$ 分配的機率密度函數

製作書末附錄表 6 的 Excel 過程，請參考作者網頁子目錄 chapter6 中的 chapt6_5.ppt。在此須提醒讀者，如同在以 Excel 製作 χ^2 分配分量表一般，在 Excel 的功能函數「FINV」傳回的尾端分量為 $P(F \geq F_{\alpha}(n, m)) = \alpha$ 之 $F_{\alpha}(n, m)$，

而非平常所定義之分量，即 $P(F \le F_{\alpha}(n, m)) = \alpha$ 之 $F_{\alpha}(n, m)$；例如，在書末附錄之表 6 中，$P(F \le F_{0.90}(10, 2)) = 0.9$ 之 $F_{0.90}(10, 2) = 9.391$，而此數值若要由 Excel 產生，則在「FINV」對話框中之「Probability」須輸入 0.1，而於「Deg_freedom1」中輸入第一自由度 10，於「Deg_freedom2」中輸入第二自由度 2，方能得到相同的數值 9.391。

6.7 習　題

1. 假設 $X_1, X_2, X_3, X_4, X_5, X_6, X_7, X_8$ 為相互獨立的標準常態分配，令 $Y = X_1^2 + X_3^2 + X_5^2 + X_7^2 + X_8^2$ 及 $Z = X_4 / \sqrt{Y/5}$，回答以下問題：
   (a)請找出 c 值滿足 $P(Y \ge c) = 10\%$；
   (b)請找出 c 值滿足 $P(Z \ge c) = 10\%$。
2. 假設隨機變數 $X \sim N(20,25)$，計算
   (a)$P(16 \le X \le 26)$；
   (b)$P(22 \le X \le 26)$；
   (c)$P(15 \le X \le 18)$。
3. 假定隨機變數 X 具有以下的機率密度函數：

$$f_X(x) = \begin{cases} kx + 0.5,\ 0 \le x < 1 \\ 0.25k,\ 1 \le x < 2 \\ -0.5kx + 2k,\ 2 \le x < 3 \\ 0,\ \text{其他} \end{cases}.$$

   請回答以下問題：
   (a)適當的 k 為何？
   (b)隨機變數 X 的平均數為何？
   (c)隨機變數 X 的變異數為何？
   (d)計算 $P(X \le 1.8 | 1.5 \le X \le 2.5)$。

7. 參數估計與抽樣分配

基本上，統計學的目的在於描述隨機變數所有實現值在實數線上的分布情形，在間斷隨機變數中，則以機率函數表現其有限個實現值的分布情形。然而，實際上我們並無從知道每一個實現值的機率值，當然我們可用古典方法假設每一個實現值具有相同的機率值，因此每一個實現值的機率值等於 1/N，其中 N 為實現值的個數；或者我們可依主觀判斷給予不同實現值不同的機率值，但是這兩種方法均不夠科學；比較科學的做法是設法取得一些實現值，藉由這些實現值分別計算每一個實現值的相對次數，作為實現值的機率值，以得到的相對次數圖作為機率函數。這些用以計算相對次數的部分實現值，我們稱之為**樣本觀察值** (sample observation)，假如樣本觀察值的個數越多，則所得到的相對次數圖將更接近真正的機率函數；如果樣本觀察值有無限多個，則所計算得到的相對次數圖即等於真正的機率函數；因此，唯有得到無限個實現值方能得到間斷隨機變數的機率函數。然而實際的情況是，我們僅可能得到有限個數的樣本觀察值，為凸顯有限個實現值的樣本觀察值為無限個實現值的**子集合** (subset)，在統計學中我們稱隨機變數所有實現值所形成的集合為一個**母體** (population)，以界定所得到的樣本觀察值來自於某一個特定母體 (隨機變數)。此外，在連續隨機變數中，則以累加分配函數或機率密度函數表現其無限個實現值在實數線上的分布情形。同樣的，實際上我們僅可能得到有限個實現值，即樣本觀察值；在統計學的文獻上，已有一些方法可以利用樣本觀察值直接求算累加分配函數或機率密度函數，然而這些求算方法相當困難，不適合在初等統計學中介紹；再者，不論以相對次數圖表現間斷隨機變數實現值的分布情形，或以求算的累加分配函數或機率密度函數表現連續隨機變數實現值的分布情形，均是以圖形來表現；以圖形來表現固然一目了然，但畢竟不若以「數字」表現來的方便，因此在統計學上，我們以**位置** (location)、**分散度** (dispersion)、**偏態** (skewness) 與**峰態** (kurtosis) 等**衡量** (measures) 來描述隨機變數實現值在實數線上的分布情形；而這些衡量即稱為**母體參數** (population parameter)。換言之，統計學的主要功能是以有限個實現值的樣本觀察值，以求算描述位置、分散度、偏態和峰態等母體參數，而求算的方法即為**參數估計式** (parameter estimator)。

當然，描述一個母體或隨機變數實現值在實數線上分布情形的參數值，我們是無法得知的；不論是間斷的抑或連續的隨機變數，我們必須具有無限個或所有的實現值才有可能得到真正的母體參數值，然而在實際統計分析工作中，由於時間、經費與人力的不足，我們無法取得隨機變數所有的實現值，只能得到有限、少數的實現值，我們希望能以這有限、少數的實現值得到真正母體參數值的訊息，因此，統計學確是以管窺天、以蠡測海，而這也是統計推論的主要目的。換言之，統計推論是利用有限、少數的樣本觀察值以得到母體參數相關訊息的一種方式，進而瞭解母體實現值在實數線上的分布情形。在本章中，我們先介紹在統計學上所探討的母體參數，進而介紹如何利用樣本觀察值得到有關母體參數的訊息，即母體參數估計式；再者，由於樣本觀察值是無限個、或所有實現值的子集合，我們將探討不同母體參數估計式的抽樣分配，以瞭解估計式中所包含母體參數的訊息。

7.1 母體參數

如前所述，在初等統計的討論上，我們不直接以樣本資料估計母體的累加分配函數或機率密度函數，取而代之的是對描述隨機變數實現值分布的**參數** (parameter) 予以估計；對於隨機變數實現值的位置衡量而言，我們在第 3 章的討論中，介紹了平均數、中位數、眾數、四分位數及百分位數等表現隨機變數實現值在實數線上座落的位置，因此，他們均可稱為表現母體實現值在實數線上位置的**位置參數** (location parameter)；對於描述隨機變數實現值在實數線上分散程度的衡量，我們介紹了全距、四分位數距、平均絕對離差和變異數等衡量，我們稱之為**分散程度參數** (dispersion parameter)；至於偏態及峰態則有偏態係數和峰態係數等參數。這些參數的目的均在於描述隨機變數實現值的分布情形，故其均為隨機變數的參數或**母體參數** (population parameter)；因此推論統計即是以一組樣本觀察值對於特定的母體參數進行瞭解的一種方式。

由於隨機變數的期望值是一種位置衡量，而所有實現值的簡單算術平均數即為該隨機變數的期望值，故在統計學上，隨機變數的期望值被稱為**母體平均數** (population mean)；更因算術平均數計算簡便，因此，對於隨機變數位置的衡量，以母體平均數的討論為主，換言之，隨機變數的期望值或母體平均數是統計學上所主要討論的**位置參數** (location parameter)。同樣的道理，因為隨機變數的變異數為所有實現值到母體平均數距離平方的期望值，因此，隨機變數所有實現值到母體平均數距離平方的簡單算術平均數即為**母體變異數** (population variance)，是以在統計學上對於分散程度參數的探討以母體變異數為主；而偏態係數與峰態係數分別為所有實現值到母體平均數距離三次方與四次方的期望值，故其均為統計學中主要被探討的母體參數。

此外，在第 5 章中所介紹的間斷隨機變數中，我們知道不同隨機變數的機率函數決定於不同的參數值，例如以出現「成功」的機率值 p 為參數的白努力隨機變數，以重複白努力試驗的次數 n 與出現「成功」的機率值 p 作為參數的二項隨機變數，以平均出現次數 μ_X 為參數的波氏隨機變數；這些參數值亦為該隨機變數的母體參數，而這些母體參數與其期望值、變異數、偏態與峰態間息息相關；例如白努力隨機變數的期望值為 p、變異數為 $p(1-p)$，二項隨機變數的期望值為 np、變異數為 $np(1-p)$；因此，這些間斷隨機變數期望值、變異數已包含了參數 p 和 n 的訊息。再者，在第 6 章中所介紹的連續隨機變數中，我們知道不同隨機變數的機率密度函數決定於不同的參數值，例如以線段 $[a,b]$ 端點為參數的均等分配，其期望值為 $(a+b)/2$、變異數為 $(b-a)^2/12$，均已包含 a,b 的訊息，而以平均數 μ、變異數 σ^2 為參數的常態分配，其期望值與變異數即為 μ 和 σ^2；因此，對於期望值、變異數、偏態與峰態的瞭解即相當於瞭解描述機率函數或機率密度函數的參數，所以在統計學中，我們以期望值、變異數、偏態與峰態視為瞭解母體實現值在實數線上分布情形的母體參數。

在明瞭期望值、變異數、偏態與峰態是統計學中所要探討的母體參數，接下來我們該如何利用有限、少數的樣本資料得到與期望值、變異數、偏態與峰態相關的訊息呢？此時，就須藉助於參數估計式，亦即如何以樣本資料轉換為母體參數訊息的過程。

7.2 參數估計式

一個隨機變數 X 母體參數 θ 的樣本**估計式** (estimator) 是一個方程式或公式，用以說明如何利用樣本觀察值 $\{x_1,x_2,\cdots,x_n\}$ 計算出母體參數的**估計值** (estimate)，因此，估計式是一種計算方法或公式，而估計值是將實際的樣本觀察值代入估計式中所得到的數值，通常母體參數 θ 的樣本估計式以$\hat{\theta}_n$ 表示，其中下標 n 表示樣本觀察值的個數，而估計式可以一個實數函數予以表示：

$$\hat{\theta}_n = h(x_1,x_2,\cdots,x_n).$$

任何函數形式 $h(\cdot)$ 均可為母體參數的估計式，例如，

$$\hat{\theta}_n^1 = h_1(x_1,\cdots,x_n) = \frac{1}{n}\sum_{i=1}^{n} x_i;$$

$$\hat{\theta}_n^2 = h_2(x_1,\cdots,x_n) = \frac{1}{4}(x_1+x_2+x_3+x_4);$$

$$\hat{\theta}_n^3 = h_3(x_1,\cdots,x_n) = x_1/5 + x_3/5 + x_5/5 + (2\times x_{10})/5;$$

$$\hat{\theta}_n^4 = h_4(x_1,\cdots,x_4) = x_4/5 + x_7/5 + x_8/5 + x_9/5.$$

均可為估計式。

對於一個特定的母體參數估計式，代入一組樣本觀察值即可得到一個樣本估計值，由於一組樣本觀察值是來自一個隨機的母體變數，因此其為母體所有實現值集合的一個子集合，則這個子集合出現的機率可以 $P(x_1,x_2,\cdots,x_n)$

表示，或其機率密度函數可以 $f(x_1,x_2,\cdots,x_n)$ 表示；當然，若每一個樣本觀察值彼此間相互獨立，即任一個觀察到的樣本數值不受到前一個或後一個觀察到的樣本數值的影響，因此，

$$P(x_1,x_2,\cdots,x_n)=P(x_1)\times P(x_2)\times\cdots\times P(x_n),$$

或

$$f(x_1,x_2,\cdots,x_n)=f(x_1)\times f(x_2)\times\cdots\times f(x_n).$$

而母體參數的估計式是樣本觀察值的函數，因此一組特定樣本觀察值所計算出來的參數估計值將具有 $P(x_1,x_2,\cdots,x_n)$ 的機率值或 $f(x_1,x_2,\cdots,x_n)$ 的機率密度函數；換言之，$P(\hat{\theta}_n)=P(x_1,x_2,\cdots,x_n)$ 或 $f(\hat{\theta}_n)=f(x_1,x_2,\cdots,x_n)$，此即稱為估計式 $\hat{\theta}_n$ 的**抽樣分配** (sampling distribution)。

由於所得到的一組樣本，係由**隨機抽樣** (random sampling) 產生，因此，在重複抽樣的概念下，若能**重複抽樣** (repeat sampling)，則我們可以得到不同數值的樣本觀察值，$\{x_1,x_2,\cdots,x_n\}$，因而稱為隨機樣本；假若我們重複抽樣 N 組樣本，得到以下結果：

$$\begin{array}{ccccc}
x_1^1 & x_2^1 & x_3^1 & \cdots & x_n^1\\
x_1^2 & x_2^2 & x_3^2 & \cdots & x_n^2\\
x_1^3 & x_2^3 & x_3^3 & \cdots & x_n^3\\
x_1^4 & x_2^4 & x_3^4 & \cdots & x_n^4\\
 & \vdots & & \vdots & \vdots\\
x_1^N & x_2^N & x_3^N & \cdots & x_n^N
\end{array}$$

在上表中，每一個**橫列** (row) 的數值是由一個隨機母體所抽取得到的一組隨機樣本，然由**縱行** (column) 而言，每一個縱行也可視為同一個隨機母體所抽取得到的一組隨機樣本；因此，針對一組來自隨機變數 X 的隨機樣本 $\{x_1,x_2,\cdots,x_n\}$，在重複抽樣的觀念下，每一個 $x_i, i=1,\cdots,n$ 均可視為與隨機變數 X 相同的隨機變數。例如，令 X 代表投擲一枚硬幣的白努力隨機變數，其實

現值為 0 或 1，假定一組隨機樣本為投擲該硬幣 10 次的實現值，即 $\{x_1,x_2,\cdots,x_9,x_{10}\}$，而這組隨機樣本也可視為同時投擲 10 枚相同的硬幣所出現的實現值，因此每一枚硬幣 x_i, $i=1,\cdots,10$ 出現 0 或 1 的機率函數是相等的，亦即 x_i, $i=1,\cdots,10$ 可視為 10 個與 X 相同的隨機變數。我們也可以換個角度以重複抽樣的觀念予以說明，假設定義一次實驗包含投擲該枚硬幣 10 次，而以 $\{x_1,x_2,\cdots,x_n\}$ 記錄其出現的數值，再假設重複此實驗 N 次，則我們得到以下重複抽樣的結果：

	x_1	x_2	$\cdots$	x_9	x_{10}
第 1 次	1	0	$\cdots$	0	1
第 2 次	0	1	$\cdots$	1	1
第 3 次	0	0	$\cdots$	1	0
第 4 次	1	1	$\cdots$	0	1
第 5 次	1	0	$\cdots$	0	0
$\vdots$	$\vdots$	$\vdots$	$\vdots$	$\vdots$	$\vdots$
第 N 次	0	1	$\cdots$	0	1

在每一行中，假若重複抽樣的次數很多，即 N 很大，則 0 和 1 出現的相對次數將幾乎等於其出現的機率值，所以，均可視為與原來硬幣相等的隨機變數。

由於在重複抽樣的觀念底下，樣本具有隨機性，使得母體參數的估計式亦具有隨機性，亦即不同的樣本將獲得不同的估計值，猶如從前述重複抽樣 N 組樣本，我們可以計算出 N 個母體參數估計值 $\hat{\theta}_n$：

$$\begin{aligned}
\hat{\theta}_n^1 &= h(x_1^1,x_2^1,\cdots,x_n^1)\\
\hat{\theta}_n^2 &= h(x_1^2,x_2^2,\cdots,x_n^2)\\
\hat{\theta}_n^3 &= h(x_1^3,x_2^3,\cdots,x_n^3)\\
\vdots &= \quad \vdots\\
\hat{\theta}_n^N &= h(x_1^N,x_2^N,\cdots,x_n^N).
\end{aligned}$$

此 N 個母體參數估計值 $\{\hat{\theta}_n^1,\hat{\theta}_n^2,\cdots,\hat{\theta}_n^N\}$ 可視為母體參數估計式 $\hat{\theta}_n$ 的一組部分

實現值。因此，由一組樣本資料所得到的一個估計值僅是一個「隨機變數」的實現值，這個「隨機變數」的分配即稱為母體估計式的「抽樣分配」，一個估計式的抽樣分配在往後的統計推論中具有十分重要的地位，在此先做簡單的介紹。

假設 $\{x_1,x_2,\cdots,x_n\}$ 為一組來自母體 X 的樣本，而母體 X 為具有平均數 $E(X)=\mu$ 和變異數 $\mathrm{var}(X)=\sigma^2$ 的隨機變數；就樣本中第 j 個觀察值 x_j 而言，由於重複抽樣的結果，每一個 x_j 觀察值均為母體 X 的實現值，因此，x_j 在重複抽樣的觀念下可視為和母體 X 相同的隨機變數，$E(x_j)=\mu$ 和 $\mathrm{var}(x_j)=\sigma^2$，此外，在隨機抽樣中兩個觀察值的出現是相互獨立的，所以，$\{x_1,x_2,\cdots,x_n\}$ 不但表示一組母體 X 的樣本，亦可視為 n 個**獨立且相等分配的隨機變數** (independently and identically distributed (i.i.d.) random variable)。

一個母體參數 θ 的估計式$\hat{\theta}_n$，其**偏誤** (biasedness) 定義為：$\mathrm{bias}(\hat{\theta}_n)=E(\hat{\theta}_n)-\theta$；具有 $E(\hat{\theta}_n)=\theta$ 的特性，即 $\mathrm{bias}(\hat{\theta}_n)=0$，則$\hat{\theta}_n$ 被稱為 θ 的**不偏估計式** (unbiased estimator)；在前述的例子中，

$$\begin{aligned}E(\hat{\theta}_n^2)&=E[\frac{1}{4}(x_1+x_2+x_3+x_4)]\\&=(1/4)[E(x_1)+E(x_2)+E(x_3)+E(x_4)]\\&=(1/4)(\mu+\mu+\mu+\mu)=\mu,\end{aligned}$$

所以，$\hat{\theta}_n^2$ 為母體平均數的不偏估計式；而

$$\begin{aligned}E(\hat{\theta}_n^3)&=E[x_1/5+x_3/5+x_5/5+(2x_{10})/5]\\&=E(x_1)/5+E(x_3)/5+E(x_5)/5+E(2x_{10})/5\\&=\mu/5+\mu/5+\mu/5+(2\mu)/5=\mu,\end{aligned}$$

所以，$\hat{\theta}_n^3$ 亦為母體平均數的不偏估計式；然而

$$\begin{aligned}E(\hat{\theta}_n^4)&=E(x_4/5+x_7/5+x_8/5+x_9/5)\\&=E(x_4)/5+E(x_7)/5+E(x_8)/5+E(x_9)/5\end{aligned}$$

$$= \mu/5 + \mu/5 + \mu/5 + \mu/5 = 4\mu/5 \neq \mu,$$

$\hat{\theta}_n^4$ 不為母體平均數的不偏估計式，或稱 $\hat{\theta}_n^4$ 為母體平均數的偏誤估計式。

在統計上，一個母體參數 θ 的最佳樣本估計式，$\hat{\theta}_n$，將具有最小**均方差** (mean square errors)，而均方差之定義為

$$\text{MSE}(\hat{\theta}_n) = E[\hat{\theta}_n - \theta]^2. \tag{3}$$

由此定義，均方差乃在於衡量樣本估計值到其母體參數值距離平方的平均數；式 (3) 可進一步分解為

$$\begin{aligned}\text{MSE}(\hat{\theta}_n) &= E[\hat{\theta}_n - \theta]^2 \\ &= E[(\hat{\theta}_n - E(\hat{\theta}_n)) + (E(\hat{\theta}_n) - \theta)]^2 \\ &= E[\hat{\theta}_n - E(\hat{\theta}_n)]^2 + E[E(\hat{\theta}_n) - \theta]^2 - 2E[(\hat{\theta}_n - E(\hat{\theta}_n))(E(\hat{\theta}_n) - \theta)].\end{aligned}$$

由於上式中的第三項為

$$\begin{aligned}&E[(\hat{\theta}_n - E(\hat{\theta}_n))(E(\hat{\theta}_n) - \theta)] \\ &= E[\hat{\theta}_n E(\hat{\theta}_n) - \hat{\theta}_n \theta - E(\hat{\theta}_n)E(\hat{\theta}_n) + E(\hat{\theta}_n)\theta] \\ &= E(\hat{\theta}_n)E(\hat{\theta}_n) - E(\hat{\theta}_n)\theta - E(\hat{\theta}_n)E(\hat{\theta}_n) + E(\hat{\theta}_n)\theta = 0.\end{aligned}$$

而且，由定義可知 $\text{var}(\hat{\theta}_n) = E[\hat{\theta}_n - E(\hat{\theta}_n)]^2$，而 $E[E(\hat{\theta}_n) - \theta]^2 = [E(\hat{\theta}_n) - \theta]^2$ $= [\text{bias}(\hat{\theta}_n)]^2$；最後，我們可知

$$\text{MSE}(\hat{\theta}_n) = \text{var}(\hat{\theta}_n) + [\text{bias}(\hat{\theta}_n)]^2.$$

亦即，均方差可分解成變異數加上偏誤的平方。由於，θ 為未知而不可觀察的，因此，$\text{MSE}(\hat{\theta}_n)$ 無法計算求得，所以，實際上均方差無法直接用來比較不同估計式的好壞，然而，參數估計式的**不偏性** (unbiasedness)，在統計推論中是一個必要條件，因此，我們所討論的估計式以不偏估計式為主，而一個不偏估計式 $\hat{\theta}_n$ 的偏誤 $\text{bias}(\hat{\theta}_n)$ 為 0；所以，在不偏估計式中，具有較小變異數的估計式其均方差亦將較小。假若 $\hat{\theta}_n$ 和 $\tilde{\theta}_n$ 均為母體參數 θ 的不偏估計式，而

$\text{var}(\hat{\theta}_n) < \text{var}(\tilde{\theta}_n)$，顯然的，$\text{MSE}(\hat{\theta}) < \text{MSE}(\tilde{\theta})$，則稱$\hat{\theta}_n$較$\tilde{\theta}_n$有效率 ($\hat{\theta}_n$ is more efficient than $\tilde{\theta}_n$)。

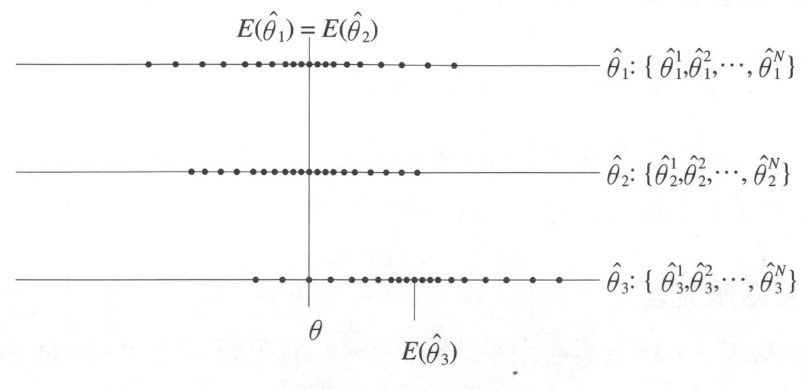

圖 7.1　母體參數 θ 的估計式

如上圖所示，$\hat{\theta}_1$和$\hat{\theta}_2$均為母體參數θ的不偏估計式，但是，$\hat{\theta}_1$實現值的分布較$\hat{\theta}_2$實現值的分布來的分散，所以，$\hat{\theta}_2$比$\hat{\theta}_1$較為有效率；而$\hat{\theta}_3$則為具有偏誤的估計式，其偏誤為$E(\hat{\theta}_3) - \theta$。

由前面章節的分析中，我們已經知道隨機變數實現值的算術平均數可視為以相對次數計算的期望值，因此，在統計學中，算術平均數是最常被採用的參數估計式，也因而對算術平均數有相當深入的探討；以下即是兩個有關算術平均數的重要法則：

1. 大數法則

假設 $X_1, X_2, \cdots, X_n$ 為具有限平均數 $E(X_i) = \mu < \infty$ 的獨立且相等分配的隨機變數，則當 n 足夠大時，

$$\overline{X}_n = \frac{\sum_{i=1}^{n} X_i}{n}$$

收斂至平均數 μ。

此大數法則的概念我們在前面已提及，算術平均數 $\overline{X}_n$ 可視為以相對次數為權數所計算的期望值，當 n 足夠大時，相對次數會收斂到真正的機率值，

因此，$\overline{X}_n$ 會收斂到以真正機率值為權數所計算的期望值 μ；這也是統計上總是以母體實現值的算術平均數討論母體平均數的原因之一。

若 $\lim_{n\to\infty}\hat{\theta}_n=\theta$，則 $\hat{\theta}_n$ 被稱為 θ 的**一致估計式** (consistent estimator)。例如，估計式 $\hat{\theta}_n=\sum_{i=1}^{n}x_i/n$ 為母體平均數 μ 的不偏且一致估計式；$\hat{\theta}_n=\sum_{i=1}^{n}x_i/(n-1)$ 為母體平均數 μ 的一致估計式但不為不偏估計式； 而 $\hat{\theta}_n=(x_1+x_2+x_3+x_4+x_5)/5$ 為母體平均數 μ 不偏估計式但不為一致估計式。

2. 中央極限定理

假設 $X_1,X_2,\cdots,X_n$ 為具有限平均數 $\mu<\infty$ 和有限變異數 $\sigma^2<\infty$ 的獨立且相等分配的隨機變數，則當 n 足夠大時，

$$\sqrt{n}\left(\frac{\overline{X}_n-\mu}{\sigma}\right)$$

收斂到標準常態分配，其中，$\overline{X}_n$ 為樣本平均數。

此即為「**中央極限定理**」(central limit theorem, CLT)。在此值得一提的是，許多的統計學作者認為 $n\geq 30$ 即視為 n 足夠大，然而這是不正確的，在早先統計學書籍所附錄的 $t-$ 分配分量表中，所包含的自由度最大為30，超過30則建議以標準常態分配取代 $t-$ 分配， 因而使人誤解 $n\geq 30$ 即足以使中央極限定理成立。此外，一個隨機變數實現值的算術平均數要能服從中央極限定理，該隨機變數必須具有限數值的變異數，或稱變異數存在，當然一個具有限數值變異數的隨機變數，其必具有限數值的平均數，或稱平均數存在。

在此節的討論中，我們所討論的是以一組樣本觀察值透過一個估計式以估計特定的母體參數，所算出來的是一個數值，實數線上的一個點，故稱之為母體參數的**點估計式** (point estimator)；由單一個估計值，無法顯示出該估計式的變異數，以表現出該點估計式的精確度，為彌補此一缺憾，底下我們將介紹區間估計。

7.3 區間估計

一個母體參數 θ 的**區間估計式** (interval estimator) 是由兩個估計式 $h_1(x_1, x_2,\cdots,x_n)$ 和 $h_2(x_1,x_2,\cdots,x_n)$ 所構成的區間，若真正參數值 θ 落入該區間的機率為 γ，則稱此區間為**信賴係數** (confidence coefficient)γ 下的區間估計。在固定的信賴係數 γ 下， 對於同一個母體參數 θ 兩個區間估計式 $[h_1(x_1,x_2,\cdots,x_n),h_2(x_1, x_2,\cdots,x_n)]$ 和 $[g_1(x_1,x_2,\cdots,x_n),g_2(x_1,x_2,\cdots,x_n)]$，若 $[h_1(x_1,x_2,\cdots,x_n),h_2(x_1,x_2,\cdots,x_n)]$ 的區間大於 $[g_1(x_1,x_2,\cdots,x_n),g_2(x_1,x_2,\cdots,x_n)]$ 的區間， 則區間估計式 $[h_1(x_1,x_2,\cdots,x_n),h_2(x_1,x_2,\cdots,x_n)]$ 較 $[g_1(x_1,x_2,\cdots,x_n),g_2(x_1,x_2,\cdots,x_n)]$ 為精確。 我們以數學式定義信賴係數 γ 下的區間估計式為

$$P[h_1(x_1,x_2,\cdots,x_n) \leq \theta \leq h_2(x_1,x_2,\cdots,x_n)] = \gamma.$$

由此定義可知，信賴係數 γ 越大，$[h_1(x_1,x_2,\cdots,x_n),h_2(x_1,x_2,\cdots,x_n)]$ 區間越大。區間 $[h_1(x_1,x_2,\cdots,x_n),h_2(x_1,x_2,\cdots,x_n)]$ 稱為信賴係數 γ 下之**信賴區間** (confidence interval)。對於上式的定義，我們佐以下圖說明：在重複抽樣的觀念下，假若我們能重複抽出 N 組的樣本資料，$\{x_1^i,x_2^i,\cdots,x_n^i\}, i=1,\cdots,N$，則由每一組的樣本資料我們可以求得信賴係數 γ 下的區間估計，因此，N 組的樣本資料我們可得到 N 個區間估計，則在這 N 個區間估計中，應有接近 $\gamma \times N$ 個區間估計包含母體參數 θ。

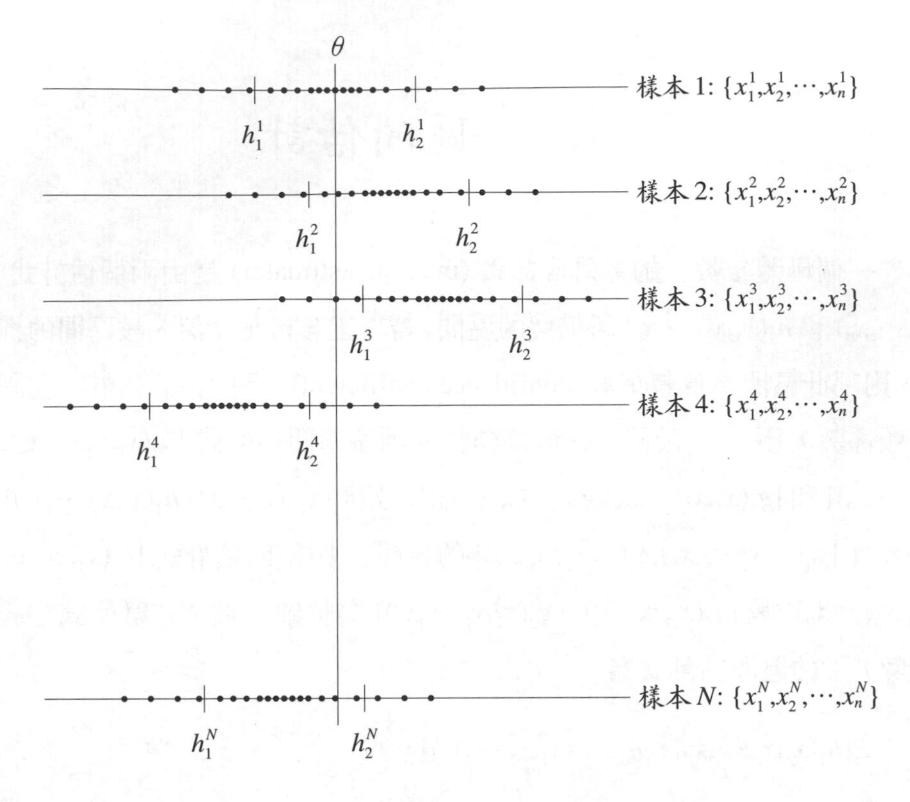

圖 7.2　母體參數 θ 的區間估計

在瞭解參數估計式與區間估計式後，以下我們就統計學中經常討論的母體參數，介紹其參數估計式、區間估計式，以及它們的統計特性。

7.4　母體比例

在日常生活中，我們總會對某些事情發生的比例感興趣，如某地區晴天與雨天的比例、管理學院男生與女生的比例、硬幣出現正面與反面的比例等等；對於這些比例，我們要如何才能有進一步的瞭解呢？當然，我們能觀察到的是一組有限的樣本資料，我們想從這組有限的樣本中獲取有關**母體比例** (population proportion) 的訊息。例如，為瞭解一枚硬幣正、反面的機率值，當然此機率值是無法知道的，而投擲此枚硬幣的實驗可用一個白努力隨機變數予以定義：$X \sim Bernoulli(p)$，其中的參數 p 即為此硬幣出現正面的機率值；為知道機率值 p，我們可實際投擲該硬幣若干次，即得到一組觀察到的樣本，在這組樣本中記錄著每一次投擲硬幣的出象，我們可以用在這組樣本中出現正面的次數佔總投擲數的比例，作為瞭解母體比例的訊息，為進行數學運算，我們以 0 和 1 取代硬幣反面與正面的出象，當然可以用任何其他的兩個數值代表正、反面的出象，但以 0 和 1 表現出象有其優點，此優點稍後即可看出；此外，我們想瞭解臺灣就讀管理學院學生的男女比例，我們可以用某一個大學的管理學院學生為一個樣本，計算其中男生所佔的比例，此比例也提供了對臺灣就讀管理學院學生的男女比例瞭解的訊息，我們同樣以 0 和 1 代表女生和男生。在這兩個例子中，所算得的比例，我們稱之為**樣本比例** (sample proportion)，假定一組樣本觀察值為 $\{x_1,x_2,\cdots,x_n\}$，其中的 n 個數值都是 0 或 1，則樣本比例，我們可以數學式表示如下：

$$\overline{p}_n = \frac{1}{n}\sum_{i=1}^{n}x_i, \tag{4}$$

其中，$x_i = 1$ 當第 i 個人是男生（或第 i 個硬幣出象為正面），$x_i = 0$ 當第 i 個人是女生（或第 i 個硬幣出象為反面），而 n 為樣本中學生的個數（或投擲硬幣的次數）；由於，此估計式僅算出一個數值，因此稱其為母體比例的點估計式。

若我們將臺灣就讀管理學院學生人數視為無窮多，使得在抽出樣本時，每一個樣本出現男生的機率固定等於 p，而且，此機率與前一個被抽出樣本是男生或是女生無關，由此定義，我們知道任何一個 x_i 均可視為一個具有成功機率為 p 的白努力隨機變數 X，其平均數為 $E(X) = p$ 及變異數為 $\text{var}(X) = p(1-p)$，而且 x_i 與 x_j 為相互獨立的兩個白努力隨機變數，即 $\text{cov}(x_i,x_j) = 0$；因此，樣本比例的平均數為

$$\begin{aligned} E(\overline{p}_n) &= E\left[\frac{1}{n}\sum_{i=1}^{n}x_i\right] \\ &= \frac{1}{n}\sum_{i=1}^{n}E(x_i) = \frac{1}{n}n \times p = p. \end{aligned}$$

所以，樣本比例為母體比例 p 的不偏估計式；而其變異數為

$$\begin{aligned}
\text{var}(\overline{p}_n) &= \text{var}\left[\frac{1}{n}\sum_{i=1}^{n}x_i\right] \\
&= \frac{1}{n^2}\text{var}\left[\sum_{i=1}^{n}x_i\right] \\
&= \frac{1}{n^2}\left[\sum_{i=1}^{n}\text{var}(x_i) + 2\sum_{i=1}^{n-1}\sum_{j=i+1}^{n}\text{cov}(x_i,x_j)\right] \\
&= \frac{1}{n^2}\sum_{i=1}^{n}p(1-p) = \frac{p(1-p)}{n}.
\end{aligned}$$

由於當樣本個數 $n \to \infty$ 時，$p(1-p)/n$ 收斂到 0，表示樣本比例為母體比例 p 的一致估計式。

此外，n 個隨機變數的樣本實現值的總和 $T = \sum_{i=1}^{n}x_i$ 則為 $B(n,p)$ 的二項式隨機變數，其平均數為 $E(T) = np$ 而變異數為 $\text{var}(T) = np(1-p)$。因此，我們也可由此導出樣本比例的平均數為

$$\begin{aligned}
E(\overline{p}_n) &= E\left[\frac{1}{n}\sum_{i=1}^{n}x_i\right] \\
&= E\left(\frac{T}{n}\right) = E(Z)/n = p.
\end{aligned}$$

及樣本比例的變異數為

$$\begin{aligned}
\text{var}(\overline{p}_n) &= \text{var}\left[\frac{1}{n}\sum_{i=1}^{n}x_i\right] \\
&= \frac{1}{n^2}\text{var}(T) = [p(1-p)]/n.
\end{aligned}$$

假設統計學課堂的 80 位同學的性別為隨機變數 X 所有的實現值，亦即為母體，由前面的計算知道此母體的男生比例為 $p = 1/2$，倘若由座號 1 – 30、2 – 31、3 – 32、⋯、51 – 80 視為個數為 30 的 51 組隨機樣本，我們在 Excel 中，利用函數「AVERAGE」和「複製」功能，可以很容易算出 51 組隨機樣本的

樣本比例估計值；假定 80 位同學的性別的資料在 Excel 試算表中的位置為 A2 到 A81，我們在 B2 位置上，在函數輸入區鍵入「= AVERAGE(A2:A31)」，則座號 1 – 30 的 30 位同學之樣本比例即出現在 B2 位置上，將 B2 內的公式利用「複製」功能「貼上」B3 到 B52 的 50 個位置上，如此我們即可得到 51 個樣本比例估計值，再將這 51 個樣本比例估計值求算術平均數，其結果為 0.496732，這個平均數與母體比例 $p = 1/2$ 十分接近，此結果也支持了樣本比例是母體比例的不偏估計式。

在此值得一提的是，$\sum_{i=1}^{n} x_i$ 為 $B(n,p)$ 的二項式隨機變數，但是，$\bar{p}_n = \sum_{i=1}^{n} x_i / n$ 的分配卻不得而知。但若樣本數 n 夠大，足以使中央極限定理成立，則

$$\sqrt{n}\left(\frac{\bar{p}_n - p}{\sqrt{p(1-p)}}\right) \to N(0,1).$$

此式可稍加更改為

$$\frac{\bar{p}_n - p}{\sqrt{p(1-p)/n}} \to N(0,1). \tag{5}$$

由樣本比例的中央極限定理也看得出來它是個一致估計式，因為 $\bar{p}_n$ 收斂到母體平均數 p；同樣的，在統計學課堂的 80 位同學的例子中，倘若由座號 1 – 30、1 – 31、1 – 32、⋯、1 – 80 視為個數逐漸增加的 51 組隨機樣本，我們在 Excel 中，同樣利用函數「AVERAGE」和「複製」的功能，可以很容易算出 51 組隨機樣本的樣本比例估計值，由這 51 個樣本比例估計值可看出，這些估計值有時大於 0.5 而有時小於 0.5，呈現出在 $p = 0.5$ 附近跳動的情形，然而隨著樣本個數的增加，其跳動幅度逐漸變小，到最後一組樣本的樣本比例即為母體比例了，此情形如下圖所示，圖中所繪的是樣本比例估計值到母體比例的差距，很明顯的，其差距隨著樣本個數的增加而呈現縮小的現象，此結果也支持了樣本比例是母體比例的一致估計式。關於上述以 Excel 說明樣本比例不偏性及一致性的過程，請參考作者網頁子目錄 chapter7 中的 chapt7

_1.ppt 及 Excel 檔案 Sex.xls。

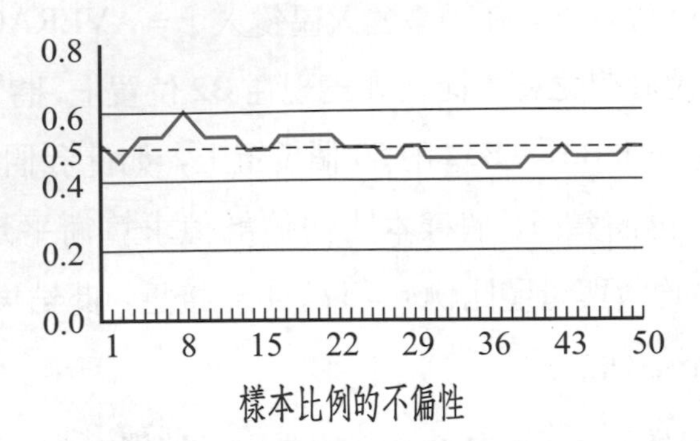

樣本比例的不偏性

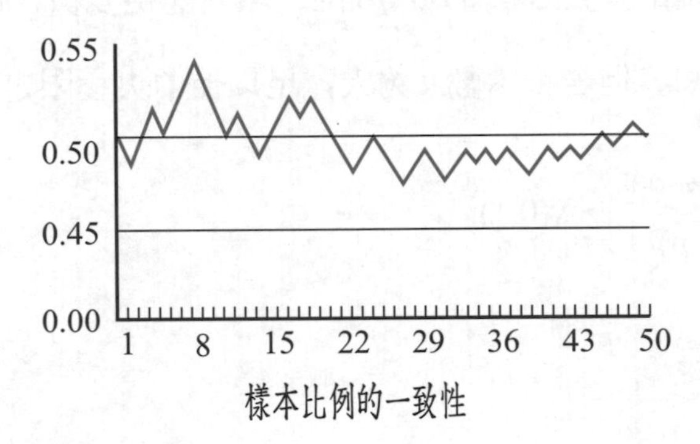

樣本比例的一致性

由上述中央極限定理，我們可改寫為

$$\left(\frac{\overline{p}_n - p}{\sqrt{p(1-p)/n}}\right) \to N(0,1).$$

因此當 $\gamma = 0.95$ 時，

$$P\left(-1.96 \leq \frac{\overline{p}_n - p}{\sqrt{p(1-p)/n}} \leq 1.96\right) = 0.95$$

$$P(-1.96\sqrt{p(1-p)/n} \leq \overline{p}_n - p \leq 1.96\sqrt{p(1-p)/n}) = 0.95$$

$$P(\overline{p}_n - 1.96\sqrt{p(1-p)/n} \leq p \leq \overline{p}_n + 1.96\sqrt{p(1-p)/n}) = 0.95.$$

因此，$[\overline{p}_n - 1.96\sqrt{p(1-p)/n}, \overline{p}_n + 1.96\sqrt{p(1-p)/n}]$ 即為信賴係數 95% 下母體比例 p 的區間估計式（即 95% 的信賴區間）。

7.5 母體平均數

在前面章節關於隨機變數期望值的討論中，我們指出以母體所有實現值所計算的簡單算術平均數即為母體期望值，再者就定義，母體期望值可視為所有實現值以機率值為權數的加權平均數，因此母體期望值又稱為**母體平均數** (population mean)。而在第 3 章中關於位置衡量的討論中，算術平均數是位置衡量之一，因此，母體期望值亦為隨機變數的位置衡量。又由於部分母體實現值所形成的樣本觀察值，其簡單算術平均數可視為以樣本相對次數作為機率值所計算的期望值，基於簡單算術平均數的容易計算及與母體位置參數——母體期望值的密切關係，因此在有關母體位置參數的統計推論上，以針對母體期望值或母體平均數的討論為主。

假設 $\{x_1,x_2,\cdots,x_n\}$ 為我們有興趣研究母體 $X \sim D(\mu_X,\sigma_X^2)$ 的一組部分實現值，一般稱為來自母體 $X \sim D(\mu_X,\sigma_X^2)$ 的樣本觀察值，在重複抽樣的觀念下，每一個觀察值均可視為與母體相同的隨機變數，因此，對於所有觀察值 i 而言，$E(x_i)=\mu_X$ 和 $\text{var}(x_i)=\sigma_X^2$， 此外樣本觀察值為相互獨立的隨機樣本，$\text{cov}(x_i,x_j)=0$； 而這組樣本觀察值的簡單算術平均數又稱為**樣本平均數** (sample mean) 為

$$\bar{x}_n=\frac{1}{n}\sum_{i=1}^{n}x_i.$$

由於

$$E(\bar{x}_n)=E\left(\frac{1}{n}\sum_{i=1}^{n}x_i\right)=\frac{1}{n}\sum_{i=1}^{n}E(x_i)=\mu_X,$$

樣本平均數 $\bar{x}_n$ 為母體平均數 μ_X 的不偏估計式； 關於樣本平均數為母體平均數的不偏估計式，我們亦可用統計學課堂的 80 位同學的身高資料予以

輔助說明；假設統計學課堂的 80 位同學的身高為隨機變數 X 所有的實現值，亦即為母體，由前面的計算知道此母體的平均身高為 $\mu_X = 164.685875$，倘若由座號 1 – 30、2 – 31、3 – 32、⋯、51 – 80 視為個數為 30 的 51 組隨機樣本，我們在 Excel 中，利用函數「AVERAGE」和複製功能，也可以很容易算出 51 組隨機樣本的樣本平均數估計值，再將這 51 個樣本平均數估計值求算術平均數，其結果為 164.1322876，這個平均數與母體平均數 $\mu_X = 164.685875$ 亦十分接近，此結果也支持了樣本比例是母體比例的不偏估計式。

此外，樣本平均數的變異數為

$$\begin{aligned}\mathrm{var}(\bar{x}_n) &= \mathrm{var}\left(\frac{1}{n}\sum_{i=1}^{n} x_i\right)\\ &= \frac{1}{n^2}\mathrm{var}(\sum_{i=1}^{n} x_i)\\ &= \frac{1}{n^2}(\sum_{i=1}^{n}\mathrm{var}(x_i) + 2\sum_{j=1}^{n-1}\sum_{i=j+1}^{n}\mathrm{cov}(x_i,x_j))\\ &= \frac{\sigma_X^2}{n},\end{aligned}$$

由於就所有的 $i \neq j$ 而言，$\mathrm{cov}(x_i,x_j) = 0$，當 $n \to \infty$ 時，$\sigma_X^2/n \to 0$ 表示樣本平均數為一致估計式；再者，假若母體 X 的分配為常態分配，則 $x_1,x_2,\cdots,x_n$ 可視為 n 個獨立且相等的常態分配，而樣本平均數 $\bar{x}_n$ 為 $x_1,x_2,\cdots,x_n$ 的線性組合，我們知道幾個常態分配隨機變數的**線性轉換** (linear transformation) 依然為常態分配，因此，樣本平均數 $\bar{x}_n$ 的抽樣分配為

$$\bar{x}_n \sim N\left(\mu_X, \frac{\sigma_X^2}{n}\right), \bar{x}_n - \mu_X \sim N\left(0, \frac{\sigma_X^2}{n}\right),$$

或經過標準化後為

$$\frac{\bar{x}_n - \mu}{\sigma_X / \sqrt{n}} \sim N(0,1).$$

以上與樣本平均數相關的抽樣分配，即 $\bar{x}_n$、$\bar{x}_n - \mu_X$ 和 $(\bar{x}_n - \mu_X)/(\sigma_X/\sqrt{n})$，

我們可以用圖 7.3 加以說明：

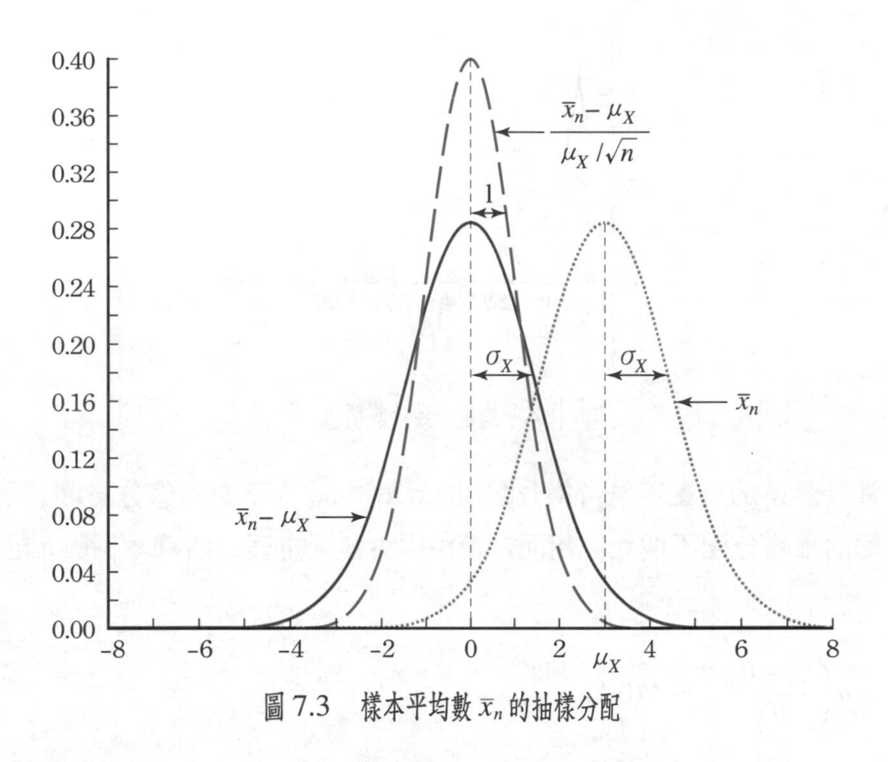

圖 7.3　樣本平均數 $\bar{x}_n$ 的抽樣分配

由樣本平均數的中央極限定理也看得出來它是個一致估計式，因為 $\bar{x}_n$ 收斂到母體平均數 μ_X；同樣在統計學課堂的 80 位同學的例子中，倘若由座號 1 – 30、1 – 31、1 – 32、⋯、1 – 80 視為個數逐漸增加的 51 組隨機樣本，我們在 Excel 的 Height1.xls 中，同樣利用函數「AVERAGE」和「複製」的功能，可以很容易算出 51 組隨機樣本的樣本平均數估計值，由這 51 個樣本平均數估計值可看出，這些估計值有時大於 $\mu_X = 164.685875$ 而有時小於 $\mu_X = 164.685875$，呈現出在 $\mu_X = 164.685875$ 附近跳動的情形，然而隨著樣本個數的增加，其跳動的幅度逐漸變小，到最後一組樣本的樣本平均數即為母體平均數了，此情形如下圖所示，圖中所繪的是樣本平均數估計值到母體平均數的差距，很明顯的，其差距隨著樣本個數的增加而呈現縮小的現象，此結果也支持了樣本平均數是母體平均數的一致估計式。關於上述以 Excel 說明樣本平均數不偏性及一致性的過程，請參考作者網頁子目錄 chapter7 中的 chapt7_2.ppt 及 Excel 檔案 Height1.xls。

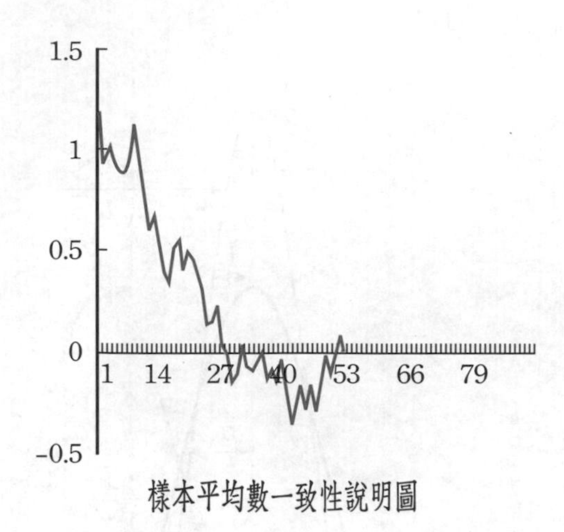

樣本平均數一致性說明圖

當母體 X 的分配不為常態分配，則 $x_1, x_2, \cdots, x_n$ 亦不為常態分配，$\bar{x}_n$ 具有常態分配的抽樣分配不成立；然而，藉由中央極限定理，當樣本個數 n 足夠大時，

$$\sqrt{n}\left(\frac{\bar{x}_n-\mu_X}{\sigma_X}\right) \sim N(0,1),$$

或為

$$\frac{\bar{x}_n-\mu_X}{\sigma_X/\sqrt{n}} \sim N(0,1).$$

不論是母體 X 的分配為常態分配抑或樣本個數 n 足夠大使得中央極限定理成立，則

$$\frac{\bar{x}_n-\mu_X}{\sigma_X/\sqrt{n}} \sim N(0,1).$$

因此，假定 $\sigma_X^2=1$，則在信賴係數 $\gamma=95\%$ 下的母體平均數的區間估計式為

$$P\left(-1.96 \le \frac{\bar{x}_n-\mu_X}{1/\sqrt{n}} \le 1.96\right)=95\%$$

$$P(-1.96\times(1/\sqrt{n}) \le \bar{x}_n-\mu_X \le 1.96\times(1/\sqrt{n}))=95\%$$

$$P(\bar{x}_n-1.96\times(1/\sqrt{n}) \le \mu_X \le \bar{x}_n+1.96\times(1/\sqrt{n}))=95\%$$

區間 $[\overline{x}_n - 1.96\times(1/\sqrt{n}), \overline{x}_n + 1.96\times(1/\sqrt{n})]$ 即為信賴係數 $\gamma = 95\%$ 下的母體平均數的區間估計式。有關樣本平均數 $\overline{x}_n$，$1-\alpha$ 信賴區間決定的說明可用圖 7.4 加以理解。

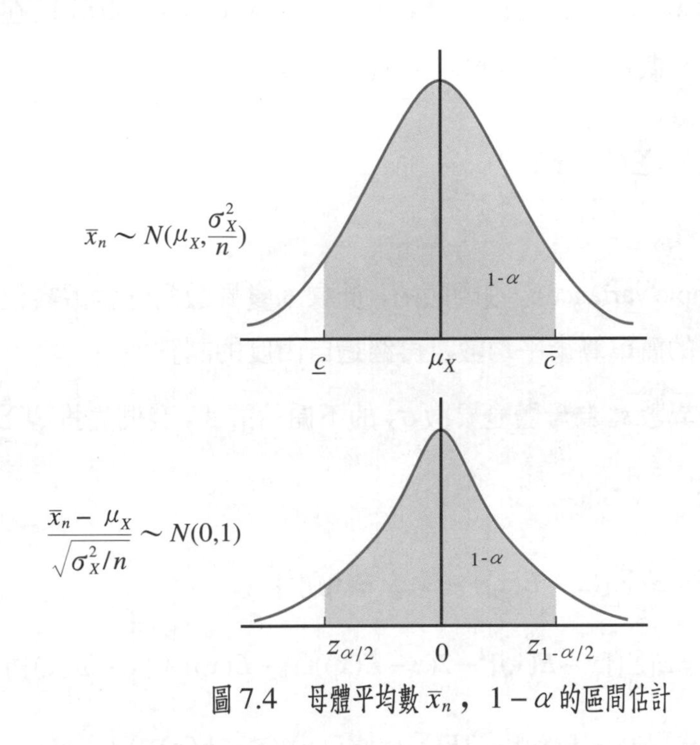

圖 7.4　母體平均數 $\overline{x}_n$，$1-\alpha$ 的區間估計

其中，$\underline{c} = \overline{x}_n + Z_{\alpha/2}\sqrt{\sigma_X^2/n}$ 及 $\overline{c} = \overline{x}_n + Z_{1-\alpha/2}\sqrt{\sigma_X^2/n}$。

7.6　母體變異數估計式

在第 3 章中所討論一組資料分散程度衡量的變異數，是以資料數值到平均數距離平方的算術平均數計算，所以其可視為母體實現值到平均數距離平方的期望值，即 $E[(X-E(X))^2]$，此期望值亦即為母體變異數的定義，$\sigma_X^2 = E[(X - E(X))^2]$。因此，所有母體實現值到母體平均數距離平方的簡單算術平均數，即為母體的變異數，基於簡單算術平均數的計算容易及與母體分散程度參數

——母體變異數的密切關係，因此在有關母體分散程度參數的討論上，以母體變異數為主要對象。

同樣假定一組來自母體 $X \sim D(\mu_X,\sigma_X^2)$ 的樣本 $\{x_1,x_2,\cdots,x_n\}$，由前一節的討論知道樣本平均數 $\bar{x}_n$ 為 μ_X 的不偏及一致估計式，且 $\mathrm{var}(\bar{x}_n)=\sigma_X^2/n$，而在重複抽樣的概念下，所有觀察值具有 $\mathrm{var}(x_i)=\sigma_X^2$ 的變異數，則

$$s_x^2=\frac{\sum_{i=1}^{n}(x_i-\bar{x}_n)^2}{n-1}=\frac{\sum_{i=1}^{n}(x_i-\bar{x}_n)^2}{n}\times\frac{n}{n-1}$$

為**樣本變異數** (sample variance)。很明顯的，此樣本變異數為樣本觀察值到樣本平均數距離平方的簡單算術平均數，再經過自由度的調整。

為說明樣本變異數 s_x^2 為母體變異數 σ_X^2 的不偏估計式，我們先推導 $\sum_{i=1}^{n}(x_i-\bar{x}_n)^2$ 的期望值如下：

$$\begin{aligned}E(\sum_{i=1}^{n}(x_i-\bar{x}_n)^2)&=E\{\sum_{i=1}^{n}[(x_i-E(x_i))-(\bar{x}_n-E(x_i))]^2\}\\&=E[\sum_{i=1}^{n}\{[x_i-E(x_i)]^2-2(x_i-E(x_i))(\bar{x}_n-E(x_i))+[\bar{x}_n-E(x_i)]^2\}]\\&=\sum_{i=1}^{n}E[x_i-E(x_i)]^2-2E(\sum_{i=1}^{n}[(x_i-E(x_i))(\bar{x}_n-E(x_i))])+\sum_{i=1}^{n}E[\bar{x}_n\\&\quad-E(x_i)]^2.\end{aligned}$$

上式中右邊的第一項為

$$\begin{aligned}\sum_{i=1}^{n}E[x_i-E(x_i)]^2&=\sum_{i=1}^{n}\mathrm{var}(x_i)\\&=\sum_{i=1}^{n}\sigma_X^2=n\sigma_X^2,\end{aligned}$$

而第二項為

$$2E(\sum_{i=1}^{n}[(x_i - E(x_i))(\bar{x}_n - E(x_i))])$$
$$= 2E((\bar{x}_n - E(x_i))\sum_{i=1}^{n}(x_i - E(x_i)))$$
$$= 2E((\bar{x}_n - E(x_i))(n\bar{x}_n - nE(x_i)))$$
$$= 2nE[(\bar{x}_n - E(x_i))^2] = 2nE[(\bar{x}_n - \mu_X)^2]$$
$$= 2n\mathrm{var}(\bar{x}_n) = 2n\frac{\sigma_X^2}{n} = 2\sigma_X^2.$$

而第三項則為

$$\sum_{i=1}^{n}E[\bar{x}_n - E(x_i)]^2$$
$$= \sum_{i=1}^{n}\mathrm{var}(\bar{x}_n) = n\frac{\sigma_X^2}{n}$$
$$= \sigma_X^2.$$

因此，$\sum_{i=1}^{n}(x_i - \bar{x}_n)^2$ 的期望值為

$$E(\sum_{i=1}^{n}(x_i - \bar{x}_n)^2) = n\sigma_X^2 - 2\sigma_X^2 + \sigma_X^2 = (n-1)\sigma_X^2.$$

由此結果可知樣本變異數 s_x^2 為母體變異數 σ_X^2 的不偏估計式，即

$$E(s_x^2) = E\left(\frac{\sum_{i=1}^{n}(x_i - \bar{x}_n)^2}{n-1}\right)$$
$$= \frac{(n-1)\sigma_X^2}{n-1} = \sigma_X^2.$$

由於我們已知 $\bar{x}_n$ 是母體平均數的一致估計式，因此，$\lim_{n\to\infty}\bar{x}_n = \mu_X$；而且，因 $\mathrm{var}(X) = E(X^2) - E(X)^2$，則 $E(X^2) = \sigma_X^2 + \mu_X^2$，所以，

$$\lim_{n\to\infty}\frac{\sum_{i=1}^{n}x_i^2}{n} = E(X^2) = \sigma_X^2 + \mu_X^2.$$

是故，

$$\lim_{n\to\infty} s_x^2 = \lim_{n\to\infty} \frac{n}{n-1}\left[\frac{\sum_{i=1}^{n} x_i^2}{n} - \frac{n\overline{x}_n^2}{n}\right]$$

$$= \sigma_X^2 + \mu_X^2 - \mu_X^2 = \sigma_X^2.$$

所以，樣本變異數 $s_x^2 = \frac{\sum_{i=1}^{n}(x_i - \overline{x}_n)^2}{n-1}$ 亦為母體變異數的一致估計式。

同樣的，在統計學課堂上 80 位同學的例子中，倘若由座號 1 – 30、1 – 31、1 – 32、 …、 1 – 80 視為個數逐漸增加的 51 組隨機樣本，我們在 Excel 檔案 Height2.xls 中，利用函數「STDEV」和「複製」的功能，可以很容易算出 51 組隨機樣本的樣本平均數估計值，由這 51 個樣本平均數估計值可看出，這些估計值有時大於 $\sigma_X^2 = 42.8660853$ 而有時小於 $\sigma_X^2 = 42.8660853$， 呈現出在 $\sigma_X^2 = 42.8660853$ 附近跳動的情形，然而隨著樣本個數的增加，其跳動的幅度逐漸變小，到最後一組樣本的樣本變異數即為母體變異數了，此情形如下圖所示，圖中所繪的是樣本變異數估計值到母體變異數的差距，很明顯的，其差距隨著樣本個數的增加而呈現縮小的現象，此結果也支持了樣本變異數是母體變異數的一致估計式。關於上述以 Excel 說明樣本變異數一致性的過程，請參考作者網頁子目錄 chapter7 中的 chapt7_3.ppt 及 Excel 檔案 Height2.xls。

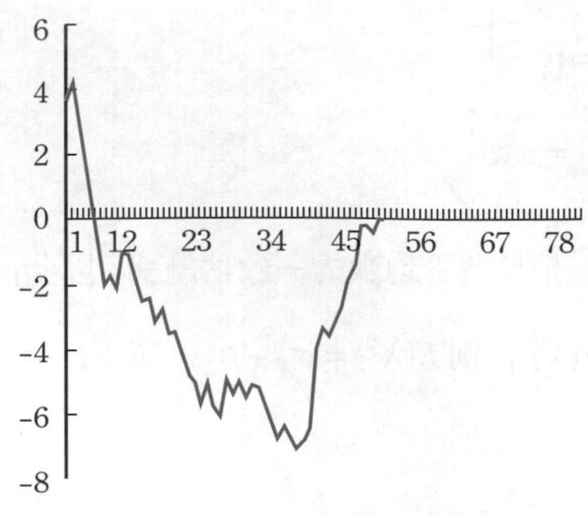

樣本變異數一致性說明圖

若母體 X 的分配為具平均數 μ_X 和變異數 σ_X^2 的常態分配，則

$$\frac{x_i - \mu_X}{\sigma_X} \sim N(0,1), \qquad i = 1,\cdots,n.$$

因此，

$$\begin{aligned}(n-1)s_x^2/\sigma_X^2 &= \sum_{i=1}^{n}(x_i - \bar{x}_n)^2/\sigma_X^2 \\ &= \sum_{i=1}^{n}[(x_i - \mu_X) - (\bar{x}_n - \mu_X)]^2/\sigma_X^2 \\ &= [\sum_{i=1}^{n}(x_i - \mu_X)^2 - 2(\bar{x}_n - \mu_X)\sum_{i=1}^{n}(x_i - \mu_X) + n(\bar{x}_n - \mu_X)^2]/\sigma_X^2 \\ &= [\sum_{i=1}^{n}(x_i - \mu_X)^2 - 2n(\bar{x}_n - \mu_X)^2 + n(\bar{x}_n - \mu_X)^2]/\sigma_X^2 \\ &= \sum_{i=1}^{n}\left(\frac{x_i - \mu_X}{\sigma_X}\right)^2 - \frac{\bar{x}_n - \mu_X}{\frac{\sigma_X}{\sqrt{n}}} \\ &\sim \chi^2(n) - \chi^2(1) = \chi^2(n-1).\end{aligned}$$

亦即，在母體為常態分配下，標準化後的樣本變異數的抽樣分配為具自由度為 $(n-1)$ 的卡方分配。

根據此結果，我們可以進一步探討另外一個常用的隨機變數，假設母體 X 的分配為具平均數 μ_X 和變異數 σ_X^2 的常態分配，且樣本觀察值 $\{x_1, x_2, \cdots, x_n\}$ 為一組來自母體 X 的隨機樣本， 令 $\bar{x}_n$ 和 s_x^2 分別表示樣本平均數與樣本變異數，則令

$$T = \frac{\bar{x}_n - \mu_X}{\sqrt{s_x^2/n}}.$$

因 $\bar{x}_n$ 和 s_x^2 均為隨機變數，則 T 亦為隨機變數，且

$$
\begin{aligned}
T &= \frac{\bar{x}_n - \mu_X}{\sqrt{s_x^2/n}} \\
&= \frac{\dfrac{\bar{x}_n - \mu_X}{\sqrt{\sigma_X^2/n}}}{\sqrt{\dfrac{(n-1)s_x^2/\sigma_X^2}{n-1}}} \\
&\sim \frac{N(0,1)}{\sqrt{\chi^2(n-1)}} = t(n-1),
\end{aligned}
$$

其中 $t(n-1)$ 表示具 $(n-1)$ 自由度的 $t-$ 分配。

7.7 習　題

1. 請以統計學課堂上 80 位同學的體重資料並以 Excel 說明樣本平均數的不偏性和一致性。
2. 請以統計學課堂上 80 位同學的體重資料並以 Excel 說明樣本變異數的不偏性和一致性。
3. 請以統計學課堂上 80 位同學的身高資料並以 Excel 比較樣本數 $n = 20$ 和 $n = 30$ 樣本平均數的變異數大小，即以座號 1 – 30、2 – 31、3 – 32、…、51 – 80 視為個數為 30 的 51 組隨機樣本，另以座號 1 – 20、2 – 21、3 – 22、…、51 – 70 視為個數為 20 的 51 組隨機樣本，繪製這兩組具有 51 個樣本平均數分組的相對次數圖。
4. 假若有一組樣本 $\{x_1, x_2, \cdots, x_n\}$ 來自母體 X，其平均數為 μ_X、變異數 σ_X^2，我們考慮以下 4 種母體平均數的估計式：

   (a) $x_n^1 = (x_1 + x_3 + x_5 + x_7 + x_9)/5$;

   (b) $x_n^2 = (x_1 + 2x_3 + 3x_5 + 2x_7 + x_9)/9$;

   (c) $x_n^3 = (x_1 + x_3 + x_5 + x_7 + x_9 + x_{11})/6$;

   (d) $x_n^4 = (x_1 + 2x_3 + 2x_5 + 2x_7 + x_9)/9$.

哪一個估計式是 μ_X 的不偏估計式？ 哪一個估計式是 μ_X 的有效率估計式？哪一個估計式是 μ_X 的一致估計式？

5. 假若有一組樣本 $\{x_1,x_2,\cdots,x_n\}$ 來自常態分配的母體 X，其平均數為 μ_X、變異數 σ_X^2，我們考慮以下 3 種母體平均數的估計式：

(a) $x_n^1 = (x_1 + x_3 + x_5 + x_7 + x_9)/5$;

(b) $x_n^2 = (x_1 + 2x_3 + 3x_5 + 2x_7 + x_9)/9$;

(c) $x_n^3 = (x_1 + x_3 + x_5 + x_7 + x_9 + x_{11})/6$.

請分別估計其 95% 的信賴區間。

6. 假設甲、乙、丙三人各提出一個估計學校男女比例的方法：在統計學課堂上，甲以任意抽出 10 個人的比例為估計式，乙以任意抽出 20 個人的比例為估計式，丙以任意抽出 30 個人的比例為估計式，哪一個人的估計方法最好？

7. 假設一組樣本來自 $X \sim D(\mu,\sigma^2)$ 的隨機樣本觀察值 $\{x_1,x_2,\cdots,x_n\}$，請對以下三個估計式說明何者具有一致性：

(a) $\hat{\theta}_n = \sum_{i=1}^{n} x_i/n$;

(b) $\hat{\theta}_n = x_3$;

(c) $\hat{\theta}_n = \sum_{i=1}^{n} x_i/(n-1)$.

8. 令隨機變數 X 代表臺灣大學生的身高，其平均數為 μ_X 及變異數為 σ_X^2，並假設其中男生的比例為 p；假定有一組包含 36 個臺灣大學生的隨機樣本，$\{x_i, i=1,\cdots,36\}$，其中

$$\sum_{i=1}^{36} x_i = 6048, \quad \sum_{i=1}^{36} x_i^2 = 1019564$$

$$\sum_{i=1}^{36} I(x_i) = 20,$$

$I(x_i)$ 為性別變數，若第 i 個學生為男生，其值則為 1，若為女生則為 0，請計算下列情況下的 95% 信賴區間：

(a)假定 X 是常態分配且 $\sigma_X = 10$；

(b)假定 $n = 36$ 足以使中央極限定理成立且 $\sigma_X = 10$；

(c)假定 X 是常態分配但不知道 σ_X 的數值。

8. 假設檢定

我們一直強調「回答問題」是統計學的主要工作之一，而所欲回答的問題必然存在於不確定性，不確定性的來源可能來自於不可知的未來或無法得窺全貌的母體；例如，明天會不會下雨？明天股票會漲還是會跌？明年經濟景氣是否會更好？這些是屬於有關不可知未來的不確定性問題，這些有關未來的問題的回答，在統計學上是根據歷史的資料進行預測，進而回答問題。至於另外一種不確定性的問題，是有關於一個很大而無法得窺全貌的母體特性的瞭解；例如在核四電廠興建與否的議題上，我們會想瞭解臺灣人民支持與反對的比例為何？或者，臺灣人民反對興建核四電廠的比例是否大於 1/2？由於我們無法對所有臺灣人民一一做意願調查，因此我們僅能以統計檢定的方式，回答我們的問題。由這問題的本身，我們知道所要瞭解的是全臺灣人民對核四電廠興建與否的意願，因此，「全臺灣人民」即是這個問題所決定的母體對象，這個母體對象的特質可以包括身高、體重、性別、年齡、省籍、教育程度等等，而我們有興趣的問題是這母體對象對興建核四電廠的意願，此意願即是我們問題想要瞭解的母體對象特質，根據此特質予以定義成一個隨機變數，則我們的問題：臺灣人民反對興建核四電廠的比例是否大於 1/2？即成為該隨機變數的母體比例是否大於 1/2？進而，此問題可以寫成母體比例是否大於 1/2 的虛無假設，即 H_0: $p \geq 1/2$。

由問題確定了母體對象和母體對象特質後，接著，我們需要的是一組能具有母體「代表性」的樣本，假設檢定即是希望藉由樣本訊息據而判斷虛無假設是否正確。為使樣本具有母體的代表性，客觀且科學的抽樣方法是必要的，抽樣方法將在以後的章節中介紹；而確定了母體對象特質，即可透過問卷的設計，再經過樣本訪查以得到樣本資料。在取得樣本資料後，我們即需要決定統計檢定的方法，以表現樣本資料對於特定母體參數的估計值與假設數值間的差異，進而作為結論的基礎。完整的統計檢定程序可以列示如下：

問題
⇓
母體對象及特質
⇓
定義母體對象特質的隨機變數
⇓
決定對應於問題的隨機變數的參數
⇓
對該參數就問題設定虛無假設的假定值
⇓
就母體抽樣並依特質設計問卷
⇓
資料蒐集與整理
⇓
計算母體參數的樣本估計值
⇓
計算樣本估計值與虛無假設的假定值的差異
⇓
若差異「足夠大」則棄卻虛無假設；反之，則不棄卻虛無假設。

而**假設檢定** (hypothesis testing) 即是統計學中用以瞭解及回答有關母體特性問題的一種方法和程序；從本章以後的所有章節，幾乎都是以假設檢定的討論為主。

由前面章節已知，母體分配的特性是由一些參數（如平均數、變異數等）所控制，因此假設檢定的工作，乃是依據研究的問題所對應的母體參數給予特定數值的假設，此假設即稱為**虛無假設** (null hypothesis)，再根據樣本資料所提供的訊息，判定所假設的母體參數數值該被棄卻與否，因此，判斷虛無假設應被「棄卻」或「不棄卻」是每一個假設檢定最後的步驟，即推論結果。而在假設檢定的邏輯裡，由於相信樣本資料具有足夠的母體代表性，樣本估計值會接近母體參數值，因此，以樣本估計值作為未知母體參數的**替代值** (proxy)，藉由樣本估計值與虛無假設的母體參數假設值間的差異，即可作為假設推論的依據；若其間差異大，即表示虛無假設下的母體參數值不被所觀察到的樣本資料所支持，應棄卻虛無假設。

由於任一母體參數的**參數空間** (parameter space) 為**實數線** (real line)，因此對應於虛無假設對母體參數給予假設的特定數值的集合，我們可以定義該集合的**餘集合** (complement set) 為**對立假設** (alternative hypothesis)，通常以 H_a 表示；其假設下的參數集合與虛無假設下的參數集合的聯集即為該母體參數的參數空間，這樣的假設檢定稱為 nested 假設檢定；若假設下的參數集合與虛無假設下的參數集合的聯集不等於該母體參數的參數空間，則稱這樣的假設檢定為 non-nested 假設檢定。在這本書中，僅著重於 nested 假設檢定的討論。

因此，假設檢定是一種根據獲得的樣本觀察值，以瞭解母體隨機變數實現值在實數線上分布情形的方法或過程，由於描述實現值在實數線上分布情形的累加機率函數或機率密度函數為**非線性的函數** (nonlinear function)，因此，極不容易以樣本觀察值予以估計，當然在現今統計的研究中，也存在一些方法對機率密度函數直接利用樣本觀察值予以估計，如**無母數密度函數估計法** (nonparametric density estimation)，但此非本書討論的主題，故在本書中不予討論。避開對累加機率函數或機率密度函數的直接估計，我們藉由樣本觀察值對描述母體實現值分布的位置、分散程度、偏態和峰態等衡量進行估計或進行假設檢定；因而假設檢定即是對位置、分散程度、偏態或峰態等某一個衡量是否等於一個特定數值進行檢定，但由於表現位置、分散程度、偏態或峰態的衡量有很多個，如可以中位數、眾數、四分位數或平均數作為位置的衡量，我們該如何決定該對哪一個衡量進行檢定分析呢？在統計上，不同的衡量又稱之為**母體參數** (population parameter)，所以，我們該如何決定對哪一個母體參數進行檢定分析呢？

由於前面章節的討論中知道，母體實現值的算術平均數即等於該母體的期望值或平均數，而統計學中重要的兩個法則：大數法則和中央極限定理，均指出算術平均數與母體平均數的關係，此外，算術平均數是所有實現值以均等權數所作的**線性組合** (linear combination) 的結果，線性組合的結果具有比較容易分析的優點，因此，對於隨機變數位置的衡量，以母體平均數的討論為最佳的選擇，也因此，在統計學上對於位置衡量的假設檢定也以母體平均數為主。同樣的道理，由於變異數也是隨機變數實現值到平均數距離平方的算術平均數，也就是所有實現值到平均數距離平方以均等權數所作的線性組合，因此，對於隨機變數分散程度的衡量，以母體變異數的討論為最佳的選擇。總而言之，在統計學中的假設檢定，大抵以母體平均數和母體變異數為假設檢定的參數對象。

8.1 假設檢定的基本概念

假定我們已經決定所要進行統計推論的母體參數為 θ，以下為統計學中最常討論的虛無假設:

例一:	例二:	例三:
H_0: $\theta = \theta_0$	H_0: $\theta \geq \theta_0$	H_0: $\theta \leq \theta_0$
H_a: $\theta \neq \theta_0$	H_a: $\theta < \theta_0$	H_a: $\theta > \theta_0$

很明顯的，上述三個虛無假設與對立假設集合的聯集即為整個 θ 參數空間，即實數線，所以，其皆為 nested。

由於假設檢定以「棄卻」或「不棄卻」作為推論的最後結果，假若樣本資料提供了棄卻虛無假設的訊息，即推論結果為棄卻虛無假設；若真實的母體參數的確不存在於虛無假設下的參數集合中而存在於對立假設下的參數集合中，即虛無假設為偽，則棄卻虛無假設的推論是正確的，然而，若真實的母體參數的確存在於虛無假設下的參數集合中，即虛無假設為真，則棄卻虛無假設的推論是錯誤的，此種錯誤推論稱為第一型錯誤推論，而發生第一型錯誤推論的機率即為**第一型誤差** (type I error)。反之，假若樣本資料提供了不棄卻虛無假設的訊息，即推論結果為不棄卻虛無假設；若真實的母體參數的確存在於虛無假設下的參數集合中而不存在於對立假設下的參數集合中，即虛無假設為真(對立假設為偽)，則不棄卻虛無假設的推論是正確的，然而，若真實的母體參數的確不存在於虛無假設下的參數集合中，即虛無假設為偽

(對立假設為真)，則不棄卻虛無假設的推論是錯誤的，此種錯誤推論稱為第二型錯誤推論，而發生第二型錯誤推論的機率即為**第二型誤差** (type II error)。上述說明以下圖表示更為清楚：

	H_0 為真	H_0 為偽
棄卻 H_0	第一型錯誤推論	正確推論
不棄卻 H_0	正確推論	第二型錯誤推論

通常，第一型誤差以 α 表示，而第二型誤差則以 β 表示；根據前面的定義，以數學式表示為

$$\alpha = \mathbb{P}(\text{棄卻虛無假設} | H_0 \text{為真})$$
$$\beta = \mathbb{P}(\text{不棄卻虛無假設} | H_a \text{為真})$$

在瞭解了第一型誤差和第二型誤差後，我們知道任何一個「推論」均存在第一型誤差和第二型誤差，因為我們永遠無法知道母體參數 θ 真正的數值，所以，進行一個統計推論我們當然希望誤差越小越好；在此，我們討論以一組樣本 $\{x_1,x_2,\cdots,x_n\}$ 進行推論時，假定母體參數 θ 的樣本不偏估計式為 $\hat{\theta}_n = g(x_1,x_2,\cdots,x_n)$，由前一章中我們知道由於觀察樣本為隨機樣本，因此參數樣本估計式 $\hat{\theta}_n$ 亦為隨機變數，假定其抽樣分配為 $f(\theta)$，表示此抽樣分配決定於母體參數 θ 的數值，值得注意的是，抽樣分配 $f(\theta)$ 除了決定於 θ 外，當然還決定於其他衡量(如位置、分散程度、偏態及峰態)的母體參數，由於我們是針對 θ 進行假設檢定，因此我們將 $\hat{\theta}_n$ 的抽樣分配表示成 θ 的函數。在虛無假設 H_0: $\theta = \theta_0$ 為真時，則參數樣本估計式的抽樣分配的機率密度函數為 $f(\theta_0)$，在既定的其他母體參數數值下，假定估計式在虛無假設下的抽樣分配 $f(\theta_0)$ 的機率密度函數如圖 8.1 所示：

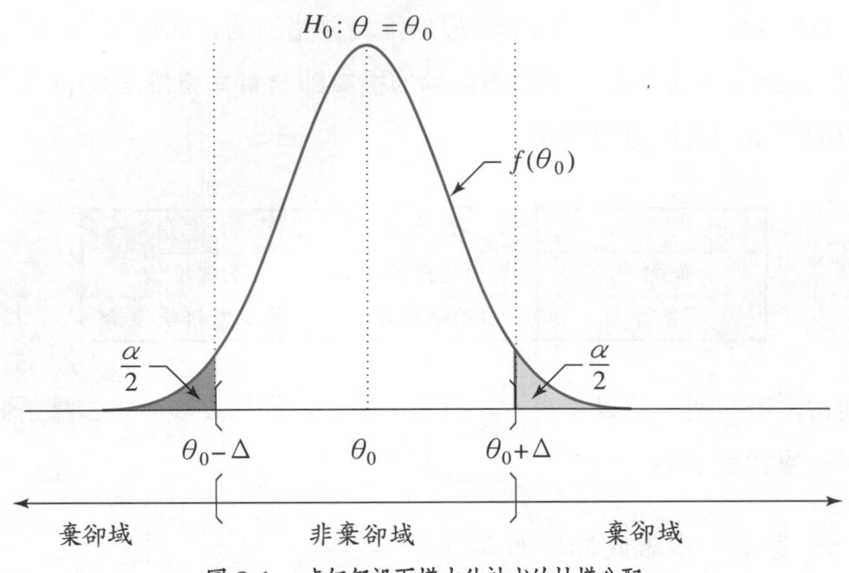

圖 8.1　虛無假設下樣本估計式的抽樣分配

由於樣本估計式$\hat{\theta}_n$為母體參數θ的不偏估計式，因此在虛無假設為真下，真正的母體參數值即為θ_0，亦即在虛無假設為真下，$E(\hat{\theta}_n) = \theta_0$；因此在圖 8.1 的抽樣分配 $f(\theta_0)$ 的中心點為 θ_0。將實際觀察的樣本數值代入估計式 $g(x_1, x_2, \cdots, x_n)$，我們即可得到一個樣本估計值$\hat{\theta}_n$，此估計值當然是樣本估計式 $g(x_1, x_2, \cdots, x_n)$ 隨機變數的一個實現值，此數值可視為樣本觀察值對於母體參數所提供的訊息；由於我們一直強調樣本必定具有母體的代表性，而 $g(x_1, x_2, \cdots, x_n)$ 又為母體參數θ的不偏估計式，因此$\hat{\theta}_n$應當接近於真正的母體參數值，所以若$\hat{\theta}_n$離θ_0足夠遠，表示母體參數的真正數值不等於虛無假設下的數值θ_0，因此我們應做出棄卻虛無假設的結論。接下來的問題是，何謂$\hat{\theta}_n$離θ_0「足夠遠」？假定我們決定如果$\hat{\theta}_n$離θ_0超過Δ的距離，亦即$|\hat{\theta}_n - \theta_0| \geq \Delta$，則我們就認定$\hat{\theta}_n$離開$\theta_0$足夠遠，應棄卻虛無假設；換言之，$\hat{\theta}_n - \theta_0 \geq \Delta$或$\hat{\theta}_n - \theta_0 \leq -\Delta$時，我們棄卻虛無假設 H_0: $\theta = \theta_0$。依這樣的作法，只要樣本參數估計值$\hat{\theta}_n$落在實數線上的 $[\theta_0 - \Delta, \theta_0 + \Delta]$ 範圍內，我們將不棄卻虛無假設，故稱其為**非棄卻域** (non-rejection region)；而落在 $(-\infty, \theta_0 - \Delta]$ 和 $[\theta_0 + \Delta, \infty)$ 範圍時則棄卻虛無假設，故 $(-\infty, \theta_0 - \Delta]$ 和 $[\theta_0 + \Delta, \infty)$ 被稱為棄卻區域，或**棄卻域** (rejection region)。

由前面第一型誤差的定義可知，假定母體參數 θ 即等於虛無假設的數值 θ_0，做出棄卻虛無假設的 $(-\infty, \theta_0 - \Delta]$ 和 $[\theta_0 + \Delta, \infty)$ 範圍，在抽樣分配的機率密度函數 $f(\theta_0)$ 所包含的面積即為第一型誤差，α，在推論統計中又稱為**顯著水準** (significance level)；而非棄卻域的兩個邊界值即稱為假設檢定統計量的**臨界值** (critical values)。由於做出棄卻虛無假設的準則為 $|\hat{\theta}_n - \theta_0| \geq \Delta$，亦即 $\hat{\theta}_n - \theta_0 \geq \Delta$ 或 $\hat{\theta}_n - \theta_0 \leq -\Delta$，因此，在虛無假設為真下，棄卻域 $(-\infty \ -\Delta]$ 和 $[\Delta, \infty)$ 在抽樣分配 $f(\theta_0)$ 所包含的機率相等，等於 $\alpha/2$，而非棄卻域 $[\theta_0 - \Delta, \theta_0 + \Delta]$ 所包含的機率為 $1-\alpha$；由此可知，棄卻域或非棄卻域的大小決定於第一型誤差 α 的數值，如果 α 值大，則有較小的棄卻域或較大的非棄卻域（較小的 Δ），而如果 α 值小，則有較大的棄卻域或較小的非棄卻域（較大的 Δ）。總而言之，棄卻域或非棄卻域的決定取決第一型誤差 α 數值的決定。

假定我們知道真正的母體參數值，不等於 θ_0，則在其他既定母體參數下，參數樣本估計式的抽樣分配的機率密度函數仍為 $f(\theta)$，此時 $E(\hat{\theta}_n) = \theta$，然而在虛無假設 $H_0{:}\theta = \theta_0$ 下，樣本參數估計式之抽樣分配為 $f(\theta)$，因 $\theta \neq \theta_0$，$f(\theta_0) \neq f(\theta)$，若 $\theta_0 = \theta + \delta$，$\delta \neq 0$，機率密度函數 $f(\theta)$ 的中心點為 $\theta + \delta$，由於其他母體參數值既定不變，所以機率密度函數 $f(\theta)$ 與 $f(\theta_0)$ 僅存在中心點不同的差異而已，而 $f(\theta)$ 即是對立假設 $H_a{:}\theta \neq \theta_0$ 為真下，樣本估計式抽樣分配的機率密度函數。由於我們不棄卻虛無假設的區域仍為線段 $[\theta_0 - \Delta, \theta_0 + \Delta]$，因此，該線段在機率密度函數 $f(\theta)$ 下所包含的面積，即為錯誤做出不棄卻虛無假設的機率，亦即第二型誤差機率，β，如圖 8－2 所示。

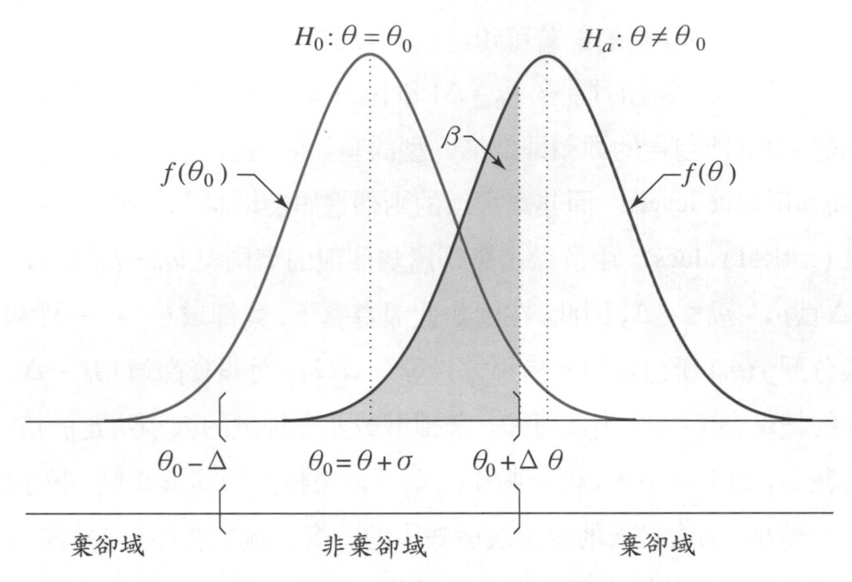

圖 8.2　對立假設下樣本估計式的抽樣分配

在固定的 θ_0 和 θ 下，假設我們縮小 Δ 的數值，則非棄卻域 $[\theta_0 - \Delta, \theta_0 + \Delta]$ 將變小，其在 $f(\theta_0)$ 下所包含的面積也將變小，亦即 $1 - \alpha$ 變小，如此表示第一型誤差 α 變大了；非棄卻域 $[\theta_0 - \Delta, \theta_0 + \Delta]$ 變小了，則其在 $f(\theta)$ 所包含的面積將變小，表示第二型誤差也隨之減少。相反的，若將 Δ 的數值加大，則非棄卻域 $[\theta_0 - \Delta, \theta_0 + \Delta]$ 將變大，其在 $f(\theta_0)$ 下所包含的面積也將變大，亦即 $1 - \alpha$ 變大，如此表示第一型誤差 α 變小了；然而，非棄卻域 $[\theta_0 - \Delta, \theta_0 + \Delta]$ 變大了，則其在 $f(\theta)$ 所包含的面積將變大，表示第二型誤差也隨之增加。因此，減小 Δ 將使第一型誤差機率變大但伴隨著變小的第二型誤差，相反的，增加 Δ 將使第一型誤差機率變小但伴隨著變大的第二型誤差，因此，我們無法藉由 Δ 的變動控制，同時使第一型誤差和第二型誤差機率變小，所以，在統計分析上，我們以第一型誤差機率的控制為主，亦即我們大抵設定 $\alpha = 5\%$ 或 $\alpha = 10\%$。此外，我們不可能知道母體參數的真正數值，因此，我們無法確知 $f(\theta)$ 的中心點，也就無法計算線段 $[\theta_0 - \Delta, \theta_0 + \Delta]$ 所包含的第二型誤差的機率值，所以我們也只能控制第一型誤差機率值的大小了。

除了以實際樣本估計值是否落入非棄卻域 $[\theta_0 - \Delta, \theta_0 + \Delta]$ 以判斷是否該棄卻虛無假設外，我們也可利用 **p − 值** (p − value) 判斷是否該棄卻虛無假設；

$p-$ 值的定義為所有大於樣本估計值$\hat{\theta}_n$ 的實數值在機率密度函數 $f(\theta_0)$ 所包含的面積，即

$$p=\int_{\hat{\theta}_n}^{\infty} f(\theta_0)d\theta.$$

因此，若 $p-$ 值小於 $\alpha/2$ 表示$\hat{\theta}_n$ 大於 $\theta_0+\Delta$，即$\hat{\theta}_n$ 落入 $[\theta_0+\Delta,\infty)$ 的棄卻域內，故在顯著水準 α 下，應棄卻虛無假設；或 $p-$ 值大於 $1-\alpha/2$ 表示$\hat{\theta}_n$ 小於 $\theta_0-\Delta$，即$\hat{\theta}_n$ 落入 $(-\infty,\theta_0-\Delta]$ 的棄卻區域內，故在顯著水準 α 下，亦應棄卻虛無假設。倘若 $p-$ 值介於 $\alpha/2$ 和 $1-\alpha/2$ 之間則我們在顯著水準 α 下，不棄卻虛無假設 H_0: $\theta=\theta_0$。由於在這個統計檢定過程中，對於虛無假設 H_0: $\theta=\theta_0$，我們做出棄卻虛無假設的依據是以母體參數的樣本估計值是否落在 $[\theta_0+\Delta,\infty)$ 或 $(-\infty,\theta_0-\Delta]$ 的棄卻域，而這兩個棄卻區域位於虛無假設下抽樣分配 $f(\theta_0)$ 的左右兩個尾端，故稱為**雙尾檢定** (two-tailed test)。

對於另一種虛無假設 H_0: $\theta\leq\theta_0$，會讓我們做出棄卻此虛無假設的樣本訊息是母體參數的樣本估計值$\hat{\theta}_n$ 必須比 θ_0 大很多，倘若$\hat{\theta}_n$ 比 θ_0 小很多，此樣本訊息支持虛無假設 H_0: $\theta\leq\theta_0$，因此，讓我們做出棄卻虛無假設的棄卻域只有一個，故稱為**單尾檢定** (one-tailed test)。然而，樣本估計值$\hat{\theta}_n$ 必須比 θ_0 大多少才能棄卻虛無假設呢？這當然又取決於第一型誤差機率的大小了，然由於只有$\hat{\theta}_n>\theta_0$ 才有可能棄卻虛無假設，因此虛無假設 H_0: $\theta\leq\theta_0$ 下的棄卻域為圖 8.3 中陰影區域所示，其機率值即等於 α，即

$$\int_{\theta_0+\Delta}^{\infty} f(\theta_0)d\theta=\alpha$$

此時 $\theta_0+\Delta$ 即為臨界值。

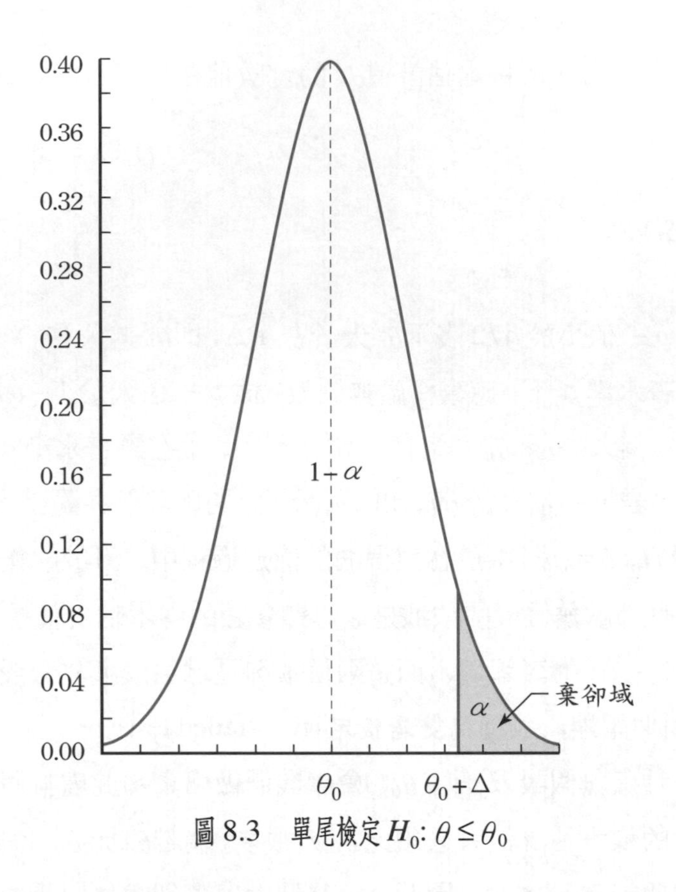

圖 8.3　單尾檢定 H_0: $\theta \le \theta_0$

至於對於另一種虛無假設 H_0: $\theta \ge \theta_0$，會讓我們做出棄卻此虛無假設的樣本訊息是母體參數的樣本估計值$\hat{\theta}_n$ 必須比 θ_0 小很多，倘若$\hat{\theta}_n$ 必須比 θ_0 大很多，此樣本訊息支持虛無假設 H_0: $\theta \ge \theta_0$，因此，讓我們做出棄卻虛無假設的棄卻域只有一個，故也為單尾檢定。然而，樣本估計值$\hat{\theta}_n$ 必須比 θ_0 小多少才能棄卻虛無假設呢？這當然取決於第一型誤差機率的大小了，然由於只有$\hat{\theta}_n < \theta_0$ 才有可能棄卻虛無假設，因此，虛無假設 H_0: $\theta \ge \theta_0$ 下的棄卻域為圖 8.4 中陰影區域所示，其機率值即等於 α，即

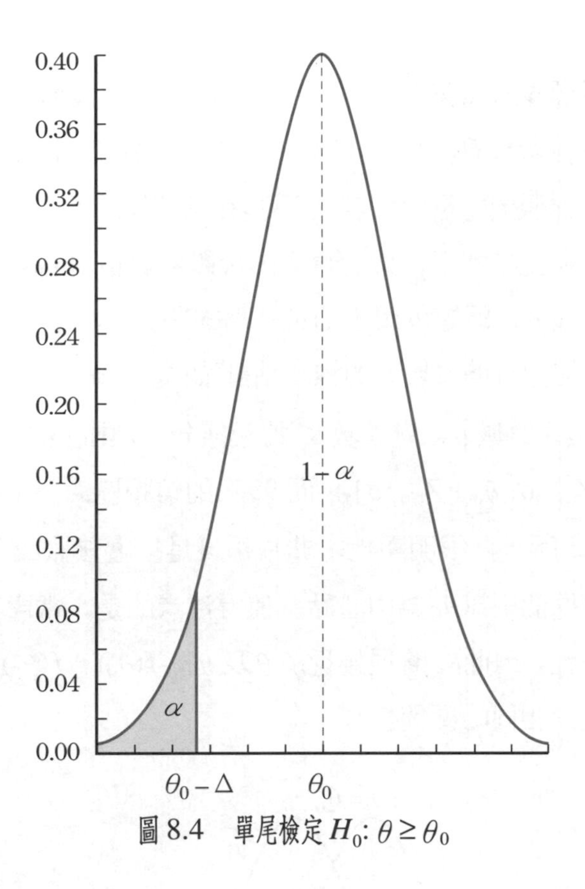

圖 8.4 單尾檢定 H_0: $\theta \geq \theta_0$

$$\int_{-\infty}^{\theta_0-\Delta} f(\theta_0)d\theta = \alpha$$

此時 $\theta_0 - \Delta$ 亦為臨界值。

再者，我們曾在第 7 章中介紹過母體參數 θ 的區間估計：一個母體參數 θ 的區間估計式是由兩個估計式 $h_1(x_1, x_2,\cdots,x_n)$ 和 $h_2(x_1, x_2,\cdots, x_n)$ 所構成的區間，若真正參數值 θ 落入該區間的機率為 γ，則稱此區間為信賴係數 γ 下的信賴區間估計，即

$$P(h_1(x_1, x_2,\cdots, x_n) \leq \theta \leq h_2(x_1, x_2,\cdots,x_n)) = \gamma.$$

對應於設定的第一型誤差 α，將信賴係數 γ 設定成 $1-\alpha$，則可將估計式 $h_1(x_1, x_2,\cdots,x_n)$ 定義成 $\hat{\theta}_n - \Delta$ 而將 $h_2(x_1, x_2,\cdots, x_n)$ 定義成 $\hat{\theta}_n + \Delta$，即

$$P(\hat{\theta}_n - \Delta \leq \theta \leq \hat{\theta}_n + \Delta) = 1 - \alpha.$$

上式表示真正母體參數值落在區間 $[\hat{\theta}_n-\Delta, \hat{\theta}_n+\Delta]$ 的機率為 $1-\alpha$。據此，我們可以做出檢定虛無假設 H_0: $\theta=\theta_0$ 的準則：若 θ_0 落在信賴區間 $[\hat{\theta}_n-\Delta, \hat{\theta}_n+\Delta]$ 中，則不棄卻虛無假設；反之，若 θ_0 不落在信賴區間 $[\hat{\theta}_n-\Delta, \hat{\theta}_n+\Delta]$ 中，則棄卻虛無假設。在此準則下，假定真實的母體參數值為 θ_0，則錯誤做出棄卻虛無假設的機率為 α，即等於設定的第一型誤差。

舉例而言，假定母體參數 θ 的樣本估計式 $\hat{\theta}_n$，在虛無假設 H_0: $\theta=\theta_0$ 的抽樣分配 $f(\theta_0)$ 為具平均數 θ_0、變異數 σ^2 的常態分配，則在顯著水準 5% 下的非棄卻域為 $[\theta_0+Z_{0.025}\sigma, \theta_0+Z_{0.975}\sigma]$，而 95% 的信賴區間為 $[\hat{\theta}_n+Z_{0.025}\sigma, \hat{\theta}_n+Z_{0.975}\sigma]$，如圖 8.5 所示。很明顯地，非棄卻域是以虛無假設下的參數值 θ_0 為中心點，而信賴區間則以 $\hat{\theta}_n$ 為中心點。值得注意的是，當虛無假設為真時，因樣本具體代表性，因此 $\hat{\theta}_n$ 將很接近於 θ 及 θ_0，$f(\theta_0)\approx f(\hat{\theta}_n)$，使得非棄卻域與信賴區間趨近於相同的區間。

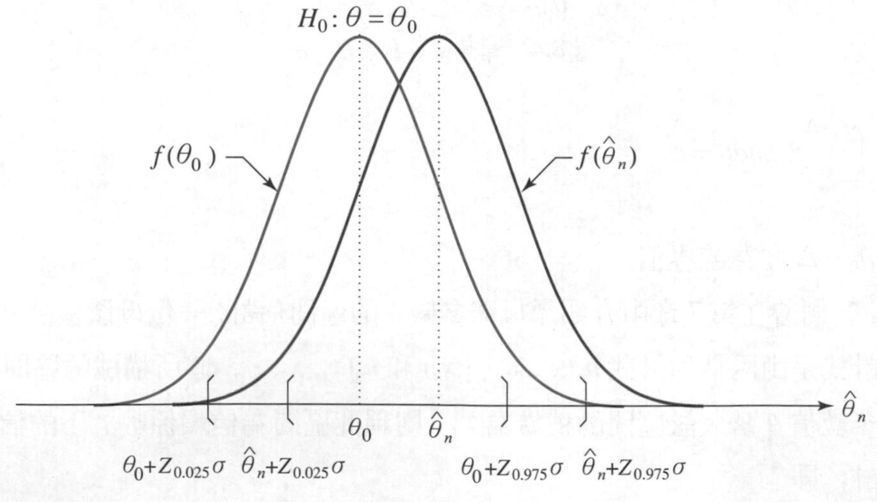

圖 8.5 非棄卻域與信賴區間之差異

8.2 習題

1. 假設所研究的母體的實現值為常態分配，其平均數為 μ 而變異數為 4；而對應於所要回答問題的虛無假設為 $H_0: \mu = 0$，則算出包含 90%、95% 及 99% 的信賴區間；如果真正的平均數為 $\mu = 1$，請計算出三者個別的第二型誤差。
2. 續前題，若虛無假設改成 $H_0: \mu \geq 0$，則算出包含 90%、95% 及 99% 的信賴區間；如果真正的平均數為 $\mu = 1$，請計算出三者個別的第二型誤差。
3. 續前題，若虛無假設改成 $H_0: \mu \leq 0$，則算出包含 90%、95% 及 99% 的信賴區間；如果真正的平均數為 $\mu = 1$，請計算出三者個別的第二型誤差。
4. 假設所研究的母體的實現值為自由度為 10 的標準 $t-$ 分配，而對應於所要回答問題的虛無假設為 $H_0: \mu = 0$，則算出包含 90%、95% 及 99% 的信賴區間。
5. 假設在虛無假設 H_0: $\theta = \theta_0$ 下，樣本估計式 $\hat{\theta}_n$ 的抽樣分配 $f(\theta_0)$ 為具自由度 20 的卡方分配，請計算出含 90% 及 95% 的信賴區間。
6. 假設在虛無假設 H_0: $\theta = \theta_0$ 下，樣本估計式 $\hat{\theta}_n$ 的抽樣分配 $f(\theta_0)$ 為具自由度 (10, 20) 的 $F-$ 分配，請計算出含 90% 及 95% 的信賴區間。

8.2 習 題

9. 統計推論：單一母體參數的檢定

在第 7 章中，我們知道了樣本比例、樣本平均數和樣本變異數是母體比例、母體平均數和母體變異數的不偏且一致估計式；在日常生活上或在專業領域的理論上，會對這些參數是否等於某個特定數值有興趣；例如，臺灣受大學教育的男女比例是否為一比一，某支股票的平均報酬率是否為 0，臺灣的月平均雨量是否為 300 公釐等。

9.1 單一母體比例的假設檢定

在基礎統計學的討論中，投擲骰子的實驗是最常引用的例子；假設我們想瞭解所投擲的骰子是否為一公平的骰子，我們即要檢驗該骰子每一個點數的機率是否均為 1/6，亦即我們想檢驗

$$\mathbb{P}(1\text{ 點}) = \mathbb{P}(2\text{ 點}) = \mathbb{P}(3\text{ 點}) = \mathbb{P}(4\text{ 點}) = \mathbb{P}(5\text{ 點}) = \mathbb{P}(6\text{ 點}) = 1/6$$

是否成立。先就單獨點數的機率而言，假設我們先檢驗該骰子出現 1 點的機率是否等於 1/6，此時所對應的虛無假設為 H_0:$\mathbb{P}(1\text{ 點}) = 1/6$。若令隨機變數 X 定義為

$$X = \begin{cases} 1,\text{該骰子出現1點} \\ 0,\text{該骰子非出現1點} \end{cases}$$

則此隨機變數 X 即是一個白努力隨機變數，其參數為 $p = P(X = 1) = \mathbb{P}(1\text{ 點}) =$

1/6；此時，我們想要檢驗的虛無假設則成為 H_0: $p = 1/6$。

根據此虛無假設，我們知道該骰子即是我們面對的母體，而其出現 1 點的機率是我們想要研究的母體特徵。為了從事統計推論，我們實際投擲「該骰子」1000 次，對於每一次的出現結果，我們以「1」記錄出現 1 點的結果，而以「0」記錄出現非 1 點的結果，我們將得到 1000 個 0 或 1 的數據，以 x_i, $i = 1,\cdots,1000$ 表示，則 $\{x_i\}_{i=1}^{1000}$ 即為我們所得到的一組樣本觀察值。由於我們實驗投擲 1000 次的骰子即是我們想要瞭解的特定骰子，表示我們的樣本觀察值的確來自我們想瞭解的母體；而我們只是正常的投擲骰子，在每一次投擲骰子時，骰子出現 1 點的事前機率均為 p、非 1 點的事前機率亦均為 $1 - p$，所以我們得到的樣本，即具有我們想瞭解母體的代表性，即

$$P(x_i = 1) = P(X = 1) = p, i = 1,\cdots,1000.$$

在勞動經濟學或在社會學中，男女間是否存在歧視，一直是討論的焦點；而男女受教權是否相等，也是男女是否平等的重要指標，通常，研究者會以男女接受大學高等教育的比率是否為一比一作為推論男女受教權是否相等的依據；而男女接受大學高等教育的比率是否為一比一的敘述，可更改為接受大學高等教育的女生比例是否為 1/2；由此可知研究的母體為臺灣接受大學高等教育的人，令 X 代表此母體的性別變數，若以 p 表示接受大學高等教育的女生比例，可知 X 為一個具有母體比例參數 p 的白努力隨機變數，即 $X \sim Bernoulli(p)$，則接受大學高等教育的女生比例是否為 1/2 的問題，可進一步寫成虛無假設 H_0: $p = 1/2$。因此，虛無假設是因應問題而設定的。若我們把問題侷限在臺灣的男女受教權是否相等上，則在臺灣所有接受過或正接受大學高等教育的人即為我們想要瞭解的母體，同樣地，母體的界定也是由問題來決定的；在假設我們經過一個客觀、科學的抽樣方法，使得我們可以得到足以代表母體的一組樣本，亦即具有「代表性」的樣本，假設我們抽出 n 個接受過大學教育的臺灣人，此 n 個人即為我們觀察到的一組樣本，而每一個人的性別以「1」和「0」數值分別表示女性和男性，即為所謂的**樣本觀察值**

(sample observation)。所謂具有代表性的樣本表示每一個樣本觀察值與母體相同，為一個具有母體比例參數 p 的白努力隨機變數，即 $x_i \sim Bernoulli(p)$, $i = 1,\cdots,n$，如果第 i 個人為女生，則 $x_i = 1$，反之，若為男生則 $x_i = 0$。由於這組樣本具有母體的代表性，而樣本比例又為母體比例的不偏且一致估計式，因此，我們可以就所得到的樣本求得樣本比例，作為推論虛無假設的依據；換言之，樣本比例是由樣本資料萃取出來的訊息，以作為對母體比例推論的依據；若算出的樣本比例與虛無假設下母體比例差距「足夠大」，即不等於 1/2，基於樣本的代表性，樣本比例與母體比例間的差異，是由於虛無假設的母體比例不適切所致，因此，我們會認為應該棄卻虛無假設，或認為我們的樣本不支持虛無假設。

在決定了以樣本比例作為我們的樣本訊息，接著，我們要決定所算出的樣本比例與虛無假設下的母體比例差距多大才是「足夠大」，始能棄卻虛無假設？亦即信賴區間的決定；而信賴區間的決定必須先知道與樣本比率 $\overline{p}_n$ 有關的機率函數或機率密度函數 $f(\overline{p}_n)$。由 $\overline{p}_n = \sum_{i=1}^{n} x_i / n$ 的數學式中，我們可以聯想到下列兩個隨機變數分配的結果：

1. 由於 $x_i \sim Bernoulli(p)$, $i = 1,\cdots,n$，所以 $\sum_{i=1}^{n} x_i$（樣本中女性的人數）是為具有 n 及 p 參數的二項式隨機變數，即 $\sum_{i=1}^{n} x_i \sim B(n,p)$。
2. 雖然我們不知道 $\overline{p}_n = \sum_{i=1}^{n} x_i / n$ 是什麼隨機變數，但根據中央極限定理，只要樣本數 n 足夠大，

$$\sqrt{n}\left(\frac{\overline{p}_n - p}{\sqrt{p(1-p)}}\right) \sim N(0,1).$$

因為性別隨機變數 X 的平均數為 $E(X) = p$ 及變異數 $\mathrm{var}(X) = p(1-p)$。

由這兩個結果，我們可以藉由樣本中女性的人數 $(\sum_{i=1}^{n} x_i)$ 或樣本比例 $(\overline{p}_n)$ 的隨

機變數分配決定虛無假設的信賴區間。

9.1.1 依樣本女性人數

由前述所知，樣本女性人數 $(\sum_{i=1}^{n} x_i)$ 是為具有 n 及 p 參數的二項式隨機變數，即 $\sum_{i=1}^{n} x_i \sim B(n,p)$，則在虛無假設 H_0: $p = p_0$ 下，$\sum_{i=1}^{n} x_i \overset{H_0}{\sim} B(n,p_0)$，而在顯著水準 α 下的信賴區間 $[\underline{c}, \overline{c}]$ 即可依下式決定：

$$\sum_{j=0}^{\underline{c}} C_j^n p_0^j (1-p_0)^{n-j} \leq \alpha/2, \sum_{j=0}^{\underline{c}+1} C_j^n p_0^j (1-p_0)^{n-j} > \alpha/2,$$

$$\sum_{j=\overline{c}}^{n} C_j^n p_0^j (1-p_0)^{n-j} \leq \alpha/2, \sum_{j=\overline{c}-1}^{n} C_j^n p_0^j (1-p_0)^{n-j} > \alpha/2.$$

當然上式中，機率值 $C_j^n p_0^j (1-p_0)^{n-j}$ 可藉由附錄中表 1 的二項式機率值表查得，亦可由常態分配求得其趨近值。

例如，假設樣本數 $n = 20$，而虛無假設為 H_0: $p = 1/2$，則虛無假設下 $\sum_{i=1}^{20} x_i$ $\overset{H_0}{\sim} B(20,1/2)$，其機率函數為

$$P(\sum_{i=1}^{20} x_i = j) = C_j^{20} p_0^j (1-p_0)^{20-j}, i = 0,1,\cdots,20.$$

而其機率函數如圖 9.1 所示：

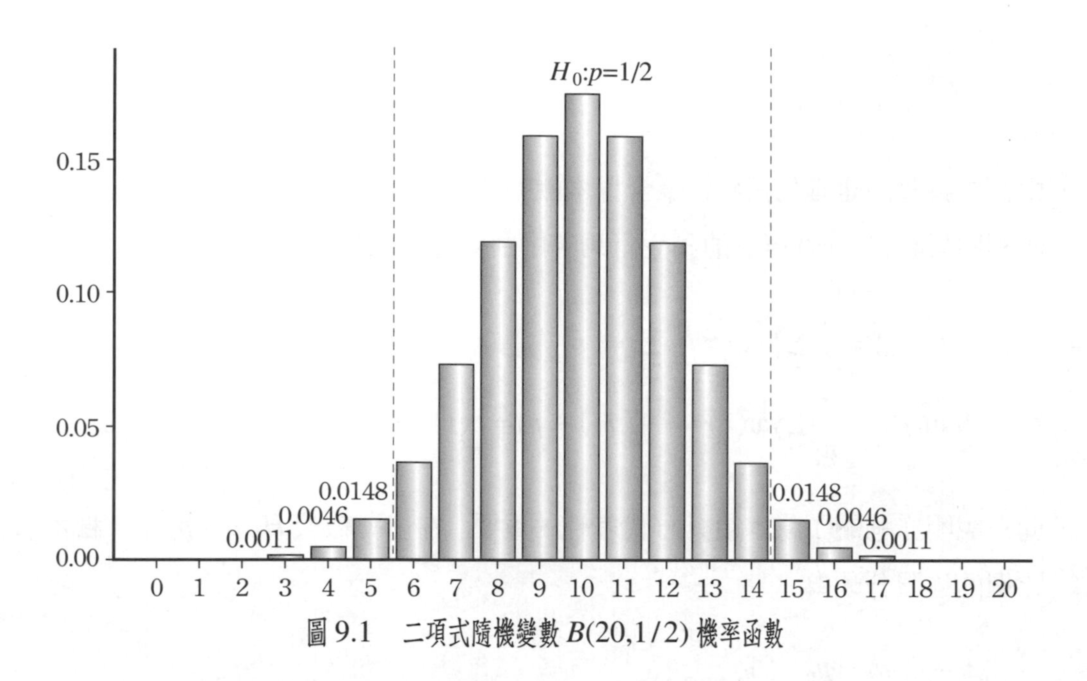

圖 9.1　二項式隨機變數 $B(20,1/2)$ 機率函數

由圖 9.1 的機率函數，我們可以知道

$$\sum_{j=0}^{5}[P(\sum_{i=1}^{20}x_i = j)] = \sum_{j=15}^{20}[P(\sum_{i=1}^{20}x_i = j)]$$
$$= 0.0 + 0.0 + 0.0002 + 0.0011 + 0.0046 + 0.0148$$
$$= 0.0207 \leq 0.025$$

表示 20 個人中，女性人數小於、等於 5 的機率為 0.0207，若再加上等於 6 的機率值將超過 0.025 ($=\alpha/2$)；而女性人數大於、等於 15 的機率亦為 0.0207，若再加上等於 14 的機率值將超過 0.025；因此，在顯著水準 $\alpha=5\%$ 下，若 20 個人中，女性人數小於、等於5或大於、等於15時，我們棄卻虛無假設 H_0: p = 1/2。當然，如同在第 5 章中對二項式隨機變數的討論，我們可以用 Excel 中『插入 (I)』、『f_x 函數 (F)』中的『BINOMDIST』函數求得。上述 Excel 的過程，請參考作者網頁子目錄 chapter9 中的 chapt9_1.ppt。

9.1.2　依樣本比例

當樣本數目夠大得足使中央極限定理成立：

$$\sqrt{n}\left(\frac{\bar{p}_n - p}{\sqrt{p(1-p)}}\right) \sim N(0,1).$$

由此中央極限定理的成立，隱含樣本觀察值 x_i, $i = 1,\cdots,n$ 的事前機率分配與母體相同具有 $P(x_i = 1) = p$ 的獨立且均等的白努力隨機變數，方使得

$$E(\bar{p}_n) = \frac{1}{n}\sum_{i=1}^{n} E(x_i) = \frac{1}{n}\sum_{i=1}^{n} p = p$$

$$\mathrm{var}(\bar{p}_n) = \frac{1}{n^2}\sum_{i=1}^{n} \mathrm{var}(x_i) = \frac{1}{n^2}\sum_{i=1}^{n} p(1-p) = p(1-p)/n.$$

此一說明亦強調了樣本須具有代表性的重要。在虛無假設 $H_0{:}p = p_0$ 下，樣本比例的極限分配為

$$\sqrt{n}\left(\frac{\bar{p}_n - p_0}{\sqrt{p_0(1-p_0)}}\right) \overset{H_0}{\sim} N(0,1).$$

此分配如圖 9.2 所示：

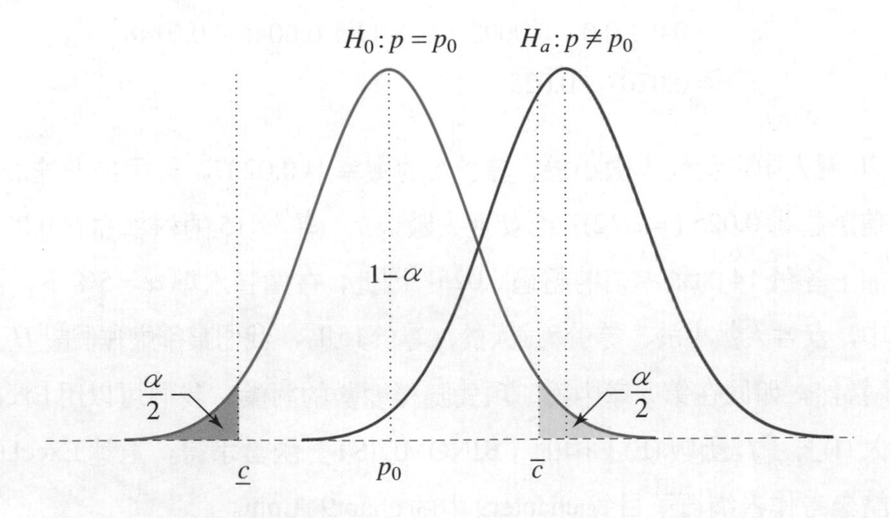

圖 9.2　樣本比例的極限分配

在標準常態分配下，我們可以由附錄表 3 中查得，在 $[-Z_{1-\alpha/2}, Z_{1-\alpha/2}]$ 或 $[Z_{\alpha/2}, Z_{1-\alpha/2}]$ 範圍內所佔的機率為 $1-\alpha$；因此，若我們所能忍受的第一型誤差

的機率設定為 $\alpha = 5\%$，則 $Z_{1-\alpha/2} = Z_{0.975} = 1.96, -Z_{1-\alpha/2} = -Z_{0.975} = -1.96$。因此，當

$$\sqrt{n}\frac{\overline{p}_n - p_0}{\sqrt{p_0(1-p_0)}} \geq 1.96 \quad 或 \quad \sqrt{n}\frac{\overline{p}_n - p_0}{\sqrt{p_0(1-p_0)}} \leq -1.96$$

我們將作成棄卻虛無假設的推論，此時，

$$z = \sqrt{n}\frac{\overline{p}_n - p_0}{\sqrt{p_0(1-p_0)}}$$

稱為 $z-$ **統計量** ($z-$statistic)，此統計量的抽樣分配在樣本個數 n 足夠大時為標準常態分配。此外，我們也可得到樣本比例在虛無假設下，$1-\alpha$ 非棄卻域為

$$[\underline{c}, \overline{c}] = [p_0 - Z_{1-\alpha/2}\sqrt{p_0(1-p_0)/n}, p_0 + Z_{1-\alpha/2}\sqrt{p_0(1-p_0)/n}],$$

而在 0.95 的非棄卻域為

$$[\underline{c}, \overline{c}] = [p_0 - 1.96\sqrt{p_0(1-p_0)/n}, p_0 + 1.96\sqrt{p_0(1-p_0)/n}].$$

因此，我們推論的準則亦可為在 $\alpha = 5\%$ 下，若

$$\overline{p}_n \geq p_0 + 1.96\sqrt{p_0(1-p_0)/n} \quad 或 \quad \overline{p}_n \leq p_0 - 1.96\sqrt{p_0(1-p_0)/n},$$

我們棄卻虛無假設；否則，我們不棄卻虛無假設。

在前一節中，我們討論以女性人數作為檢定統計量的做法，在例子中的虛無假設為 H_0: $p = 1/2$，而樣本人數為 $n = 20$，則樣本比例在 0.95 的非棄卻域為

$$\begin{aligned}[\underline{c}, \overline{c}] &= [p_0 - 1.96\sqrt{p_0(1-p_0)/n}, p_0 + 1.96\sqrt{p_0(1-p_0)/n}] \\ &= [0.5 - 1.96\sqrt{0.25/20}, 0.5 + 1.96\sqrt{0.25/20}] \\ &= [0.28, 0.72].\end{aligned}$$

由於女性樣本比例乘上樣本人數即等於樣本內的女性人數，因此，女性人數統計量的 0.95 非棄卻域為 $[0.28\times 20, 0.72\times 20]=[5.6, 14.4]$，所以女性人數小於、等於 5 或大於、等於 15，我們在顯著水準 $\alpha=5\%$ 下，棄卻虛無假設 H_0:$p=1/2$，此推論原則與前一節中的討論相同。

在統計學課堂 80 位同學的例子中，假若我們想知道這個班上男女生的比例是否為 1:1，這個班上 80 位同學的性別即為我們想要瞭解的母體，假設某種原因使我們無法得到所有 80 位同學的性別資料，我們只能得到座號 1 – 30 同學的性別資料，此即為樣本觀察值；此時，相對應於問題的虛無假設為 H_0: $p=1/2$，其中 p 表示女生所佔比例；在虛無假設 H_0:$p=1/2$ 下，30 個觀察值的樣本女生人數為 $B(30, 0.5)$ 的二項分配，我們可以由二項分配表查知 $n=30$ 而 $p=1/2$ 下所有成功次數的機率值，由附錄中的表 1 我們知道

$$\sum_{x=0}^{9} P(X=x)\le 0.025, \sum_{x=21}^{30} P(X=x)\le 0.025,$$

表示，在顯著水準 $\alpha=5\%$ 及虛無假設 H_0: $p=1/2$ 下，唯有在樣本女性人數不超過 9 人 ($X\le 9$) 或不少於 21 人 ($X\ge 21$) 時方棄卻虛無假設，由於從座號 1 – 30 同學的性別資料所算得的女同學人數為 15 人，因此，我們在顯著水準 5% 下不棄卻虛無假設。除了由附錄表 2 的二項分配機率值表查得不棄卻區域的臨界值外，我們也可以利用 Excel 中『插入 (I)』功能的『函數 (F)』之『BINOMDIST』，得到樣本女性人數在虛無假設下二項分配的累加機率值，若此機率小於 0.025 或大於 0.975，則我們在顯著水準 5% 下棄卻虛無假設。我們在 Excel 中點入『插入 (I)』功能的『f_x 函數 (F)』，在「插入函數」的對話框中點選函數『BINOMDIST』，即可得到 BINOMDIST 的對話框，在「Number_s」框中輸入樣本女同學人數 15，在「Trials」框中輸入樣本觀察個數 30，在「Probability_s」框中輸入虛無假設下的母體比例 0.5，在「Cumulative」框中輸入 1 以計算累加機率值，最後按下『確定』即得到累加機率值 0.57223224，故我們棄卻虛無假設。上述 Excel 的過程，請參考作者網頁子目錄 chapter9 中

的 chapt9_2.ppt。

當然我們可以利用樣本比例從事假設檢定，由於從座號 1 – 30 同學的性別資料所算得的樣本比例為 $15/30 = 0.5$，假定 $n = 30$ 足以使中央極限定理成立，因此，依樣本比例計算的檢定統計量為

$$
\begin{aligned}
z &= \sqrt{n}\frac{\overline{p}_n - p_0}{\sqrt{p_0(1-p_0)}} \\
&= \sqrt{30}\frac{0.5-0.5}{\sqrt{0.5\times 0.5}} = 0.
\end{aligned}
$$

由於 $z-$ 統計量小於 1.96， 我們在顯著水準 5% 下， 不棄卻虛無假設 $H_0{:}p = 0.5$。這種以 $z-$ 統計量從事母體比例假設檢定的方法，我們也可以利用 Excel 為之；在 Excel 中，利用『插入 (I)』功能的『f_x 函數 (F)』之『ZTEST』，在「ZTEST」的對話框中，在「Array」框中輸入放置座號 1 – 30 同學的 0 和 1 性別資料的欄位，如 A1:A30，而在中間的「X」框中輸入虛無假設的母體比例假定值 1/2，最後在「Sigma」框中輸入已知的母體標準差，若母體標準差為未知，則不用輸入任何數值，此時即可在「ZTEST」對話框的最下方出現「計算結果 =0.5」，此計算結果即為 $z-$ 統計量估計值在虛無假設分配下的 $p-$ 值；由於 $p-$ 值的計算結果介於 0.025 與 0.975 間，故在顯著水準 $\alpha =$ 5% 下，不棄卻虛無假設。上述 Excel 的過程，請參考作者網頁子目錄 chapter9 中的 chapt9_3.ppt。

9.2 單一母體平均數的推論

對於單一母體平均數的推論，其實在前面母體比例的檢定中，已討論過了，因為母體比例即為白努力隨機變數的平均數，而樣本比例即為白努力隨機變數樣本實現值的樣本平均數；因此，以樣本比例對母體比例虛無假設的推論過程，即可應用於母體平均數的推論上。然而在母體比例的檢定中，面

對的母體為白努力隨機變數，至於對其他隨機變數母體平均數的檢定，在討論上有一些不同的考量。

由前面的討論中，我們知道樣本平均數 $(\bar{x}_n = \sum_{i=1}^{n} x_i / n)$ 是母體平均數 (μ) 的不偏 $(E(\bar{x}_n) = \mu)$ 及一致 $(\lim \bar{x}_n = \mu)$ 估計式，因此，樣本平均數提供了瞭解母體平均數極佳的樣本訊息；對於母體參數的平均數是否等於特定數值的虛無假設，即 H_0: $\mu = \mu_0$，我們判斷的準則同樣是樣本訊息 $\bar{x}_n$ 與虛無假設值 μ_0 間是否存在足夠大的差異；如果足夠大，則棄卻虛無假設，若否，則不棄卻虛無假設；評斷差異是否足夠大的標準依然由非棄卻域來決定，而非棄卻域的決定則需知道在虛無假設下樣本訊息 $(\bar{x}_n)$ 的分配函數（或機率密度函數）為何。為了使樣本平均數具有我們熟稔的機率分配，使能輕易決定非棄卻域，我們以母體為常態分配與否分開討論。

9.2.1 當母體為常態分配

當我們假設母體的分配為一個常態分配，如 $X \sim N(\mu_X, \sigma_X^2)$，而樣本資料 $\{x_i\}_{i=1}^{n}$ 是經由一個客觀、科學的抽樣方法所取得，因此我們相信這組樣本具有母體的代表性，所以每一個樣本觀察值的事前機率分配與母體相同，亦即 $x_i \sim N(\mu_X, \sigma_X^2)$；由前面的章節知道，樣本訊息（樣本平均數，$\bar{x}_n = \sum_{i=1}^{n} x_i / n$）是母體平均數的不偏 $(E(\bar{x}_n) = \mu_X)$ 與一致 $(\lim \bar{x}_n = \mu_X)$ 估計式，而且，其是 n 個常態分配的**線性組合** (linear combination)，所以，樣本平均數的抽樣分配為

$$\bar{x}_n = \frac{\sum_{i=1}^{n} x_i}{n} \sim N(\mu_X, \sigma_X^2 / n).$$

因此，在虛無假設 H_0: $\mu_X = \mu_0$ 下，

$$\bar{x}_n = \frac{\sum_{i=1}^{n} x_i}{n} \overset{H_0}{\sim} N(\mu_0\,, \sigma_X^2 / n).$$

在這個常態分配的結果中，仍然存在一個未知的變異數參數 (σ_X^2)，唯有

知道變異數值，方能在這個特定的常態分配中決定棄卻與非棄卻域。為解決變異數未知的問題，我們以下分為兩種狀況討論，一為假設我們知道變異數的數值；一為我們以樣本變異數估計值取代母體變異數。

1. 假若母體變異數為已知

假若母體變異數已知為 $\sigma_X^2=\sigma_0^2$，則樣本平均數在虛無假設下的抽樣分配為

$$\bar{x}_n=\frac{\sum_{i=1}^{n}x_i}{n}\overset{H_0}{\sim}N(\mu_0,\sigma_0^2/n).$$

由於 μ_0 與 σ_0^2 均為已知的常數，則此常態分配可經標準化成為

$$\frac{\bar{x}_n-\mu_0}{\sqrt{\sigma_0^2/n}}\overset{H_0}{\sim}N(0,1).$$

由附錄中表 3 之標準常態分配分量表，我們可查得第一型誤差設定為 α 下之 $Z_{1-\alpha/2}$，而樣本平均數在虛無假設下的非棄卻域 $[\underline{c},\bar{c}]$ 即可決定為

$$\bar{c}=\mu_0+Z_{1-\alpha/2}\sqrt{\sigma_0^2/n}$$
$$\underline{c}=\mu_0-Z_{1-\alpha/2}\sqrt{\sigma_0^2/n}.$$

在一組 n 觀察值的樣本取得後，依下式計算統計量 (z，稱為 $z-$ 統計量)：

$$z=\frac{\bar{x}_n-\mu_0}{\sqrt{\sigma_0^2/n}},$$

則若

$$z\geq Z_{1-\alpha/2}\quad 或 \quad z\leq -Z_{1-\alpha/2},$$

我們在第一型誤差設定為 α 下，棄卻虛無假設 H_0: $\mu_X=\mu_0$。或者，我們可依樣本平均數估計值是否落在非棄卻域內進行推論，即若

$$\bar{x}_n \geq \bar{c} = \mu_0 + Z_{1-\alpha/2}\sqrt{\sigma_0^2/n} \quad 或 \quad \bar{x}_n \leq \underline{c} = \mu_0 - Z_{1-\alpha/2}\sqrt{\sigma_0^2/n},$$

我們在第一型誤差設定為 α 下，棄卻虛無假設 H_0: $\mu_X = \mu_0$。

此外，若 $z \geq Z_{1-\alpha}$ 或 $\bar{x}_n \geq \mu_0 + Z_{1-\alpha/2}\sqrt{\sigma_0^2/n}$，則我們在第一型誤差設定為 α 下，棄卻虛無假設 H_0: $\mu_X \leq \mu_0$。另者，若 $z \leq -Z_{1-\alpha}$ 或 $\bar{x}_n \leq \mu_0 - Z_{1-\alpha}\sqrt{\sigma_0^2/n}$，則我們在第一型誤差設定為 α 下，棄卻虛無假設 H_0: $\mu_X \geq \mu_0$。

假定我們想對臺灣全體大學同學身高的位置參數有所瞭解，但我們無法得到臺灣全部大學同學的身高資料，而我們僅有統計學課堂 80 位同學的身高資料及假定我們事先知道臺灣全體大學同學身高的母體變異數為 44，在此，我們必須假定這 80 位同學的身高資料具有臺灣全部大學同學身高的代表性，而我們想知道同學的平均身高是否為 170 公分，即虛無假設為 H_0: $\mu = 170$，而我們由第 3 章表 3.1 中得到 80 位同學的平均身高 $\bar{x}_n = 164.685875$，則 z–統計量為

$$z = \frac{\bar{x}_n - \mu_0}{\sqrt{\sigma_0^2/n}}$$

$$= \frac{164.685875 - 170}{\sqrt{44/80}} = -7.165564688$$

由附錄表 3 中可查得 $Z_{0.975} = 1.96$，因此 $z-$ 統計量的絕對值大於 1.96，則在顯著水準 5% 下，我們棄卻虛無假設 H_0: $\mu = 170$。當然在此我們必須假設臺灣全體大學同學身高為常態分配，或者 $n = 80$ 足夠大使得中央極限定理得以成立。此一檢定過程，我們可以利用 Excel 進行，在 Excel 中，利用『插入 (I)』功能的『f_x 函數 (F)』之『ZTEST』，在「ZTEST」的對話框中，在「Array」框中輸入放置 80 位同學的身高資料的欄位，如 A1:A80，而在中間的「X」框中輸入虛無假設的母體平均數假定值 170，最後在「Sigma」框中輸入已知的母體標準差 $\sqrt{44/80}$，此時即可在「ZTEST」對話框的最下方出現「計算結果 = 1」，此計算結果即為 $z-$ 統計量估計值在虛無假設分配下的 $p-$ 值； 由於 $p-$ 值

的計算結果大於 0.975 間，故在顯著水準 $\alpha = 5\%$ 下，應棄卻虛無假設。上述 Excel 的過程，請參考作者網頁子目錄 chapter9 中的 chapt9_4.ppt。

2. 假若母體變異數為未知：以樣本變異數估計

假若母體變異數為未知，但由前面章節我們知道，樣本變異數是母體變異數的不偏與一致估計式，因此，對於未知的母體變異數，我們會以樣本變異數加以估計，並以之取代前述 $z-$ 統計量中的 σ_0^2，所得到的統計量，我們稱之為 $t-$ 統計量，即

$$t = \frac{\bar{x}_n - \mu_0}{\sqrt{s_x^2 / n}},$$

其中 $s_x^2 = \sum_{i=1}^{n} (x_i - \bar{x}_n)^2 / (n-1)$ 為樣本變異數。由前面的討論中，我們知道當母體分配為 $N(\mu_X, \sigma_X^2)$ 時，樣本變異數估計式的抽樣分配為

$$\frac{(n-1)s_x^2}{\sigma_X^2} \sim \chi^2(n-1).$$

則 $t-$ 統計量可以表示成

$$\begin{aligned} t &= \frac{\bar{x}_n - \mu_0}{\sqrt{s_x^2 / n}} \\ &= \frac{\dfrac{\bar{x}_n - \mu_0}{\sqrt{\sigma_X^2 / n}}}{\sqrt{\dfrac{(n-1)s_x^2}{\sigma_X^2} / (n-1)}}. \end{aligned}$$

由此可知，在虛無假設 H_0: $\mu_x = \mu_0$ 下，$t-$ 統計量中的分子為

$$\frac{\bar{x}_n - \mu_0}{\sqrt{\sigma_X^2 / n}} \overset{H_0}{\sim} N(0,1),$$

而分母為

$$\sqrt{\frac{(n-1)s_x^2}{\sigma_X^2}/(n-1)} \sim \sqrt{\frac{\chi^2(n-1)}{n-1}},$$

其中 $\chi^2(\mathrm{n}-1)$ 表具自由度 $(\mathrm{n}-1)$ 的卡方分配，因此，在虛無假設 H_0: $\mu_x = \mu_0$ 下，$t-$ 統計量的抽樣分配為

$$t = \frac{\dfrac{\bar{x}_n - \mu_0}{\sqrt{\sigma_X^2/n}}}{\sqrt{\dfrac{(n-1)s_x^2}{\sigma_X^2}/(n-1)}} \overset{H_0}{\sim} \frac{N(0,1)}{\sqrt{\chi^2(n-1)/(n-1)}} = t(n-1),$$

其中，$t(n-1)$ 為具 $(n-1)$ 自由度的 $t-$ 分配。由附錄表 4 中的 $t-$ 分配分量表，在顯著水準 α 下，我們可查得 $t_{1-\alpha/2}(n-1)$ 及 $t_{1-\alpha}(n-1)$ 值，則在一組包含 n 個實際觀察值的樣本，計算出 $t-$ 統計量，若

$$t \geq t_{1-\alpha/2}(n-1) \quad \text{或} \quad t \leq -t_{1-\alpha/2}(n-1),$$

我們在顯著水準 α 下，棄卻虛無假設 H_0: $\mu_X = \mu_0$；否則，不棄卻虛無假設。若

$$t \geq t_{1-\alpha}(n-1),$$

我們在顯著水準 α 下，棄卻虛無假設 H_0: $\mu_X \leq \mu_0$；否則，不棄卻虛無假設。若

$$t \leq -t_{1-\alpha}(n-1),$$

我們在顯著水準 α 下，棄卻虛無假設 H_0:$\mu_X \geq \mu_0$；否則，不棄卻虛無假設。

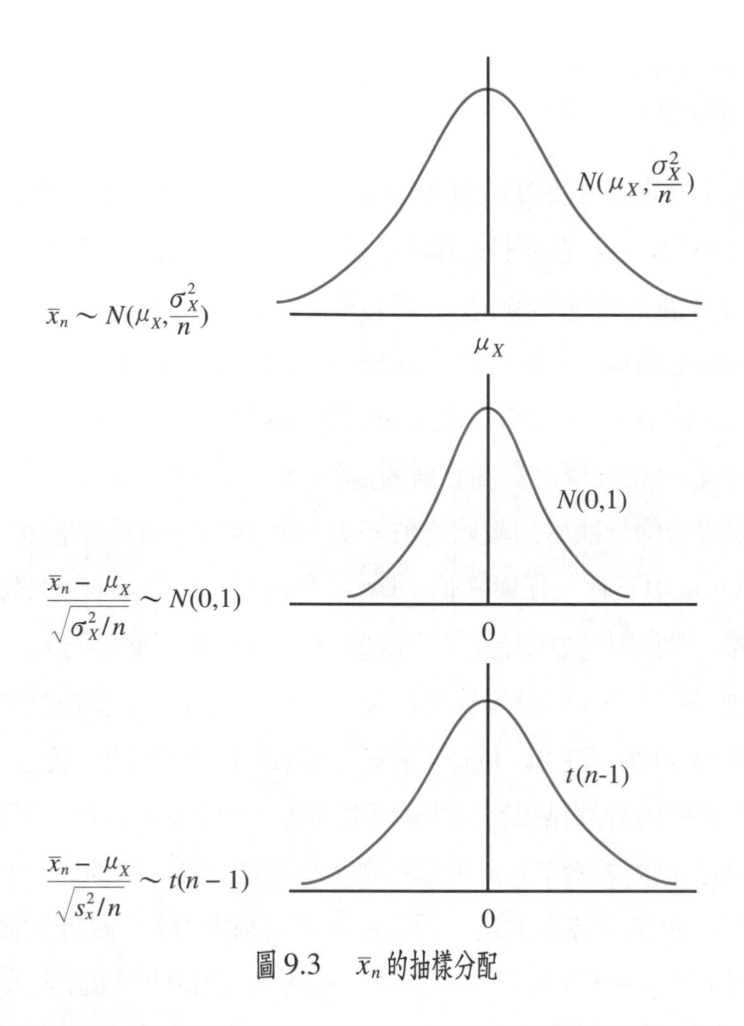

圖 9.3　$\bar{x}_n$ 的抽樣分配

假定我們想對臺灣全部大學同學身高的位置參數有所瞭解，但我們無法得到臺灣全部大學同學的身高資料，而我們僅有統計學課堂 80 位同學的身高資料，在此，我們必須假定這 80 位同學的身高資料具有臺灣全部大學同學身高的代表性，而我們想知道同學的平均身高是否為 170 公分，即虛無假設為 H_0: $\mu = 170$，而我們由第 3 章中藉由 Excel『工具 (I)』中的『資料分析 (D)』之『敘述統計』分析工具，得到 80 位同學的平均身高 $\bar{x}_n = 164.685875$、樣本變異數 $s_x^2 = 42.8660853$，則 $t-$ 統計量為

$$t = \frac{\bar{x}_n - \mu_0}{\sqrt{s_x^2/n}}$$

$$= \frac{164.685875 - 170}{\sqrt{42.8660853/80}} = -7.259719609$$

由附錄的表 4 中我們可查得 $t_{0.975}(79) = 2.0452$，因此 $t-$ 統計量的絕對值大於 $t_{0.975}(79) = 2.0452$，表示在顯著水準 5% 下，我們棄卻虛無假設 H_0: $\mu = 170$；當然，我們以 $t-$ 統計量進行檢定，我們必須假定臺灣全部大學同學身高為常態分配。此一檢定過程，我們可以利用 Excel 進行，在 Excel 中，利用『插入』功能的『f_x 函數 (F)』之『ZTEST』，在「ZTEST」的對話框中，在「Array」框中輸入放置 80 位同學的身高資料的欄位，如 A1:A80，而在中間的「X」框中輸入虛無假設的母體平均數假定值 170，由於我們不知道母體變異數，因此在「Sigma」框中不輸入任何數值，Excel 會以樣本標準差 (s_x) 取代母體變異數加以計算，但值得注意的是，我們需要輸入的樣本標準差為 $s_x/\sqrt{80}$，而非 s_x，故我們應將 $s_x/\sqrt{80}$ 的計算結果輸入「Sigma」框中，而此數值我們可以由第 3 章中以 Excel 的『工具 (T)』、『資料分析 (D)』之『敘述統計』功能對 80 位同學身高資料的計算結果，其中的「標準誤」(0.732001411) 即是我們要輸入於「Sigma」框中的數值；此時即可在「ZTEST」對話框的最下方出現「計算結果 =1」，但值得注意的是，假若此計算結果即為 $t-$ 統計量估計值在虛無假設分配下的 $p-$ 值；由於 $p-$ 值的計算結果大於 0.975 間，故在顯著水準 $\alpha = 5\%$ 下，應棄卻虛無假設。上述 Excel 的過程，請參考作者網頁子目錄 chapter9 中的 chapt9_5.ppt。

值得一提的是，當樣本觀察值個數 n 足夠大時，$t-$ 統計量抽樣分配 $t-$ 分配的自由度 $(n-1)$ 亦隨之足夠大，此時，$t-$ 分配將與標準常態分配相同；亦即，當自由度 $(n-1)$ 超過附錄中所提供 $t-$ 分配的自由度時，我們以 $Z_{1-\alpha/2}$ 代替 $t_{1-\alpha/2}(n-1)$，而以 $Z_{1-\alpha}$ 代替 $t_{1-\alpha}(n-1)$。此亦即，標準常態分配是為 $t-$ 分配的極限分配，即 $\lim_{n\to\infty} t(n-1) = N(0,1)$。

9.2.2 當母體不為常態分配

如前所述，當母體分配為常態分配時，因樣本平均數可視為母體的線性組合，故其抽樣分配亦為常態分配；但當母體不為常態分配時，唯有確切知道母體的分配，樣本平均數的抽樣分配方有可能推導，進而決定虛無假設下的信賴區間。但是，通常我們無法得知母體確切的分配，因而樣本平均數的抽樣分配亦無法得知。然而，由前面所介紹過的「中央極限定理」，當樣本觀察個數足夠大時，不論母體為何種分配，只要其具有限的平均數 ($\mu_X < \infty$) 與變異數 ($\sigma_X^2 < \infty$)，則

$$\sqrt{n}\left(\frac{\bar{x}_n - \mu_X}{\sigma_X}\right) \sim N(0,1).$$

因此，在虛無假設 H_0: $\mu_X = \mu_0$ 下，

$$\sqrt{n}\left(\frac{\bar{x}_n - \mu_0}{\sigma_X}\right) \overset{H_0}{\approx} N(0,1).$$

為決定信賴區間，母體變異數必須為已知；為處理變異數的未知，我們分兩種狀況討論：

1. 假設 $\sigma_X^2 = \sigma_0^2$ 為已知

此時，在虛無假設 H_0: $\mu_X = \mu_0$ 下，

$$\sqrt{n}\left(\frac{\bar{x}_n - \mu_0}{\sigma_0}\right) \overset{H_0}{\approx} N(0,1).$$

或改寫為

$$\frac{\bar{x}_n - \mu_0}{\sqrt{\sigma_0^2/n}} \overset{H_0}{\approx} N(0,1).$$

根據此結果，我們以實際樣本觀察值計算 z－ 統計量

$$z = \frac{\bar{x}_n - \mu_0}{\sqrt{\sigma_0^2/n}},$$

則我們推論的準則為

$$z \geq Z_{1-\alpha/2} \quad \text{或} \quad z \leq -Z_{1-\alpha/2},$$

我們在第一型誤差設定為 α 下，棄卻虛無假設 $H_0: \mu_X = \mu_0$。或者，我們可依樣本平均數估計值是否落在非棄卻域內進行推論，即若

$$\bar{x}_n \geq \bar{c} = \mu_0 + Z_{1-\alpha/2}\sqrt{\sigma_0^2/n} \quad \text{或} \quad \bar{x}_n \leq \underline{c} = \mu_0 - Z_{1-\alpha/2}\sqrt{\sigma_0^2/n},$$

我們在第一型誤差設定為 α 下，棄卻虛無假設 $H_0: \mu_X = \mu_0$。

2. 假設 σ_X^2 為未知

此時，我們只得以樣本變異數，$s_x^2 = \sum_{i=1}^{n}(x_i - \bar{x}_n)^2/(n-1)$，估計母體變異數；由於母體已知不為常態分配，所以 $(n-1)s_x^2/\sigma_X^2$ 的抽樣分配就不可能為具自由度 $(n-1)$ 的卡方分配，而 $t-$ 統計量

$$t = \frac{\bar{x}_n - \mu_0}{\sqrt{s_x^2/n}}$$

的抽樣分配亦將不會是具自由度 $(n-1)$ 的 $t-$ 分配。然而，由於樣本變異數是母體變異數的不偏估計式，即 $\lim_{n\to\infty} s_x^2 = \sigma_X^2$。甚且，當樣本個數 n 足夠大時，不但 $\lim_{n\to\infty} s_x^2 = \sigma_X^2$，而且使得中央極限定理得以成立，因此，在虛無假設下，$t-$ 統計量

$$t = \frac{\bar{x}_n - \mu_0}{\sqrt{s_x^2/n}} \to \frac{\bar{x}_n - \mu_0}{\sqrt{\sigma_X^2/n}} \overset{H_0}{\approx} N(0,1).$$

亦即，$t-$ 統計量具有標準常態分配的**極限分配** (limiting distribution)。根據此結果，我們以實際樣本觀察值計算 $t-$ 統計量

$$t = \frac{\bar{x}_n - \mu_0}{\sqrt{s_x^2/n}},$$

則我們推論的準則如同 $z-$ 統計量為

$$t \geq Z_{1-\alpha/2} \quad \text{或} \quad t \leq -Z_{1-\alpha/2},$$

我們在第一型誤差設定為 α 下，棄卻虛無假設 H_0: $\mu_X = \mu_0$。或者，我們可依樣本平均數估計值是否落在不棄卻區域內進行推論，即若

$$\bar{x}_n \geq \bar{c} = \mu_0 + Z_{1-\alpha/2}\sqrt{\sigma_0^2/n} \quad \text{或} \quad \bar{x}_n \leq \underline{c} = \mu_0 - Z_{1-\alpha/2}\sqrt{\sigma_0^2/n},$$

我們在第一型誤差設定為 α 下，棄卻虛無假設 H_0: $\mu_X = \mu_0$。

由前述的討論，若母體分配不為常態分配時，唯有在樣本觀察個數 n 足夠大時，標準常態分配為 $t-$ 統計量的極限抽樣分配，因而可以樣本實際觀察值計算 $t-$ 統計量，進而以所算出 $t-$ 統計量，若大於 $Z_{1-\alpha/2}$ 或小於 $-Z_{1-\alpha/2}$，則棄卻虛無假設 H_0:$\mu_X = \mu_0$。然而，若樣本觀察個數 n 不夠大時，樣本平均數無法藉由中央極限定理而成常態分配，且無法得到卡方分配為樣本變異數的極限分配，因而，無法得到標準常態分配為 $t-$ 統計量的極限分配的結果；此時，我們只能採用**無母數統計量** (nonparametric statistics) 進行推論，我們將在以後的章節討論無母數統計量。

9.3 單一母體變異數的推論

上述討論是想藉由母體平均數的假設檢定對一個隨機變數的位置衡量有所瞭解，而選擇母體平均數為位置衡量的探討，乃是因為母體實現值的簡單算術平均數可視為以相對次數為機率值所計算的期望值；而對於隨機變數實現值的分散程度的討論上，由於母體變異數是一種分散程度的衡量，其是以實現值到平均數距離的平方藉由機率值所計算的期望值，因此，以母體實現

值到平均數距離平方的簡單算術平均數亦可視為以相對次數為機率值所計算的期望值，是以，在描述隨機變數實現值在實數線上的分散程度時，以母體變異數為討論的參數。

對於單一母體變異數的假設檢定，我們先討論虛無假設 H_0: $\sigma_X^2=\sigma_0^2$ 的檢定。由於我們前面已知樣本變異數 (s_x^2) 是母體變異數 (σ_X^2) 的不偏及一致估計式，因此對於母體變異數的假設推論而言，我們會以樣本變異數作為樣本所提供的樣本訊息，進而為決定虛無假設下樣本變異數的信賴區間，樣本變異數抽樣分配的瞭解是必要的。由前面的討論中，我們所瞭解有關樣本變異數的抽樣分配是，在母體分配為常態分配，即 $X\sim N(\mu_X,\sigma_X^2)$，樣本變異數的抽樣分配為

$$\frac{(n-1)s_x^2}{\sigma_X^2}\sim\chi^2(n-1).$$

因此，在虛無假設 H_0: $\sigma_X^2=\sigma_0^2$ 下，樣本變異數的抽樣分配則成為

$$\frac{(n-1)s_x^2}{\sigma_0^2}\overset{H_0}{\sim}\chi^2(n-1).$$

根據此結果，在取得一組實際樣本觀察值 $\{x_i\}_{i=1}^n$ 後，我們可以計算統計量

$$\chi^2=\frac{(n-1)s_x^2}{\sigma_0^2},$$

則若

$$\chi^2\le\chi_{\alpha/2}^2(n-1)\quad\text{或}\quad\chi^2\ge\chi_{1-\alpha/2}^2(n-1)$$

我們在顯著水準 α 下棄卻虛無假設 H_0: $\sigma_X^2=\sigma_0^2$；否則，我們不棄卻虛無假設。就虛無假設 H_0:$\sigma_X^2\ge\sigma_0^2$ 而言，若

$$\chi^2 \leq \chi^2_{\alpha}(n-1),$$

我們在顯著水準 α 下棄卻虛無假設 H_0: $\sigma_X^2 \geq \sigma_0^2$。至於，就虛無假設 H_0: $\sigma_X^2 \leq \sigma_0^2$ 而言，若

$$\chi^2 \geq \chi^2_{1-\alpha}(n-1),$$

我們在顯著水準 α 下棄卻虛無假設 H_0: $\sigma_X^2 \leq \sigma_0^2$。

為了能更清楚瞭解 χ^2－統計量對於單一母體變異數的假設檢定能力，我們做以下的說明。我們在 Excel 中的『工具 (T)』選項進入『資料分析 (D)』，在「分析工具」中點選『亂數產生器』，進入「亂數產生器」設定畫面，設定「變數個數」為 10，「亂數個數」為 200，「分配」點選為常態分配，此時將出現參數設定畫面，將「平均數」設定為 0，而「標準差」設定為 1，最後將所產生的亂數設定輸出於工作表中，則得到從 A1 到 J200 總共 200×10 個標準常態分配的實現值。

我們將每一個列 (row) 視為一組 10 個數值的樣本，因此我們共有 200 組 10 個數值的重複抽樣樣本，由這 200 組樣本，分別計算其樣本變異數，我們可得到 200 個樣本變異數，$s_1^2, s_2^2, \cdots, s_{200}^2$；若虛無假設所假定的母體變異數確等於真實的變異數，即 H_0: $\sigma^2 = 1$，則在此虛無假設下，我們進一步計算出 200 個 χ^2－統計量，

$$\left\{\frac{(n-1)s_1^2}{1/\sqrt{10}}, \frac{(n-1)s_2^2}{1/\sqrt{10}}, \cdots, \frac{(n-1)s_{200}^2}{1/\sqrt{10}}\right\},$$

則在這 200 個 χ^2－統計量中，總共有 190 個統計量在 $[\chi^2_{0.025}(9), \chi^2_{0.975}(9)]$ 區間內，表示在這 200 組樣本中，將有 190 組樣本得到不棄卻虛無假設的推論，換言之，即有 95% 的樣本得到不棄卻虛無假設的正確推論；而只有 10 組樣本得到棄卻虛無假設的錯誤推論，即有 5% 的第一型誤差。我們進一步依這 200 個 χ^2－統計量估計其機率密度函數，估計結果表現於下圖中間 sigma = 1 的

機率密度曲線，其與 $\chi^2(9)$ 的機率密度函數相當接近。上述 Excel 的過程，請參考作者網頁子目錄 chapter9 中的 chapt9_6.ppt。

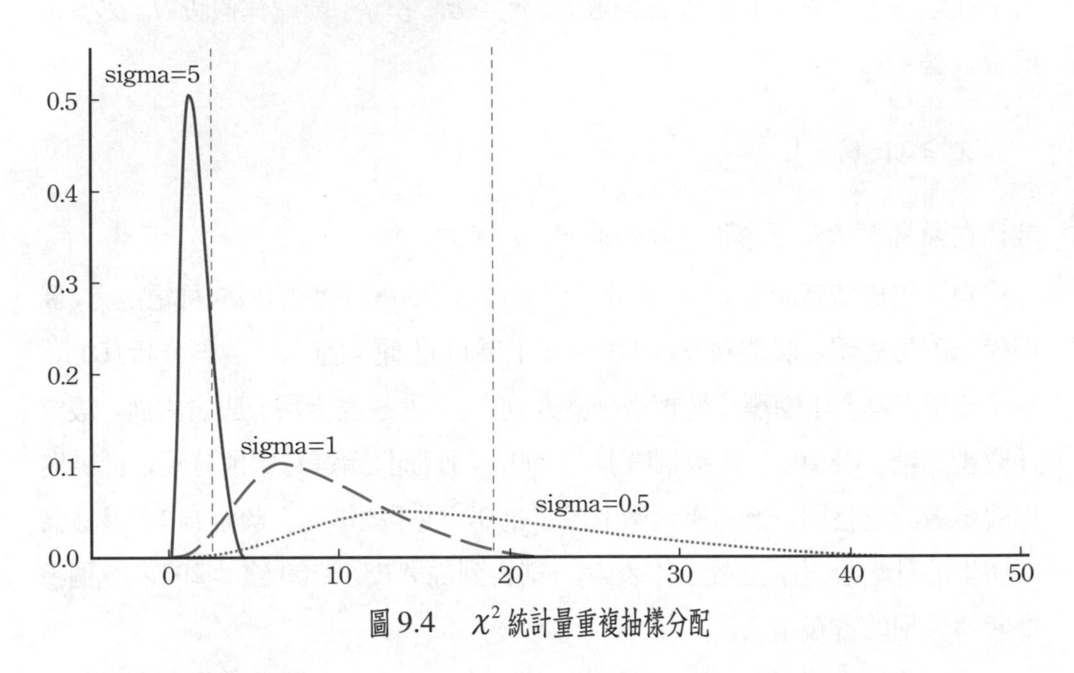

圖 9.4　χ^2 統計量重複抽樣分配

若虛無假設所假定的母體變異數不等於真實的變異數，即 H_0: $\sigma_X^2 = 5$，則在此虛無假設下，我們進一步計算出 200 個 χ^2 − 統計量，

$$\left\{\frac{(n-1)s_1^2}{5/\sqrt{10}}, \frac{(n-1)s_2^2}{5/\sqrt{10}}, \cdots, \frac{(n-1)s_{200}^2}{5/\sqrt{10}}\right\},$$

則在這 200 個 χ^2 − 統計量中，總共有 190 個統計量在 $[\chi^2_{0.025}(9), \chi^2_{0.975}(9)]$ 區間內，表示在這 200 組樣本中，將有 190 組樣本得到不棄卻虛無假設的推論，換言之，即有 95% 的樣本得到不棄卻虛無假設的正確推論；而只有 10 組樣本得到棄卻虛無假設的錯誤推論，即有 5% 的第一型誤差。我們進一步依這 200 個 χ^2 − 統計量估計其機率密度函數，估計結果表現於圖 9.4 中間 sigma = 1 的機率密度曲線，其與 $\chi^2(9)$ 的機率密度函數相當接近。

例如在前面章節的例子中，我們假設知道母體的臺灣所有大學同學身高的變異數為 44，但是實際上我們不可能知道母體變異數的真正數值，因此，我們需要對其做統計推論，我們想對母體變異數是否為 44 從事統計檢定，即虛無假設 H_0: $\sigma^2 = 44$； 由上述的分析，我們必須假設臺灣所有大學生的身高資料是常態分配，而統計學班上 80 位同學的身高資料具有母體的代表性，則我們可以用 χ^2- 統計量進行檢定；由第 2 章中以 Excel 的『工具 (T)』、『資料分析 (D)』之『敘述統計』功能對 80 位同學身高資料的計算結果，其中的「變異數」為 (42.8660853)，即為樣本變異數的估計值；由這些資料我們即可計算 χ^2- 統計量：

$$\chi^2 = \frac{(n-1)S_x^2}{\sigma_0^2}$$

$$= \frac{79 \times 42.8660853}{44} = 76.9641077.$$

假設我們設定的顯著水準為 5%，則若

$$76.9641077 \leq \chi^2_{0.025}(79) \quad \text{或} \quad 76.9641077 \geq \chi^2_{0.975}(79)$$

我們棄卻虛無假設；但是在附錄的表 5 之 χ^2 分配分量表中，並沒有自由度 79 之 χ^2 分配分量值，因此無法由該表查得 $\chi^2_{0.975}(79)$ 和 $\chi^2_{0.025}(79)$ 兩個臨界值；此時我們可以利用 Excel 中的『插入 (I)』、『f_x 函數 (F)』之『CHIINV』函數，於「CHIDIST」對話框中輸入 0.975 或 0.025 於「Probability_s」框中及自由度 79 於「Deg_freedom」框中，我們即可計算出 $\chi^2_{0.025}(79) = 56.30887318$ 及 $\chi^2_{0.975}(79) = 105.4726862$，因此，在顯著水準 5% 下，我們棄卻虛無假設 H_0: $\sigma^2 = 44$。上述 Excel 的過程，請參考作者網頁子目錄 chapter9 中的 chapt9_7.ppt。在此再度提醒讀者，在 Excel 的功能函數「CHIINV」傳回的是尾端分量，即 $P(x^2 \geq \chi^2_\alpha(v)) = \alpha$ 之 $\chi^2_\alpha(v)$，而非平常所定義之分量，即 $P(\chi \leq \chi^2_\alpha(v)) = \alpha$ 之 $\chi^2_\alpha(v)$；本書為了統一分量表的表現方式，而採用後者之分量，與 Excel 回傳之分量有所不同。因此，在『CHIDIST』對話框中之「Probabilit_s」中輸入 0.975 得到 $\chi^2_{0.025}(79) = 56.30887318$，而在「Probabilit_s」中輸入 0.025 得到 $\chi^2_{0.975}(79) = 105.4726862$。

9.4 習 題

1. 隨機變數 X 為具平均數 μ_X、變異數 σ_X^2 的常態分配，假定自 X 隨機抽取一組樣本個數為 25 的樣本，其樣本平均數為 20、樣本變異數為 16，所面對的虛無假設為 H_0: $\mu_X = 22$，而所設定的顯著水準為 5%，則

   (a)統計推論結果為何？

   (b)當 $\mu_X = 21$ 下的第二型誤差為何？

   (c)當 $\mu_X = 23$ 下的第二型誤差為何？

2. 請以統計學班上 80 位同學的體重資料視為臺灣大學生體重的一組具代表性的樣本，並以 Excel 檢定其平均數是否為 60 公斤。

3. 請以統計學班上 80 位同學的體重資料視為臺灣大學生體重的一組具代表性的樣本，並以 Excel 檢定其變異數是否為 31。

10. 兩個母體參數的假設檢定

兩個母體間的比較經常是自然科學和社會科學研究必要的過程，例如在自然科學的實驗結果分析上，實驗組與對照組結果的比較；在行銷研究中對於男性與女性消費者行為的比較；在經濟發展的研究中，已開發國家與開發中國家間的發展比較等。在本章中，我們主要討論在兩個母體間的比較，延續第 9 章的單一母體參數的檢定，我們依序討論兩個母體參數——母體比例、母體平均數和母體變異數間是否相等的假設檢定。

10.1 兩母體比例的假設檢定

首先我們討論兩個母體比例的假設檢定，假設兩個母體隨機變數分別以 X 和 Y 表示，其分別為具有 p_X 和 p_Y 母體比例的白努力分配，即 $X \sim Bernoulli(p_X)$ 及 $Y \sim Bernoulli(p_Y)$。對於這兩個母體比例是否相等的虛無假設為 H_0: $p_X = p_Y$，此虛無假設亦可表示成為 H_0: $p_X - p_Y = 0$。

由前面章節單一母體比例假設推論的討論中，我們知道對於母體比例而言，樣本比例是樣本所提供的樣本訊息，因此，對於虛無假設 H_0: $p_X - p_Y = 0$，我們對於兩個母體比例的差，$p_X - p_Y$，當然我們會以兩個樣本比例的差作為統計推論的樣本訊息，假若兩個樣本比例的差所表示的樣本訊息與虛無假設下的母體比例差，即 $p_X - p_Y = 0$，二者差距足夠大，則樣本訊息提供了拒絕虛無假設的訊息，因此我們作成棄卻虛無假設的推論。而為了決定判斷「棄卻」或「不棄卻」虛無假設的結論，樣本訊息（即樣本比例差）的抽樣分配是必須有所瞭解的，以下即是我們對樣本比例差抽樣分配的討論。

假設我們能分別從母體 X 及 Y 得到兩組樣本觀察值個數分別為 n 及 m，即 $\{x_i\}_{i=1}^n$ 和 $\{y_j\}_{j=1}^m$，由前面討論知道，**樣本總和** (sample total sum) 的分配為

$$\sum_{i=1}^n x_i \sim B(n, p_X)$$
$$\sum_{j=1}^m y_j \sim B(m, p_Y).$$

但由此結果，我們無法知道兩個樣本總和差 $(\sum_{i=1}^n x_i - \sum_{j=1}^m y_j)$ 的抽樣分配，而且，由於我們允許樣本觀察值個數 n 和 m 可以不一樣，就算虛無假設成立，兩個樣本總和也不會相等，因此，兩個樣本總和差不適宜作為統計檢定量；然而對於樣本比例的抽樣分配，唯有在樣本個數足夠大得使中央極限定理成立：即在 n 及 m 足夠大時，

$$\sqrt{n}\frac{\bar{p}_x - p_X}{\sqrt{p_X(1-p_X)}} \sim N(0,1),$$
$$\sqrt{m}\frac{\bar{p}_y - p_Y}{\sqrt{p_Y(1-p_Y)}} \sim N(0,1).$$

其中 $\bar{p}_x = \sum_{i=1}^n x_i / n$ 和 $\bar{p}_y = \sum_{j=1}^m y_i / m$ 分別為兩組樣本的樣本比例；或可表示為

$$\bar{p}_x \sim N(p_X, p_X(1-p_X)/n),$$
$$\bar{p}_y \sim N(p_Y, p_Y(1-p_Y)/m).$$

由常態分配的特性：常態分配的線性組合仍為常態分配，因此，當 n 及 m 足夠大時，樣本比例差的抽樣分配自然為常態分配；至於樣本比例差的平均數和變異數為

$$E(\bar{p}_x - \bar{p}_y) = E(\bar{p}_x) - E(\bar{p}_y) = p_X - p_Y,$$
$$\begin{aligned}\text{var}(\bar{p}_x - \bar{p}_y) &= \text{var}(\bar{p}_x) + \text{var}(\bar{p}_y) - 2\text{cov}(\bar{p}_x, \bar{p}_y) \\ &= p_X(1-p_X)/n + p_Y(1-p_Y)/m,\end{aligned}$$

因為兩個母體相互獨立，因此樣本比例間也互為獨立，$\text{cov}(\overline{p}_x, \overline{p}_y) = 0$。是故，樣本比例差的抽樣分配為

$$\overline{p}_x - \overline{p}_y \sim N(p_X - p_Y, p_X(1 - p_X)/n + p_Y(1 - p_Y)/m).$$

在虛無假設 H_0: $p_X = p_Y$ 下，我們令 $p_X = p_Y = p_0$，因此，在虛無假設下，樣本比例差的抽樣分配為

$$\overline{p}_x - \overline{p}_y \overset{H_0}{\sim} N(0, p_0(1 - p_0)/n + p_0(1 - p_0)/m),$$

或

$$\frac{\overline{p}_x - \overline{p}_y}{\sqrt{p_0(1 - p_0)(1/n + 1/m)}} \overset{H_0}{\sim} N(0,1).$$

由此結果，我們仍無法決定判斷「棄卻」及「不棄卻」虛無假設的棄卻、非棄卻域，因為參數值 p_0 仍為未知，我們只得利用樣本資料予以估計。由於在虛無假設 $p_X = p_Y$ 下，兩個母體 X 及 Y 即可視為同一個母體，而兩組樣本資料即可視為來自同一個母體 ($Bernoulli(p_0)$)，因此我們可以用兩組樣本資料估計 p_0，即以

$$\overline{p} = \frac{\sum_{i=1}^{n} x_i + \sum_{j=1}^{m} y_j}{n + m}$$

估計 p_0，由於 $\overline{p}$ 是混合兩組樣本資料予以計算，故 $\overline{p}$ 稱為虛無假設下母體比例的**混合估計式** (pooled estimator)。再由於 $\overline{p}$ 是虛無假設下 p_0 的一致估計式，即 $\overline{p} \to p_0$，因此，

$$\frac{\overline{p}_x - \overline{p}_y}{\sqrt{\overline{p}(1 - \overline{p})(1/n + 1/m)}} \to \frac{\overline{p}_x - \overline{p}_y}{\sqrt{p_0(1 - p_0)(1/n + 1/m)}} \overset{H_0}{\sim} N(0,1).$$

由上述抽樣分配結果，我們可知，若

$$\frac{\overline{p}_x - \overline{p}_y}{\sqrt{\overline{p}(1-\overline{p})(1/n+1/m)}} \geq Z_{1-\alpha/2} \quad \text{或} \quad \frac{\overline{p}_x - \overline{p}_y}{\sqrt{\overline{p}(1-\overline{p})(1/n+1/m)}} \leq -Z_{1-\alpha/2}$$

則我們在顯著水準 α 下「棄卻」虛無假設 H_0: $p_X = p_Y$。若

$$\frac{\overline{p}_x - \overline{p}_y}{\sqrt{\overline{p}(1-\overline{p})(1/n+1/m)}} \geq Z_{1-\alpha}$$

則我們在顯著水準 α 下「棄卻」虛無假設 H_0: $p_X \leq p_Y$。若

$$\frac{\overline{p}_x - \overline{p}_y}{\sqrt{\overline{p}(1-\overline{p})(1/n+1/m)}} \leq -Z_{1-\alpha}$$

則我們在顯著水準 α 下「棄卻」虛無假設 H_0: $p_X \geq p_Y$。

假定我們想知道管理學院經濟系與企管系是否具有同樣的男女比例，而假定統計學課堂上的 80 位同學具有管理學院同學的代表性，則此 80 位同學可視為現成的一組樣本，其中的經濟系與企管系同學即可為進行統計檢定的樣本觀察值；在這個樣本中，經濟系同學有 20 位，其中 12 位男同學、8 位女同學，而企管系有 14 位同學，其中 6 位男同學、8 位女同學。令以 X 表示該管理學院經濟系的同學，而以 Y 表示企管系的同學，則 p_X 和 p_Y 分別表示經濟系和企管系的男生比例，因此，我們的虛無假設為 H_0: $p_X = p_Y$；兩個樣本比例為 $\overline{p}_x = 12/20$ 和 $\overline{p}_y = 6/14$， 而虛無假設下的混合樣本比例則為 $\overline{p} = 18/34$，則檢定統計量為

$$\begin{aligned} z &= \frac{\overline{p}_x - \overline{p}_y}{\sqrt{\overline{p}(1-\overline{p})(1/n+1/m)}} \\ &= \frac{12/20 - 6/14}{\sqrt{(18/34)(1-(18/34))(1/20+1/14)}} \\ &= \frac{0.171428571}{0.173931311} = 0.985610761 \end{aligned}$$

由於 $z < Z_{0.975} = 1.96$，因此，我們在 95% 的顯著水準下不棄卻虛無假設。除了

利用附錄中表 3 的標準常態分配分量表，以判定虛無假設的推論結果，我們也可以利用 Excel 中『插入 (I)』、『f_x 函數 (F)』的「NORMDIST」，在「NORMDIST」的對話框中，輸入統計檢定量的估計結果 0.985610761 於「X」框中，及輸入 0 於「Mean」和 1 於「Standard_dev」，最後在「Cumulative」框中輸入 1，以計算數值 0.985610761 在標準常態分配下的累加機率值，我們將得到的累加機率值為 0.837837922，此表示 $P(Z \leq 0.985610761) = 0.837837922$，由於此機率值小於 97.5%，故在顯著水準 95% 下不棄卻虛無假設 H_0: $p_X = p_Y$；或者，由 $P(Z \leq 0.985610761) = 0.837837922$，我們知道該統計檢定量的 $p-$ 值 ($p-$value) 為 0.162162078 (= 1 − 0.837837922)，此 $p-$ 值大於 2.5%，故在顯著水準 95% 下不棄卻虛無假設 H_0: $p_X = p_Y$。

除了上述直接計算 $Z-$ 統計量以進行假設檢定外，我們也可直接利用 Excel 進行檢定；首先將儲存性別與科系別資料的 Excel 檔案 (Sex.xls 及 Depart.xls) 合併成一個檔案，命名為 Dep − Sex.xls，其內 A 行及 B 行分別放置性別及科系別資料，點選『資料 (D)』、『排序 (S)』以進入「排序」對話框，在框中的「主要鍵」點選「科系」及「遞增 (A)」，按下『確定』即可看到在工作表中的性別與科系資料已按科系別重新排序，經排序後，A2 − A21 即為經濟系 20 位同學性別 0 − 1 的資料，而 A46 − A59 則為企管系 14 位同學性別 0 − 1 的資料，我們可用『 = AVERAGE(A2:A21)』和『 = AVERAGE(A46:A59)』分別計算公式求得經濟系和企管系的男生比例，為 0.6 和 0.428571，我們再利用『編輯 (E)』中的『複製 (C)』及『貼上 (P)』將 A2 − A21 和 A46 − A59 的性別資料，貼在 D2 − D35 的位置上，同樣以『 = AVERAGE(D2:D35)』可求得經濟系與企管系 34 位同學的男女比例，即 $\bar{p} = 0.529412$；此外，利用 Excel 之『工具 (T)』、『資料分析 (D)』進入資料分析的對話框中，選擇「分析工具 (A)」中的「z − 檢定：兩個母體平均數差異檢定」，即可進入「z − 檢定：兩個母體平均數差異檢定」的對話框，在「變數 1 的範圍 (1)」框中輸入經濟系 20 位同學性別 0 − 1 的資料 A2:A21，在「變數 2 的範圍 (2)」框中輸入企管系 14 位同學性別 0 − 1 的資料 A46:A59，在「假設的均數差 (P)」框中輸入虛無假設下兩個母體平均數之差，因 H_0: $p_X = p_Y$，故輸入 $p_X - p_Y = 0$，「變數 1 之變異數 (已知)(V)」及「變數 2 之變異數 (已知)(A)」兩個框中輸入 $\bar{p}(1-\bar{p}) = 0.249135$，其中 $\bar{p} = 18/34$ 為混合樣本比例，最後選擇輸出範圍即可得到以下結果。上述 Excel 的過程，請參考作者網頁子目錄 chapter10 中的 chapt10_1.ppt。

$z-$ 檢定：兩個母體平均數差異檢定

	變數 1	變數 2
平均數	0.6	0.428571429
已知的變異數	0.249135	0.249135
觀察值個數	20	14
假設的均數差	0	
z 統計	0.985610658	
$P(Z<=z)$ 單尾	0.162162103	
臨界值：單尾	1.644853	
$P(Z<=z)$ 雙尾	0.324324206	
臨界值：雙尾	1.959961082	

上表中，得到的 $z-$ 統計量為 0.985610658，此數值小於單尾檢定的臨界值 1.644853，或因單尾的 $P(Z \leq z)$ 值 (應為 $p-$value，即 $1-P(Z \leq z)$) 為 0.162162103 大於 $\alpha = 0.05$，故在顯著水準 $\alpha = 0.05$ 下，不棄卻虛無假設 H_0: $p_X \leq p_Y$；此外，$z-$ 統計量小於雙尾檢定的臨界值 1.959961082，或因雙尾的 $P(Z<=z)$ 值 (即為 $p-$value) 為 0.324324206 大於 $\alpha = 0.05$，則在顯著水準 $\alpha = 0.05$ 下，不棄卻虛無假設 H_0: $p_X = p_Y$。值得注意的是，在上表中 Excel 的輸出結果，「$P(Z<=z)$ 單尾」和「$P(Z<=z)$ 雙尾」與一般分量的定義有所不同，當 $z-$ 統計量為 0.985610658 時，我們知道 $P(Z \leq 0.985610658) = 0.837837897$，而單尾檢定的 $p-$value 方為

$$P(Z \geq 0.985610658) = 1 - P(Z \leq 0.985610658) = 0.162162103,$$

所以，「$P(Z<=z)$ 單尾」應改為「$P(Z>=z)$ 單尾」；至於雙尾檢定的 $p-$value 應為

$$P(|Z| \geq 0.985610658) = P(Z \geq 0.985610658) + P(Z \leq -0.985610658)$$
$$= 2 \times 0.162162103 = 0.324324206,$$

「$P(Z$ <= $z)$ 雙尾」應改為「$P(|Z|$ >= $z)$ 雙尾」。

10.2 兩母體平均數的假設檢定

兩個母體平均數的假設檢定在自然科學與社會科學的研究中亦極為重要，例如，在勞動經濟的研究中，男性與女性勞工工資水準的比較；在財務金融資料的分析中，兩類股票報酬率的比較等。首先，假設我們所研究的問題是有關於兩個母體平均數是否相等，若以隨機變數 X 及 Y 代表所分析的兩個母體，其具有 μ_X 和 μ_Y 的母體平均數，及 σ_X^2、σ_Y^2 的母體變異數，則所面對的虛無假設為 H_0: $\mu_X = \mu_Y$，而此虛無假設亦可表現成 H_0: $\mu_X - \mu_Y = 0$。

由前面章節的分析中，我們知道有關於母體平均數的樣本訊息為樣本平均數，所以在虛無假設中關於兩個母體平均數的差，所考慮的樣本訊息應為樣本平均數的差，而為了決定判斷「棄卻」或「不棄卻」的準則，樣本平均數差的抽樣分配的瞭解是必要的。由前面章節所討論的單一母體平均數的假設檢定中， 樣本平均數的常態抽樣分配是建立於 1. 母體分配假設為常態分配，或 2. 樣本觀察個數足夠大使得中央極限定理得以成立。所以，在以下的討論中，我們也以上述兩種假設予以討論。

10.2.1 母體分配假設為常態分配

在假設兩個母體的分配為常態，則此兩個母體可表現為 $X \sim N(\mu_X,\sigma_X^2)$ 和 $Y \sim N(\mu_Y,\sigma_Y^2)$；在母體為常態分配的假設下，考慮兩個分別來自母體 X 和 Y 的樣本，其具有 n 和 m 個樣本觀察個數，即 $\{x_i\}_{i=1}^n$ 和 $\{y_j\}_{j=1}^m$，則樣本平均數的抽樣分配為

$$\bar{x}_n = \frac{1}{n}\sum_{i=1}^{n} x_i \sim N\left(\mu_X, \frac{\sigma_X^2}{n}\right)$$

$$\bar{y}_m = \frac{1}{m}\sum_{j=1}^{m} y_j \sim N\left(\mu_Y, \frac{\sigma_Y^2}{m}\right).$$

由前面章節的討論知道，

$$\begin{aligned} E(\bar{x}_n - \bar{y}_m) &= E(\bar{x}_n) - E(\bar{y}_m) = \mu_X - \mu_Y, \\ \text{var}(\bar{x}_n - \bar{y}_m) &= \text{var}(\bar{x}_n) + \text{var}(\bar{y}_m) - 2\text{cov}(\bar{x}_n, \bar{y}_m) \\ &= \text{var}(\bar{x}_n) + \text{var}(\bar{y}_m) \\ &= \frac{\sigma_X^2}{n} + \frac{\sigma_Y^2}{m}, \end{aligned}$$

$\text{cov}(\bar{x}_n, \bar{y}_m) = 0$ 是因為我們假設兩個母體 X 與 Y 互相獨立。因此，兩個樣本平均數差的抽樣分配為

$$\bar{x}_n - \bar{y}_m \sim N\left(\mu_X - \mu_Y, \frac{\sigma_X^2}{n} + \frac{\sigma_Y^2}{m}\right).$$

在虛無假設 H_0: $\mu_X - \mu_Y = 0$ 下，上式中樣本平均數差的抽樣分配則為

$$\bar{x}_n - \bar{y}_m \overset{H_0}{\sim} N\left(0, \frac{\sigma_X^2}{n} + \frac{\sigma_Y^2}{m}\right).$$

式中常態的抽樣分配中雖已知道平均數為 0，但兩個母體的變異數 (σ_X^2 和 σ_Y^2) 仍為未知，因此仍無法決定判斷「棄卻」或「不棄卻」的信賴區間；對於母體變異數的討論，如同在單一母體平均數假定的討論，我們分成兩種情況進行討論；一為假設其為已知的數值；二為以樣本變異數予以估計。

1. 假設 σ_X^2 和 σ_Y^2 為已知的數值

若假設我們可以從先前的研究或他人的研究中得到 σ_X^2 和 σ_Y^2 的數值，則樣本平均數差的抽樣分配可被標準化成標準常態分配，即

$$\frac{\bar{x}_n - \bar{y}_m}{\sqrt{\frac{\sigma_X^2}{n} + \frac{\sigma_Y^2}{m}}} \overset{H_0}{\sim} N(0,1).$$

由此結果，我們可由附錄中表 3 的標準常態分配分量表中，查得在顯著水準 α 下的臨界值，$Z_{1-\alpha/2}$；因而我們可以實際觀察到的樣本資料計算出 $z-$ 統計量：

$$\frac{\bar{x}_n - \bar{y}_m}{\sqrt{\frac{\sigma_X^2}{n} + \frac{\sigma_Y^2}{m}}}.$$

則若

$$z \geq Z_{1-\alpha/2} \quad \text{或} \quad z \leq -Z_{1-\alpha/2},$$

我們在第一型誤差設定為 α 下，棄卻虛無假設 H_0: $\mu_X = \mu_Y$。或者，我們可依樣本平均數差估計值是否落在不棄卻區域內進行推論，即若

$$\bar{x}_n - \bar{y}_m \geq \bar{c} = Z_{1-\alpha/2}\sqrt{\sigma_X^2/n + \sigma_Y^2/m},\ \bar{x}_n - \bar{y}_m \leq \underline{c} = -Z_{1-\alpha/2}\sqrt{\sigma_X^2/n + \sigma_Y^2/m},$$

我們在第一型誤差設定為 α 下，棄卻虛無假設 H_0: $\mu_X = \mu_Y$。

此外，若 $z \geq Z_{1-\alpha}$ 或 $\bar{x}_n - \bar{y}_m \geq Z_{1-\alpha}\sqrt{\sigma_X^2/n + \sigma_Y^2/m}$，則我們在第一型誤差設定為 α 下，棄卻虛無假設 H_0: $\mu_X \leq \mu_Y$ 另者，若 $z \leq -Z_{1-\alpha}$ 或 $\bar{x}_n - \bar{y}_m \leq \mu_0 - Z_{1-\alpha}$ $\sqrt{\sigma_X^2/n + \sigma_Y^2/m}$，則我們在第一型誤差設定為 α 下，棄卻虛無假設 H_0: $\mu_X \geq \mu_Y$。在統計檢定推論中，常設定的第一型誤差為 α = 10%, 5% 和 1% 等，而由附錄表 3 的常態分配分量表、或由 Excel 中『插入 (I)』、『函數 (F)』的『NORMINV』中於「Probability」輸入 0.95、0.975 或 0.99，於「Mean」及「Standard_dev」中輸入 0 和 1 以表示為標準常態分配，即可得到 $Z_{0.95} = 1.644853$, $Z_{0.975} = 1.959961$, $Z_{0.99} = 2.326342$。

假定我們想知道臺灣的經濟系與企管系同學在修習統計學上的表現是否

存在差異性，我們以 X 代表臺灣所有經濟系同學的統計學分數母體，以 Y 代表臺灣所有企管系同學的統計學分數母體，而我們假定知道臺灣的經濟系與企管系同學的學期分數均為常態分配，且二者均具有兩分的變異數，即 $\sigma_X^2 = \sigma_Y^2 = 2$。因此，如果臺灣的經濟系與企管系同學在修習統計學上的表現不存在差異性，則在常態分配與相同變異數的假設下，其平均數勢必相等，所以對應於臺灣的經濟系與企管系同學在修習統計學上的表現相同的虛無假設為 H_0: $\mu_X = \mu_Y$。再假定統計學課堂上 80 位同學中的 20 位經濟系同學與 14 位企管系同學的統計分數，分別具有母體 X 和 Y 的代表性，因此，其樣本平均數的差異可作為判斷兩個母體平均數是否相等的訊息，我們可將其作為 H_0: $\mu_X = \mu_Y$ 假設檢定的樣本資料，據以計算 $z-$ 統計量如下：

$$z = \frac{\bar{x}_n - \bar{y}_m}{\sqrt{\frac{\sigma_X^2}{n} + \frac{\sigma_Y^2}{m}}} = \frac{\bar{x}_n - \bar{y}_m}{\sqrt{\frac{2}{20} + \frac{2}{14}}}.$$

至於 20 位經濟系同學與 14 位企管系同學統計學的平均分數，可以用 Excel 加以計算；首先將統計學分數與科系別的 Excel 檔 (Statistics.xls 和 Depart.xls) 開啟在同一個工作表中，命名為 Dep – Stat.xls，以 A 行放置科系別資料而以 B 行放置統計分數，點選『資料 (D)』工具中的『排序 (S)』，即可進入「排序」的對話框，在對話框中的「主要鍵」選擇「科系」，繼而按下「確定」，則在 Excel 工作表中的資料會依 1 至 5 由小到大的科系別重新排序，在 A2 到 A21 位置均為 1，而 B2 到 B21 即為 20 位經濟系同學的統計分數，我們可以用函數「= AVERAGE(B2:B21) 得到其樣本平均數 68.085；同樣地，在 A46 到 A59 位置均為 3，而 B46 到 B59 即為 14 位企管系同學的統計分數，我們可以用函數「= AVERAGE(B46:B59)」得到其樣本平均數 67.69714；將這兩個樣本平均數代入 $z-$ 統計量的公式中，即得到

$$z = \frac{67.69714 - 68.085}{\sqrt{\frac{2}{20} + \frac{2}{14}}} = -0.787039.$$

由於 $z = -0.787039$ 大於 $Z_{0.025} = -1.96$，因此我們在顯著水準 $\alpha = 5\%$ 下，不棄卻虛無假設 H_0: $\mu_X = \mu_Y$，亦即我們的樣本訊息顯示臺灣的經濟系與企管系同學在修習統計學上的表現不存在差異性。上述 Excel 的過程，請參考作者網頁子目錄 chapter10 中的 chapt10_2.ppt。

除了上述直接計算 $z-$ 統計量以進行假設檢定外，我們也可直接利用 Excel 進行檢定，在 Dep－Stat.xls 的檔案內，利用 Excel 之『工具 (T)』、『資料分析 (D)』進入資料分析的對話框中，選擇『分析工具 (A)』中的『z－檢定：兩個母體平均數差異檢定』，即可進入「z－檢定：兩個母體平均數差異檢定」的對話框，在『變數 1 的範圍 (1)』框中輸入經濟系 20 位同學的統計學分數，即 B2:B21，在『變數 2 的範圍 (2)』框中輸入企管系 14 位同學統計學分數，即 B46:B59，在『假設的均數差 (P)』框中輸入虛無假設下兩個母體平均數之差，因 H_0: $\mu_X = \mu_Y$，故輸入 $\mu_X - \mu_Y = 0$，在『α(A)』框中輸入顯著水準 0.05，『變數 1 之變異數 (已知)(V)』及『變數 2 之變異數 (已知)(A)』兩個框中輸入 2，最後選擇輸出範圍即可得到以下結果：

$z-$ 檢定：兩個母體平均數差異檢定

	變數 1	變數 2
平均數	68.085	67.69714286
已知的變異數	2	2
觀察值個數	20	14
假設的均數差	0	
z 統計	0.787039181	
$P(Z <= z)$ 單尾	0.215629398	
臨界值：單尾	1.644853	
$P(Z <= z)$ 雙尾	0.431258796	
臨界值：雙尾	1.959961082	

上表中，得到的 $z-$ 統計量為 0.787039181，此數值小於單尾檢定的臨界值 1.644853，或因單尾的 $P(Z <= z)$ 值 (即為 $p-$value) 為 0.215629398 大於 $\alpha = 0.05$，故在顯著水準 $\alpha = 0.05$ 下，不棄卻虛無假設 H_0: $\mu_X \leq \mu_Y$；此外，$z-$ 統計量小於雙尾檢定的臨界值 1.959961082，或因雙尾的 $P(Z <= z)$ 值 (即為 $p-$value) 為 0.431258796 大於 $\alpha = 0.05$，則在顯著水準 $\alpha = 0.05$ 下，不棄卻虛無假設 H_0: $\mu_X = \mu_Y$。上述 Excel 的過程，請參考作者網頁子目錄 chapter10 中的 chapt10_3.ppt。

2. 以樣本變異數估計母體變異數

若我們無法取得先驗的訊息以得到母體變異數時，我們只得以樣本變異數予以估計，即

$$s_x^2 = \frac{1}{n-1}\sum_{i=1}^{n}(x_i - \overline{x}_n)^2$$

$$s_y^2 = \frac{1}{m-1}\sum_{j=1}^{m}(y_j - \overline{y}_m)^2.$$

並將樣本變異數的估計值取代 $z-$ 統計量中未知的母體變異數；則我們所考量的統計量為

$$t = \frac{\overline{x}_n - \overline{y}_m}{\sqrt{s_x^2/n + s_y^2/m}}$$

由於以 s_x^2 和 s_y^2 取代 σ_X^2 和 σ_Y^2，則上式中 $t-$ 統計量的抽樣分配將不再會是標準常態分配；因此，對於 $t-$ 統計量在虛無假設下的抽樣分配需作進一步討論。

與前一章中單一母體平均數的討論相同，$t-$ 統計量可依下式討論:

$$t=\frac{\overline{x}_n-\overline{x}_m}{\sqrt{s_x^2/n+s_y^2/m}}$$

$$=\frac{\dfrac{\overline{x}_n-\overline{y}_m}{\sqrt{\sigma_X^2/n+\sigma_Y^2/m}}}{\dfrac{\sqrt{s_x^2/n+s_y^2/m}}{\sqrt{\sigma_X^2/n+\sigma_Y^2/m}}}$$

$$=\frac{\dfrac{\overline{x}_n-\overline{y}_m}{\sqrt{\sigma_X^2/n+\sigma_Y^2/m}}}{\sqrt{\dfrac{s_x^2/n+s_y^2/m}{\sigma_X^2/n+\sigma_Y^2/m}}} \tag{6}$$

在上式中，分子在虛無假設 H_0: $\mu_X-\mu_Y=0$ 下的抽樣分配為標準常態分配，即

$$\frac{\overline{x}_n-\overline{y}_m}{\sqrt{\sigma_X^2/n+\sigma_Y^2/m}}\overset{H_0}{\sim}N(0,1).$$

由前面的討論中， 我們已知道在 $X\sim N(\mu_X,\sigma_X^2)$ 和 $Y\sim N(\mu_Y,\sigma_Y^2)$ 的條件下，樣本變異數的抽樣分配為

$$\frac{(n-1)s_x^2}{\sigma_X^2}\sim\chi^2(n-1),$$

$$\frac{(m-1)s_y^2}{\sigma_Y^2}\sim\chi^2(m-1).$$

則在虛無假設 H_0: $\mu_X-\mu_Y=0$ 下，樣本變異數的抽樣分配為

$$\frac{(n-1)s_x^2}{\sigma_X^2}=\frac{\sum_{i=1}^{n}(x_i-\overline{x}_n)^2}{\sigma_X^2}\sim\chi^2(n-1),$$

$$\frac{(m-1)s_y^2}{\sigma_Y^2}=\frac{\sum_{j=1}^{m}(y_j-\overline{y}_m)^2}{\sigma_Y^2}\sim\chi^2(m-1).$$

由此清楚可知， 唯有 s_x^2 除以 σ_X^2 和 s_y^2 除以 σ_Y^2 才有 χ^2 的抽樣分配； 然而在式

(6) 中分母的根號內可改寫為

$$\frac{s_x^2/n}{\sigma_X^2/n+\sigma_Y^2/m}+\frac{s_y^2/m}{\sigma_X^2/n+\sigma_Y^2/m}, \tag{7}$$

很明顯地，其中 s_x^2 和 s_y^2 並非除上各自的變異數，而是 $\sigma_X^2/n+\sigma_Y^2/m$；為使式 (7) 具有 χ^2 的抽樣分配，我們只得加入一個條件，即 $\sigma_X^2=\sigma_Y^2=\sigma_0^2$，在此條件下，式 (7) 即成為

$$\frac{s_x^2/n}{\sigma_0^2(1/n+1/m)}+\frac{s_y^2/m}{\sigma_0^2(1/n+1/m)}. \tag{8}$$

再者，為消除上式中的 $(1/n+1/m)$，我們考慮以一個樣本變異數 (暫定為 s^2) 同時取代 s_x^2 和 s_y^2，則式 (8) 即成為

$$\frac{s_x^2/n}{\sigma_0^2(1/n+1/m)}+\frac{s_y^2/m}{\sigma_0^2(1/n+1/m)} \tag{9}$$

$$=\frac{s^2(1/n+1/m)}{\sigma_0^2(1/n+1/m)}=\frac{s^2}{\sigma_0^2}. \tag{10}$$

因此，現在我們要討論的是 s^2/σ_0^2 的抽樣分配；當然，s^2/σ_0^2 的抽樣分配取決於樣本變異數估計式 s^2 的選擇。

由於隨機變數 X 及 Y 均假設為常態分配，則在虛無假設 H_0: $\mu_X=\mu_Y$ 和 $\sigma_X^2=\sigma_Y^2=\sigma_0^2$ 的條件下，隨機變數 X 及 Y 即為相等的常態分配；此時，兩個觀察樣本 $\{x_i\}_{i=1}^n$ 和 $\{y_j\}_{j=1}^m$ 可視為一組具有 $n+m$ 個觀察值的樣本，而且由上述樣本變異數 s_x^2 和 s_y^2 的抽樣分配結果可知，在 $\sigma_X^2=\sigma_Y^2=\sigma_0^2$ 的條件下，

$$\frac{(n-1)s_x^2}{\sigma_0^2}+\frac{(m-1)s_y^2}{\sigma_0^2}=\frac{\sum_{i=1}^n(x_i-\overline{x}_n)^2+\sum_{j=1}^m(y_j-\overline{y}_m)^2}{\sigma_0^2}$$

$$\sim\chi^2(n-1)+\chi^2(m-1)=\chi^2(n+m-2).$$

由此抽樣分配結果，我們該以

$$\frac{\sum_{i=1}^{n}(x_i-\overline{x}_n)^2+\sum_{j=1}^{m}(y_j-\overline{y}_m)^2}{n+m-2}$$

以計算 s^2，因其混合兩個樣本的觀察值進行計算，因此稱其**混合樣本變異數估計式** (pooled sample variance estimator)；而其抽樣分配則為

$$\frac{(n+m-2)s^2}{\sigma_0^2}\sim\chi^2(\mathrm{n}+\mathrm{m}-2).$$

因此，我們考量的檢定統計量則為

$$t=\frac{\overline{x}_n-\overline{y}_m}{\sqrt{s^2(1/n+1/m)}},$$

當隨機變數 X 和 Y 的母體分配為常態分配時，在虛無假設 $H_0{:}\mu_X=\mu_Y$ 及 $\sigma_X^2=\sigma_Y^2=\sigma_0^2$ 條件下，其抽樣分配為

$$\begin{aligned}t&=\frac{\overline{x}_n-\overline{y}_m}{\sqrt{s^2(1/n+1/m)}}\\&=\frac{\dfrac{\overline{x}_n-\overline{y}_m}{\sqrt{\sigma_X^2/n+\sigma_Y^2/m}}}{\dfrac{\sqrt{s^2(1/n+1/m)}}{\sqrt{\sigma_X^2/n+\sigma_Y^2/m}}}\\&=\frac{\dfrac{\overline{x}_n-\overline{y}_m}{\sqrt{\sigma_X^2/n+\sigma_Y^2/m}}}{\sqrt{\dfrac{s^2(1/n+1/m)}{\sigma_0^2(1/n+1/m)}}}\end{aligned}$$

$$= \frac{\dfrac{\bar{x}_n - \bar{y}_m}{\sqrt{\sigma_X^2/n + \sigma_Y^2/m}}}{\sqrt{\dfrac{s^2}{\sigma_0^2}}}$$

$$= \frac{\dfrac{\bar{x}_n - \bar{y}_m}{\sqrt{\sigma_X^2/n + \sigma_Y^2/m}}}{\sqrt{\dfrac{(n+m-2)s^2/\sigma_0^2}{n+m-2}}}$$

$$\overset{H_0}{\sim} \frac{N(0,1)}{\sqrt{\chi^2(n+m-2)/(n+m-2)}} = t(n+m-2).$$

如同前述探討臺灣的經濟系與企管系同學在修習統計學上的表現是否存在差異性的例子，我們亦假定知道臺灣的經濟系與企管系同學的學期分數均為常態分配，但是並不知道其變異數。因此，如果臺灣的經濟系與企管系同學在修習統計學上的表現不存在差異性，則虛無假設為 H_0: $\mu_X = \mu_Y$。再假定統計學課堂上 80 位同學中的 20 位經濟系同學與 14 位企管系同學的統計分數，分別具有母體 X 和 Y 的代表性，因此，其樣本平均數的差異可作為兩個母體平均數是否相等的訊息，我們可將其作為 H_0: $\mu_X = \mu_Y$ 假設檢定的樣本資料。我們在 Dep − Stat.xls 的工作表中，將經濟系與企管系所有 34 位同學的統計學分數以『複製 (C)』、『貼上 (P)』放置於 D1:D34 中，在 E1:E20 欄位中輸入『= (Di − AVERAGE(D$1:D$20))^2』，$i = 1, \cdots, 20$，並在 E21:E34 欄位中輸入『= (Di − AVERAGE(D$21:D$34))^2』，i = 21,⋯,34，之後，在 E35 欄位輸入『= SUM(E1:E34)/32』，即得到混合樣本變異數 $s^2 = 1.14237$，進而可計算 t–統計量：

$$t = \frac{\bar{x}_n - \bar{y}_m}{\sqrt{s^2(1/n + 1/m)}}$$

$$= \frac{68.085 - 67.69714286}{\sqrt{1.14237(1/20 + 1/14)}}$$

$$= 1.041378.$$

由於在附錄的表 4 中並未列有自由度為 32 的臨界值，因此，我們以 Excel 中的「= TINV(0.05,32)」可得到 2.036932，即 $P(|T(32)| \geq 2.036932) = 0.05$，或 $P(T(32) \geq 2.036932) = P(T(32) \leq -2.036932) = 0.025$，其中 $T(32)$ 表示自由度為 32 的 $t-$ 分配隨機變數；由於 $t-$ 統計量小於 2.036932，因此，在顯著水準 $\alpha = 5\%$ 下，我們不棄卻虛無假設 H_0: $\mu_X \neq \mu_Y$；再者，Excel 中的「= TINV(0.10, 32)」可得到 1.693888407，即 $P(|T(32)| \geq 1.693888407) = 0.10$，或 $P(T(32) \geq 1.693888407) = P(T(32) \leq -1.693888407) = 0.05$；由於 $t-$ 統計量小於 1.693888407，因此，在顯著水準 $\alpha = 5\%$ 下，我們不棄卻虛無假設 H_0: $\mu_X \leq \mu_Y$。值得注意的是，在 Excel 中的函數公式「= TINV(p,n)」所得到的**分量** (quantile)，t，為 $P(|T(n)| \leq t) = p$。上述 Excel 的過程，請參考作者網頁子目錄 chapter10 中的 chapt10_4.ppt。

除了上述直接計算 $t-$ 統計量以進行檢定分析外，我們當然可以在 Dep – Stat.xls 的工作表中，利用 Excel 之『工具 (T)』、『資料分析 (D)』進入資料分析的對話框中，選擇「分析工具 (A)」中的『t – 檢定：兩個母體平均數差異檢定，假設變異數相等』，即可進入「t – 檢定：兩個母體平均數差異檢定，假設變異數相等」的對話框，在『變數 1 的範圍 (1)』框中輸入經濟系 20 位同學的統計學分數，即 B2:B21，在『變數 2 的範圍 (2)』框中輸入企管系 14 位同學統計學分數，即 B46:B59，在『假設的均數差 (P)』框中輸入虛無假設下兩個母體平均數之差，因 H_0: $\mu_X = \mu_Y$，故輸入 0，在『α(A)』框中輸入顯著水準 0.05，最後選擇輸出範圍即可得到以下結果：

$t-$ 檢定：兩個母體平均數差異檢定，假設變異數相等

	變數 1	變數 2
平均數	68.085	67.69714
變異數	1.638921	0.416637
觀察值個數	20	14
Pooled 變異數	1.142368	
假設的均數差	0	

自由度	32
t 統計	1.041378
$P(T <= t)$ 單尾	0.152752
臨界值：單尾	1.693888
$P(T <= t)$ 雙尾	0.305505
臨界值：雙尾	2.036932

上表中，Pooled 變異數與前述混合樣本變異數 $s^2 = 1.14237$ 相同，而得到的 $t-$ 統計量為 1.041378，此數值小於單尾檢定的臨界值 1.693888，或因單尾的 $P(T <= t)$ 值（即為 $p-$value）為 0.152752 大於 $\alpha = 0.05$，故在顯著水準 $\alpha = 0.05$ 下，不棄卻虛無假設 H_0: $\mu_X \leq \mu_Y$；此外，$t-$ 統計量小於雙尾檢定的臨界值 2.036932，或因雙尾的 $P(T <= t)$ 值（即為 $p-$value）為 0.305505 大於 $\alpha = 0.05$，則在顯著水準 $\alpha = 0.05$ 下，不棄卻虛無假設 H_0: $\mu_X = \mu_Y$。值得注意的是，與前面的 $z-$ 檢定相同，在上表中 Excel 的輸出結果，「$P(T <= t)$ 單尾」和「$P(T <= t)$ 雙尾」與一般分量的定義有所不同，當 $t-$ 統計量為 1.041378 時，以 Excel 的函數公式『TDIST(1.041378,32,1)』得到機率值 0.152752，此機率值為 $P(T(32) \geq 1.041378) = 0.152752$（應為 $p-$value），而非 $P(T(32) \leq 1.041378)$，所以，「$P(T <= t)$ 單尾」應改為「$P(T >= t)$ 單尾」；至於雙尾檢定，以 Excel 的函數公式『TDIST(1.041378,32,2)』得到機率值 0.305505，此機率值為 $P(|T(32)| \geq 1.041378) = 0.305505$（應為 $p-$value），而非 $P(|T(32)| \leq 1.041378)$，所以，「$P(T <= t)$ 單尾」應改為「$P(|T| >= t)$ 單尾」。上述 Excel 的過程，請參考作者網頁子目錄 chapter10 中的 chapt10_5.ppt。

10.2.2 母體分配假設不為常態分配

在上述的討論中，所有樣本統計量的抽樣分配結果，均奠基在母體分配為常態分配的假設下，但若母體分配為常態分配的假設不對時，則前述的 $z-$ 統計量或 $t-$ 統計量的抽樣分配則不為標準常態分配和具自由度 $(n + m - 2)$ 的卡方分配；此外，在實際從事統計分析時，我們有時可很明確知道母體的分配不為常態分配，例如，在母體比例的討論中，所面對的母體是為白努力分配；而在財務資料的分析時，財務資料絕非常態分配是眾所周知的事實；因此母體常態分配的假設在實證分析上經常是不合實際的。

當然，如果我們確知母體的分配，則其樣本統計量（如樣本平均數、樣本變異數等）的抽樣分配是有可能導出的，例如，抽樣自白努力分配母體的樣本總和是為二項分配。但是，實際上通常母體確切的分配是無法得知的，使得其相關的樣本統計量的抽樣分配無法得知，此時，我們唯有藉由中央極限定理的成立，來討論樣本統計量的抽樣分配。

為使中央極限定理成立，我們必須有足夠大的樣本數目，即樣本個數 n 及 m 要足夠大，此時樣本平均數 $\bar{x}_n$ 和 $\bar{y}_m$ 的極限分配為

$$\sqrt{n}\frac{\bar{x}_n-\mu_X}{\sigma_X}\sim N(0,1)$$

$$\sqrt{m}\frac{\bar{y}_m-\mu_Y}{\sigma_Y}\sim N(0,1).$$

在虛無假設 H_0: $\mu_X=\mu_Y$ 或 H_0: $\mu_X-\mu_Y=0$，及 X 和 Y 相互獨立下，

$$\bar{x}_n-\bar{y}_m\overset{H_0}{\simeq}N(0,\sigma_X^2/n+\sigma_Y^2/m).$$

如同前面的討論，以下我們分為 σ_X^2 和 σ_Y^2 為已知和未知兩種情況討論。

1. σ_X^2 和 σ_Y^2 為已知時

當 σ_X^2 和 σ_Y^2 為已知時，則

$$\frac{\bar{x}_n-\bar{y}_m}{\sqrt{\sigma_X^2/n+\sigma_Y^2/m}}\overset{H_0}{\simeq}N(0,1).$$

因此，我們所考慮的統計量檢定為

$$z=\frac{\bar{x}_n-\bar{y}_m}{\sqrt{\sigma_X^2/n+\sigma_Y^2/m}}\overset{H_0}{\simeq}N(0,1). \tag{11}$$

則若以觀察到的樣本依上式計算出的數值大於 $Z_{0.975}$ 或小於 $-Z_{0.975}$，我們棄卻虛無假設 H_0: $\mu_X=\mu_Y$；再者，若 z 值大於 $Z_{0.95}$，我們棄卻虛無假設 H_0: $\mu_X\leq\mu_Y$；若 z 值小於 $-Z_{0.95}$，我們棄卻虛無假設 H_0: $\mu_X\geq\mu_Y$。

2. σ_X^2 和 σ_Y^2 為未知時

當 σ_X^2 和 σ_Y^2 為未知時，當然我們會以樣本變異數 s_x^2 與 s_y^2 估計 σ_X^2、σ_Y^2，因此我們會以 s_x^2 與 s_y^2 取代式 (11) 中的 σ_X^2 與 σ_Y^2，則我們所考量的樣本訊息 (統計量) 即為

$$t=\frac{\bar{x}_n-\bar{y}_m}{\sqrt{s_x^2/n+s_y^2/m}}.$$

由於 s_x^2 與 s_y^2 是 σ_X^2 與 σ_Y^2 的一致估計式，即當樣本觀察個數 n 及 m 足夠大時，$s_x^2\to\sigma_X^2$ 和 $s_y^2\to\sigma_Y^2$，則

$$t=\frac{\bar{x}_n-\bar{y}_m}{\sqrt{s_x^2/n+s_y^2/m}}$$

$$\to\frac{\bar{x}_n-\bar{y}_m}{\sqrt{\sigma_X^2/n+\sigma_Y^2/m}}\overset{H_0}{\sim}N(0,1).$$

因此，若依實際樣本觀察值計算出的統計量 $t\geq Z_{1-\alpha/2}$ 或 $t\leq -Z_{1-\alpha/2}$，則我們在顯著水準 α 下棄卻虛無假設 H_0: $\mu_X=\mu_Y$；若統計量 $t\geq Z_{1-\alpha}$，則我們在顯著水準 α 下棄卻虛無假設 H_0: $\mu_X\leq\mu_Y$；而若統計量 $t\leq Z_{1-\alpha}$，則我們在顯著水準 α 下棄卻虛無假設 H_0: $\mu_X\geq\mu_Y$。

10.3 兩母體變異數間的假設檢定

在討論了兩個母體比例和平均數間的統計檢定後，我們討論兩母體變異數間的檢定；在財務金融的分析中，投資者對於金融商品的**投資組合** (portfolio) 的報酬，不但有興趣於報酬的平均數，亦對於其變異數有相當的興趣，因為，金融商品組合報酬的變異數，代表該組合的風險；因此，透過兩個金融商品組合報酬變異數的比較，即可比較兩種金融商品組合報酬的風險。此外，有個笑話，假定水溫攝氏 40 度是人類泡澡最舒服的溫度，假若一個洗澡橡木桶裝滿水溫攝氏 40 度的水，而另一個橡木桶下半層裝著攝氏 0 度的水、上半層裝著攝氏 80 度的水，這兩桶水的平均溫度均為 40 度，則泡在這兩桶水中是否是一樣舒服呢？因此，具有同樣平均數的兩個母體，會因為有不同的變異數而有不同的實現值分布，所以除了進行兩個母體平均數的比較外，對於兩個母體變異數的檢定也是必要的。

假設我們有分別來自兩母體 $X \sim D_X(\mu_X,\sigma^2_X)$ 與 $Y \sim D_Y(\mu_Y,\sigma^2_Y)$ 的兩組樣本 $\{x_i\}^n_{i=1}$ 與 $\{y_j\}^m_{j=1}$，而所面對的虛無假設為 H_0: $\sigma^2_X = \sigma^2_Y$。由前面的討論，我們知道相對於母體變異數的虛無假設，我們所考慮的樣本訊息為樣本變異數，而虛無假設為 H_0: $\sigma^2_X = \sigma^2_Y$ 可改寫為虛無假設 H_0: $\sigma^2_X - \sigma^2_Y = 0$ 或 H_0: $\sigma^2_X/\sigma^2_Y = 1$，因此，對應於這個虛無假設的樣本訊息會是樣本變異數的差，即 $s^2_x - s^2_y$，或是樣本變異數的比，即 s^2_x/s^2_y。

由前面的討論我們知道，當兩個母體為常態分配時，其樣本變異數的抽樣分配為

$$\frac{(n-1)s^2_x}{\sigma^2_X} \sim \chi^2(n-1), \frac{(m-1)s^2_y}{\sigma^2_Y} \sim \chi^2(m-1).$$

令 σ^2_0 為在虛無假設下兩母體的母體變異數，即 H_0: $\sigma^2_X = \sigma^2_Y = \sigma^2_0$，則在虛無假設下，樣本變異數的抽樣分配為

$$\frac{(n-1)s^2_x}{\sigma^2_0} \overset{H_0}{\sim} \chi^2(n-1), \frac{(m-1)s^2_y}{\sigma^2_0} \overset{H_0}{\sim} \chi^2(m-1).$$

雖然，我們知道兩個卡方分配的差仍為卡方分配，即 $\chi^2(n_1) - \chi^2(n_2) = \chi^2(n_1 - n_2), n_1 > n_2$，但由於我們無法得知確切 σ^2_0 的數值，因此無法以 $(n-1)s^2_x/\sigma^2_0 - (m$

$-1)s_y^2/\sigma_0^2$ 作為檢定統計量，雖然其具有熟知的抽樣分配；剔除了以樣本變異數的差作為統計推論的樣本訊息後，我們只得考慮樣本變異數的比例了；由前面的分配結果，我們知道

$$\frac{\chi^2(n)/n}{\chi^2(m)/m} \sim F(n,m).$$

而在虛無假設下，

$$\frac{(n-1)s_x^2}{\sigma_0^2} \overset{H_0}{\sim} \chi^2(n-1)\,,\ \frac{(m-1)s_y^2}{\sigma_0^2} \overset{H_0}{\sim} \chi^2(m-1).$$

若將上兩式左邊項分別除以 $(n-1)$ 和 $(m-1)$ 後再相除，相除後不但可將 σ_0^2 消去，亦可得到 $F(n-1,m-1)$ 的分配結果，即

$$\frac{\dfrac{(n-1)s_x^2/\sigma_0^2}{n-1}}{\dfrac{(m-1)s_y^2/\sigma_0^2}{m-1}} = \frac{\dfrac{\chi^2(n-1)}{n-1}}{\dfrac{\chi^2(m-1)}{m-1}} \overset{H_0}{\sim} F(n-1,m-1).$$

而上式中最左邊一項可簡化為 s_x^2/s_y^2。因此，我們所考量的統計量為

$$F = \frac{s_x^2}{s_y^2} \overset{H_0}{\sim} F(n-1,m-1).$$

若依實際資料所計算出的 $F-$ 統計量大於 $F_{\alpha/2}(n-1,m-1)$(表示 s_x^2 大於 s_y^2 很多) 或小於 $F_{1-\alpha/2}(n-1,m-1)$(表示 s_x^2 小於 s_y^2 很多)，由於在統計推論中，樣本資料具有母體的代表性是分析者的信念，所以 s_x^2 大於 s_y^2 很多或 s_x^2 小於 s_y^2 很多，均隱含 $\sigma_X^2 \neq \sigma_Y^2$，則在顯著水準 α 下，我們棄卻虛無假設 H_0: $\sigma_X^2 = \sigma_Y^2$；若 $F-$ 統計量大於 $F_\alpha(n-1,m-1)$，表示 s_x^2 大於 s_y^2 很多，隱含 σ_X^2 大於 σ_Y^2 很多，則在顯著水準 α 下，我們棄卻虛無假設 H_0: $\sigma_X^2 \leq \sigma_Y^2$；若 $F-$ 統計量小於 $F_{1-\alpha}(n-1,m-1)$，表示 s_x^2 小於 s_y^2 很多，隱含 σ_X^2 小於 σ_Y^2 很多，則在顯著水準

α 下，我們棄卻虛無假設 H_0: $\sigma_X^2 \geq \sigma_Y^2$。

在此值得一提的是，在 $F-$ 分配的隨機變數間，存在下述關係：

$$F_\alpha(n,m) = \frac{1}{F_{1-\alpha}(n,m)}.$$

由於這關係式的存在，我們在附錄表 6 的 $F-$ 分配分量表只需表列在不同自由度 n 和 m 下右方單尾的**分量** (quantile)，如 α 等於 0.10、0.05、0.025 和 0.01；而左尾的分量如 $1-\alpha = 0.9, 0.95, 0.975, 0.99$ 即可依上式計算而得。

此外，為了遷就表列右方單尾分量值的 $F-$ 分配分量表，我們可以在計算 $F-$ 統計量時，永遠將較大的樣本變異數當成分子，而將較小的樣本變異數放在分母，則所算出來的 $F-$ 統計量永遠保持大於或等於 1，若其值大於 1 很多則表示兩個樣本變異數的數值相差很多，隱含兩個母體的變異數差異大，因而我們應棄卻母體變異數相等的虛無假設；反之，若所算出來的 $F-$ 統計量接近於 1，則表示兩個樣本變異數的數值相近，隱含兩個母體的變異數差異不大，因而我們不應棄卻母體變異數相等虛無假設；在此做法下，唯有當有足夠大的 $F-$ 統計量時，才棄卻虛無假設，因此我們將進行單尾檢定。換言之，若 $s_x^2 > s_y^2$，則所應計算的統計量及其抽樣分配為

$$F = \frac{s_x^2}{s_y^2} \overset{H_0}{\sim} F(n-1, m-1).$$

若 $F-$ 統計量大於 $F_\alpha(n-1, m-1)$，則在顯著水準 α 下棄卻虛無假設 H_0: $\sigma_X^2 \leq \sigma_Y^2$；抑或，若 $s_x^2 < s_y^2$，則所應計算的統計量及其抽樣分配為

$$F = \frac{s_y^2}{s_x^2} \overset{H_0}{\sim} F(m-1, n-1).$$

若 $F-$ 統計量大於 $F_\alpha(m-1, n-1)$，則在顯著水準 α 下棄卻虛無假設 H_0: $\sigma_X^2 \geq \sigma_Y^2$。

由前面兩個母體平均數的檢定結果中，我們知道臺灣的經濟系與企管系同學在修習統計學上的表現不存在差異性，這僅就平均數而言，但有可能其

間存在變異數的差異性；因為變異數的不同，表示雖然兩系同學的平均表現相類似，但變異數小的科系，代表該系每位同學的認真程度較一致，因而有較少差異的統計學分數的表現，而變異數大的科系，代表該系每位同學的認真程度較不一致，以致有非常認真及非常不認真的同學，因而有較大差異的統計學分數的表現；因此，除了進行母體平均數的比較外，對於其間變異數是否存在差異，也有加以比較的必要性。假定臺灣的經濟系與企管系同學的統計學分數均為常態分配，並假定統計學課堂上 80 位同學中的 20 位經濟系同學與 14 位企管系同學的統計分數，分別具有母體 X 和 Y 的代表性；我們在 Dep－Stat.xls 檔案中的工作表，按科系別將資料予以排序，以函數公式『＝VAR(B2:B21)』和『＝VAR(B46:B59)』，可分別得到 20 位經濟系同學與 14 位企管系同學統計分數的樣本變異數，即 $s_x^2 = 1.638921$ 及 $s_y^2 = 0.416637$，則我們可以計算 $F-$ 統計量

$$F = \frac{s_x^2}{s_y^2} = \frac{1.638921}{0.416637} = 3.933687.$$

由於第一自由度為 $(n-1) = 19$ 和第二自由度為 $(m-1) = 13$，假定我們選擇的顯著水準為 5%，在附錄表 6 中沒有 $F(19,30)$ 的臨界值表，因此，我們以 Excel 的函數公式『＝FINV(0.05,19,13)』可得到臨界值為 2.47087，此分量的定義為

$$P(F(19,13) \geq 2.47087) = 0.05.$$

亦即 $F_{0.95}(19,13) = 2.47087$。由於 $F-$ 統計量 3.933687 大於臨界值 2.47087，因此，在顯著水準 $\alpha = 5\%$ 下，我們棄卻虛無假設 H_0: $\sigma_X^2 = \sigma_Y^2$。

除了上述直接計算 $F-$ 統計量以進行檢定分析外，我們當然可以在 Dep－Stat.xls 的工作表中，利用 Excel 之『工具 (T)』、『資料分析 (D)』進入資料分析的對話框中，選擇「分析工具 (A)」中的『F－檢定：兩個常態母體變異數的檢定』，即可進入「F－檢定：兩個常態母體變異數的檢定」的對話框，在『變數 1 的範圍 (1)』框中輸入經濟系 20 位同學的統計學分數，即 B2:B21，

在『變數 2 的範圍 (2)』框中輸入企管系 14 位同學統計學分數，即 B46:B59，在『α (A)』框中輸入顯著水準 0.05，最後選擇輸出範圍即可得到以下結果：

F－ 檢定：兩個常態母體變異數的檢定

	變數 1	變數 2
平均數	68.085	67.69714
變異數	1.638921	0.416637
觀察值個數	20	14
自由度	19	13
F	3.933687	
$P(F <= f)$ 單尾	0.007516	
臨界值：單尾	2.47087	

由上表中，所得到的 F－ 統計量為 3.933687，「$P(F <= f)$ 單尾」表示 p－value，即 $P(F(19,13) \geq 3.933687) = 0.007516$，此機率值小於 0.05，或 F－ 統計量大於臨界值 2.47087，是以在顯著水準 5% 下，棄卻虛無假設 H_0: $\sigma_X^2 = \sigma_Y^2$。上述 Excel 的過程，請參考作者網頁子目錄 chapter10 中的 chapt10_6.ppt。

由兩個母體平均數和變異數比較的假設檢定結果，我們的樣本資料的訊息，在顯著水準 5% 下，支持臺灣的經濟系與企管系同學在統計學的平均表現不存在差異，但是，卻支持兩個系同學的統計學表現存在變異數間的差異，即企管系同學的表現較一致，表示企管系同學的認真程度較相近；而經濟系同學的表現歧異性較大，有的同學十分認真，因而有較好的表現，也有同學非常不認真，因而有較差的表現。

10.4 習　題

1. 請以統計學班上 80 位同學的資料，利用 Excel 檢驗臺灣的大學生在微積分與英文的表現是否存在差異。
2. 請以統計學班上 80 位同學的體重資料，利用 Excel 檢驗臺灣的大學生的體重是否存在性別差異。

3. 請以統計學班上 80 位同學的統計學分數，利用 Excel 檢驗臺灣的大學生的統計學表現是否存在性別差異。

4. 請以統計學班上 80 位同學的身高資料，利用 Excel 檢驗臺灣的大學生身高的變異是否存在性別差異。

5. 請以統計學班上 80 位同學的資料，利用 Excel 檢驗臺灣的大學生在微積分與英文的變異是否存在差異。

11. 變異數分析

變異數分析 (analysis of variance，簡稱 ANOVA) 是一個檢定三個或三個以上母體平均數是否相等的技巧，此一技巧被廣泛應用於農業統計、教育統計及企業管理的統計分析上。而變異數分析是在農業統計中最先被廣泛應用的分析方法，例如，農業試驗所的研究人員新近研發出兩種稻米品種，當然在新品種發表前，必須先藉由田間試驗的結果，提出統計分析的結果，以證實新品種的優點；假設新品種的優點在於產量的提升，因此，在田間試驗中，必須能得到統計數據結果，足以證明兩個新品種在「其他條件相同下」比原有品種具有較高的產量；然由於稻米的生長，從整地、播種、育苗、插秧到收割至少需要 100 天，因此在從事田間試驗前，我們必須先有**實驗設計** (experimental design)，以期能在 100 天後，得到控制「其他條件相同下」的產量資料，經由這些經過適當設計或控制所取得的資料，進而從事統計分析，所得到的結果才能顯現品種不同是否造成產量有所差異的**淨效果** (net effect)。譬如，在所有條件都相同的實驗田中，劃分為 30 個相同大小的坵塊，將三種不同品種的稻子分別播植在 10 個坵塊，在種植期間，給予相同的肥料、病蟲害防治，及相同的灌溉方式等，等到收割後，計算每一個坵塊的產量，因此，對於每一個品種，分別得到 10 個觀察資料，利用此 30 個經由適當設計和控制的資料，即可進行變異數分析。

在變異數分析中，實驗中接受實驗的人或物稱為「**試驗單位**」(experiment unit)，可經由設計所能控制的因素稱為「**因子**」(factor)，因子的不同類別或處理方式稱為「**處置**」(treatment)；因此在上述的稻米田間實驗中，實驗田所分割成的 30 個坵塊即為試驗單位，在這 30 個試驗單位中，所有的條件都一樣，只有稻米的品種控制為三種不同的品種，因此，稻米品種是控制的因子，而此因子存在三種處置。由於此實驗僅有一個因子，所進行的統計分析在於檢驗因子中的不同處置是否有不同的結果，因此稱為「單因子變異數分析」。

又例如在新藥物量產、公開上市前，必須經過臨床實驗的通過，不但該藥物具有特定疾病的療效外，還必須沒有危害人體的副作用；假定有兩種糖尿病的新藥，接受臨床實驗的病人有30人，第一組10人接受A藥物治療，其中5人於飯前服藥，另外5人於飯後服藥；第二組10人接受B藥物治療，其中5人於飯前服藥，另外5人於飯後服藥；第三組10人僅服用一般的維他命，其中5人於飯前服用，另外5人於飯後服用；而這30個病人並不知道自己吃下什麼藥物，經過一個星期後，抽血檢測每個病人的血糖值，以這些血糖值與實驗前血糖值的差異，即可進行統計分析，以瞭解A、B兩種藥物的療效，以及在飯前和飯後服用藥物的療效差異；在這個實驗設計中，接受實驗的30個病人為試驗單位，實驗中所控制的有服用何種藥物（藥物A、藥物B或維他命）及何時服藥（飯前或飯後），因此這個實驗有兩個因子，而服用的藥物種類和服用時間的6個組合即為6個處置；由於具有兩個因子，所要進行的統計分析是要檢定三種藥物是否有不同的療效，以及檢定飯前或飯後服用是否具不同的療效，此外，也可對兩種因子的交叉作用進行統計分析，這個實驗稱為「雙因子變異數分析」。

11.1 完全隨機設計

在一個實驗中，研究者將不同的處置以隨機的方式分派給每一個實驗單位，這種實驗設計即是**完全隨機設計** (completely randomized design)；例如在稻米品種的實驗中，由於不同品種植物在相同地點栽種可能具有排他性或互利性，而影響實驗結果，因此，為避免如此交互作用對實驗結果的影響，對於任何一個坵塊所栽植的品種不做人為的決定，而是以隨機的方法決定栽植的品種，如此，兩個相鄰坵塊所栽植的稻米品種是隨機決定的，因此，可使排他或互利性的交互作用予以隨機化，進而降低交互作用對實驗結果的影響。由於是隨機決定栽植的稻米品種，因此，在30個坵塊內，每一稻米品種所栽植的坵塊數有可能不相等；此外，在這樣的實驗設計中，因為交叉作用的影響效果已降為最低，因此，實驗結果可表現因品種不同所造成產量差異的效果，由於這個實驗設計著重於單一因子——品種對產量的影響，所以針對這樣實驗設計的變異數分析稱為**單向變異數分析**或**單因子變異數分析** (one-way ANOVA)。

當然每一個稻米品種在每一個相同面積坵塊的稻米產量不會相同，可將其定義為隨機變數，所以研究者想知道稻米品種會不會造成產量上的差異，即可表示成虛無假設 H_0: $\mu_X = \mu_Y = \mu_Z$，其中，X、Y 和 Z 分別表示三種稻米品種每一坵塊的產量，所以，以每一稻米品種具有相同的平均產量作為虛無假設。因此，這種完全隨機設計實驗的單因子變異數分析，可視為多個母體平均數是否相等的檢定。令人好奇的是，上述的虛無假設是針對多個母體的平均數，而分析的技巧是否與變異數有關呢？為說明其間的邏輯，我們以圖 11.1 加以說明：

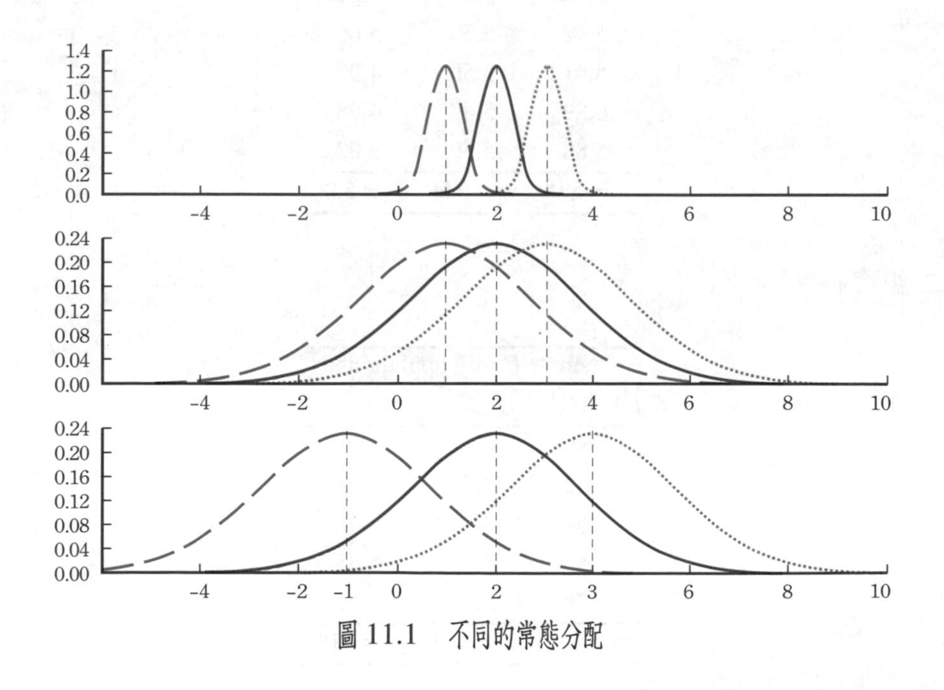

圖 11.1 不同的常態分配

在圖 11.1 中，最上圖中的 3 條曲線分別為 $N(1,0.1)$、$N(2,0.1)$ 和 $N(3,0.1)$ 機率密度函數，而中間圖中則為 $N(1,3)$、$N(2,3)$ 和 $N(3,3)$ 機率密度函數，兩

個圖中的常態分配具有相同的平均數，但上圖具有較小的變異數，因此，從這兩個圖看起來，很明顯最上圖中具較小變異數的 3 條曲線較容易看出其間平均數的差異，而中間圖中具較大變異數的 3 條曲線較不容易看出其間平均數的差異；再者，最下圖中的 3 條曲線分別為 $N(-1,3)$、$N(2,3)$ 和 $N(3,3)$ 機率密度函數，其與中間圖中的機率密度函數具有相同的變異數，但差異較大的平均數，因此更容易看出其平均數間的不同；由這三個圖形可以知道，在固定平均數下，具有較小變異數的隨機變數較能區分平均數的差異，而在變異數相同時，較大的平均數差異較容易區分平均數的不同。

我們舉一個實例說明上圖的結果，假定有以下兩組資料：

第一組資料：

Sample from Populations		
1	2	3
5.90	5.51	5.01
5.92	5.50	5.00
5.91	5.50	4.99
5.89	5.49	4.98
5.88	5.50	5.02
$\bar{y}_1 = 5.90$	$\bar{y}_2 = 5.50$	$\bar{y}_3 = 5.00$

第二組資料：

Sample from Populations		
1	2	3
5.90	6.31	4.52
4.42	3.54	6.93
7.51	4.73	4.48
7.89	7.20	5.55
3.78	5.72	3.52
$\bar{y}_1 = 5.90$	$\bar{y}_2 = 5.50$	$\bar{y}_3 = 5.00$

在這兩組資料中均包含分別來自三個母體的三個樣本；從這兩組資料，若不用正式統計分析，試著感覺哪一組資料比較可能得到棄卻三個母體平均

數相等的虛無假設?

由這兩組資料我們可以看得出來，第一組資料中的三個樣本與第二組資料中的三個樣本具有相同的三個樣本平均數，5.90、5.50 和 5.00，由於兩組資料的樣本具有相同的樣本平均數，我們無法藉此判斷哪一組資料較有可能棄卻相等母體平均數的虛無假設；然而，第一組資料中的三個樣本較第二組資料中的三個樣本具有較小的樣本變異；這兩組資料可以圖 11.2 加以說明。

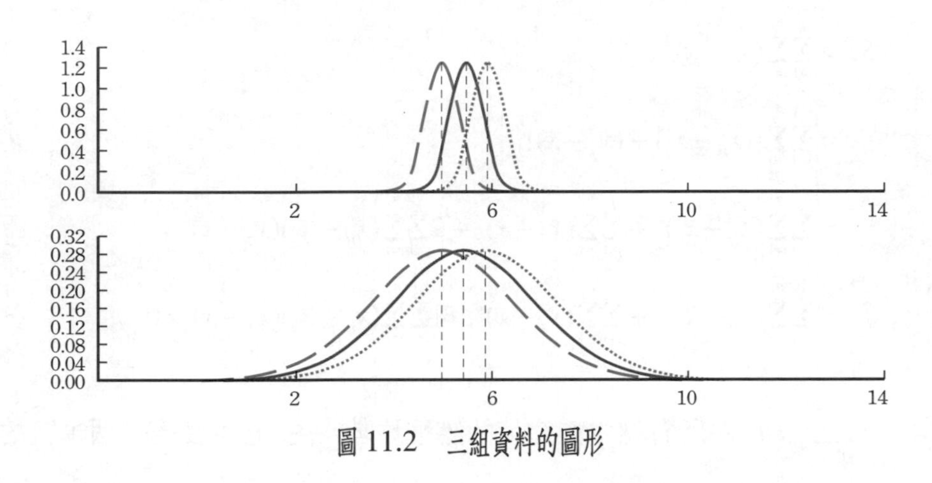

圖 11.2　三組資料的圖形

由圖 11.2，我們憑觀察即可判斷第一組資料中的三個樣本會比第二組資料中的三個樣本，提供較強棄卻虛無假設的訊息；亦即，雖然兩組資料中的三個樣本具有相同變異的樣本平均數，然而第一組資料中的三個樣本具有較小的樣本內變異，因而顯現出較可能棄卻虛無假設的訊息。當然，我們可以預期，若樣本間的樣本平均數有較大的差異，則顯示較可能棄卻虛無假設的訊息；總而言之，樣本平均數間的差異越大及樣本內的觀察值的變異越小的樣本較容易獲得棄卻虛無假設的推論，因此，在設計統計檢定方法時，我們應將樣本平均數間的變異及樣本內變異同時納入考慮。

假設我們想要檢定 k 個母體 $X_1, X_2, \cdots, X_k$ 是否具有相同的平均數，因此虛無假設為

$$H_0: \mu_{X_1} = \mu_{X_2} = \cdots = \mu_{X_k}$$

再假設我們分別從這 k 個母體蒐集得 k 個樣本，而其樣本觀察值個數分別為 $n_1, n_2, \cdots, n_k$，且其樣本平均數分別為 $\bar{x}_1, \bar{x}_2, \cdots, \bar{x}_k$，而 $n_T = \sum_{j=1}^{k} n_j$ 為樣本觀察值總個數，當然我們相信這些樣本均具有其母體代表性；令 x_{ij} 表示自 j 個母體所蒐集到的第 i 個樣本觀察值，則在所有的樣本觀察值中，我們可以計算其總變異，即**樣本總變異** (total sum of squares, TSS) 為

$$
\begin{aligned}
TSS &\equiv \sum_{j=1}^{k}\sum_{i=1}^{n_j}(x_{ij}-\bar{x})^2 \\
&= \sum_{j=1}^{k}\sum_{i=1}^{n_j}[(x_{ij}-\bar{x}_j)+(\bar{x}_j-\bar{x})]^2 \\
&= \sum_{j=1}^{k}\sum_{i=1}^{n_j}(x_{ij}-\bar{x}_j)^2+\sum_{j=1}^{k}\sum_{i=1}^{n_j}(\bar{x}_j-\bar{x})^2+2\sum_{j=1}^{k}\sum_{i=1}^{n_j}(x_{ij}-\bar{x}_j)(\bar{x}_j-\bar{x}) \\
&= \sum_{j=1}^{k}\sum_{i=1}^{n_j}(x_{ij}-\bar{x}_j)^2+\sum_{j=1}^{k}\sum_{i=1}^{n_j}(\bar{x}_j-\bar{x})^2, \text{因}\sum_{j=1}^{k}\sum_{i=1}^{n_j}(x_{ij}-\bar{x}_j)(\bar{x}_j-\bar{x})=0
\end{aligned}
$$

其中 $\bar{x} = \sum_{j}^{k}\sum_{i}^{n_j} x_{ij} / n_T$ 為所有樣本觀察值的總平均數，在上式最後一個等號的右邊，第一項 $\sum_{j=1}^{k}\sum_{i=1}^{n_j}(x_{ij}-\bar{x}_j)^2$ 為所有樣本觀察值以自我不同的樣本平均數為中心所得到的變異，我們稱之為**樣本內變異** (sum of squares within samples, SSW)，而第二項 $\sum_{j=1}^{k}\sum_{i=1}^{n_j}(\bar{x}_j-\bar{x})^2$ 為每一個樣本的樣本平均數 ($\bar{x}_j$) 間以總平均數 ($\bar{x}$) 為中心所衡量的變異，我們稱之為**樣本間變異** (sum of squares between samples, SSB)；換言之，樣本總變異可分解為樣本間變異及樣本內變異之和。由前面的觀察我們得知，樣本間變異大或樣本內變異小的樣本提供棄卻虛無假設較強的訊息，因此，我們所考慮虛無假設的樣本統計量應同時納入樣本間變異及樣本內變異兩種訊息；由前面章節的討論中，不論是對單一母體或兩個母體間參數的假設檢定方法，都是以數值大的樣本統計量作為棄卻虛無假設的根據；在此，我們要如何結合樣本間與樣本內變異，設計出一個統計量，而使這個統計量能與樣本間變異成正比而與樣本內變異成反比，如此而使樣本統計量大者，隱含大的樣本間變異及小的樣本內變異，進而棄卻虛無假設；

為達此目的，我們可以用樣本間變異除上樣本內變異的比值作為統計量，即可達成此目的；由於當樣本間變異最小為零時，樣本內變異即等於樣本總變異，則統計量為零；反之，當樣本內變異為零時(唯有樣本內的所有觀察值均等於其樣本平均數時，即 $x_{ij} = \bar{x}_j, i = 1,\cdots,n_j$)，樣本間變異即等於樣本總變異，則統計量為無限大。接著我們要討論的是該統計量的抽樣分配，唯有知道了抽樣分配後，才能決定統計量的信賴區間，以作為判定棄卻或不棄卻虛無假設的準則。

就樣本間變異而言，由於在所有母體為常態分配的假設下，即 $X_j \sim N(\mu_j, \sigma_j^2), j = 1,\cdots,k$，或當樣本觀察個數 $n_j, j = 1,\cdots,k$ 足夠大使得中央極限定理得以成立，則

$$\frac{\bar{x}_j - \mu_j}{\sigma_j / \sqrt{n_j}} \sim N(0,1), j = 1,\cdots,k.$$

再者，在虛無假設 H_0: $\mu_1 = \mu_2 = \cdots = \mu_k = \mu_0$ 下，並假設 $\sigma_1^2 = \sigma_2^2 = \cdots = \sigma_k^2 = \sigma_0^2$，則

$$\frac{\bar{x}_j - \mu_0}{\sigma_0 / \sqrt{n_j}} \overset{H_0}{\sim} N(0,1), j = 1,\cdots,k,$$

且因 $\bar{x} = \sum_{j=1}^{k}\sum_{i=1}^{n_j} x_{ij} / n_T$，則

$$\frac{\bar{x} - \mu_0}{\sigma_0 / \sqrt{n_T}} \overset{H_0}{\sim} N(0,1).$$

$$\begin{aligned}
\sum_{j=1}^{k}\sum_{i=1}^{n_j}(\bar{x}_j - \bar{x})^2 / \sigma_0^2 &= (1/\sigma_0^2)\sum_{j=1}^{k} n_j[(\bar{x}_j - \mu_0) - (\bar{x} - \mu_0)]^2 \\
&= (1/\sigma_0^2)\sum_{j=1}^{k} n_j(\bar{x}_j - \mu_0)^2 - (1/\sigma_0^2)\sum_{j=1}^{k} n_j(\bar{x} - \mu_0)^2 \\
&= \sum_{j=1}^{k}\left(\frac{\bar{x}_j - \mu_0}{\sigma_0 / \sqrt{n_j}}\right)^2 - \left(\frac{\bar{x} - \mu_0}{\sigma_0 / \sqrt{n_j}}\right)^2
\end{aligned}$$

$$\sim \sum_{j=1}^{k} N(0,1)^2 - N(0,1)^2$$
$$= \chi^2(k) - \chi^2(1)$$
$$= \chi^2(k-1).$$

相對的，就樣本內變異而言，在所有母體為常態分配的假設下，再加上虛無假設 H_0: $\mu_1 = \mu_2 = \cdots = \mu_k = \mu_0$ 和 $\sigma_1^2 = \sigma_2^2 = \cdots = \sigma_k^2 = \sigma_0^2$ 的假設，則

$$\frac{x_{ij} - \mu_0}{\sigma_0} \overset{H_0}{\sim} N(0,1).$$

因此，樣本內變異的抽樣分配為

$$\sum_{j=1}^{k}\sum_{i=1}^{n_j}(x_{ij} - \overline{x}_j)^2/\sigma_0^2 = \sum_{j=1}^{k}\sum_{i=1}^{n_j}[(x_{ij} - \mu_0) - (\overline{x}_j - \mu_0)]^2/\sigma_0^2$$
$$= (1/\sigma_0^2)\sum_{j=1}^{k}\sum_{i=1}^{n_j}(x_{ij} - \mu_0)^2 - (1/\sigma_0^2)\sum_{j=1}^{k}\sum_{i=1}^{n_j}(\overline{x}_j - \mu_0)^2$$
$$= \sum_{j=1}^{k}\sum_{i=1}^{n_j}\left(\frac{x_{ij} - \mu_0}{\sqrt{\sigma_0^2}}\right)^2 - \sum_{j=1}^{k} n_j \left(\frac{\overline{x}_j - \mu_0}{\sqrt{\sigma_0^2}}\right)^2$$
$$= \sum_{j=1}^{k}\sum_{i=1}^{n_j}\left(\frac{x_{ij} - \mu_0}{\sqrt{\sigma_0^2}}\right)^2 - \sum_{j=1}^{k}\left(\frac{\overline{x}_j - \mu_0}{\sqrt{\sigma_0^2/n_j}}\right)^2$$
$$\sim \chi^2(n_T) - \chi^2(k) = \chi^2(n_T - k).$$

由樣本間變異及樣本內變異的抽樣分配我們知道，樣本間變異除以樣本內變異比例的抽樣分配為

$$\frac{SSB}{SSW} = \frac{\sum_{j=1}^{k}\sum_{i=1}^{n_j}(\overline{x}_j - \overline{x})^2}{\sum_{j=1}^{k}\sum_{i=1}^{n_j}(x_{ij} - \overline{x}_j)^2}$$
$$= \frac{\dfrac{\sum_{j=1}^{k}\sum_{i=1}^{n_j}(\overline{x}_j - \overline{x})^2}{\sigma_0^2}}{\dfrac{\sum_{j=1}^{k}\sum_{i=1}^{n_j}(x_{ij} - \overline{x}_j)^2}{\sigma_0^2}} \overset{H_0}{\sim} \frac{\chi^2(k-1)}{\chi^2(n_T - k)}.$$

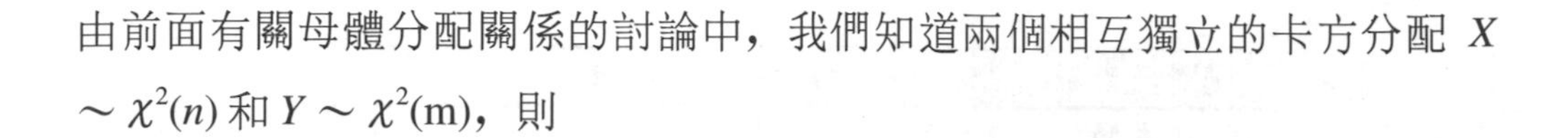

由前面有關母體分配關係的討論中，我們知道兩個相互獨立的卡方分配 $X \sim \chi^2(n)$ 和 $Y \sim \chi^2(\mathrm{m})$，則

$$\frac{X/n}{Y/m} \sim F(n,m).$$

因此，我們可以設計統計量為

$$\psi = \frac{SSB/(k-1)}{SSW/(n_T-k)} = \frac{MSB}{MSW}$$

$$\overset{H_0}{\sim} \frac{\chi^2(k-1)/(k-1)}{\chi^2(n_T-k)/(n_T-k)} = F(k-1, n_T-k),$$

其中，$MSB = SSB/(k-1)$ 為**平均樣本間變異** (mean squares between samples), $MSW = \mathrm{SSW}/(n_T-k)$ 為**平均樣本內變異** (mean squares within samples)。根據實際 k 個樣本的觀察值，並依上式計算 $\psi-$ 統計量，若 $\psi > F_{1-\alpha}(k-1, n_T-k)$ 則棄卻虛無假設 H_0 而得到 k 個母體平均數不全為相等的統計推論。值得注意的是，在推導 $\psi-$ 統計量的抽樣分配時，我們所假設的條件包括分析的 k 個母體全為常態分配，且所有母體具有相等的母體變異數，加上虛無假設 H_0: $\mu_1 = \mu_2 = \cdots = \mu_k = \mu_0$，這些條件相當於 $X_j \sim N(\mu_0, \sigma_0)$, $j = 1, \cdots, k$，唯有在這條件成立下，$\psi-$ 統計量的抽樣分配方為 $F-$ 分配；否則，若母體分配不為常態分配，或母體變異數不全為相等，則 $\psi-$ 統計量的抽樣分配不為 $F-$ 分配，因而，縱使 $\psi > F_{1-\alpha}(k-1, n_T-k)$，我們也不能推論成母體平均數不全為相等，因為大的 $\psi-$ 統計量有可能是母體不為常態分配或母體變異數不相等所造成的結果。因此，若母體分配不為常態分配時，我們將改採無母數統計檢定法加以分析。

在前面章節中，我們以 $\psi-$ 統計量作為檢驗多個母體平均數是否相等的統計推論；而在統計學上，$\psi-$ 統計量的計算大抵以所謂的**變異數分析表** (ANOVA Table) 加以輔助，其格式如下：

變異數分析表

變異數來源	平方和	自由度	均方和	F
樣本間	SSB	$k-1$	MSB	MSB/MSW
樣本內	SSW	$n_T - k$	MSW	
總變異	TSS	$n_T - 1$		

我們以前面觀察的兩組資料，實際以變異數分析表輔助計算 ψ－ 統計量；由第一組資料的觀察值，我們可計算得到

變異數來源	平方和	自由度	均方和	F
樣本間	2.0333	2	1.0167	5545.5
樣本內	0.0022	12	0.000183	
總變異	2.0355	14		

由表中，我們所算出來的 ψ－ 統計量為 5545.5 遠大於 $F_{0.95}(2,12)=$ 3.88529，因此在三個母體為常態分配且具有相等的母體變異數的條件下，我們在顯著水準5%下棄卻三個母體平均數均相等的虛無假設。至於第二組資料，我們所計算得到的變異數分析表為

變異數來源	平方和	自由度	均方和	F
樣本間	2.0333	2	1.0167	0.43595
樣本內	27.985	12	2.3320	
總變異	30.018	14		

由表中，我們所算出來的 ψ－ 統計量為 0.43595 小於 $F_{0.95}(2,12)=$ 3.88529，因此在三個母體為常態分配且具有相等的母體變異數的條件下，我們在顯著水準 5% 下不棄卻三個母體平均數均相等的虛無假設。由這兩個變異數分析表所得到的統計推論結果，的確與我們在本章一開始以觀察所得到的結果相同，樣本資料中，樣本間變異大者或樣本內變異小者，具有較強的棄卻虛無假設的訊息。上述 Excel 的計算過程，請參考作者網頁子目錄 chapter11 中的 chapt11_1.ppt 及 example.xls。

此外，如果我們想知道臺灣管理學院的同學在統計、微積分及英文的表現上是否存在顯著差異；若以隨機變數 X、Y 及 Z 分別代表臺灣管理學院所有同學統計、微積分及英文的分數，假定所有大學的給分標準都一致，則統計、微積分及英文的表現上的差異性即可以 X、Y 及 Z 是否具有相同的分配加以檢定，如果有不同的分配，表示三者的表現有所差異；因此，對於分配是否相同的檢定，可藉由平均數、變異數、偏態及峰態是否相等進行檢定。在此，我們先談論平均數是否相等的檢定，即 H_0: $\mu_X = \mu_Y = \mu_Z$。

對於三個以上隨機變數平均數是否相等的檢定，可以利用上述的變異數分析加以檢定；假設臺灣管理學院學生統計、微積分及英文成績為常態分配，假定統計學課堂 80 位同學的成績具有母體的代表性，因其為隨機樣本，符合完全隨機的設計，且我們僅討論三個科目的表現，故為單因子變異數分析；我們可利用 Excel 進行統計分析。假定在 Excel 檔案 Sta – Cal – Eng.xls 中的 A2:C81 存放統計、微積分及英文的成績，利用『工具 (T)』、『資料分析 (D)』中的『單因子變異數分析』，在「單因子變異數分析」對話框中，「輸入範圍 (I)」中輸入 A2:C81，再選擇「輸出範圍 (O)」為 D1，按下『確定』，即得到以下輸出結果：

單因子變異數分析

摘要

組	個數	總和	平均	變異數
欄 1	80	5446.34	68.07925	1.088143734
欄 2	80	5527.06	69.08825	1.060604494
欄 3	80	5604.88	70.061	1.111783797

ANOVA

變源	SS	自由度	MS	F	P – 值	臨界值
組間	157.1108433	2	78.55542167	72.27846964	3.11097E – 25	3.033918006
組內	257.58203	237	1.086844008			
總和	414.6928733	239				

在上層的輸出摘要中，「欄 1」、「欄 2」和「欄 3」分別代表統計、微積分及英文三者，「總和」、「平均數」及「變異數」則為三組樣本的樣本總和、樣本平均數及樣本變異數； 在 ANOVA 表中， $\psi-$ 統計量為 72.27846964， 其 $p-$ 值小於 0.05，或大於臨界值 $F_{0.95}(2,237)=3.033918006$，故在顯著水準 5% 下， 棄卻虛無假設 H_0: $\mu_X=\mu_Y=\mu_Z$， 即我們的樣本資料不支持臺灣管理學院學生之統計、微積分及英文具有相同的平均數，故也不支持三者具相同的分配。上述 Excel 的過程，請參考作者網頁子目錄 chapter11 中的 chapt11_2.ppt。

上述的例子在於檢定三個母體平均數是否相等，我們也可利用變異數分析進行兩個母體平均數是否相等的檢定；例如我們想知道臺灣管理學院學生在數理與語文間是否存在顯著的差異，我們以檢定微積分與英文成績是否具有相同的平均數作為檢定，即虛無假設 H_0:$\mu_Y=\mu_Z$，此虛無假設與第 10 章中兩母體平均數相等的假設檢定相同；同樣假定 Y 與 Z 為常態分配，而統計學課堂 80 位同學的成績具有母體的代表性，則 Excel 的單因子變異數分析輸出結果為：

單因子變異數分析

摘要

組	個數	總和	平均	變異數
欄 1	80	5527.06	69.08825	1.060604494
欄 2	80	5604.88	70.061	1.111783797

ANOVA

變源	SS	自由度	MS	F	P－值	臨界值
組間	37.8497025	1	37.8497025	34.84616692	2.10933E－08	3.900993306
組內	171.618675	158	1.086194146			
總和	209.4683775	159				

由上述 ANOVA 表中，$\psi=34.84616692$ 大於臨界值 $F_{0.95}(1,158)=3.900993306$，或其 $p-$ 值小於 0.05，因此在顯著水準 $\alpha=5\%$ 下應棄卻虛無假設 H_0: $\mu_Y=\mu_Z$。 上述 Excel 的過程， 請參考作者網頁子目錄 chapter11 中的

chapt11_3.ppt。

我們也可如在第 10 章中的做法，在 Sta－Cal－Eng.xls 檔案中，利用 Excel 之『工具 (T)』、『資料分析 (D)』進入資料分析的對話框中，選擇「分析工具 (A)」中的『t－檢定：兩個母體平均數差異檢定，假設變異數相等』，即可進入「t－檢定：兩個母體平均數差異檢定，假設變異數相等」的對話框，在『變數 1 的範圍 (1)』框中輸入經濟系 20 位同學的統計學分數，即 B2:B81，在『變數 2 的範圍 (2)』框中輸入企管系 14 位同學統計學分數，即 C2:C81，在『假設的均數差 (P)』框中輸入虛無假設下兩個母體平均數之差，因 H_0: $\mu_Y = \mu_Z$，故輸入 0，在『α(A)』框中輸入顯著水準 0.05，最後選擇輸出範圍即可得到以下結果：

t－檢定：兩個母體平均數差異檢定，假設變異數相等

	變數 1	變數 2
平均數	69.08825	70.061
變異數	1.060604494	1.111783797
觀察值個數	80	80
Pooled 變異數	1.086194	
假設的均數差	0	
自由度	158	
t 統計	－5.903064197	
$P(T <= t)$ 單尾	1.05467E－08	
臨界值：單尾	1.654555035	
$P(T <= t)$ 雙尾	2.10933E－08	
臨界值：雙尾	1.975090527	

上述 Excel 的過程，請參考作者網頁子目錄 chapter11 中的 chapt11_4.ppt。

上述結果的 t－統計量為 －5.903064197 小於 －1.975090527，故在顯著水準 $\alpha = 5\%$ 下仍然得到棄卻虛無假設的統計推論。值得注意的是，上表中的 t－統計量，此平方值即等於 ANOVA 表中的 ψ－統計量，即

$$\psi = 34.84616692 = (-5.903064197)^2 = t^2.$$

此結果說明 $F-$ 分配與 $t-$ 分配間的關係，即 $F(1,n)=t(n)^2$。

11.2 隨機集區設計

在上述稻米品種對於產量影響的討論中，由於假設每一個實驗單位（坵塊）具有相同的生產條件，如相同的肥沃度、土壤酸鹼度、灌溉系統等等，因此可以採用完全隨機實驗設計，進而從事單因子變異數分析；但是，在實際研究環境中，同時具有相同生產條件的 30 個坵塊的實驗田，是不太可能的；如果每一個坵塊不具有相同的生產條件，則栽植相同品種稻米坵塊的產量會因坵塊的不同而有所差異，即其產量不可視為相同母體分配的實現值，此將使前述 $\psi-$ 統計量不再有 $F(k-1,n_T-k)$ 的抽樣分配，而造成推論上的困擾。換言之，必須將具有不同生產條件的坵塊對於產量的影響效果予以考慮在內，如此才能真正瞭解稻米品種對產量的影響。

假定在 30 個坵塊的實驗田中，可以明顯區分出三種不同生產條件的坵塊，因此可將 30 個坵塊按不同生產條件區分成 3 個**集區** (block)，將處置隨機分派於同一集區內的每一個坵塊，由於每一集區所包含的坵塊數不盡相同，為避免因集區所包含坵塊數不同所造成統計推論結果的影響（會有不同的自由度），因此每一種處置只分派到一個實驗單位，即在每一集區中隨機決定哪 3 個坵塊栽種 3 個品種的稻米，也以隨機方式決定哪一個坵塊栽植哪一種品種的稻米，所以此實驗設計即稱為**隨機集區設計** (randomized block design)。由於同一品種在 3 個集區坵塊的產量有所差異，因而可用 3 個不同的隨機變數定義其產量，而總共有 3 個稻米品種，因此可定義出 $3\times3=9$ 個隨機變數，此時，我們並非檢定 9 個隨機變數的平均數是否相等，因為我們知道其平均數在不同集區可能有所不同，因此，9 個隨機變數的平均數不相等，並不表示是因品種不同所造成，有可能是集區生產條件不同所致，所以，為檢定品種不同是否造成產量差異，我們必須將集區對產量的效果予以剔除。

假定在一個隨機集區設計的實驗中，存在 M 個集區及 N 個處方，因此，我們定義 $X_{ij}, i=1,\cdots,N, j=1,\cdots,M$ 為第 i 個處方在第 j 個集區的反應變數，而這些變數的平均數與變異數分別為

$$E(X_{ij})=\mu_{ij}, \mathrm{var}(X_{ij})=\sigma_{ij}^2, i=1,\cdots,N, j=1,\cdots,M.$$

由於實驗設計的結果，惟有處方與集區的不同會造成反應變數的不同，因此，反應變數的平均數可簡化為

$$\mu_{ij}=\mu_0+\alpha_i+\beta_j, i=1,\cdots,N, j=1,\cdots,M.$$

其中 μ_0 表示所有隨機變數共同、相等的平均數，α_i 為因處方的不同所造成平均數的差異，而 β_j 則為因集區不同所造成平均數的差異；是以，要檢定單純處方對反應變數是否具不同影響效果，所對應的虛無假設為 H_0: $\alpha_1=\alpha_2=\cdots=\alpha_N$；而若要檢定單純集區對反應變數是否具不同影響效果，所對應的虛無假設為 H_0: $\beta_1=\beta_2=\cdots=\beta_N$。

假設 x_{ij}, $i=1,\cdots,N$, $j=1,\cdots,M$ 為第 i 個處方在第 j 個集區反應變數的實驗觀察值，以下表表示：

	集　　區				處方平均數
處方	x_{11}	x_{12}	…………	x_{1M}	$\bar{x}_{1\cdot}$
	x_{21}	x_{22}	…………	x_{2M}	$\bar{x}_{2\cdot}$
	$\vdots$	$\vdots$		$\vdots$	$\vdots$
	x_{N1}	x_{N2}	…………	x_{NM}	$\bar{x}_{N\cdot}$
集區平均數	$\bar{x}_{\cdot 1}$	$\bar{x}_{\cdot 2}$	………	$\bar{x}_{\cdot M}$	$\bar{x}$

定義各集區內的樣本平均數為 $\bar{x}_{\cdot j}$，各處方的樣本平均數為 $\bar{x}_{i\cdot}$，而總樣本平均數為 $\bar{x}$：

$$\bar{x}_{i\cdot} = \frac{1}{M}\sum_{j=1}^{M} x_{ij},\ i = 1,\cdots,N,$$

$$\bar{x}_{\cdot j} = \frac{1}{N}\sum_{i=1}^{N} x_{ij},\ j = 1,\cdots,M,$$

$$\bar{x} = \frac{1}{NM}\sum_{i=1}^{N}\sum_{j=1}^{M} x_{ij} = \frac{1}{N}\sum_{i=1}^{N}\bar{x}_{i\cdot} = \frac{1}{M}\sum_{j=1}^{M}\bar{x}_{\cdot j}.$$

由於

$$x_{ij} - \bar{x} = (x_{ij} - \bar{x}_{i\cdot} - \bar{x}_{\cdot j} + \bar{x}) + (\bar{x}_{i\cdot} - \bar{x}) + (\bar{x}_{\cdot j} - \bar{x}),$$

此一分解乃將 x_{ij} 到 $\bar{x}$ 的距離拆成不同集區的組間差異 $\bar{x}_{\cdot j} - x$、 不同處方的組間差異 $\bar{x}_{i\cdot} - \bar{x}$、以及其他的差異 $(x_{ij} - \bar{x}_{i\cdot} - \bar{x}_{\cdot j} + \bar{x})$；再者，將上式中的分解結果取平方並予以加總，即

$$\begin{aligned}
&\sum_{i=1}^{N}\sum_{j=1}^{M}(x_{ij} - \bar{x})^2 \\
&= \sum_{i=1}^{N}\sum_{j=1}^{M}(\bar{x}_{i\cdot} - \bar{x})^2 + \sum_{i=1}^{N}\sum_{j=1}^{M}(\bar{x}_{\cdot j} - \bar{x})^2 + \sum_{i=1}^{N}\sum_{j=1}^{M}(x_{ij} - \bar{x}_{i\cdot} - \bar{x}_{\cdot j} + \bar{x})^2 \\
&\quad + 2\sum_{i=1}^{N}\sum_{j=1}^{M}(\bar{x}_{i\cdot} - \bar{x})(\bar{x}_{\cdot j} - \bar{x}) + 2\sum_{i=1}^{N}\sum_{j=1}^{M}(\bar{x}_{i\cdot} - \bar{x})(x_{ij} - \bar{x}_{i\cdot} - \bar{x}_{\cdot j} + \bar{x}) \\
&\quad + 2\sum_{i=1}^{N}\sum_{j=1}^{M}(\bar{x}_{\cdot j} - \bar{x})(x_{ij} - \bar{x}_{i\cdot} - \bar{x}_{\cdot j} + \bar{x}) \\
&= \sum_{i=1}^{N}M(\bar{x}_{i\cdot} - \bar{x})^2 + \sum_{j=1}^{M}N(\bar{x}_{\cdot j} - \bar{x})^2 + \sum_{i=1}^{N}\sum_{j=1}^{M}(x_{ij} - \bar{x}_{i\cdot} - \bar{x}_{\cdot j} + \bar{x})^2 \\
&\quad + 2\sum_{i=1}^{N}(\bar{x}_{i\cdot} - \bar{x})\sum_{j=1}^{M}(\bar{x}_{\cdot j} - \bar{x}) + 2\sum_{i=1}^{N}(\bar{x}_{i\cdot} - \bar{x})\sum_{j=1}^{M}(x_{ij} - \bar{x}_{i\cdot} - \bar{x}_{\cdot j} + \bar{x}) \\
&\quad + 2\sum_{j=1}^{M}(\bar{x}_{\cdot j} - \bar{x})\sum_{i=1}^{N}(x_{ij} - \bar{x}_{i\cdot} - \bar{x}_{\cdot j} + \bar{x}) \\
&= \sum_{i=1}^{N}M(\bar{x}_{i\cdot} - \bar{x})^2 + \sum_{j=1}^{M}N(\bar{x}_{\cdot j} - \bar{x})^2 + \sum_{i=1}^{N}\sum_{j=1}^{M}(x_{ij} - \bar{x}_{i\cdot} - \bar{x}_{\cdot j} + \bar{x})^2,
\end{aligned}$$

因為 $\sum_{i=1}^{N}(\bar{x}_{i\cdot} - \bar{x}) = 0$ 及 $\sum_{j=1}^{M}(\bar{x}_{\cdot j} - \bar{x}) = 0$。在上式中，$\sum_{i=1}^{N}\sum_{j=1}^{M}(x_{ij} - \bar{x})^2$ 稱為**總變異** (total sum of squares, TSS)，很明顯的其自由度為 $(NM - 1)$；$\sum_{j=1}^{M}N(\bar{x}_{\cdot j} - \bar{x})^2$ 為來自不同集區的組間差異的平方，故稱為**集區變異** (block sum of squares, BSS)，由於 $\bar{x}_{\cdot j}$

為隨機變數，故集區變異的自由度為 $(M-1)$；$\sum_{i=1}^{N} M(\bar{x}_{i\cdot}-\bar{x})^2$ 為來自不同處方的組間差異的平方，故稱為**處方變異** (factor sum of squares, FSS)，由於 $\bar{x}_{i\cdot}$ 為隨機變數，故處方變異的自由度為 $(N-1)$；而 $\sum_{i=1}^{N}\sum_{j=1}^{M}(x_{ij}-\bar{x}_{i\cdot}-\bar{x}_{\cdot j}+\bar{x})^2$ 則為處方與集區所不能解釋的變異，故稱為**誤差變異** (error sum of squares, ESS)，其自由度為 $(N-1)(M-1)$。

再者，定義上述變異除上其相對應的自由度即為**平均變異** (mean squares)：

$$MSB = \frac{BSS}{M-1} = \frac{\sum_{j=1}^{M} N(\bar{x}_{\cdot j}-\bar{x})^2}{M-1}$$

$$MSF = \frac{FSS}{N-1} = \frac{\sum_{i=1}^{N} M(\bar{x}_{i\cdot}-\bar{x})^2}{N-1}$$

$$MSE = \frac{ESS}{(N-1)(M-1)} = \frac{\sum_{i=1}^{N}\sum_{j=1}^{M}(x_{ij}-\bar{x}_{i\cdot}-\bar{x}_{\cdot j}+\bar{x})^2}{(N-1)(M-1)}.$$

假定 X_{ij} 為具平均數 μ_{ij} 和變異數 σ_{ij}^2 的常態分配，如同在前一節的討論，假設所有 X_{ij} 具有相同的變異數，即 $\sigma_{ij}^2=\sigma_0^2$，則在虛無假設 H_0: $\alpha_i=0, \beta_j=0$, $i=1,\cdots,N$, $j=1,\cdots,M$，

$$\frac{BSS}{\sigma_0^2} \overset{H_0}{\sim} \chi^2(M-1)$$

$$\frac{FSS}{\sigma_0^2} \overset{H_0}{\sim} \chi^2(N-1)$$

$$\frac{ESS}{\sigma_0^2} \overset{H_0}{\sim} \chi^2((N-1)(M-1)).$$

因此，在加入集區因素之後，檢定集區對反應變數單純效果的統計量為

$$\psi_B = \frac{MSB}{MSE} = \frac{\dfrac{BSS/(M-1)}{\sigma_0^2}}{\dfrac{ESS/(N-1)(M-1)}{\sigma_0^2}}$$

$$\overset{H_0}{\sim} \frac{\dfrac{\chi^2(M-1)}{M-1}}{\dfrac{\chi^2((N-1)(M-1))}{(N-1)(M-1)}} = F(M-1,(N-1)(M-1)).$$

而在考慮集區因素後，檢定處方效果的統計量為

$$\psi_F = \frac{MSF}{MSE} = \frac{\dfrac{FSS/(N-1)}{\sigma_0^2}}{\dfrac{ESS/(N-1)(M-1)}{\sigma_0^2}}$$

$$\overset{H_0}{\sim} \frac{\dfrac{\chi^2(N-1)}{(N-1)}}{\dfrac{\chi^2((N-1)(M-1))}{(N-1)(M-1)}} = F(N-1,(N-1)(M-1)).$$

以上的隨機集區設計下的單因子檢定，也可以利用變異數分析表進行：
隨機集區設計下的單因子變異數分析表：

變異數來源	平方和	自由度	均方和	F
處方變異	FSS	$N-1$	MSF	$\psi_F = MSF/MSE$
集區變異	BSS	$M-1$	MSB	$\psi_B = MSB/MSE$
誤差變異	ESS	$(N-1)(M-1)$	MSE	
總變異	TSS	$NM-1$		

由前述單因子變異數分析知道臺灣管理學院學生在統計、微積分及英文的表現存在顯著的差異，我們也可以進一步分析在性別間是否也存在顯著差異，此時我們需要同時考量統計、微積分及英文的表現的差異外，尚須考量由性別不同所造成的差異；為應用上述的檢定方法，我們以 40 位男同學的平均分數視為男生在三個科目的代表分數，也以 40 位女同學的平均分數視為女

生在三個科目的代表分數，其結果如在 Sex – Sta – Cal – Eng.xls 檔案中的 E1:G2 所示，利用『工具 (T)』、『資料分析 (D)』中的『雙因子變異數分析：無重複試驗』，在「雙因子變異數分析：無重複試驗」對話框中，「輸入範圍 (I)」中輸入 E1:G2，再選擇「輸出範圍 (O)」為 H1，按下『確定』，即得到以下輸出結果：

雙因子變異數分析：無重複試驗

摘要	個數	總和	平均	變異數
列 1	3	207.2335	69.07783	1.075299
列 2	3	207.2235	69.0745	0.899419
欄 1	2	136.1585	68.07925	0.011628
欄 2	2	138.1765	69.08825	0.0098
欄 3	2	140.122	70.061	0.000253

ANOVA

變源	SS	自由度	MS	F	P－值	臨界值
列	1.67E – 05	1	1.67E – 05	0.001539	0.972274	18.51276
欄	3.927771083	2	1.963885542	181.2992	0.005485	19.00003
錯誤	0.021665	2	0.010832			
總和	3.949452	5				

在上表 Excel 的輸出結果中，「變源」來自於「列」和「欄」，由於在輸入範圍 E1:G2 中，每一列對應於一個集區 (男、女)，故「列」代表集區，而每一欄對應於一個處方 (統計、微積分及英文)，故「欄」代表因子。因此，檢定集區效果的統計量為 $\psi_B = 0.001539$，小於臨界值 $F_{0.95}(1,2) = 18.51276465$，而其 $p-$ 值為 0.972274 大於 0.05，故在顯著水準 $\alpha = 5\%$ 下，不棄卻虛無假設，即樣本資料支持統計、微積分及英文成績在性別間不存在顯著差異；至於檢定因子效果的統計量為 $\psi_F = 181.2992$，大於臨界值 $F_{0.95}(2,2) = 19.00002644$，而其 $p-$ 值為 0.005485 小於 0.05，故在顯著水準 $\alpha = 5\%$ 下，應棄卻虛無假設，即樣本資料支持統計、微積分及英文成績存在顯著差異。上述 Excel 的過程，請參考作者網頁子目錄 chapter11 中的 chapt11_5.ppt 及 Sex – Sta – Cal – Eng

0.xls。

值得注意的是，在上述 Excel 的應用中，我們利用『工具 (T)』、『資料分析 (D)』中的『雙因子變異數分析：無重複試驗』的功能進行分析，此乃因為不同的集區效果可視為影響反應變數的另外一個因子，加上原來的因子，因此總共有兩個因子，又由於集區沒有重複，因此，我們選擇應用『雙因子變異數分析：無重複試驗』的功能。此外，在上述的例子中，我們以平均分數為各科目的代表分數，因而我們只有男生和女生總共 6 個代表分數，如果想利用原始 80 位同學的資料同時檢驗統計、微積分及英文成績是否存在顯著差異，並考慮性別效果所造成的差異，進而探討其間的交叉效果，則我們須以 Excel 中『雙因子變異數分析：重複試驗』的功能進行分析；在下一節中，我們即將討論雙因子變異數分析。

11.3 雙因子變異數分析

除了單一個因子對反應變數的影響效果的討論外，我們也可以擴展到**雙因子變異數分析** (two-way ANOVA)，以探討兩個因子對反應變數的影響效果，以及兩個因子交互對反應變數的影響，此交互效果稱為**交叉效果** (cross effect)。

假設實驗設計中，可以藉由控制兩類因子進行對反應變數影響效果的研究，其中一類因子有 N 種處方，而另一類因子有 M 種處方，在兩類因子的處方中各任選一種給予每一個試驗單位，並假設同樣的兩類因子處方組合重複給予 K 個實驗單位，如此的實驗設計將產生 $N \times M \times K$ 個反應變數觀察值，因此，令 X_{ijk} 代表第一類因子的第 i 種處方及第二類因子的第 j 種處方給予第 k 個實驗單位的反應變數，而這些變數的平均數與變異數分別為

$$E(X_{ijk}) = \mu_{ijk},\ \mathrm{var}(X_{ijk}) = \sigma^2_{ijk},\ i = 1,\cdots,N,\ j = 1,\cdots,M,\ k = 1,\cdots,K.$$

由於實驗設計的結果，有兩類因子處方及其交叉作用會造成反應變數結果的不同，因此，反應變數的平均數可簡化為

$$\mu_{ijk} = \mu_0 + \alpha_i + \beta_j + \delta_{ij}, i = 1,\cdots,N, j = 1,\cdots,M.$$

因此，如果第一類因子的第 i 種處方對於反應變數沒有作用，則 $\alpha_i = 0$，故所有第一類因子處方對於反應變數沒有作用的虛無假設為

$$H_0: \alpha_1 = \alpha_2 = \cdots = \alpha_N = 0.$$

同理，如果第二類因子的第 j 種處方對於反應變數沒有作用，則 $\beta_j = 0$，故所有第二類因子處方對於反應變數沒有作用的虛無假設為

$$H_0: \beta_1 = \beta_2 = \cdots = \beta_M = 0.$$

由於有可能個別因子對於反應變數雖然沒有作用，但兩類因子的交叉影響反而對反應變數有作用，因此對於交叉效果是否存在也需進行檢定，交叉效果的虛無假設為

$$H_0: \delta_{ij} = 0, i = 1,\cdots,N, j = 1,\cdots,M.$$

假設 x_{ijk}, $i = 1,\cdots,N$, $j = 1,\cdots,M$, $k = 1,\cdots,K$ 為對應於 X_{ijk} 反應變數的實驗觀察值，定義第一類因子第 i 個處方的樣本平均數為 $\bar{x}_{i\cdot}$，第二類因子第 j 個處方的樣本平均數為 $\bar{x}_{\cdot j}$，第一類因子第 i 個處方和第二類因子第 j 個處方組合下的樣本平均數為 $\bar{x}_{ij}$，而總樣本平均數為 $\bar{x}$：

$$\bar{x}_{i\cdot} = \frac{1}{MK}\sum_{j=1}^{M}\sum_{k=1}^{K} x_{ijk}, i = 1,\cdots,N,$$

$$\bar{x}_{\cdot j} = \frac{1}{NK}\sum_{i=1}^{N}\sum_{k=1}^{K} x_{ijk}, j = 1,\cdots,M,$$

$$\bar{x}_{ij} = \frac{1}{K}\sum_{k=1}^{K} x_{ijk}$$

$$\bar{x} = \frac{1}{NMK}\sum_{i=1}^{N}\sum_{j=1}^{M}\sum_{k=1}^{K} x_{ijk}.$$

由於

$$x_{ijk}-\bar{x}=(x_{ijk}-\bar{x}_{ij})+(\bar{x}_{\cdot j}-\bar{x})+(\bar{x}_{i\cdot}-\bar{x})+(\bar{x}_{ij}-\bar{x}_{i\cdot}-\bar{x}_{\cdot j}+\bar{x}),$$

此一分解乃將 x_{ijk} 到 $\bar{x}$ 的距離拆成由第一類因子所產生的差異 $x_{i\cdot}-\bar{x}$、由第二類因子所產生的差異 $\bar{x}_{\cdot j}-x$，而最後一項可改寫為

$$\bar{x}_{ij}-\bar{x}_{i\cdot}-\bar{x}_{\cdot j}+\bar{x}=(\bar{x}_{ij}-\bar{x})-(\bar{x}_{i\cdot}-\bar{x})-(\bar{x}_{\cdot j}-\bar{x}),$$

此即為扣除了兩類因子所造成的差異後，由特定處方組合 (i,j) 交叉作用所產生的差異；剩餘的 $(x_{ijk}-\bar{x}_{ij})$ 則為兩類因子與其交叉作用所無法解釋的差異。

再者，將上式中的分解結果取平方並予以加總，即

$$\begin{aligned}&\sum_{i=1}^{N}\sum_{j=1}^{M}\sum_{k=1}^{K}(x_{ijk}-\bar{x})^2\\&=\sum_{i=1}^{N}MK(\bar{x}_{i\cdot}-\bar{x})^2+\sum_{j=1}^{M}NK(\bar{x}_{\cdot j}-\bar{x})^2+\sum_{i=1}^{N}\sum_{j=1}^{M}K(\bar{x}_{ij}-\bar{x}_{i\cdot}-\bar{x}_{\cdot j}+\bar{x})^2\\&\quad+\sum_{i=1}^{N}\sum_{j=1}^{M}\sum_{k=1}^{K}(x_{ijk}-\bar{x}_{ij})^2.\end{aligned}$$

在上式中，$\sum_{i=1}^{N}\sum_{j=1}^{M}\sum_{k=1}^{K}(x_{ijk}-\bar{x})^2$ 稱為「總變異」(TSS)，很明顯的其自由度為 $(NMK-1)$；$\sum_{i=1}^{N}MK(\bar{x}_{i\cdot}-\bar{x})^2$ 為來自第一類因子所造成差異的平方，故稱為「第一類因子變異」(FSS_1)，由於 $\bar{x}_{i\cdot}$ 為隨機變數，故第一類因子變異的自由度為 $(N-1)$；$\sum_{j=1}^{M}NK(\bar{x}_{\cdot j}-\bar{x})^2$ 為來自第二類因子所造成差異的平方，故稱為「第二類因子變異」(FSS_2)，由於 $\bar{x}_{\cdot j}$ 為隨機變數，故第二類因子變異的自由度為 $(M-1)$；$\sum_{i=1}^{N}\sum_{j=1}^{M}K(\bar{x}_{ij}-\bar{x}_{i\cdot}-\bar{x}_{\cdot j}+\bar{x})^2$ 為來自兩類因子交叉作用所造成差異的平方，故稱為**交叉變異** (cross sum of squares, CSS)，其自由度為 $(N-1)(M-1)$；而 $\sum_{i=1}^{N}\sum_{j=1}^{M}\sum_{k=1}^{K}(x_{ijk}-\bar{x}_{ij})^2$ 則為兩類因子與其交叉作用所不能解釋的變異，故稱為「誤差變異」(ESS)，其自由度為 $(NMK-NM)$。

再者，定義上述變異除上其相對應的自由度即為**平均變異** (mean squares)：

$$MSF_1 = \frac{FSS_1}{N-1} = \frac{\sum_{i=1}^{N} MK(\bar{x}_{i\cdot} - \bar{x})^2}{N-1}$$

$$MSF_2 = \frac{FSS_2}{M-1} = \frac{\sum_{j=1}^{M} NK(\bar{x}_{\cdot j} - \bar{x})^2}{M-1}$$

$$MSC = \frac{CSS}{(N-1)(M-1)} = \frac{\sum_{i=1}^{N}\sum_{j=1}^{M} K(\bar{x}_{ij} - \bar{x}_{i\cdot} - \bar{x}_{\cdot j} + \bar{x})^2}{(N-1)(M-1)}$$

$$MSE = \frac{ESS}{NM(K-1)} = \frac{\sum_{i=1}^{N}\sum_{j=1}^{M}\sum_{k=1}^{K} (x_{ijk} - \bar{x}_{ij})^2}{NM(K-1)}.$$

假定 X_{ijk} 為具平均數 μ_{ijk} 和變異數 σ^2_{ijk} 的常態分配，如同在前一節的討論，假設所有 X_{ijk} 具有相同的變異數，即 $\sigma^2_{ijk} = \sigma^2_0$，則在虛無假設 H_0: $\alpha_i = 0, \beta_j = 0, \delta_{ij} = 0, i = 1, \cdots, N, j = 1, \cdots, M$，

$$\frac{FSS_1}{\sigma^2_0} \overset{H_0}{\sim} \chi^2(N-1)$$

$$\frac{FSS_2}{\sigma^2_0} \overset{H_0}{\sim} \chi^2(M-1)$$

$$\frac{CSS}{\sigma^2_0} \overset{H_0}{\sim} \chi^2((N-1)(M-1))$$

$$\frac{ESS}{\sigma^2_0} \overset{H_0}{\sim} \chi^2(NM(K-1)).$$

因此，檢定第一類因子對反應變數單純效果的統計量為

$$\psi_{F_1} = \frac{MSF_1}{MSE} = \frac{\dfrac{FSS_1/(N-1)}{\sigma^2_0}}{\dfrac{ESS/NM(K-1)}{\sigma^2_0}} \overset{H_0}{\sim} \frac{\dfrac{\chi^2(N-1)}{(N-1)}}{\dfrac{\chi^2(NM(K-1))}{NM(K-1)}} = F(N-1, NM(K-1)).$$

檢定第二類因子對反應變數單純效果的統計量為

$$\psi_{F_2}=\frac{MSF_2}{MSE}=\frac{\dfrac{FSS_2/(M-1)}{\sigma_0^2}}{\dfrac{ESS/NM(K-1)}{\sigma_0^2}}\overset{H_0}{\sim}\frac{\dfrac{\chi^2(M-1)}{(M-1)}}{\dfrac{\chi^2(NM(K-1))}{NM(K-1)}}=F(M-1,NM(K-1)).$$

至於單純兩類因子的交叉效果的統計量為

$$\psi_C=\frac{MSC}{MSE}=\frac{\dfrac{CSS/(N-1)(M-1)}{\sigma_0^2}}{\dfrac{ESS/NM(K-1)}{\sigma_0^2}}\overset{H_0}{\sim}\frac{\dfrac{\chi^2((N-1)(M-1))}{(N-1)(M-1)}}{\dfrac{\chi^2(NM(K-1))}{NM(K-1)}}$$

$$=F((N-1)(M-1),NM(K-1)).$$

假若我們不但需考量統計、微積分及英文的表現差異外，尚需考量由性別不同所造成的差異；在 Sex – Sta – Cal – Eng.xls 檔案中，A2:A81 存放 80 位同學的性別資料，而 B2:D81 則存放統計、微積分及英文的成績，先利用『資料 (D)』中的『排序 (S)』功能按 A 行數值由小到大排序，排序後 2 – 41 列為 40 位女同學的資料，而 42 – 81 則為 40 位男同學的資料，利用『工具 (T)』、『資料分析 (D)』中的『雙因子變異數分析：重複試驗』，在「雙因子變異數分析：重複試驗」對話框中，「輸入範圍 (I)」中輸入 A1:D81，「每一樣本的列數 (R)」中輸入 40, 再選擇「輸出範圍 (O)」為 E1，按下『確定』，即得到以下輸出結果：

雙因子變異數分析：重複試驗

摘要	統計	微積分	英文	總和
0				
個數	40	40	40	120
總和	2720.12	2766.33	2802.89	8289.34
平均	68.003	69.15825	70.07225	69.0778333
變異數	1.481621538	1.031430192	1.21773071	1.9455835

1				
個數	40	40	40	120
總和	2726.22	2760.73	2801.99	8288.94
平均	68.1555	69.01825	70.04975	69.0745
變異數	0.710640769	1.1069225	1.03408455	1.53922496

總和			
個數	80	80	80
總和	5446.34	5527.06	5604.88
平均	68.07925	69.08825	70.061
變異數	1.088143734	1.060604494	1.1117838

ANOVA

變源	*SS*	自由度	*MS*	*F*	*P*－值	臨界值
樣本	0.000666667	1	0.00066667	0.00060768	0.980354	3.881496
欄	157.1108433	2	78.5554217	71.6046371	5.47E－25	3.034415
交互作用	0.866583334	2	0.43329167	0.39495291	0.67416	3.034415
組內	256.71478	234	1.09707171			
總和	414.6928733	239				

上表中，「變源」來自於「樣本」、「欄」和「交互作用」三者，其中「樣本」變源為因性別差異所產生的變異，「欄」變源為由三科目成績所產生的變異，而「交互作用」變源則為由性別與三科目成績的交叉效果所產生的變異；因此，檢定第一類因子對反應變數單純效果的統計量為 $\psi_{F_1}=0.00060768$ 小於臨界值 $F_{0.95}(1,234)=3.881496013$，或其 $p-$ 值大於 0.05，故在顯著水準 $\alpha=$ 5%下，不棄卻虛無假設，表示樣本資料支持臺灣管理學院學生三科目的表現在性別間無顯著差異；檢定第二類因子對反應變數單純效果的統計量為 $\psi_{F_2}=71.6046371$ 大於臨界值 $F_{0.95}(2,234)=3.034415386$，或其 $p-$ 值小於 0.05，故在顯著水準 $\alpha=5\%$ 下，棄卻虛無假設，表示樣本資料支持臺灣管理學院學生在三科目的表現存在顯著差異；至於檢定交叉效果對反應變數單純效果的統計量為 $\psi_C=0.39495291$ 小於臨界值 $F_{0.95}(2,234)=3.034415386$，或其 $p-$ 值大於 0.05，故在顯著水準 $\alpha=5\%$ 下，不棄卻虛無假設，表示樣本資料支持

交叉效果的影響不顯著。上述 Excel 的過程，請參考作者網頁子目錄 chapter11 中的 chapt11_6.ppt 及 Sex – Sta – Cal – Eng1.xls。

11.4 習 題

1. 請以統計學課堂 80 位同學資料檢定統計、 微積分和英文成績是否存在差異。
2. 請以統計學課堂 80 位同學資料檢定在不同性別間統計、 微積分和英文成績是否存在差異。
3. 請以統計學課堂 80 位同學資料檢定在不同科系間統計、 微積分和英文成績是否存在差異。

12. 配適度檢定：卡方檢定

在前面章節中所討論的假設檢定中，所介紹的統計檢定量必須在一些特定的假設前提下，方具有熟知的抽樣分配，使分析者能很容易地建立適當的信賴區間，以作為棄卻或不棄卻虛無假設的準則；例如，母體為常態分配的假設通常是必須的，母體間相互獨立的假設也是從事多個母體假設檢定所必須的；對於一個檢定方法，必須先對母體分配加以事前的假設，方能使統計檢定量具有熟知的分配，此檢定方法即稱為**參數檢定法** (parametric method)；然而在實際問題的分析上，常態分配母體的假設，通常是不切實際的，例如，在財務金融的文獻上，大都認定財務資料不為常態分配。因此，在實證研究上，研究者必須先對母體分配是否為常態進行檢定分析，若所觀察到的樣本資料支持常態分配的母體假設，則前面章節所介紹的統計方法即可採用，否則，母體不為常態分配，統計量即不具有熟知的抽樣分配，使得統計量在虛無假設下之信賴區間不容易建立，造成統計推論上的困難；此時，毋須母體分配假設的檢定方法，即**無母數檢定法** (nonparametric method) 將被考慮，此將於下一個章節中予以討論。另者，在多個母體參數的檢定中，除了母體常態分配的假設外，亦須假設母體間的相互獨立性，因此，對於母體間是否獨立的檢定，亦是在實證研究上所必要的。

12.1　配適度檢定：二項母體

為能逐步瞭解配適度檢定的邏輯，我們先由最簡單的二項母體分配談起；例如我們想要瞭解某一組僅有兩種實現值的樣本觀察值是否從一個特定的白努力分配母體所抽出的，亦即該組樣本觀察值是否是某一個特定白努力分配母體的一組實現值，而一個白努力分配隨機變數的參數為定義於「成功」出象的機率值，因此，欲瞭解該組樣本觀察值是否是某一個特定白努力分配母體的一組實現值，相當於檢驗定義於「成功」出象的機率值是否等於特定的數值，而此機率值即為母體比例 p，此種檢定方法，我們已於第 9 章中的單一母體比例檢定中有所討論。

在第 9 章中的單一母體比例檢定的討論中，我們可以樣本觀察值中「成功」出象的個數 (即 $x_i = 1$ 的個數，等於 $\sum_{i=1}^{n} x_i$ 稱為樣本總數和) 或以樣本比例 (即 $\overline{p}_n = \sum_{i=1}^{n} x_i / n$) 進行統計檢定；假定特定白努力分配的母體比例為 p_0，由定義可知，樣本總數和的抽樣分配為二項式分配，即

$$\sum_{i=1}^{n} x_i \overset{H_0}{\sim} B(n, p_0).$$

因此我們可利用此二項式分配建立顯著水準 α 下的信賴區間，進而進行統計推論。

但當樣本個數 n 很大時，要建立顯著水準 α 下的信賴區間，必須要計算相當個數的二項式分配機率值，十分不便；因此，我們可以利用 np_0 為平均數、$np_0(1-p_0)$ 為變異數的常態分配，以取代二項式分配建立信賴區間。另外一種解釋為，當樣本個數 n 很大時，樣本平均數 $\overline{p}_n = \sum_{i=1}^{n} x_i / n$ 滿足中央極限定理，即在虛無假設 H_0: $p = p_0$ 下，

$$\sqrt{n} \frac{\overline{p}_n - p_0}{\sqrt{p_0(1-p_0)}} \overset{H_0}{\sim} N(0,1),$$

或

$$\sum_{i=1}^{n} x_i \overset{H_0}{\sim} N(np_0, np_0(1-p_0)).$$

由此，我們可以利用 $\overline{p}_n$ 或 $\sum_{i=1}^{n} x_i$ 為統計量，以進行統計檢定。

由於

$$\sum_{i=1}^{n} x_i + \sum_{i=1}^{n}(1-x_i) = n \times [p + (1-p)] = n,$$

其中 $\sum_{i=1}^{n}(1-x_i) = n - \sum_{i=1}^{n} x_i$ 為樣本資料中「失敗」出象的個數，因此在虛無假設 H_0: $p = p_0$ 下，

$$\sum_{i=1}^{n} x_i + \sum_{i=1}^{n}(1-x_i) = n \times [p_0 + (1-p_0)] = n.$$

所以邏輯上， 我們可以藉由 $\sum_{i=1}^{n} x_i$ 與 np_0 的比較和 $\sum_{i=1}^{n}(1-x_i)$ 與 $n(1-p_0)$ 的比較，進行檢定。若其間的差異大則表示樣本資料不支持虛無假設，若差異小則表示樣本資料支持虛無假設。在虛無假設為真下，$\sum_{i=1}^{n} x_i - np_0 = 0$ 和 $\sum_{i=1}^{n}(1-x_i) - n(1-p_0) = 0$，根據此一邏輯，$(\sum_{i=1}^{n} x_i - np_0)^2 = 0$ 和 $(\sum_{i=1}^{n}(1-x_i) - n(1-p_0))^2 = 0$，因此我們可以用 $(\sum_{i=1}^{n} x_i - np_0)^2 + (\sum_{i=1}^{n}(1-x_i) - n(1-p_0))^2$ 作為差異性比較的基礎。

我們考慮以「標準化」後的平方和作為差異性的比較，即

$$\chi^2 = [(\sum_{i=1}^{n} x_i - np_0)/\sqrt{np_0}]^2 + [(\sum_{i=1}^{n}(1-x_i) - n(1-p_0))/\sqrt{n(1-p_0)}]^2.$$

由於

$$\begin{aligned}(\sum_{i=1}^{n}(1-x_i) - n(1-p_0))^2 &= (n - \sum_{i=1}^{n} x_i - n + np_0)^2 \\ &= (-\sum_{i=1}^{n} x_i + np_0)^2 = (\sum_{i=1}^{n} x_i - np_0)^2.\end{aligned}$$

而且

$$\frac{1}{np_0}+\frac{1}{n(1-p_0)}=\frac{n(1-p_0)+np_0}{n^2p_0(1-p_0)}$$
$$=\frac{1}{np_0(1-p_0)}.$$

所以，

$$\left(\frac{\sum_{i=1}^{n}x_i-np_0}{\sqrt{np_0}}\right)^2+\left(\frac{\sum_{i=1}^{n}(1-x_i)-n(1-p_0)}{\sqrt{n(1-p_0)}}\right)^2$$

$$=\left(\frac{\sum_{i=1}^{n}x_i-np_0}{\sqrt{np_0}}\right)^2+\left(\frac{\sum_{i=1}^{n}x_i-np_0}{\sqrt{n(1-p_0)}}\right)^2$$
$$=\frac{(\sum_{i=1}^{n}x_i-np_0)^2}{np_0}+\frac{(\sum_{i=1}^{n}x_i-np_0)^2}{n(1-p_0)}$$
$$=(\sum_{i=1}^{n}x_i-np_0)^2\left(\frac{1}{np_0}+\frac{1}{n(1-p_0)}\right)$$
$$=(\sum_{i=1}^{n}x_i-np_0)^2\left(\frac{1}{np_0(1-p_0)}\right)$$
$$=\left(\frac{\sum_{i=1}^{n}x_i-np_0}{\sqrt{np_0(1-p_0)}}\right)^2$$
$$\overset{H_0}{\sim}N(0,1)^2=\chi^2(1).$$

所以統計量

$$\chi^2=[(\sum_{i=1}^{n}x_i-np_0)/\sqrt{np_0}]^2+[(\sum_{i=1}^{n}(1-x_i)-n(1-p_0))/\sqrt{n(1-p_0)}]^2$$
$$\overset{H_0}{\sim}\chi^2(1)$$

值得注意的是，上式中的 χ^2- 統計量其實就是第 9 章中檢定母體比例所

用 z－統計量的平方，當然 z－統計量越接近 0，相對應於越小的 χ^2－統計量值，因此不棄卻虛無假設；反之，z－統計量離開 0 越遠，相對應於越大的 χ^2－統計量值，因此棄卻虛無假設。

由以上所討論的 χ^2－統計量，其邏輯在於表現樣本觀察值中「成功」與「失敗」的樣本次數，與在特定機率值的虛無假設下「成功」與「失敗」出象的理論（預期）次數間的平方差。因此，將樣本次數定義為 f_i，$i = 1$（成功），$i = 0$（失敗），而虛無假設下的理論次數為 E_i，$i = 1$（成功），$i = 0$（失敗），則 χ^2－統計量成為

$$\chi^2 = \sum_{i=0}^{1} \frac{(f_i - E_i)^2}{E_i}.$$

此外，在 χ^2－統計量中，表面上是兩個隨機變數的平方和，但是，在樣本觀察值個數 n 固定下，一旦知道「成功」出象的樣本次數 $\sum_{i=1}^{n} x_i$，則「失敗」出象的樣本次數即等於 $n - \sum_{i=1}^{n} x_i = \sum_{i=1}^{n} (1 - x_i)$，因此，將「成功」出象的樣本次數 $\sum_{i=1}^{n} x_i$ 視為隨機變數，就不可同時再將「失敗」出象的樣本次數 $\sum_{i=1}^{n} (1 - x_i)$ 視為隨機變數；這也是為什麼 χ^2－統計量的抽樣分配是自由度為 1 的卡方分配，而不是自由度為 2 的卡方分配的理由。

例如我們想知道臺灣所有大學的管理學院，其中的男女比例是否為 1:1，所以此問題所對應的虛無假設為 H_0: $p_{男} = p_{女} = 1/2$。如同在第 9 章之母體比例檢定的討論，假定統計學班上 80 位同學中座號 1－30 同學的性別資料是具有母體代表性的一組樣本觀察值，由於 $f_{男} = 15$, $f_{女} = 15$ 以及 $E_{男} = 30/2 = 15$, $E_{女} = 15$，所以 χ^2－統計量為

$$\begin{aligned}\chi^2 &= \frac{(f_{男} - E_{男})^2}{E_{男}} + \frac{(f_{女} - E_{女})^2}{E_{女}} \\ &= \frac{(15-15)^2}{15} + \frac{(15-15)^2}{15} = 0,\end{aligned}$$

由於 $\chi^2_{0.95}(1) = 3.8415$，$\chi^2 = 0 < 3.8415$，所以我們在顯著水準 5% 下，不棄卻虛無假設 H_0: $p_{男} = p_{女} = 1/2$。此推論結果與第 9 章之結果相符。

利用比較兩個出象的樣本次數與理論次數所建立的 χ^2－ 統計量，以進行母體比例檢定，或稱為特定二個出象分配（二項母體）的檢定；我們可將同樣的邏輯應用於特定多個出象分配（多項母體）的檢定上。此外，由於此種藉由實際觀察到的相對次數與虛無假設的理論預期次數間差異所建構的統計量具有 χ^2－ 分配，因此，此類檢定方法稱為**卡方檢定** (χ^2 test)。

12.2 配適度檢定：多項母體

在前面章節我們曾討論母體比例的虛無假設檢定，討論中的母體所定義的試驗僅有兩種出象，而母體比例 p 為某一個出象的機率，而另一個出象的機率則為 $1-p$；例如，定義人類性別的母體僅有男、女兩種出象，而母體比例可為男性人類的比率；此母體因僅有兩種出象，故稱為**二項母體** (binomial population)。除了二項母體外，亦存在**多項母體** (multinomial population)，即母體所定義的實驗具有多個出象，例如人類的血型共有 A 型、B 型、AB 型和 O 型四種，因此，代表血型的母體變數具有四個出象，故為多項母體，在統計上大抵以**類項** (category) 代表出象；此時，我們可能有興趣於瞭解臺灣人在各種血型的比例，也許我們想知道臺灣人在四種血型間具有相等的比例，則我們所應面對的虛無假設為 H_0: $p_A = p_B = p_{AB} = p_O = 0.25$，其中 p_A,p_B,p_{AB} 和 p_O 分別表示臺灣人中四種血型的機率。為對於這個虛無假設進行統計檢定，一組具有母體代表性的樣本是必要的，假設我們蒐集到一組具有母體代表性的 n 個樣本觀察值，由於我們相信樣本具有母體代表性，因此，如果虛無假設為真，則此 n 個觀察值的樣本中每一種血型應有接近 $n/4$ 個觀察值，此 $n/4$ 即稱為在虛無假設下樣本數為 n 的**預期個數** (expected frequency) 或**理論個數** (theoretical frequency)；所以藉由實際樣本中各種血型的人數與 $n/4$ 數值間的差異，可作為該樣本是否支持虛無假設的準則，即若差異大，表示實際觀察的樣本不支持虛無假設，反之，則支持虛無假設。依此概念，Karl Pearson (1990) 建議如下的統計量

$$\chi^2 = \sum_{i=1}^{k} \frac{(f_i - E_i)^2}{E_i} = \sum_{i=1}^{k} \frac{(f_i - nP_i)^2}{nP_i},$$

其中

f_i = 樣本中第i個出象的實際觀察個數(樣本次數)

P_i = 虛無假設下第i個出象的機率值

E_i = 虛無假設下第i個類項的預期個數，$E_i = nP_i$

n = 樣本觀察個數

k = 母體所定義出象的個數

在虛無假設下及樣本觀察個數 n 足夠大使中央極限定理成立下，這個統計量 χ^2 的極限分配為一具有自由度 $(k-1)$ 的卡方分配；其說明如下：

就某一個出象 i 而言， 我們所討論的多項母體可視為出象 i 的白努力分配，因為我們可以將母體所定義的多個類項合併成「出象 i」與「非出象 i」兩種類項；假定以 X_i 定義為「出象 i」白努力分配隨機母體，在虛無假設下 $X_i \sim Bernoulli(p_i)$；因此，在觀察個數 n 的樣本中，出象 i 的個數即成為二項式分配，即在虛無假設下 $\sum_{i=1}^{n} X_i \overset{H_0}{\sim} B(n,p_i)$，而此二項式分配的平均數為 $E(\sum_{i=1}^{n} X_i) = np_i$，變異數為 $\text{var}(\sum X_i) = np_i(1-p_i)$；在前面章節我們知道，當觀察個數 n 足夠大使中央極限定理成立時，

$$B(n,p_i) \to N(np_i, np_i(1-p_i)),$$

或

$$\frac{\sum_{i=1}^{n} X_i - np_i}{\sqrt{np_i(1-p_i)}} \overset{H_0}{\sim} N(0,1).$$

因此，當樣本中出象 i 的實際觀察個數為 $\sum_{i=1}^{n} x_i = f_i$ 時，

$$\frac{(f_i - np_i)^2}{np_i(1-p_i)} \overset{H_0}{\sim} \chi^2(1).$$

所以在 χ^2- 統計量中，總共有 k 個樣本次數與理論次數差異的平方和，但是這 k 個樣本次數與理論次數差異的平方僅可同時視 $(k-1)$ 個為隨機變數，因為所有的樣本次數或理論次數總和必定等於樣本觀察個數 n，所以 χ^2- 統計量具有自由度為 $(k-1)$ 的卡方分配。

假定我們想知道管理學院內的五個系是否均衡發展，如果是均衡發展，則每一個系大學部、碩士班及博士班學生的人數應有相等的學生人數，因此，五個系均衡發展的虛無假設為

$$H_0: p_A = p_B = p_C = p_D = p_E = 1/5,$$

其中 p_A, p_B, p_C, p_D, p_E 分別表示經濟系、財金系、企管系、會計系和資管系學生在管理學院所佔的比例；假定我們無法取得管理學院所有學生的資料，而僅能有統計學班上的 80 位同學資料，假定此樣本資料具有母體代表性，因而能提供有關母體的訊息；由於樣本個數 $n = 80$，則每一個科系的理論次數為 $E_i = 80/5 = 16$, $i = A, B, C, D, E$，根據 80 位同學資料，我們可製作出下表：

	樣本次數 (f_i)	理論次數 (E_i)	$f_i - E_i$	$(f_i - E_i)^2/E_i$
經濟系	20	16	4	1
財金系	24	16	8	4
企管系	14	16	−2	0.25
會計系	12	16	−4	1
資管系	10	16	−6	2.25
總　和				8.50

由上表資料，我們可以計算 χ^2- 統計量為

$$\chi^2 = \sum_{i=1}^{k} \frac{(f_i - E_i)^2}{E_i}$$
$$= \frac{(20-16)^2}{16} + \frac{(24-16)^2}{16} + \frac{(14-16)^2}{16} + \frac{(12-16)^2}{16} + \frac{(10-16)^2}{16}$$
$$= 1 + 4 + 0.25 + 1 + 2.25 = 8.25.$$

因 $k-1=4$，由附錄中表5的 χ^2 分配分量表知道，$\chi^2_{0.90}(4) = 7.7794$ 及 $\chi^2_{0.95}(4) = 9.4877$，因此，在顯著水準 $\alpha = 10\%$ 下，$\chi^2 = 8.25 > \chi^2_{0.90}(4) = 7.7794$，棄卻虛無假設 H_0: $p_A = p_B = p_C = p_D = p_E$；然而 $\chi^2 = 8.25 < \chi^2_{0.95}(4) = 9.4877$，因此在顯著水準 $\alpha = 5\%$ 下，不棄卻虛無假設。由這個統計檢定例子可以瞭解，統計推論結果的陳述，不但要做出「棄卻」或「不棄卻」虛無假設的推論結果，並需表明做出推論的顯著水準或第一型誤差。

12.3 配適度檢定：間斷隨機變數分配

在前一小節中對於多項母體分配的討論，利用所有各種出象實際觀察次數與理論次數間的差異，作為配適度檢定的依據；若將出象的項數加以放大，我們即可以利用相同的概念，對母體是否遵循某一個間斷的隨機分配進行配適度檢定。本節中，我們將以母體是否遵循一個 Poisson 分配為例加以說明。

在機率分配的討論中， 我們知道 Poisson 分配適用於描述在一個特定的**區間** (interval) 中，發生某一事件的次數，發生的次數當然可由 0 次到無限多次，而發生的次數是間斷的數值；一個平均數為 μ 的 Poisson 分配具有以下的機率函數：

$$P(X=x) = \frac{\mu^x e^{-\mu}}{x!}, x = 0,1,2,\cdots,\infty.$$

為從事配適度檢定，我們去觀察記錄一段區間內某事件發生的次數，總共觀察記錄 n 次，因而我們蒐集到一組具有 n 個觀察值的樣本，當然我們相信這組樣本具有母體的代表性，由這組樣本中，我們可以整理出實際觀察到事件沒有發生、發生 1 次、發生 2 次、發生 3 次……的次數，表示為 $f_0,f_1,f_2,f_3,\cdots$，並以 $f_0/n,f_1/n,f_2/n,f_3/n,\cdots$ 表示為相對次數，因為我們相信樣本具有母體的代表性，我們可以用 $f_0/n,f_1/n,f_2/n,f_3/n,\cdots$ 代替 $P(X=0),P(X=1),P(X=2),P(X=3),\cdots$ 以計算平均數 μ：

$$\begin{aligned}\mu &= E(X) = 0\times P(X=0) + 1\times P(X=1) + 2\times P(X=2) + 3\times P(X=3) + \cdots \\ &\approx 0\times(f_0/n) + 1\times(f_1/n) + 2\times(f_2/n) + 3\times(f_3/n) + \cdots = \hat{\mu}.\end{aligned}$$

假定我們以 $\hat{\mu}$ 表示上式所算得的平均數，則我們的問題即在於檢定母體是否為具有平均數 $\hat{\mu}$ 的 Poisson 分配的虛無假設；根據此特定平均數 $\hat{\mu}$ 的 Poisson 分配，我們可由附錄中所附的 Poisson 分配機率分配表查得 $P(X=0),P(X=1),P(X=2),P(X=3),\cdots$，則我們即可求得在虛無假設下的預期次數，即 $E_0=n\times P(X=0),E_1=n\times P(X=1),E_2=n\times P(X=2),\cdots$；根據比較這些算得的預期次數與實際觀察次數 $f_0,f_1,f_2,f_3,\cdots$ 的差異，我們即可計算 Pearson 統計量：

$$\chi^2=\sum_{x=0}^{\infty}\frac{(f_x-E_x)^2}{E_x}$$

值得注意的是，為使這個統計量 χ^2 具有卡方分配，所有的預期次數必須大於 5，若有預期次數小於 5 時，我們必須加以合併；假定合併後有 k 個預期次數大於 5，則統計量 χ^2 具有自由度為 $(k-1)$ 的卡方分配。若 $\chi^2\geq\chi^2_{1-\alpha}(k-1)$，則我們在顯著水準 α 下，棄卻虛無假設，即樣本資料不支持母體為 Poisson 分配。

12.4 配適度檢定：連續隨機變數分配

在前一小節中我們是進行對間斷隨機變數分配的配適度檢定，在本節中，我們將討論如何利用前一節所介紹的概念，對連續隨機變數分配的配適度進行檢定，亦即我們想對某一個母體是否遵循某特定連續分配進行檢定。由前三節的討論中，統計推論是以多項母體或間斷變數所自然形成的出象（或類項）為分析基礎，然而在連續隨機變數並無如多項母體或間斷變數所自然形成的出象，因此，我們必須給予人為的歸併類項，如此我們就可以利用人為類項的預期次數與實際次數間的差異進行統計檢定。以下我們就以檢驗母體是否為常態分配為例加以說明；由於在前面章節有關母體平均數或變異數的統計檢定中，所使用的統計檢定量幾乎都是在母體為常態分配的假設下，方有熟知的抽樣分配，進而能迅速建立棄卻域或非棄卻域，決定判斷棄卻或不棄卻虛無假設的準則，由此可知，對於母體是否為常態分配的檢定，是相當重要的。

為能應用各種出象的預期次數與實際次數之差異作為統計檢定的基礎，我們必須將連續的常態隨機變數的實現值作適當的分割，使之切分為有限的類項，譬如，假設我們要檢定一個母體是否具有 $N(\mu,\sigma^2)$ 的常態分配，首先我們將虛無假設下的母體，$N(\mu,\sigma^2)$，實現值等分成 10 等分，每一等分所涵蓋的實現值具有 10% 的機率值，亦即分割成

$$(-\infty,\mu-Z_{0.9}\sigma],\ (\mu-Z_{0.9}\sigma,\mu-Z_{0.8}\sigma],\ (\mu-Z_{0.8}\sigma,\mu-Z_{0.7}\sigma],\ (\mu-Z_{0.7}\sigma,\mu-Z_{0.6}\sigma],\ (\mu-Z_{0.6}\sigma,\mu],\ [\mu,\mu+Z_{0.6}\sigma),\ [\mu+Z_{0.6}\sigma,\mu+Z_{0.7}\sigma),\ [\mu+Z_{0.7}\sigma,\mu+Z_{0.8}\sigma),\ [\mu+Z_{0.8}\sigma,\mu+Z_{0.9}\sigma),\ [\mu+Z_{0.9}\sigma,\infty).$$

假設我們擁有來自母體的一組具有 n 個觀察值的樣本，由於我們相信樣本具有母體的代表性，因此，若母體真為 $N(\mu,\sigma^2)$，則將所有 n 個觀察值按其數值歸類到上述的 10 等分中，則每一等分將有 $0.1n$ 個觀察值落在其中，亦即在每一個類項中，實際觀察次數與理論預期次數相近，我們將得到不棄卻虛無假設的推論結果；但若母體不為 $N(\mu,\sigma^2)$ 時，則有些等分所分得的樣本觀察值個數遠超過 $0.1n$，而另外有些等分所分得的樣本觀察值個數遠低於 $0.1n$，我們將得到棄卻虛無假設的推論結果。而 Pearson (1990) 統計量的計算如下：

$$\chi^2=\sum_{i=1}^{10}\frac{(f_i-E_i)^2}{E_i}$$

$$=\sum_{i=1}^{10}\frac{(f_i-0.1n)^2}{0.1n},$$

其中 f_i 為樣本中第 i 個等分的實際觀察個數；若 $\chi^2 \geq \chi^2_{1-\alpha}(9)$，則在顯著水準 α 下，我們棄卻虛無假設 H_0: 母體為 $N(\mu,\sigma^2)$。但要注意的是，在此我們棄卻虛無假設，表示我們的樣本資料並非由一個具有平均數 μ 和變異數 σ^2 特定的常態分配；亦即，上述的檢定是針對母體是否為一個特定的常態分配，但在統計推論的母體假設上，我們僅想知道母體是否為常態分配而已，而非一個特定的常態分配，換言之，我們並不需要知道 μ 和 σ^2 的數值。

由於我們只在乎母體是否為常態分配而已，而非某一個特定的常態分配，即特定的 μ 和 σ^2，因此，我們由樣本資料計算樣本平均數 $\bar{x}_n=\sum_{i=1}^{n}x_i/n$ 和樣本變異數 $s_n^2=\sum_{i=1}^{n}(x_i-\bar{x}_n)^2/(n-1)$，而我們的虛無假設則為 H_0: 母體為 $N(\bar{x}_n,s_n^2)$。依前面的做法，我們將虛無假設下的母體，$N(\bar{x}_n,s_n^2)$，實現值等分成 10 等分，每一等分所涵蓋的實現值具有 10% 的機率值，亦即分割成

$$(-\infty,\bar{x}_n-Z_{0.9}s_n],\ (\bar{x}_n-Z_{0.9}s_n,\bar{x}_n-Z_{0.8}s_n],\ (\bar{x}_n-Z_{0.8}s_n,\bar{x}_n-Z_{0.7}s_n],\ (\bar{x}_n-Z_{0.7}s_n,\bar{x}_n-Z_{0.6}s_n],\ (\bar{x}_n-Z_{0.6}s_n,\bar{x}_n],\ [\bar{x}_n,\bar{x}_n+Z_{0.6}s_n),\ [\bar{x}_n+Z_{0.6}s_n,\bar{x}_n+Z_{0.7}s_n),\ [\bar{x}_n+Z_{0.7}s_n,\bar{x}_n+Z_{0.8}s_n),\ [\bar{x}_n+Z_{0.8}s_n,\bar{x}_n+Z_{0.9}s_n),\ [\bar{x}_n+Z_{0.9}s_n,\infty)$$

則根據上述的分割等分，我們計算 Pearson (1990) 統計量如下：

$$\chi^2=\sum_{i=1}^{10}\frac{(f_i-E_i)^2}{E_i}$$
$$=\sum_{i=1}^{10}\frac{(f_i-0.1n)^2}{0.1n},$$

其中 f_i 為樣本中第 i 個等分的實際觀察個數；若 $\chi^2 \geq \chi^2_{1-\alpha}(9)$，則在顯著水準 α 下，我們棄卻虛無假設 H_0: 母體為常態分配。

在第 9 章有關身高母體平均數的討論中，當樣本觀察個數不夠大到使中央極限定理成立，我們必須假設身高的母體為常態分配，但是身高的母體是

否真的為常態分配？當然我們無法憑空知道母體的真實分配，在統計上，我們只能以樣本資料所提供的訊息，以判斷母體的真實分配，而統計學課堂 80 位同學的身高資料即是樣本資料；由於一個常態分配具有平均數與變異數兩個母體參數，當然我們無法知道母體分配的平均數與變異數，但是，在此我們在乎的僅是母體是否為常態分配，並非探討其平均數與變異數的數值，而 80 位同學的身高資料的樣本平均數為 $\bar{x}_n = 164.685875$、樣本變異數為 $s_x^2 = 42.8660853$，因此，我們要檢定的是母體是否為具 164.685875 的平均數、42.8660853 的變異數的常態分配，即 $N(164.685875, 42.8660853)$；我們將此常態分配等分為 10 等分，每一等分包含 10% 的機率值，因此，每一等分的理論次數為 $80 \times 0.1 = 8$，而所切分的等分及樣本次數則如下表所示：

	f_i	E_i	$(f_i - E_i)^2/E_i$
156.2953 以下	6	8	0.5
156.2953 – 159.1756	15	8	6.125
159.1756 – 161.2525	9	8	0.125
161.2525 – 163.0272	4	8	2
163.0272 – 164.6859	6	8	0.5
164.6859 – 166.3446	4	8	2
166.3446 – 168.1192	9	8	0.125
168.1192 – 170.1962	10	8	0.5
170.1962 – 173.0765	8	8	0
173.0765 以上	9	8	0.125
總　和			12

因此，χ^2－ 統計量為

$$\chi^2 = \sum_{i=1}^{10} \frac{(f_i - E_i)^2}{E_i}$$

$$= \sum_{i=1}^{10} \frac{(f_i - 8)^2}{8}$$

$$= 12.$$

由於 $\chi^2_{0.90}(9) = 14.6837$ 和 $\chi^2_{0.95}(9) = 16.9190$，$\chi^2$－ 統計量為 12，因此，在

顯著水準 $\alpha = 10\%$ 和 $\alpha = 5\%$ 下，均不棄卻虛無假設，即樣本資料支持身高母體為常態分配，因此，我們可以假設身高母體為常態分配。上表的製作，我們可以利用 Excel，假定在 Height.xls 檔案中的 A2:A81 放置 80 位同學的身高資料，在 B1 及 B2 位置以函數公式「= AVERAGE(A2:A81)」和「= STDEV(A2:A81)」計算身高資料的樣本平均數與樣本標準差，在 C1:C9 中以「= NORMINV(p,$B$1,$B$2)」，$p = 0.1, 0.2, \cdots, 0.9$，得到以 B1 數值為平均數、B2 數值為變異數常態分配的在 10%,20%,⋯,90% 下的分量，以作為分組的組界，之後我們就可以利用第 2 章中製作直方圖的做法，即可得到各分組的樣本次數。上述 Excel 的計算過程，請參考作者網頁子目錄 chapter12 中的 chapt12_1.ppt 及 Height.xls。

在配適度檢定中，為避免因分類過細影響統計推論結果，一般的原則為每一出象的樣本次數不能小於 5，在上表中，在 161.2525 – 163.0272 和 164.6859 – 166.3446 兩個區間的樣本次數小於 5，因此，我們將樣本資料改分成為等機率的 8 等分，每一等分包含 12.5% 的機率值；在 height.xls 檔案中，以「= NORMINV(p,$B$2,$B$3)」，$p = 0.125, 0.25, \cdots, 0.875$，得到以 B1 數值為平均數、B2 數值為變異數常態分配的在 12.5%,25%,⋯,87.5% 下的分量，以作為分組的組界，再依直方圖的做法，即可得到各分組的樣本次數；所切分的等分及樣本次數則如下表所示：

	f_i	E_i	$(f_i - E_i)^2/E_i$
157.1543 以下	12	10	0.4
157.1543 – 160.2698	12	10	0.4
160.2698 – 162.5997	10	10	0
162.5997 – 164.6859	6	10	1.6
164.6859 – 166.7721	6	10	1.6
166.7721 – 169.1019	13	10	0.9
169.1019 – 172.2175	7	10	0.9
172.2175 以上	14	10	1.6
總　和			7.4

上表中，每一組的樣本次數均大於5，滿足配適度檢定的要求；由於 $\chi^2_{0.90}(7) = 12.0170$ 和 $\chi^2_{0.95}(7) = 14.0671$，$\chi^2$ - 統計量為7.4，因此，在顯著水準 $\alpha = 10\%$ 和 $\alpha = 5\%$ 下，亦均不棄卻虛無假設，即樣本資料支持身高母體為常態分配，因此，我們可以假設身高母體為常態分配。

從二項母體、多項母體、間斷隨機變數及連續隨機變數的配適度檢定中，我們知道檢定方法的邏輯是以虛無假設下的理論次數與實際樣本次數間的差異作為檢定的基礎，因此，對於任何一個虛無假設檢定，只要能建立出理論次數與實際樣本次數之間的差異，即可以 Pearson 的 χ^2 - 統計量從事檢定；基於此邏輯，我們可以對於變數間的是否為獨立進行檢定。

12.5 獨立性檢定：關聯表

在前面章節中所介紹對於兩個以上母體是否相等的無參數檢定方法中，母體間必須相互獨立；因此對於檢驗母體間是否相互獨立，在統計推論上亦是重要的課題。在本節中，我們討論如何利用上一節利用類項實際觀察個數與預期個數間差異的比較，作為假設檢定的判斷準則，再加上母體相互獨立的特性，透過**關聯表** (contingency table) 的設計，進行母體間獨立性的檢定。

根據兩個集合相互獨立的定義：集合 A 和 B 相互獨立，則若且為若 $\mathbb{P}(A|B) = \mathbb{P}(A)$；或 $\mathbb{P}(A \cap B) = \mathbb{P}(A) \times \mathbb{P}(B)$；此觀念應用於兩個間斷的隨機變數，即成為：兩個獨立的隨機變數 X 和 Y 相互獨立，若且為若 $P(X = x_i, Y = y_j) = P(X = x_i) \times P(Y = y_j)$, $i = 1, \cdots, k_1$, $j = 1, \cdots, k_2$，其中 k_1 和 k_2 為隨機變數 X 和 Y 所有可能的**實現值** (realization) 的個數。由於隨機變數 X 和 Y 具有有限個數的實現值，因此，我們可以將所有可能成對出現的隨機變數 X 和 Y 的實現值 (x_i, y_j), $i = 1, \cdots, k_1$, $j = 1, \cdots, k_2$ 視為分割的類項，因此，我們將有 $k_1 \times k_2$ 個類項；在虛無假設 H_0: 隨機變數 X 和 Y 相互獨立，類項 (x_i, y_j) 理論上出現的機率值為 $P(X = x_i, Y = y_j) = P(X = x_i) \times P(Y = y_j)$；因此，假若我們有一組具有 n 個觀察

值的樣本，則在虛無假設下，理論上定義於隨機變數 X 的出象為 x_i 和定義於隨機變數 Y 的出象為 y_j 出現的次數為 $nP(X=x_i)\times P(Y=y_j)$，所有隨機變數 X 的出象和隨機變數 Y 的出象組合的理論次數如下表：

		隨機變數 X			
		x_1	x_2	$\cdots$	x_{k_1}
隨機變數 Y	y_1	$nP(X=x_1)P(Y=y_1)$	$nP(X=x_2)P(Y=y_1)$	$\cdots$	$nP(X=x_{k_1})P(Y=y_1)$
	y_2	$nP(X=x_1)P(Y=y_2)$	$nP(X=x_2)P(Y=y_2)$	$\cdots$	$nP(X=x_{k_1})P(Y=y_2)$
	y_3	$nP(X=x_1)P(Y=y_3)$	$nP(X=x_2)P(Y=y_3)$	$\cdots$	$nP(X=x_{k_1})P(Y=y_3)$
	$\vdots$	$\vdots$	$\vdots$	$\vdots$	$\vdots$
	y_{k_2}	$nP(X=x_1)P(Y=y_{k_2})$	$nP(X=x_2)P(Y=y_{k_2})$	$\cdots$	$nP(X=x_{k_1})P(Y=y_{k_2})$

將這些理論次數與實際出現出象為 x_i 和出象為 y_j 觀察值個數的比較，我們可以計算 Pearson 統計量：

$$\chi^2=\sum_{i=1}^{k_1}\sum_{j=1}^{k_2}\frac{(f_{ij}-E(f_{ij}))^2}{E(f_{ij})}=\sum_{i=1}^{k_1}\sum_{j=1}^{k_2}\frac{(f_{ij}-nP(X=x_i)P(Y=y_j))^2}{nP(X=x_i)P(Y=y_j)},$$

其中 f_{ij} 為樣本中同時具有出象 $X=x_i$ 和 $Y=y_j$ 的實際觀察個數；若 $\chi^2\geq\chi^2_{1-\alpha}((k_1-1)(k_2-1))$，則在顯著水準 α 下，我們棄卻虛無假設 H_0: 隨機變數 X 和 Y 相互獨立。

例如我們想瞭解臺灣所有大學管理學院的學生中，選擇經濟、財金、企管、會計及資管不同科系與性別是否有關，此問題所對應的虛無假設為科系選擇與性別無關，即科系別與性別變數為相互獨立的。假定統計學班上的 80 位同學具有臺灣所有大學管理學院學生的代表性，由第 2 章中所建立的科系別相對次數知道，經濟、財金、企管、會計及資管 5 個系同學的相對次數分別為 0.25、0.424、0.175、0.15 和 0.125，而男生和女生的相對次數均為 0.5，因此，在科系別與性別變數為獨立的虛無假設下，

$$\mathbb{P}(\text{經濟},\text{男})=\mathbb{P}(\text{經濟})\mathbb{P}(\text{男})=0.25\times0.5=0.125$$

$$\mathbb{P}(\text{經濟},\text{女})=\mathbb{P}(\text{經濟})\mathbb{P}(\text{女})=0.25\times0.5=0.125$$

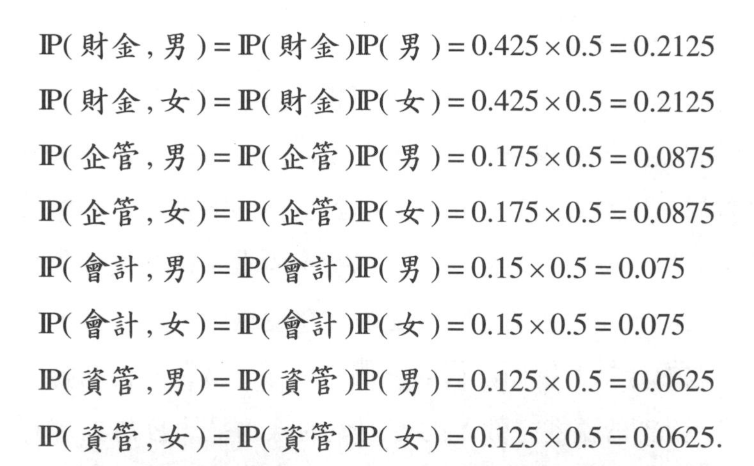

$$\mathbb{P}(\text{財金},\text{男}) = \mathbb{P}(\text{財金})\mathbb{P}(\text{男}) = 0.425 \times 0.5 = 0.2125$$
$$\mathbb{P}(\text{財金},\text{女}) = \mathbb{P}(\text{財金})\mathbb{P}(\text{女}) = 0.425 \times 0.5 = 0.2125$$
$$\mathbb{P}(\text{企管},\text{男}) = \mathbb{P}(\text{企管})\mathbb{P}(\text{男}) = 0.175 \times 0.5 = 0.0875$$
$$\mathbb{P}(\text{企管},\text{女}) = \mathbb{P}(\text{企管})\mathbb{P}(\text{女}) = 0.175 \times 0.5 = 0.0875$$
$$\mathbb{P}(\text{會計},\text{男}) = \mathbb{P}(\text{會計})\mathbb{P}(\text{男}) = 0.15 \times 0.5 = 0.075$$
$$\mathbb{P}(\text{會計},\text{女}) = \mathbb{P}(\text{會計})\mathbb{P}(\text{女}) = 0.15 \times 0.5 = 0.075$$
$$\mathbb{P}(\text{資管},\text{男}) = \mathbb{P}(\text{資管})\mathbb{P}(\text{男}) = 0.125 \times 0.5 = 0.0625$$
$$\mathbb{P}(\text{資管},\text{女}) = \mathbb{P}(\text{資管})\mathbb{P}(\text{女}) = 0.125 \times 0.5 = 0.0625.$$

以上機率值乘上樣本觀察個數即等於在虛無假設下的理論次數；至於實際樣本次數則可利用 Excel 求得，在原始僅儲存科系別與性別資料的 Dep－Sex.xls 檔案，經以科系別排序後的性別資料置於 A 行而科系資料置於 B 行，我們以函數公式「＝SUM(A2:A21)」、「＝SUM(A22:A45)」、「＝SUM(A46:A59)」、「＝SUM(A60:A71)」和「＝SUM(A72:A81)」分別計算每個科系的男生人數，進而可計算女生人數，所得到的結果再加上理論次數，我們即得到以下的關聯表：

	經濟	財金	企管	會計	資管
男生(樣本次數)	12	13	6	6	3
(理論次數)	10	17	7	6	5
$(f-E)^2/E$	0.4	0.941176	0.142857	0	0.8
女生(樣本次數)	8	21	8	6	7
(理論次數)	10	17	7	6	5
$(f-E)^2/E$	0.4	0.941176	0.142857	0	0.8

由上表中，我們可加總所有 $(f-E)^2/E$ 的數值，即得到 χ^2- 統計量為 4.568067。由於 $\chi^2_{0.90}(9) = 14.6837$ 和 $\chi^2_{0.95}(9) = 16.9190$，因此，在顯著水準 $\alpha = 10\%$ 和 $\alpha = 5\%$ 下，均不棄卻虛無假設，即樣本資料支持科系別與性別變數為相互獨立的虛無假設，表示在臺灣所有管理學院學生在選擇科系時不受到性別的影響。上述 Excel 的計算過程，請參考作者網頁子目錄 chapter12 中的

chapt12_2.ppt 及 Dep – Sex.xls。

上述所討論的獨立性檢定，在於檢定兩個間斷隨機變數間是否互相獨立，根據兩個間斷變數有限出象的組合所形成的類項，比較每一個類項的理論次數與實際次數的差異，以進行統計檢定；然而對於無限多個出象的連續隨機變數間的獨立性又該如何檢定呢？假設我們想檢定兩個常態分配的隨機變數 X 和 Y 是否相互獨立，如同在連續變數分配的配適度檢定一般，我們先將兩個隨機變數進行人為的分割，例如，假設我們有一組 n 個觀察值的樣本，而這 n 個樣本觀察值，對應於隨機變數 X 的實現值的樣本平均數為 $\bar{x}_n$ 和樣本變異數 $s_{x_n}^2$，而對應於隨機變數 Y 的實現值的樣本平均數為 $\bar{y}_n$ 和樣本變異數 $s_{y_n}^2$，我們將隨機變數 X 和 Y 各分割成 8 等分：

$$(-\infty,\bar{x}_n - Z_{0.375}s_{x_n}], (\bar{x}_n - Z_{0.375}s_{x_n},\bar{x}_n - Z_{0.25}s_{x_n}], (\bar{x}_n - Z_{0.25}s_{x_n},\bar{x}_n - Z_{0.125}s_{x_n}], (\bar{x}_n - Z_{0.125}s_{x_n}, Z_n], [\bar{x}_n,\bar{x}_n + Z_{0.125}s_{x_n}), [\bar{x}_n + Z_{0.125}s_{x_n},\bar{x}_n + Z_{0.25}s_{x_n}), [\bar{x}_n + Z_{0.25}s_{x_n},\bar{x}_n + Z_{0.375}s_{x_n}), [\bar{x}_n + Z_{0.375}s_{x_n},\infty).$$

和

$$(-\infty,\bar{y}_n - Z_{0.375}s_{y_n}], (\bar{y}_n - Z_{0.375}s_{y_n},\bar{y}_n - Z_{0.25}s_{y_n}], (\bar{y}_n - Z_{0.25}s_{y_n},\bar{y}_n - Z_{0.125}s_{y_n}], (\bar{y}_n - Z_{0.125}s_{y_n}, Z_n], [\bar{y}_n,\bar{y}_n + Z_{0.125}s_{y_n}), [\bar{y}_n + Z_{0.125}s_{y_n},\bar{y}_n + Z_{0.25}s_{y_n}), [\bar{y}_n + Z_{0.25}s_{y_n},\bar{y}_n + Z_{0.375}s_{y_n}), [\bar{y}_n + Z_{0.375}s_{y_n},\infty).$$

由於在每一個等分的機率為 12.5%，因此，在隨機變數 X 和 Y 相互獨立的虛無假設下，同時出現在隨機變數 X 和 Y 所劃分的 64 $(=8\times 8)$ 個類項的理論機率為 1.5625% $(=12.5\%\times 12.5\%)$，而 n 個觀察值樣本出現的理論次數為 $n\times 1.5625\%$。根據所劃分的 64 個類項之理論次數與實際次數的比較，我們可計算 Pearson 統計量：

$$\chi^2=\sum_{i=1}^{8}\sum_{j=1}^{8}\frac{(f_{ij}-E(f_{ij}))^2}{E(f_{ij})}=\sum_{i=1}^{8}\sum_{j=1}^{8}\frac{(f_{ij}-0.015625n)^2}{0.015625n},$$

其中 f_{ij} 為樣本中觀察值落在 X 變數的 i 等分和 Y 變數的 j 等分的實際觀察個

數；若 $\chi^2 \geq \chi^2_{1-\alpha}(7\times 7)$，則在顯著水準 α 下，我們棄卻虛無假設 H_0: 隨機變數 X 和 Y 相互獨立。

12.6 習 題

1. 請以配適度檢定方法，檢定管理學院同學的統計學表現與性別無關。
2. 請以配適度檢定方法，檢定管理學院同學的統計學表現與科系別無關。
3. 請以配適度檢定方法，檢定管理學院同學的統計學與微積分表現無關。
4. 請問統計學班上 80 位同學的統計分數是否為常態分配的樣本觀察值?
5. 請問統計學班上 80 位同學的微積分分數是否為常態分配的樣本觀察值?
6. 請問統計學班上 80 位同學的英文分數是否為常態分配的樣本觀察值?

13. 無母數統計檢定

在前面章節所介紹的統計檢定,對於母體給予常態分配的假設是必須的;例如對母體平均數檢定的 $t-$ 統計量具有 Student $-t$ 的抽樣分配,奠基於母體是為常態分配假設;在對母體變異數檢定的 χ^2- 統計量和 $F-$ 統計量,必須在常態分配的母體下,方有 χ^2- 分配和 $F-$ 分配的抽樣分配;而在變異數分析中,常態分配母體的假設也是十分重要的。然而,在實證分析時,母體為常態分配的假設經常是不切實際的;例如,財務金融的資料幾乎可確定其不為常態分配。此外,對於母體是否可加以常態分配的假設,我們可以利用在配適度檢定中所討論檢定樣本資料是否來自常態分配的檢定方法,用以確定母體的常態性。當然,若檢定結果支持常態分配的假設,則前述的統計量即有良好的抽樣分配;但若檢定結果不支持常態分配的假設,則前述的統計量將不適用於相對應的虛無假設檢定,此時,不需要常態分配假設的檢定方法是必要的,亦即,我們需要一個有能力檢定虛無假設的統計量,而該統計量不但具有熟悉的抽樣分配以方便信賴區間的決定,且此抽樣分配結果不取決於母體的分配。由於不須對母體給予特定**參數** (parameter) 的分配形式,故此類檢定方法稱為**無母數檢定** (nonparametric tests)。

13.1 符號檢定

為有系統介紹無母數統計檢定法及其邏輯,我們首先介紹**符號檢定法** (signed test)。在母體比例檢定的討論中,我們以**樣本總和** (sample total sum) 和**樣本比例** (sample ratio) 為統計檢定方法,其中,樣本總和為

$$T = \sum_{i=1}^{n} x_i,\ x_i = \begin{cases} 1, i = 成功 \\ 0, i = 失敗 \end{cases}.$$

在虛無假設 H_0: $p = p_0$ 下，樣本總和的抽樣分配為二項式分配，即 $T \sim B(n, p_0)$。在顯著水準 α 下，兩個臨界值 $\underline{c}$ 和 $\overline{c}$ 可依下式決定：

$$\sum_{i=1}^{\underline{c}} C_i^n p_0^i (1-p_0)^{n-i} \le \alpha/2, \sum_{i=1}^{\underline{c}+1} C_i^n p_0^i (1-p_0)^{n-i} > \alpha/2;$$
$$\sum_{i=\overline{c}}^{n} C_i^n p_0^i (1-p_0)^{n-i} \le \alpha/2, \sum_{i=\overline{c}-1}^{n} C_i^n p_0^i (1-p_0)^{n-i} > \alpha/2.$$

若 $T \le \underline{c}$ 或 $T \ge \overline{c}$，則棄卻虛無假設 H_0: $p = p_0$，反之，則不棄卻虛無假設。

若將 x_i 的定義更改為以正號「+」表示 i 為成功，而以負號「−」表示 i 為失敗，則上述所定義的樣本總和 T 即等於樣本中的正號個數；換言之，藉由樣本中正號個數，即可依上述準則進行母體比例的假設檢定，故稱為符號檢定。

如在母體比例的假設檢定討論中，當樣本個數 n 與 p_0 所表示的二項式隨機變數的機率分配無法由附表查得時，則以常態分配 $N(np_0, np_0(1-p_0))$ 逼近 $B(n,p_0)$，即前述的臨界值 $\underline{c}$ 與 $\overline{c}$ 可由下兩式決定：

$$\underline{c} = [np_0 + Z_{\alpha/2}\sqrt{np_0(1-p_0)}],$$
$$\overline{c} = [np_0 + Z_{1-\alpha/2}\sqrt{np_0(1-p_0)}],$$

其中，函數 $[x]$ 表示數值 x 的整數部分，如 $x = 2.35$ 則 $[x] = 2$。

例如在管理學院中共有 5 個系，我們想知道在臺灣的管理學院中每一個科系具有相同的學生人數，假定統計學課堂中的 80 位同學具有母體的代表性，則在每個科系具有相同學生數的虛無假設下，每一個科系的學生人數比例應為 1/5，即 H_0: $p_0 = 0.2$，我們可以定義一個代表任一科系的虛擬變數，以正號代表某科系學生，而以負號代表非該系學生，則正號的個數即為該科系學生的在統計學課堂上的人數，因此由第 2 章中科系別的相對次數圖可知每

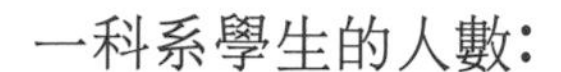

一科系學生的人數:

科系別次數分配表

經濟	20
財金	24
企管	14
會計	12
資管	10

至於臨界值 $\underline{c}$ 和 $\bar{c}$ 的決定可藉由 Excel『插入 (I)』中『f_x 函數 (F)』的『BINOMDIST』函數，在「BINOMDIST」的對話框中，輸入 0 於「Number_s」中，80 於「Trials」中，0.2 於「Probability_s」中，由於要計算累加機率值，因此在「Cumulative」中輸入 1，此時在對話框的下方的「計算結果 =」即出現機率值，注意觀察將「Number_s」中數值由 0 改為 1,2,3,⋯，則「計算結果 =」出現的機率值即隨之改變，當「Number_s」中數值為 8 時，「計算結果 =0.013087518」，而當「Number_s」中數值為 9 時，「計算結果 = 0.028717567」，因此在顯著水準 $\alpha = 5\%$ 下的臨界值 $\underline{c}$ 應設定為 8；此外，當「Number_s」中數值為 24 時，「計算結果 =0.988516279」，而當「Number_s」中數值為 23 時，「計算結果 =0.978332418」，故在顯著水準 $\alpha = 5\%$ 下的臨界值 $\bar{c}$ 應設定為 23；由於財金系的學生人數為 24，大於臨界值 $\bar{c} = 23$，故應棄卻虛無假設 H_0: $p_0 = 1/5$，換言之，統計學課堂上的樣本資料不支持管理學院的每一個科系擁有相同學生人數的看法。上述 Excel 的計算過程，請參考作者網頁子目錄 chapter13 中的 chapt13_1.ppt 或 chapt13_2.ppt。

若改以常態分配的逼近方法決定顯著水準 $\alpha = 5\%$ 下的臨界值，由附錄中表 3 或由 Excel 中的『插入 (I)』、『f_x 函數 (F)』的『NORMSINV』，可知 $Z_{0.025} = -1.959961082$ 和 $Z_{0.975} = 1.959961082$，因此

$$\underline{c} = [np_0 + Z_{\alpha/2}\sqrt{np_0(1-p_0)}],$$
$$= [80 \times 0.2 - 1.959961082 \times \sqrt{80 \times 0.2 \times 0.8}]$$
$$= [8.987830059] = 8,$$
$$\overline{c} = [np_0 + Z_{1-\alpha/2}\sqrt{np_0(1-p_0)}]$$
$$= [80 \times 0.2 + 1.959961082 \times \sqrt{80 \times 0.2 \times 0.8}]$$
$$= [23.01216994] = 23.$$

因此以常態分配的逼近方法，所決定的臨界值依然為 $\underline{c} = 8$ 及 $\overline{c} = 23$。

13.2 母體分量的檢定

在敘述統計的介紹中，我們曾介紹過各種**母體分量** (population quantile)，如**中位數** (median)、**四分位數** (quartile) 和**百分位數** (percentile)。對於母體分量的假設檢定，我們可以用前述的符號檢定方法加以檢定；首先，我們介紹母體中位數的檢定。假設我們面對的虛無假設為 H_0: $median(X) = m_0$，且假設一組具有 n 個觀察值來自母體 X 的樣本 $\{x_1, x_2, \cdots, x_n\}$，則我們可以給「+」號予比 m_0 大的樣本觀察值，而給「−」號予比 m_0 小的樣本觀察值；由於在虛無假設 H_0: $median(X) = m_0$ 下，$p_0 = P(X \geq m_0) = \mathbb{P}(+) = 0.5$，根據前述的符號檢定，在 n 個觀察值的樣本中，具有「+」號的觀察值個數 (T) 的抽樣分配為 $B(n, 0.5)$，則在顯著水準 α 下，兩個臨界值 $\underline{c}$ 和 $\overline{c}$ 可依下式決定：

$$\sum_{i=1}^{\underline{c}} C_i^n\, 0.5^i (1-0.5)^{n-i} \leq \alpha/2, \sum_{i=1}^{\underline{c}+1} C_i^n\, 0.5^i (1-0.5)^{n-i} > \alpha/2;$$
$$\sum_{i=\overline{c}}^{n} C_i^n\, 0.5^i (1-0.5)^{n-i} \leq \alpha/2, \sum_{i=\overline{c}-1}^{n} C_i^n\, 0.5^i (1-0.5)^{n-i} > \alpha/2.$$

或以常態分配 $N(n/2, n/4)$ 逼近 $B(n, 0.5)$，即前述的臨界值 $\underline{c}$ 與 $\overline{c}$ 可由下兩式決定：

$$\underline{c} = [0.5 \times n - Z_{0.5-\alpha/2}\sqrt{n \times (0.5)^2}],$$
$$\bar{c} = [0.5 \times n + Z_{0.5-\alpha/2}\sqrt{n \times (0.5)^2}],$$

若 $T \leq \underline{c}$ 或 $T \geq \bar{c}$，則棄卻虛無假設 H_0: $median(X) = m_0$，反之，則不棄卻虛無假設。

通常在統計學上，對於隨機變數實現值在實數線上是否為對稱分布的檢定，係藉由平均數是否等於中位數進行檢定，由第 3 章表 3.1 中身高資料的敘述統計輸出結果，統計學課堂 80 位同學身高的平均數為 164.685875，因此，我們的虛無假設即設定為 H_0: $median(X) = 164.685875$；因此若將「+」號給予身高小於 164.685875 的同學，則「+」號的觀察值個數 (T) 即為身高小於 164.685875 的同學人數，為計算此人數，我們可藉由儲存身高資料的 Excel 檔案 height.xls 加以進行，其中 A2 – A81 為 80 位同學的身高資料，利用『資料 (D)』中的『排序 (S)』功能將身高資料予以由矮到高排序，如此即可很容易知道身高小於 164.685875 的同學人數為 40。

對應於中位數虛無假設的 p_0 為 0.5，因此，臨界值 $\underline{c}$ 和 $\bar{c}$ 的決定可藉由 Excel 中『插入 (I)』中『f_x 函數 (F)』的『BINOMDIST』函數，在「BINOMDIST」的對話框中，輸入 0 於「Number_s」中，80 於「Trials」中，0.5 於「Probability_s」中，在「Cumulative」中輸入 1，當「Number_s」中數值為 30 時，「計算結果 = 0.016496309」，而當「Number_s」中數值為 31 時，「計算結果 = 0.028332213」，因此在顯著水準 $\alpha = 5\%$ 下的臨界值 $\underline{c}$ 應設定為 30；此外，當「Number_s」中數值為 48 時，「計算結果 = 0.971667787」，而當「Number_s」中數值為 49 時，「計算結果 = 0.983503691」，故在顯著水準 $\alpha = 5\%$ 下的臨界值 $\bar{c}$ 應設定為 49；此外，當機率值為 0.5 時，二項式分配為對稱的，因此，臨界值 $\bar{c}$ 應設定為 49；由於實際身高小於 164.685875 的同學人數為 40，大於 30 而小於 49，故在顯著水準 $\alpha = 5\%$ 下應不棄卻虛無假設，所以，統計學課堂 80 位同學的身高資料支持臺灣大學生的身高為對稱分布。上述 Excel 的計算過程，請參考作者網頁子目錄 chapter13 中的 chapt13_3.ppt。

接著我們討論第一四分位數的假設檢定，此時虛無假設為 H_0: $Q_1(X) = q_1$，假設我們仍有樣本 $\{x_1, x_2, \cdots, x_n\}$，則我們可以給「+」號予比 q_1 大的樣本觀察值，而給「−」號予比 q_1 小的樣本觀察值；由於在虛無假設 H_0: $Q_1(X) = q_1$ 下，$p_0 = P(X \geq q_1) = Pr(+) = 0.75$，根據前述的符號檢定，在 n 個觀察值的樣本中，具有「+」號的觀察值個數 (T) 的抽樣分配為 $B(n, 0.75)$，則在顯著水準 α 下，兩個臨界值 $\underline{c}$ 和 $\bar{c}$ 可依下式決定：

$$\sum_{i=1}^{\underline{c}} C_i^n\, 0.75^i (1-0.75)^{n-i} \leq \alpha/2\,,\ \sum_{i=1}^{\underline{c}+1} C_i^n\, 0.75^i (1-0.75)^{n-i} \leq \alpha/2;$$

$$\sum_{i=\bar{c}}^{n} C_i^n\, 0.75^i (1-0.75)^{n-i} \leq \alpha/2\,,\ \sum_{i=\bar{c}-1}^{n} C_i^n\, 0.75^i (1-0.75)^{n-i} \leq \alpha/2.$$

或以常態分配 $N(n/4, n/16)$ 逼近 $B(n, 0.25)$，即前述的臨界值 $\underline{c}$ 與 $\bar{c}$ 可由下兩式決定：

$$\underline{c} = [0.75 \times n + Z_{\alpha/2}\sqrt{n \times 0.25 \times 0.75}],$$

$$\bar{c} = [0.75 \times n + Z_{1-\alpha/2}\sqrt{n \times 0.25 \times 0.75}],$$

若 $T \leq \underline{c}$ 或 $T \geq \bar{c}$，則棄卻虛無假設 H_0: $Q_1(X) = q_1$，反之，則不棄卻虛無假設。

由前面對母體中位數及第一四分位數的假設檢定，我們可以很容易地應用符號檢定對任何一個母體分量進行檢定，其中只要將「+」號的機率值 p_0 設定為母體大於該分量的機率值，再進行符號檢定即可。在此仍要強調的是，我們所討論的符號檢定，並不需要事先假設母體 X 的分配，也與母體分配函數的參數無關，故為**無母數檢定** (nonparametric tests)。

13.3 Wilcoxon 加符號名次檢定

Wilcoxon **加符號名次檢定** (signed-rank test) 是被用來對**成對資料** (matched data) 的檢定。在前面對成對樣本檢定的討論，令 μ_d 為成對樣本間差

異的平均數而 d_i 為個別成對觀察值的差異，則所面對的虛無假設和對立假設為

$$H_0 : \mu_d = 0$$
$$H_a : \mu_d \neq 0.$$

而 μ_d 的點估計為 $\bar{d}_n = \sum_{i=1}^{n} d_i / n$ 且 σ_d 的點估計為 $s_d = \sqrt{\sum_{i=1}^{n}(d_i - \bar{d}_n)^2 / (n-1)}$；則檢定統計量為

$$t = \frac{\bar{d}_n - \mu_d}{s_d / \sqrt{n}},$$

在成對母體為常態分配下，此統計量的抽樣分配為具自由度 $(n-1)$ 的 t–分配，或當樣本個數 n 足夠大使得中央極限定理得以成立，則此統計量趨近至標準常態分配。

然而若母體不是常態分配且樣本個數也不夠大，則上述 t– 統計量的抽樣分配將無法得知，因而，檢定推論的信賴區間無法決定，將無法進行統計推論；此時，無母數統計檢定應被考慮。

假定我們考慮在虛無假設 H_0: $X = Y$ 下，母體 X 和 Y 實現值在實數線上的分布如圖 13.1 所示，圖中母體 X 的實現值將和母體 Y 的實現值參差均勻分布，由於我們相信樣本資料具有母體代表性，則在成對樣本觀察值中，$\{(x_i, y_i), i = 1, \cdots, n\}$，所有 $\{x_i\}$ 數值均將約略等於所有 $\{y_i\}$ 的數值，因此成對觀察值的差均將約略等於 0，即 $d_i = x_i - y_i \approx 0$，而且 $d_i = x_i - y_i > 0$ 的樣本觀察值個數將約等於 $d_i = x_i - y_i < 0$ 的樣本觀察值個數；為了顯現 $x_i - y_i$ 的差異，我們以差異的絕對值表現其差異，即 $|x_i - y_i|$，並進而依此絕對差異排序決定名次 $r_i = Rank(|d_i|)$；我們知道不論成對資料為何，或不論虛無假設是否成立，所有 n 對資料絕對差異的名次和 $\sum_{i=1}^{n} r_i = n(n+1)/2$，故原始名次和無法作為統計檢定量。假若我們考慮將原有 d_i 的正、負號加在原始名次前，即假定以 $\text{sgn}(d_i) = 1$

若 $d_i > 0$，而以 $\text{sgn}(d_i) = -1$ 若 $d_i < 0$，加符號的名次則為 $\text{sgn}(d_i) \times r_i$，而此加符號名次和則為 $T = \sum_{i=1}^{n} \text{sgn}(d_i) r_i$。如前所述，在虛無假設下 $d_i > 0$ 的觀察值數與 $d_i < 0$ 的觀察值個數約略相等，因此，加符號名次和將接近於 0。

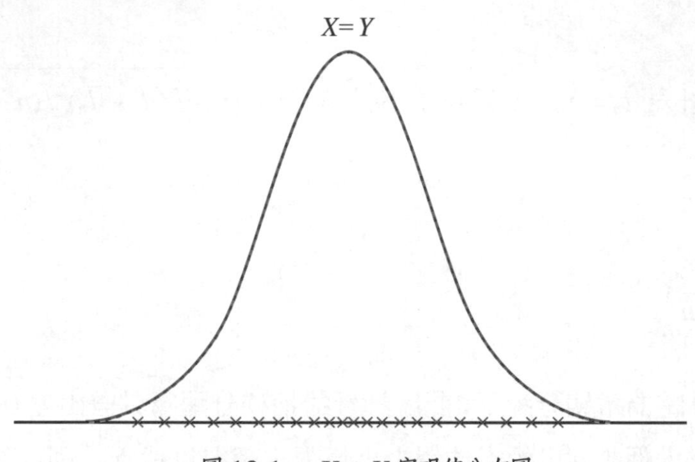

圖 13.1　$X = Y$ 實現值分布圖

然而，在對立假設 H_a: $X < Y$ 下，母體 X 和 Y 實現值在實數線上的分布如圖 13.2 所示，圖中母體 X 的實現值將總是小於母體 Y 的實現值，由於我們相信樣本資料具有母體代表性，則在成對樣本觀察值中，所有 $\{x_i\}$ 數值均將小於所有 $\{y_i\}$ 的數值，因此成對觀察值的差均將小於 0，即 $d_i = x_i - y_i < 0$，而 $\text{sgn}(d_i)$ 亦均將等於 -1，因此加符號名次和 $T = \sum_{i=1}^{n} -r_i = \sum_{i=1}^{n} -i = -n(n+1)/2$。再者，在對立假設 H_a: $X > Y$ 下，母體 X 和 Y 實現值在實數線上的分布如圖 13.3 所示，圖中母體 X 的實現值將總是大於母體 Y 的實現值，由於我們相信樣本資料具有母體代表性，則在成對樣本觀察值中，所有 $\{x_i\}$ 數值均將大於所有 $\{y_i\}$ 的數值，因此成對觀察值的差均將大於 0，即 $d_i = x_i - y_i > 0$，而 $\text{sgn}(d_i)$ 亦均將等於 1，因此加符號名次和 $T = \sum_{i=1}^{n} r_i = \sum_{i=1}^{n} i = n(n+1)/2$。由此可知，在對立假設 H_a: $X > Y$ 下，加符號名次和 $T = n(n+1)/2$ 為最大值，而在對立假設 H_a: $X < Y$ 下，加符號名次和 $T = -n(n+1)/2$ 為最大值，而在虛無假設 H_0: $X = Y$ 下，加符號名次和將接近於 0。因此，我們可藉由加符號名次和是否接

近於 0，據以判斷虛無假設是否應被棄卻；若加符號名次和大於 0 或小於 0 很多，我們應棄卻虛無假設；反之，若加符號名次和接近於 0，則應不棄卻虛無假設。此即為 Wilcoxon 加符號名次檢定法的基本邏輯。至於如何決定 Wilcoxon 加符號名次檢定統計量——加符號名次和 T 的非棄卻域的討論如下。

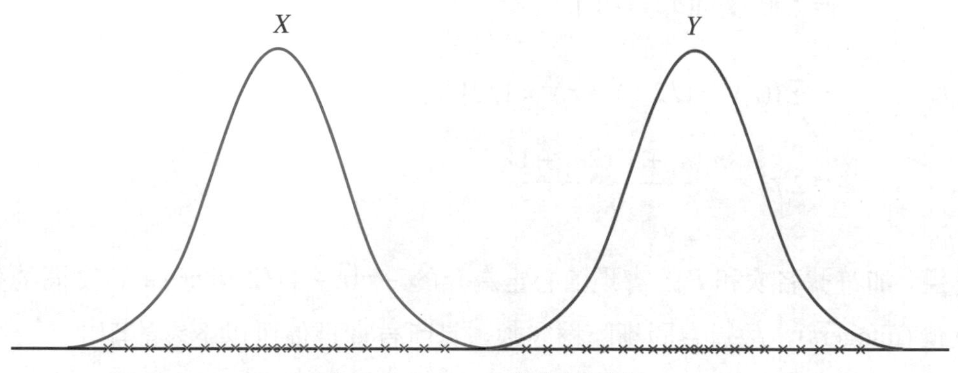

圖 13.2　$X < Y$ 實現值分布圖

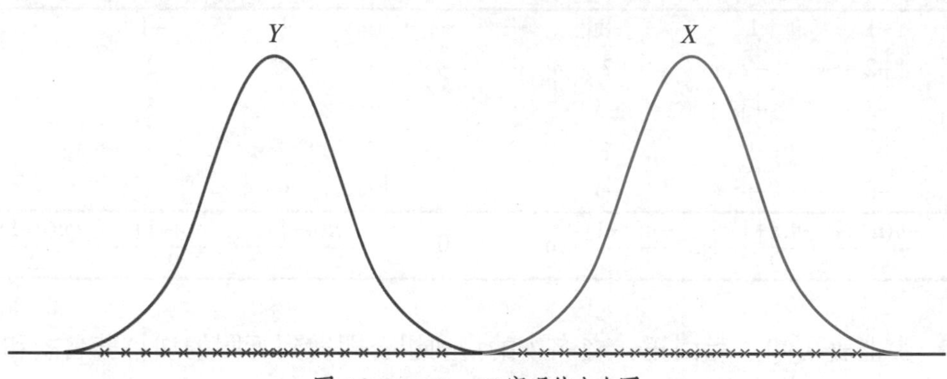

圖 13.3　$X > Y$ 實現值分布圖

在虛無假設 H_0: $X = Y$ 下，對於同一對觀察值 (x_i, y_i) 而言，$x_i > y_i$ 和 $x_i < y_i$ 發生的機率均為 1/2， 即 $P(\text{sgn}(d_i) = 1) = P(\text{sgn}(d_i) = -1) = 1/2$， 因此，$P(\text{sgn}(d_i)r_i = r_i) = P(\text{sgn}(d_i)r_i = -r_i) = 1/2$；所以，加符號名次和 T 在虛無假設下的期望值與變異數為：

$$\mathbb{E}(T) = \mathbb{E}\left[\sum_{i=1}^{n_1} \text{sgn}(d_i) r_i\right]$$

$$= \sum_{i=1}^{n_1} \mathbb{E}[\text{sgn}(d_i) r_i]$$

$$= \sum_{i=1}^{n_1} [r_i \times 1/2 - r_i \times 1/2]\mu = 0,$$

$$\text{var}(T) = \mathbb{E}\left[\sum_{i=1}^{n_1} \text{sgn}(d_i) r_i\right]^2$$

$$= \sum_{i=1}^{n_1} \mathbb{E}[(\text{sgn}(d_i))^2 (r_i)^2]$$

$$= \sum_{i=1}^{n_1} [(r_i)^2 \times 1/2 + (-r_i)^2 \times 1/2]$$

$$= \sum_{i=1}^{n_1} r_i^2 = \frac{n_1(n_1+1)(2n_1+1)}{6}.$$

甚且，加符號名次和 T 的實現值必定為介於 $-n(n+1)/2$ 和 $n(n+1)/2$ 間的**整數值** (integers)，故其為間斷隨機變數，其所有實現值可以下表說明：

d_i	$\text{sgn}(d_i)r_i$	$\text{sgn}(d_i)r_i$	$\text{sgn}(d_i)r_i$	$\cdots$	$\text{sgn}(d_i)r_i$	$\cdots$	$\text{sgn}(d_i)r_i$	$\text{sgn}(d_i)r_i$	$\text{sgn}(d_i)r_i$
d_1	−1	1	−1	$\cdots$	$\cdots$	$\cdots$	1	−1	1
d_2	−2	−2	2	$\cdots$	$\cdots$	$\cdots$	−2	2	2
d_3	−3	−3	−3	$\cdots$	$\cdots$	$\cdots$	3	3	3
$\vdots$	$\vdots$	$\vdots$	$\vdots$	$\vdots$	$\vdots$	$\vdots$	$\vdots$	$\vdots$	$\vdots$
d_n	−n	−n	−n	$\cdots$	$\cdots$	$\cdots$	n	n	n
T	$\frac{-n(n+1)}{2}$	$\frac{-n(n+1)}{2}+2$	$\frac{-n(n+1)}{2}+4$	$\cdots$	0	$\cdots$	$\frac{n(n+1)}{2}-4$	$\frac{n(n+1)}{2}-2$	$\frac{n(n+1)}{2}$

由上表可知，藉由正、負名次的排列組合即得到不同的加符號名次和 T 整數值，將所有的正、負名次的排列組合視為實驗出項，若樣本數為 n，則共有 $n_T = \sum_{x=0}^{n} C_x^n$ 個出項，根據古典給定機率的方法，給予每一個排列組合相同的機率值，即 $1/n_T$，則由產生特定數值 T 的排列組合個數乘上每一個排列組合的機率值，即得到該特定 T 下的機率值，如此，即可得到加符號名次和 T 在固定樣本數 n 下的機率函數如圖 13.4：

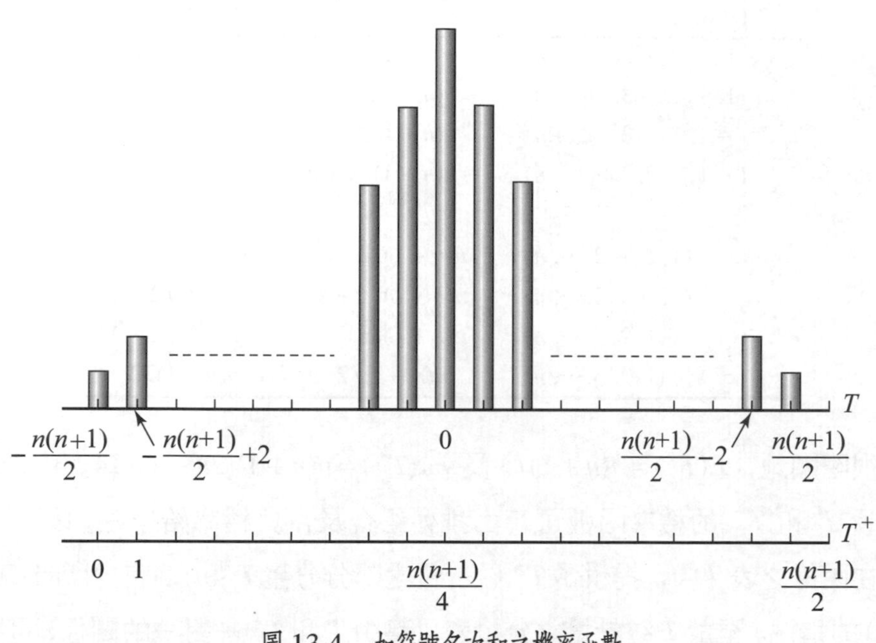

圖 13.4 加符號名次和之機率函數

藉由上述機率函數，我們即可建立在顯著水準 α 下的信賴區間 $[\underline{c},\bar{c}]$。

此外，在統計文獻上也考慮了僅將具有正值的名次和作為統計檢定量，即

$$T^+=\sum_{i=1}\text{sgn}(d_i)r_i,\ \text{sgn}(d_i)=1.$$

依此定義，當所有的名次差均為負值時，即 $\text{sgn}(d_i)=-1,\ i=1,\cdots,n,\ T^+=0$ 為最小值(此時 $T=-n(n+1)/2$)；而當所有的名次差均為正值時，即 $\text{sgn}(d_i)=1,\ i=1,\cdots,n,\ T^+=n(n+1)/2$ 為最大值(此時 $T=-n(n+1)/2$)；而當正、負名次差完全相互抵消時，$T=0$ 而 $T^+=n(n+1)/4$；因此，統計量 T 與 T^+ 間存在一對一的關係如下：

$(\text{sgn}(d_i)r_i, i=1,\cdots,n)$	T	T^+
$(-1, -2, -3,\cdots, -n)$	$-n(n+1)/2$	0
$(1, -2, -3,\cdots, -n)$	$-n(n+1)/2+2$	1
$(-1, 2, -3,\cdots, -n)$	$-n(n+1)/2+4$	2
$(-1, -2, 3,\cdots, -n)$	$-n(n+1)/2+6$	3
$\vdots$	$\vdots$	$\vdots$
$(1, 2, -3,\cdots, n)$	$n(n+1)/2-6$	$n(n+1)/2-3$
$(1, -2, 3,\cdots, n)$	$n(n+1)/2-4$	$n(n+1)/2-2$
$(-1, 2, 3,\cdots, n)$	$n(n+1)/2-2$	$n(n+1)/2-1$
$(1, 2, 3,\cdots, n)$	$n(n+1)/2$	$n(n+1)/2$

很明顯地，$E(T^+)=n(n+1)/4$ 及 $\text{var}(T^+)=n(n+1)(2n+1)/24$。由於統計檢定量 T 和 T^+ 的機率函數可藉由排列組合及古典機率給定法加以計算而得，在附錄之表 7 中，提供了 T^+ 統計量之部分分量 $T^+_\alpha(n)$，表中所考慮僅為 $n\leq 50$ 的情況。至於 T 統計量之分量表可藉由 T 和 T^+ 一對一的關係，可將 T^+ 之分量表轉換為 T 的分量表。在附錄的表 7 中，所提供的是 $\alpha\leq 0.5$ 的分量表，至於 $\alpha>0.5$ 之分量，我們可依下式計算而 $1-\alpha$ 得：

$$T^+_\alpha=\frac{n(n+1)}{2}-T^+_{1-\alpha}.$$

值得一提的是，為凸顯若 $d_i=x_i-y_i$ 的差異，在進行 Wilcoxon 加符號名次檢定時，我們會將 $d_i=0$ 的樣本觀察值剔除，因此，上述討論中的樣本觀察值個數應是所有 $d_i\neq 0$ 的個數。此外，當 n 足夠大得使中央極限定理成立，則

$$T\sim N(0,n(n+1)(2n+1)/6)$$
$$T^+\sim N(n(n+1)/4,n(n+1)(2n+1)/24).$$

根據此極限分配結果，即可很容易建構顯著水準 α 下 T 和 T^+ 的棄卻、非棄卻域，進而進行檢定推論。如果樣本的加符號名次和 T 大於 $1.96\sqrt{n(n+1)(2n+1)/6}$ 或小於 $-1.96\sqrt{n(n+1)(2n+1)/6}$ 時，則在顯著水準 $\alpha=0.05$ 時，棄卻 H_0。或者，T^+ 大於 $n(n+1)/4+1.96\sqrt{n(n+1)(2n+1)/24}$ 或小於 $n(n+1)/4-1.96\sqrt{n(n+1)(2n+1)/24}$ 時，則在顯著水準 $\alpha=0.05$ 時，棄卻

H_0。

在臺灣的聯考制度下，通常進入管理學院的同學具有較好的語文能力而有較差的數理能力，為檢驗此現象是否為真，假設統計學課堂上 80 位同學的微積分成績與英文成績具有母體的代表性，且假設 80 位同學的微積分成績與英文成績經配適度檢定，檢定結果棄卻微積分與英文的成績為來自常態分配的樣本觀察值，因此為檢定管理學院學生在微積分與英文的表現是否存在顯著差異時，常態分配的假設是不允許的，無母數檢定是必須要考慮的檢定方法；由於 80 位同學的微積分成績與英文成績為成對資料，因此我們可以利用上述的 Wilcoxon 加符號名次檢定方法進行檢定，檢定過程可藉助於 Excel 進行。首先將座號、微積分與英文的成績資料分別儲存於 Cal – Eng.xls 檔案中的 A、B、C 三行，在 D 行中計算微積分減去英文成績的差額，即 B2 – C2:B81 – C81，將 D 行的數值以公式「= ABS(D2)」取絕對值存放於 E2:E81 中，利用『資料 (D)』中的『排序 (S)』功能將所有資料按 E 行大小排序，如此我們即可輸入 1 – 80 的數字於 F2:F81 中，再將 D 行除以 E 行可得到 1 或 – 1 的數值存放於 G2:G81 中，此即為微積分減去英文成績差額的符號，在 H2:H81 中計算 F2:F81 乘上 G2:G81 即為加符號的名次了，利用公式「= SUM(H2:H81)」即得到加符號的名次總和 $T = -2258$。由於沒有差額為 0 的資料，因此 n_1 依然等於 80。再者，因

$$1.96\sqrt{n_1(n_1+1)(2n_1+1)/6} = 1.96\sqrt{80\times 81\times 161/6} = 817.2988,$$

$$-1.96\sqrt{n_1(n_1+1)(2n_1+1)/6} = -1.96\sqrt{80\times 81\times 161/6} = -817.2988.$$

由於 $T = -2258 < -817.2988$，因此在顯著水準 $\alpha = 5\%$ 下棄卻虛無假設，即我們的樣本資料支持臺灣管理學院的學生在微積分與英文間的表現存在顯著性的差異；此推論結果與第 11 章中在常態分配假設下利用變異數分析的檢定結果相同。上述 Excel 的計算過程，請參考作者網頁子目錄 chapter13 中的 chapt13_4.ppt 及 Cal – Eng1.xls。

13.4 Mann - Whitney - Wilcoxon 檢定

至於在檢定兩個母體平均數上，若此兩個母體分配不為常態分配且樣本數目不夠大時，前面章節所討論的 z – 統計量或 t – 統計量則不適用；此時，無母數統計檢定法是必要的；而適用的無母數檢定法是由 Mann、IWhitney 和 Wilcoxon 三位學者所發展的檢定方法，故稱為 Mann - Whitney - Wilcoxon 檢定法 (MWW – 檢定法)，有時也稱為 Mann - Whitney 檢定法，有時也稱為 **Wilcoxon 名次總和檢定法** (Wilcoxon rank - sum test)。

基本上，Mann - Whitney - Wilcoxon 檢定法不僅在於檢定兩個母體的平均數是否相等，而在於檢定兩個母體是否有相同的分配，因此，MWW – 檢定法所檢定的假設為：

H_0: 兩個母體相等
H_a: 兩個母體不相等

MWW – 檢定法的基本邏輯如下：假設我們想要檢定的兩個母體分別為 X 和 Y，且擁有 n 個觀察值來自母體 X 和 m 個觀察值來自母體 Y，將這兩個樣本混合在一起並依大小予以排名次；假若母體 X 和 Y 的分配如圖 13.5 所示，則來自母體 X 的 n 個觀察值均將小於 m 個來自母體 Y 的觀察值，則來自母體 X 的 n 個觀察值具有最小的名次總和，即 $\sum_{i=1}^{n} i$；

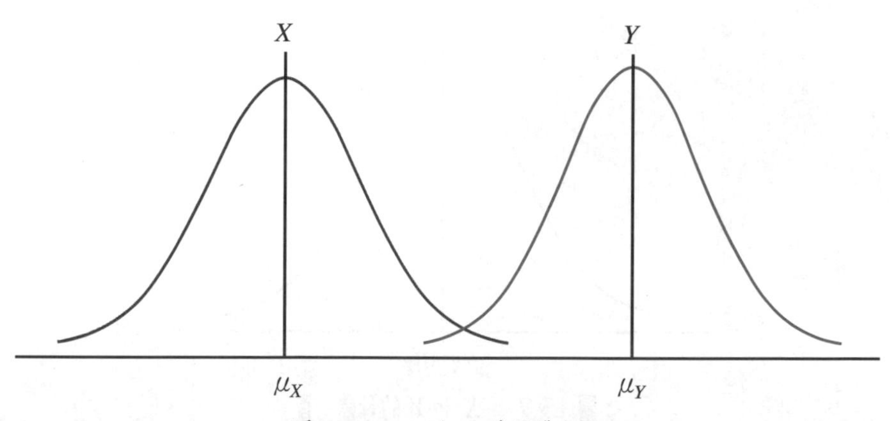

圖 13.5　X 和 Y 的母體分配

反之，假若母體 X 和 Y 的分配如圖 13.6 所示，則來自母體 X 的 n 個觀察值均將大於 m 個來自母體 Y 的觀察值，則來自母體 X 的 n 個觀察值具有最小的名次總和，即 $\sum_{i=n+1}^{n+m} i$；

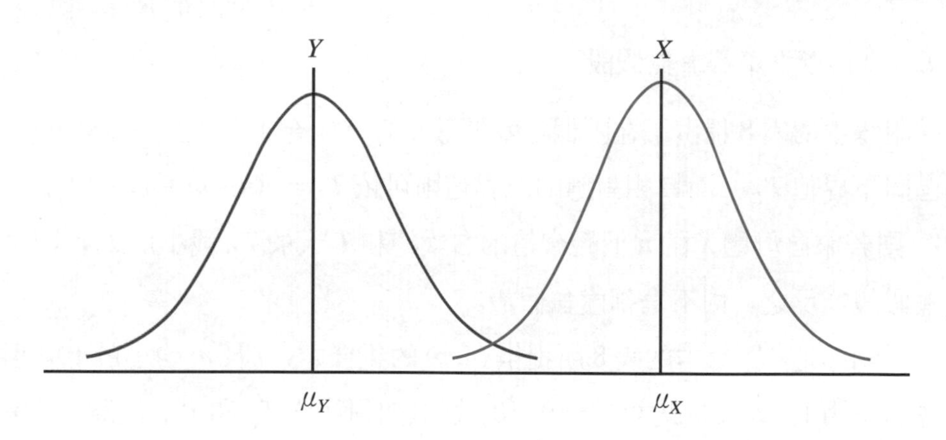

圖 13.6　X 和 Y 的母體分配

又假若母體 X 和 Y 的分配如圖 13.7 所示，此兩個母體具有相同的分配，則來自母體 X 的 n 個觀察值將和 m 個來自母體 Y 的觀察值相互參差著，則來自母體 X 的 n 個觀察值的名次總和，將落在 $\sum_{i=1}^{n} i$ 和 $\sum_{i=n+1}^{n+m} i$ 之間；

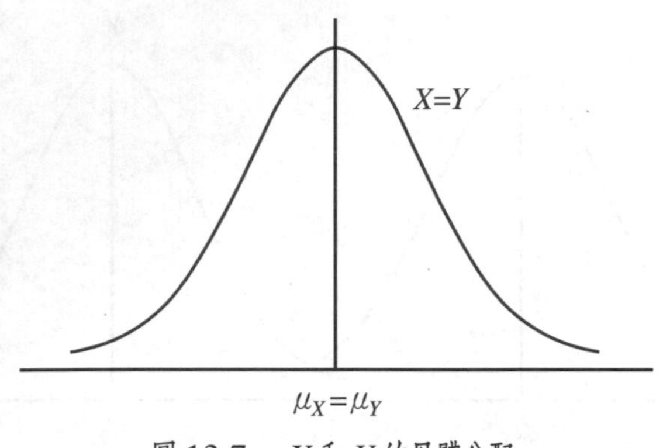

圖 13.7　X 和 Y 的母體分配

由此可知，來自母體 X 的 n 個觀察值的名次總和接近 $\sum_{i=1}^{n} i$ 或 $\sum_{i=n+1}^{n+m} i$，即表樣本提供了棄卻虛無假設的訊息，而介於 $\sum_{i=1}^{n} i$ 和 $\sum_{i=n+1}^{n+m} i$ 之間，則表樣本提供了不棄卻虛無假設的訊息；就檢定而言，接著需要決定的是該大於 $\sum_{i=1}^{n} i$ 多少或該小於 $\sum_{i=n+1}^{n+m} i$ 多少得以不棄卻虛無假設？

附錄中的表 8 提供了在兩個樣本個數 n 的 m 組合下，包含 99% 和 95% 信賴區間下界值 T_L，而其相對應的上界值則可依 $T_U = n(n+m+1) - T_L$ 加以求得；則若來自母體 X 的 n 個觀察值的名次總和 T 大於 T_U 或小於 T_L，則棄卻虛無假設；反之，則不棄卻虛無假設。

很明顯地，附錄中的表 8 所提供 (n,m) 的組合中，n 及 m 均小於 10，但在實際的應用上，n 及 m 均可能大於 10，則該如何決定 T_U 和 T_L？此時，簡單的做法就是以常態分配趨近名次總和 T 的分配，即

$$T \sim N(\mu_T, \sigma_T^2) = N(n(n+m+1)/2, nm(n+m+1)/12).$$

則在顯著水準 α 下，若 T 大於 $n(n+m+1)/2 + Z_{\alpha/2}\sqrt{nm(n+m+1)/12}$ 或小於 $n(n+m+1)/2 - Z_{1-\alpha/2}\sqrt{nm(n+m+1)/12}$。

在此值得一提的是，不論是 n 及 m 均小於 10 時 T_L 的決定或 n 及 m 大於 10 時以常態分配趨近 T 分配，一個重點是兩個樣本的名次總和必須維持等於

$\sum_{i=1}^{n+m} i$，基於此，在樣本觀察值排名次時，若遇到相同數值的觀察值，則以平均名次給予該觀察值。

在第 10 章中所討論兩母體平均數的假設檢定中，我們以統計學課堂中經濟系 20 位同學及 14 位企管系同學的統計學分數為樣本資料，以檢定臺灣的經濟系與企管系同學在修習統計學上的表現是否存在顯著差異性，所使用的 $t-$ 統計量必須在母體為常態分配的假設條件下方為適當，而所得到的推論結果為不棄卻虛無假設，表示臺灣的經濟系與企管系同學在修習統計學上的表現不存在顯著差異性；但是如果母體為常態分配的假設不成立，則 $t-$ 統計量為不適當的檢定方法，此時，無母數的 MWW－檢定法提供了不需要常態分配假設的檢定方法。

同樣在 Dep－Stat.xls 的檔案中，將經濟系 20 位同學及企管系 14 位同學的科系別及統計學成績存放在 Dep－Stat.xls 中，先利用『資料 (D)』中的『排序 (S)』功能將資料按統計學成績由大至小予以排列，將名次由 1 至 34 輸入 C2:C35 中，之後，再將所有資料按科系別由小到大排序，如此在 C2:C21 的名次即為經濟系 20 位同學的統計學成績的排名，而 C22:C35 則為 14 位企管系同學統計學成績的排名，以「SUM(C2:C21)」及「SUM(C22:C35)」即可分別求得經濟系 20 位同學和 14 位企管系同學的名次總和，$T_1 = 386$ 和 $T_2 = 209$；由於

$$T_1 \sim N(\mu_{T_1}, \sigma_{T_1}^2) = N(20(20+14+1)/2, 20 \times 14(20+14+1)/12).$$

則在顯著水準 $\alpha = 5\%$ 下，若 T_1 大於 $20 \times 35/2 + 1.96\sqrt{20 \times 14 \times 35/12} = 406.0116655$ 或小於 $20 \times 35/2 - 1.96\sqrt{20 \times 14 \times 35/12} = 293.9883345$，則棄卻虛無假設，所以因 $T_1 = 386$ 介於 [293.9883345,406.0116655] 之間，故在顯著水準 $\alpha = 5\%$ 下，不棄卻虛無假設。另者，

$$T_2 \sim N(\mu_{T_2}, \sigma_{T_2}^2) = N(14(20+14+1)/2, 14 \times 20(20+14+1)/12).$$

則在顯著水準 $\alpha = 5\%$ 下，若 T_2 大於 $14 \times 35/2 + 1.96\sqrt{14 \times 20 \times 35/12} =$

301.0116655 或小於 $14 \times 35/2 - 1.96\sqrt{14 \times 20 \times 35/12} = 188.9883345$，則棄卻虛無假設，所以因 $T_2 = 209$ 介於 [188.9883345,301.0116655] 之間，故在顯著水準 $\alpha = 5\%$ 下，不棄卻虛無假設。上述 Excel 的計算過程，請參考作者網頁子目錄 chapter13 中的 chapt13_5.ppt 及 Dep－Stat1.xls。

13.5 Kruskal-Wallis 檢定

MWW－檢定法是被用來檢定兩個母體是否相同，這個檢定方法被 Kruskal 和 Wallis 兩位學者加以擴展到檢定三個或三個以上的母體是否相同；因此，Kruskal-Wallis 檢定方法所面對的虛無假設為

H_0: 所有母體皆相等

H_a: 所有母體不盡相等

在前面章節所討論的變異數分析 (ANOVA)，在於檢定多個相互獨立且為常態分配的母體是否具有相同的平均數；然而，當母體不為常態分配時，變異數分析是不適用的。Kruskal-Wallis 檢定方法的步驟為：首先將所有來自待檢定之 k 個母體的樣本觀察值加以混合，並由小到大加以排列次序；根據各個樣本所得到的名次總和 R_i, $i = 1,\cdots,k$，計算下列 Kruskal-Wallis 檢定統計量

$$W = \frac{12}{n_T(n_T+1)}\sum_{i=1}^{k}\frac{R_i^2}{n_i} - 3(n_T+1) \sim \chi^2(k-1),$$

k = 虛無假設下欲檢定的母體個數

n_i = 第 i 個樣本的觀察值個數

n_T = 所有 k 個樣本的總觀察值個數，$n_T = \sum_{i=1}^{k} n_i$

R_i = 第 i 個樣本的觀察值的名次總和

如同前述以 MWW－檢定法檢定臺灣的經濟系與企管系同學在修習統

計學上的表現是否存在顯著差異，我們以經濟系 20 位同學及企管系 14 位同學的統計學成績進行檢定；在此，我們加入財金系，即我們想瞭解臺灣的經濟系、財金系與企管系同學在修習統計學上的表現是否存在顯著差異，當然統計學課堂中 24 位財金系同學的統計學成績必須納入樣本資料中。同樣在 Dep－Stat.xls 的檔案中，將經濟系 20 位同學、24 位財金系同學及企管系 14 位同學的科系別及統計學成績存放在 Dep－Stat2.xls 中，先利用『資料 (D)』中的『排序 (S)』功能將資料按統計學成績由大至小予以排列，將名次由 1 至 58 輸入 C2:C59 中，之後，再將所有資料按科系別由小到大排序，如此在 C2:C21 的名次即為經濟系 20 位同學的統計學成績的排名，C22:C45 的名次即為財金系 24 位同學的統計學成績的排名，而 C46:C59 則為 14 位企管系同學統計學成績的排名，以「SUM(C2:C21)」、「SUM(C22:C45)」及「SUM(C46:C59)」即可分別求得 20 位經濟系同學、24 位財金系同學和 14 位企管系同學的名次總和，$R_1 = 613$、$R_2 = 775$ 和 $R_3 = 323$；因 $n_T = 20 + 24 + 14 = 58$，因此 Kruskal-Wallis 檢定統計量的計算為

$$
\begin{aligned}
W &= \frac{12}{n_T(n_T+1)}\sum_{i=1}^{k}\frac{R_i^2}{n_i} - 3(n_T+1) \\
&= \frac{12}{58\times 59}\left(\frac{613^2}{20}+\frac{775^2}{24}+\frac{323^2}{14}\right) - 3\times 59 \\
&= 2.777544.
\end{aligned}
$$

由附錄表 5 中可查得 $\chi^2_{0.95}(3) = 7.8147$，因 $W = 2.777544$ 小於 $\chi^2_{0.95}(3) = 7.8147$，故在顯著水準 $\alpha = 5\%$ 下不棄卻虛無假設。上述 Excel 的計算過程，請參考作者網頁子目錄 chapter13 中的 chapt13_6.ppt 及 Dep－Stat2.xls。

13.6 等級相關

在本章前面小節所介紹對於兩個以上母體是否相等的無母數檢定法中，

母體間必須相互獨立；雖然在第 12 章中已介紹獨立性檢定的方法，然而，對於**區間資料** (interval data) 或**比例資料** (ratio data) 的母體，必須先假設其分配，方能進行獨立性檢定；但若母體分配假設不當，將造成錯誤的統計推論。因此，在本節中，我們將討論毋須母體分配假設的獨立性假設檢定。

假設我們想要瞭解臺灣管理學院的同學在微積分與英文兩科目間的表現是否相互獨立；假若兩個科目的表現是相互獨立，則每一個同學在這兩科目的表現將南轅北轍，而其實際分數在一個由管理學院同學所組成的樣本中所得到的名次亦將有明顯的差異；因此，藉由名次差異性的大小，可衡量兩個科目表現的獨立性，而毋須假設實際分數的分配；依此想法，**史皮爾曼等級相關係數** (Spearman rank - correlation coefficient) 定義為

$$r_s = 1 - \frac{6\sum d_i^2}{n(n^2-1)},$$

n = 樣本中的同學人數

x_i = 第 i 個同學的個體經濟學名次

y_i = 第 i 個同學的總體經濟學名次

$d_i = x_i - y_i$

由此定義可看出，兩科目的名次差越大，$\sum d_i^2$ 將越大，而 r_s 將越小；因此，r_s 越大表示相關性越強，而 r_s 越小表示獨立性越高。在樣本觀察值個數 n 夠大時，依中央極限定理，在兩母體相互獨立的虛無假設下，r_s 的樣本分配為

$$r_s \sim N(\mu_{r_s}, \sigma_{r_s}^2) = N(0, 1/(n-1)).$$

則檢定兩個母體相互獨立虛無假設的統計檢定量為

$$z = \frac{r_s}{\sqrt{1/(n-1)}}.$$

在顯著水準 $\alpha = 0.05$ 下，若 $Z > 1.96$ 或 $Z < -1.96$ 則棄卻虛無假設，即樣本資料支持兩母體為相互獨立。

假設統計學課堂 80 位同學的微積分及英文成績具母體代表性，且兩母體不為常態分配，在 13.3 節中，我們討論以 Wilcoxon 加符號名次檢定法進行檢定兩母體平均數相等的檢定，在此我們利用同樣的資料進行兩母體是否相互獨立的檢定；假定在 Excel 檔案 Cal – Eng.xls 中，B2:B81 及 C2:C81 分別存放 80 位同學的微積分及英文成績，先以『資料 (D)』中的『排序 (S)』功能將資料按微積分成績由大至小予以排列，將名次 1 至 80 輸入 D2:D81 中，之後，再將所有資料按英文成績由大到小排序，將名次 1 至 80 輸入 E2:E81 中，在 F2:F81 計算 D2:D81 減去 E2:E81 得到 80 位同學微積分及英文成績的名次差 (d_i)，$\sum_{i=1}^{80} d_i^2 = 68112$，史皮爾曼等級相關係數的計算如下：

$$
\begin{aligned}
r_s &= 1 - \frac{6\sum d_i^2}{n(n^2-1)} \\
&= 1 - \frac{6 \times 68112}{80(80^2-1)} = 0.201688.
\end{aligned}
$$

而統計檢定量為

$$
z = \frac{r_s}{\sqrt{1/(n-1)}} = \frac{0.201688}{\sqrt{1/79}} = 1.79264.
$$

在顯著水準 $\alpha = 0.05$ 下，因 $z < Z_{0.975} = 1.96$，故不棄卻虛無假設，表示樣本資料支持兩母體為相互獨立。上述 Excel 的計算過程，請參考作者網頁子目錄 chapter13 中的 chapt13_7.ppt 及 Cal – Eng2.xls。

13.7 習 題

1. 請以統計學課堂 80 位同學資料，以無母數檢定法檢定臺灣管理學院同學的微積分成績的第三四分位數為 68。
2. 請以統計學課堂 80 位同學資料，以無母數檢定法檢定臺灣管理學院同學的身高在性別間是否存在顯著差異。

3. 請以統計學課堂 80 位同學資料，以無母數檢定法檢定臺灣管理學院同學的微積分成績在性別間是否存在顯著差異。

4. 請以統計學課堂 80 位同學資料，以無母數檢定法檢定臺灣管理學院同學的統計學與微積分成績是否存在顯著差異。

5. 請以統計學課堂 80 位同學資料，以無母數檢定法檢定臺灣管理學院同學的統計學成績在科系別間是否存在顯著差異。

6. 請以統計學課堂 80 位同學資料，以無母數檢定法檢定臺灣管理學院同學的統計學與微積分成績是否相互獨立。

14. 相關理論

在統計上，分析多個變數間的關係是屬於**多變數分析** (multivariate analysis) 的範疇，當然有許多分析方法探討變數間的關係，而**相關分析** (correlation analysis) 和**迴歸分析** (regression analysis) 是最常用的兩種。在這一章中，我們首先討論相關分析對於變數間關係的探討，以作為往後章節討論迴歸分析的基礎。

14.1 線性相關性

相關性 (correlation) 可用來說明兩個或許多個變數間的相關程度；兩個變數間的相關程度稱為**簡單相關** (simple correlation)，而三個或三個以上變數間的相關程度則稱為**複相關** (multiple correlation)； 在本章節中，我們先討論兩個變數間的相關程度。就兩個隨機變數而言，其間可能存在**線性** (linear) 與**非線性** (nonlinear) 的關係，而不論是線性或非線性的關係，均可分為**正相關** (positive correlation)、**負相關** (negative correlation) 和**無相關** (no correlation)。假設兩個變數 X 和 Y 定義於一個**隨機實驗** (random experiment) 裡可能**出象** (outcome) 中的兩個特徵，而以 (x,y) 表示每一次**試驗** (trial) 所成對出現的該兩個特徵的出象而被 X 和 Y 定義的實現值；若成對出現的實現值 (x,y) 存在較大的 x 值總是伴隨著較大 y 值的出現，則稱這兩個變數 X 和 Y 為正相關，而若成對出現的實現值 (x,y) 存在 x 值與 y 值的一對一關係， 則稱為**完全正相關** (perfect positive correlation)；反之，若成對出現的實現值 (x,y) 存在較大的 x 值總是伴隨著較小 y 值的出現，則稱這兩個變數為負相關，而若 x 值與 y 值存在一對一的關係，則稱 X 和 Y 為**完全負相關** (perfect negative correlation)；最後，若 x 值與 y 值的大小不存在正相關或負相關則稱為**無相關**或**零相關** (zero correlation)。

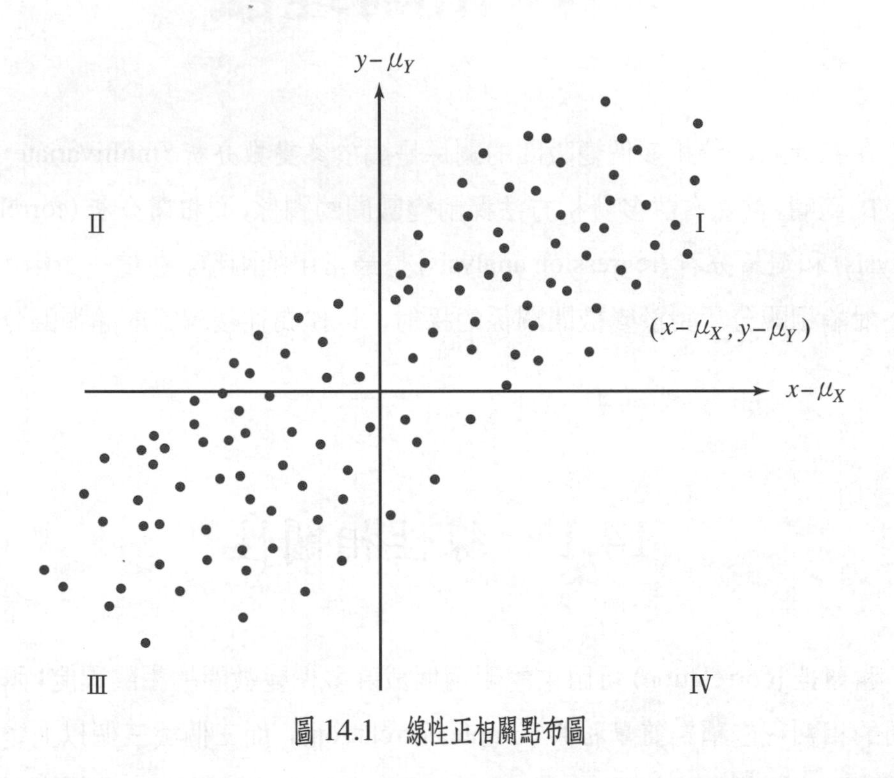

圖 14.1　線性正相關點布圖

以下我們以圖形加以說明隨機變數間的相關性，假定將所有以隨機變數 X 和 Y 定義於同一個研究對象身上、兩個不同特徵的成對數值 $\{(x, y)\}$ **點布** (dot plot) 於 $X-Y-$ 座標平面上，假定如圖 14.1 所示；在圖 14.1 中，若以 $x=\mu_X$ 軸及 $y=\mu_Y$ 軸將平面劃分成四個象限，μ_X 和 μ_Y 分別為 X 和 Y 的平均數，則很明顯看出大部分的 $(x-\mu_X, y-\mu_Y)$ 點落在第 I 和第 III 象限中，在這兩象限中的 $(x-\mu_X, y-\mu_Y)$ 點，總是大的 $x-\mu_X$ 值配上大的 $y-\mu_Y$ 值，而小的 $x-\mu_X$ 值配上小的 $y-\mu_Y$ 值，而且在第 I 象限中的 $x-\mu_X$ 和 $y-\mu_Y$ 值均為正值，而第 III 象限中的 $x-\mu_X$ 和 $y-\mu_Y$ 值均為負值，因此均能得到 $x-\mu_X$ 和 $y-\mu_Y$ 值相乘為正值的結果，即 $(x-\mu_X)(y-\mu_Y)>0$。相反地，圖 14.1 中有較少的 $(x-\mu_X, y-\mu_Y)$ 點落在第 II 和第 IV 象限中，在第 II 象限中的 $(x-\mu_X, y-\mu_Y)$ 點，總是小的 $x-\mu_X$ 值配上大的 $y-\mu_Y$ 值，而在第 IV 象限中則是大的 $x-\mu_X$ 值配上小

的 $y-\mu_Y$ 值，而且在第 II 象限中的 $x-\mu_X$ 為負值而 $y-\mu_Y$ 為正值，在第 IV 象限中的 $x-\mu_X$ 為正值而 $y-\mu_Y$ 為負值，因此均能得到 $x-\mu_X$ 和 $y-\mu_Y$ 值相乘為負值的結果，即 $(x-\mu_X)(y-\mu_Y) < 0$。整體而言，在圖 14.1 中，使 $(x-\mu_X)(y-\mu_Y) > 0$ 的 $(x-\mu_X, y-\mu_Y)$ 點個數遠較使 $(x-\mu_X)(y-\mu_Y) < 0$ 的 $(x-\mu_X, y-\mu_Y)$ 點為多，因此，所有成對實現值 $(x-\mu_X, y-\mu_Y)$ 的乘積和必為正值，即 $\sum_x\sum_y(x-\mu_X)(y-\mu_Y) > 0$，是以圖 14.1 中的 $(x-\mu_X, y-\mu_Y)$ 點可以用大的 $x-\mu_X$ 值配上大的 $y-\mu_Y$ 值、小的 $x-\mu_X$ 值配上小的 $y-\mu_Y$ 值為代表說明；此外，$x-\mu_X$ 和 $y-\mu_Y$ 值間的關係若以直線：$y-\mu_Y = a+b\,(x-\mu_X)$ 表示，則當 b 為正值時，小的 x 值將產生小的 y 值，而大的 x 值將產生大的 y 值，因 b 為正值，因此稱 $x-\mu_X$ 和 $y-\mu_Y$ 值間存在**線性正相關** (positive linear correlation)；因此，如圖 14.1 中的 $(x-\mu_X, y-\mu_Y)$ 點布情形的隨機變數 X 和 Y 稱為具線性正相關。

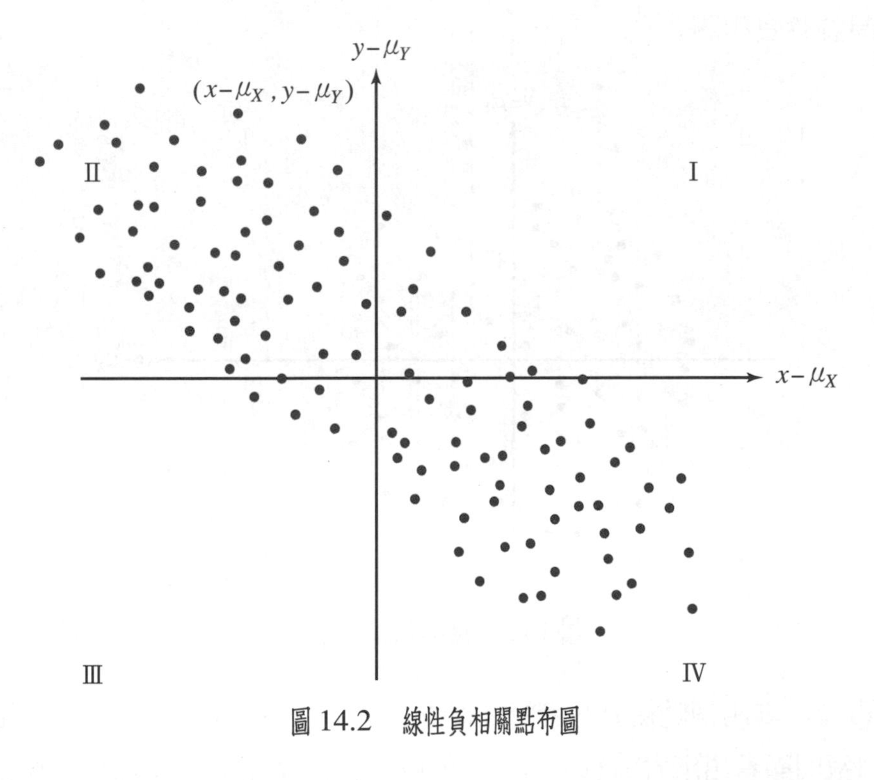

圖 14.2　線性負相關點布圖

同理，若兩個隨機變數成對實現值 $(x-\mu_X, y-\mu_Y)$ 的點布情形如圖 14.2

所示；很明顯看出大部分的 $(x-\mu_X, y-\mu_Y)$ 點落在第 II 和第 IV 象限中，$x-\mu_X$ 和 $y-\mu_Y$ 值相乘為負值的結果，即 $(x-\mu_X)(y-\mu_Y) < 0$；相反地，圖 14.2 中有較少的 $(x-\mu_X, y-\mu_Y)$ 點落在第 I 和第 III 象限中，$x-\mu_X$ 和 $y-\mu_Y$ 值相乘為正值的結果，即 $(x-\mu_X)(y-\mu_Y) < 0$。整體而言，在圖 14.2 中，使 $(x-\mu_X)(y-\mu_Y) < 0$ 的 $(x-\mu_X, y-\mu_Y)$ 點個數遠較使 $(x-\mu_X)(y-\mu_Y) > 0$ 的 $(x-\mu_X, y-\mu_Y)$ 點為多，因此，所有成對實現值 $(x-\mu_X, y-\mu_Y)$ 的乘積和必為負值，即 $\sum_x\sum_y(x-\mu_X)(y-\mu_Y) < 0$，是以圖 14.2 中的 $(x-\mu_X, y-\mu_Y)$ 點可以用大的 $x-\mu_X$ 值配上小的 $y-\mu_Y$ 值、小的 $x-\mu_X$ 值配上大的 $y-\mu_Y$ 值為代表說明；此外，$x-\mu_X$ 和 $y-\mu_Y$ 值間的關係若以直線：$y-\mu_Y = a+b\,(x-\mu_X)$ 表示，則當 b 為負值時，小的 $x-\mu_X$ 值將產生大的 $y-\mu_Y$ 值，而大的 $x-\mu_X$ 值將產生小的 $y-\mu_Y$ 值，因 b 為負值，因此稱 $x-\mu_X$ 和 $y-\mu_Y$ 值間存在**線性負相關** (negative linear correlation)；因此，如圖 14.2 中的 $(x-\mu_X, y-\mu_Y)$ 點布情形的隨機變數 X 和 Y 稱為具線性負相關。

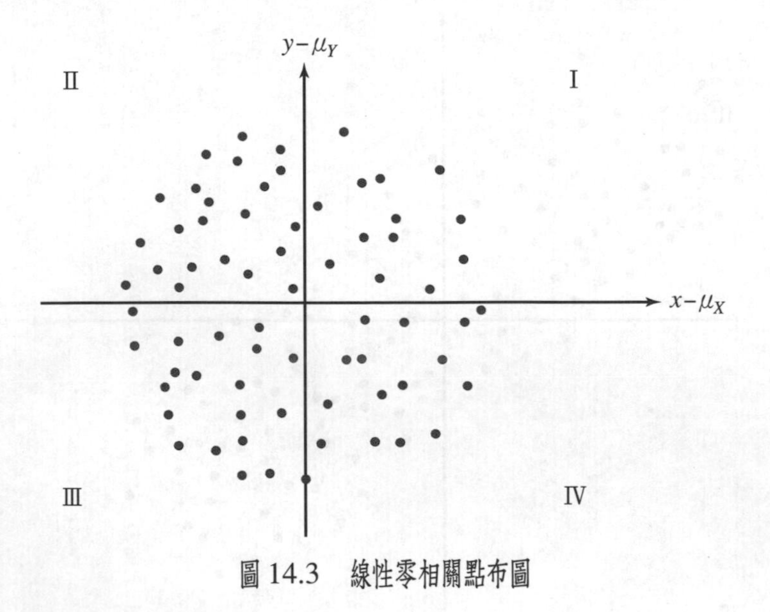

圖 14.3　線性零相關點布圖

再者，若兩個隨機變數成對實現值 $(x-\mu_X, y-\mu_Y)$ 的點布情形如圖 14.3 所示，很明顯看出所有的 $(x-\mu_X, y-\mu_Y)$ 點均勻分布在四個象限中，則落在第 I 和第 III 象限中 $x-\mu_X$ 和 $y-\mu_Y$ 值相乘為正值的數值總和，將與落在第 II 和第 IV 象限中 $x-\mu_X$ 和 $y-\mu_Y$ 值相乘為負值的數值總和相互抵消，因此，所有成對實現值 $(x-\mu_X, y-\mu_Y)$ 的乘積和必為 0，即 $\sum_x\sum_y(x-\mu_X)(y-\mu_Y)=0$；此時，$x-\mu_X$ 和 $y-\mu_Y$ 值的關係無法以線性關係 $y-\mu_Y=a+b(x-\mu_X)$ 加以表示，因此，稱隨機變數 X 和 Y 為**線性零相關** (zero linear correlation)。

然而，在此我們必須提出的是，若成對出現的實現值 (x,y) 呈現如圖 14.4 的圖形，很明顯地，這兩個隨機變數 X 和 Y 是相關的，只是其間的關係呈現一個圓形關係，因此，我們不能說 X 和 Y 存在零相關。若我們限定 X 和 Y 為線性關係的討論時，則如圖 14.4 的實現值 (x,y) 將歸類為零相關，但在非線性關係下，將歸類為有相關。

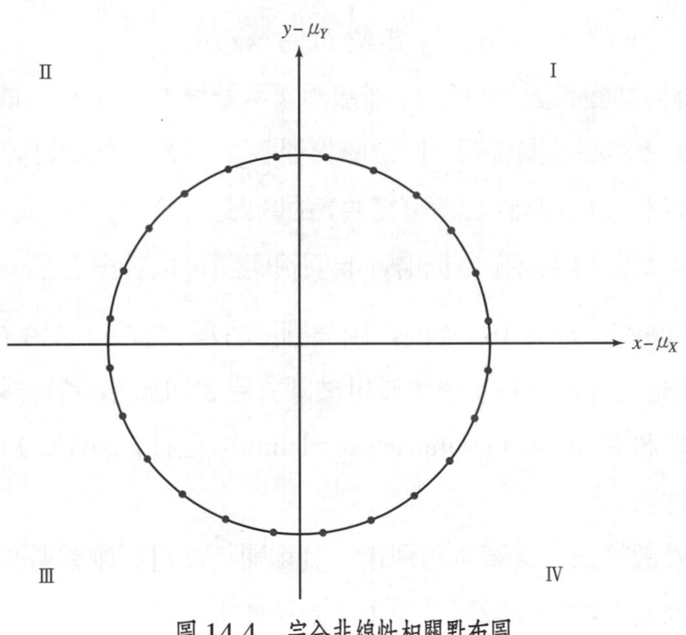

圖 14.4　完全非線性相關點布圖

在瞭解如何以兩個母體成對實現值在 $X-Y-$ 座標平面的點分布情形，以判斷兩個母體為正、負或零線性相關後，接著我們應考慮如何以數值(或統計量)表現兩個母體的線性關係；當然我們希望該數值在線性正相關時為正值、在線性負相關時為負值、在線性零相關時為數值為 0。由前面的分析可知，在圖 14.1 所示之線性正相關母體實現值點分布，$\sum_x\sum_y(x-\mu_X)(y-\mu_Y)>0$，假定所有成對實現值的個數為 N，則其平均數亦為正值，即

$\sum_x \sum_y (x - \mu_X)(y - \mu_Y) / N > 0$，而此成對實現值乘積的算術平均數即為成對實現值乘積的期望值，$E[(X - E(X))(Y - E(Y))]$；在圖 14.2 所示之線性負相關母體實現值點分布，即 $\sum_x \sum_y (x - \mu_X)(y - \mu_Y) < 0$，而 $E[(X - E(X))(Y - E(Y))]$ 亦將為負值；而在圖 14.3 所示之線性零相關母體實現值點分布，其所有成對實現值乘積之和為零，即 $\sum_x \sum_y (x - \mu_X)(y - \mu_Y) = 0$，而 $E[(X - E(X))(Y - E(Y))]$ 亦將等於 0。是以，$E[(X - E(X))(Y - E(Y))] > 0$ 表示母體 X 和 Y 存在線性正相關，$E[(X-E(X))(Y-E(Y))] < 0$ 表示母體 X 和 Y 存在線性正相關，而 $E[(X - E(X))(Y - E(Y))] = 0$ 表示母體 X 和 Y 存在線性零相關；因此，$E[(X - E(X))(Y - E(Y))]$ 可做為衡量兩母體 X 和 Y 的線性相關性，而此衡量即為**共變異數** (covariance)，$\text{cov}(X, Y) = E[(X - E(X))(Y - E(Y))]$。

然而，為何共變異數 $\text{cov}(X, Y)$ 僅能衡量兩隨機變數 X 和 Y 間的線性相關性，而無法衡量非線性關係呢？假定隨機變數 X 和 Y 所有成對實現值 (x,y) 均勻落在一個以 (μ_X, μ_Y) 為圓心、半徑為 r 的圓周上，其方程式為 $(x - \mu_X)^2 + (y - \mu_Y)^2 = r^2$，如圖 14.4 所示；此時，我們很明顯可以看出 $\sum_x \sum_y (x - \mu_X)(y - \mu_Y) = 0$，因此，$\text{cov}(X, Y) = 0$；然而，由該圓的方程式 $(x - \mu_X)^2 + (y - \mu_Y)^2 = r^2$ 可知，一個 x 值將伴隨一個 y 使能滿足該圓方程式，因此，隨機變數 X 和 Y 存在**完全非線性相關** (perfect nonlinear correlation)；因此，$\text{cov}(X, Y)$ 無法衡量出非線性相關性。

以共變異數的正、負號可判別正、負相關性，且其絕對數值越大，其相關性越強。因此，共變異數似乎是衡量兩個變數間相關性的統計量，但其存在一個問題，即是其數值受到隨機變數衡量單位的影響，使得我們無法直接由共變異數數值的大小判斷相關性的強弱；例如，X 為以公分為衡量單位的身高變數，而 Y 為以公克為衡量單位的體重變數，假設其間的共變異數為 75(公分 × 公克)；但若改以公尺衡量身高而以公斤衡量體重，則其間的共變異數為 0.0000075(公尺 × 公斤)，因此，同樣的兩個隨機變數，將因衡量單位的不同會有不同的共變異數值；是故，在比較變數間的相關性強度時，必須先確定其衡量單位是相同的。為省卻變數衡量單位造成以共變異數數值比較相關性強度的困擾，隨機變數的衡量單位必須加以處理，處理的方式如同前面章節所介紹的 Z – scores 一般，將隨機變數除上其**標準差** (standard deviation)，如此，該隨機變數即改以標準差為衡量單位，即 $X^* = X / \sqrt{\text{var}(X)}$ 和 $Y^* = Y / \sqrt{\text{var}(Y)}$，如此，以標準差為衡量單位的變數間之共變異數為

$$
\begin{aligned}
\text{cov}(X^*, Y^*) &= [(X^* - E(X^*))(Y^* - E(Y^*))] \\
&= E\left[\left(\frac{X}{\sqrt{\text{var}(X)}} - \frac{E(X)}{\sqrt{\text{var}(X)}}\right)\left(\frac{Y}{\sqrt{\text{var}(Y)}} - \frac{E(Y)}{\sqrt{\text{var}(Y)}}\right)\right] \\
&= E\left[\frac{(X - E(X))(Y - E(Y))}{\sqrt{\text{var}(X)}\sqrt{\text{var}\ (Y)}}\right] \\
&= \frac{E[(X - E(X))(Y - E(Y))]}{\sqrt{\text{var}(X)}\sqrt{\text{var}\ (Y)}} \\
&= \frac{\text{cov}(X,Y)}{\sqrt{\text{var}(X)}\sqrt{\text{var}(Y)}}.
\end{aligned}
$$

而此定義於以標準差為衡量單位的變數間之共變異數，稱為兩個變數 X 和 Y 間的**相關係數** (correlation coefficient)，通常以 $\rho_{X,Y}$ 表示之，即

$$
\rho_{X,Y} = \frac{\text{cov}(X,Y)}{\sqrt{\text{var}(X)}\sqrt{\text{var}(Y)}}
$$

在 Cauchy – Schwartz 不等式下，$\rho_{X,Y}$ 的數值必定介於 1 和 –1 之間，即 $-1 \leq \rho_{X,Y} \leq 1$；由於 var($X$) 和 var($Y$) 必定為正值，$\rho_{X,Y}$ 與共變異數 cov(X, Y) 具有相同的正、負號，因此，$0 < \rho_{X,Y} \leq 1$ 時表示隨機變數 X 和 Y 為線性正相關，而 $-1 \leq \rho_{X,Y} < 0$ 時表示隨機變數 X 和 Y 為線性負相關。假定隨機變數 X 和 Y 所有成對實現值 (x, y) 均落在一條正斜率的直線：$y = a + b\,x, b > 0$，如圖 14.5 所示，此時，一個特定的 x 即伴隨一個特定的 y，因此，隨機變數 X 與 Y 間存在完全的相關性；甚且，假定所有成對實現值的個數為 N，

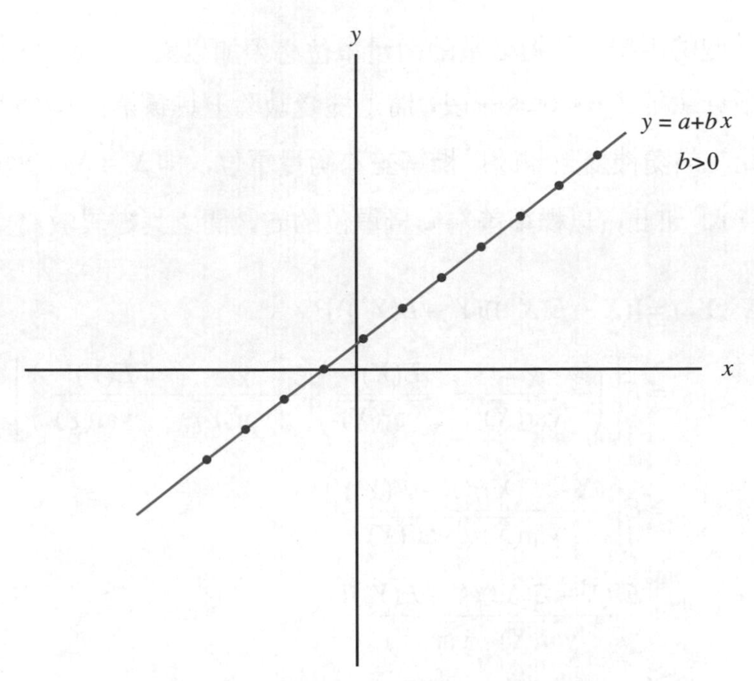

圖 14.5　$y = a + bx$ 完全正相關分布圖

$$\begin{aligned}
\text{cov}(X, Y) &= \sum_x \sum_y (x - \mu_X)(y - \mu_Y) \;/\; N \\
&= \sum_x \sum_y (x - \mu_X)\,[(a + bx) - (a + b\mu_X)] \;/\; N \\
&= \sum_x \sum_y b(x - \mu_X)^2 \;/\; N \\
&= bE[(X - \mu_X)^2] = b\text{var}(X).
\end{aligned}$$

而

$$\begin{aligned}
\text{var}(Y) &= \sum_y (y - \mu_Y)^2 \;/\; N \\
&= \sum_x [(a + bx) - (a + b\mu_X)]^2 \;/\; N \\
&= \sum_x b^2\,(x - \mu_X)^2 \;/\; N \\
&= b^2 E[(X - \mu_X)^2] = b^2\,\text{var}\,(X).
\end{aligned}$$

因此，

$$\rho_{X,Y} = \frac{\text{cov}(X, Y)}{\sqrt{\text{var}(X)}\,\sqrt{\text{var}(Y)}}$$

$$= \frac{b\text{var}(X)}{\sqrt{\text{var}(X)}\ \sqrt{b^2\ \text{var}(X)}}$$

$$= \frac{b\text{var}(X)}{|b|\text{var}(X)} = 1.$$

因此，$\rho_{X,Y} = 1$ 即表示隨機變數 X 與 Y 間存在**完全的線性正相關** (perfect linear positive correlation)。

同樣地，假定隨機變數 X 和 Y 所有成對實現值 (x, y) 均落在一條負斜率的直線：$y = a + bx, b < 0$，如圖 14.6 所示，此時，一個特定的 x 即伴隨一個特定的 y，因此，隨機變數 X 與 Y 間亦存在完全的相關性；甚且，假定所有成對實現值的個數為 N，

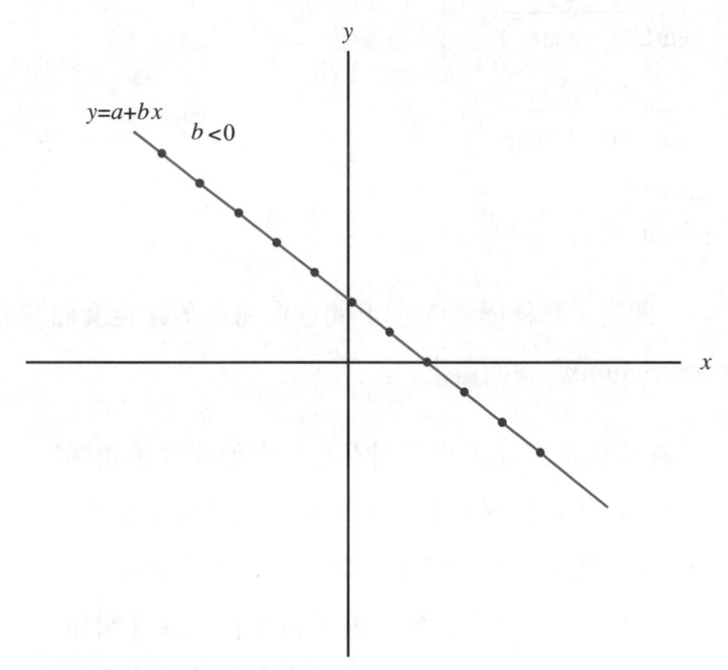

圖 14.6 $y = a + bx$ 完全負相關分布圖

$$\text{cov}(X, Y) = \sum_x \sum_y (x - \mu_X)(y - \mu_Y) \ / \ N$$

$$= \sum_x \sum_y (x - \mu_X)\,[(a + bx) - (a + b\mu_X)] \ / \ N$$

$$= \sum_x \sum_y b(x - \mu_X)^2 \ / \ N$$

$$= bE[(X-\mu_X)^2] = b\text{var}(X).$$

而

$$\begin{aligned}\text{var}(Y) &= \sum_y (y-\mu_Y)^2 \ / \ N \\ &= \sum_x [(a+bx)-(a+b\mu_X)]^2 \ / \ N \\ &= \sum_x b^2 \, (x-\mu_X)^2 \ / \ N \\ &= b^2E[(X-\mu_X)^2] = b^2 \text{ var } (X).\end{aligned}$$

因此，

$$\begin{aligned}\rho_{X,Y} &= \frac{\text{cov}(X, Y)}{\sqrt{\text{var}(X)}\ \sqrt{\text{var}(Y)}} \\ &= \frac{b\text{var}(X)}{\sqrt{\text{var}(X)}\ \sqrt{b^2 \text{ var}(X)}} \\ &= \frac{b\text{var}(X)}{-b\text{var}(X)} = -1.\end{aligned}$$

因此，$\rho_{X,Y} = -1$ 即表示隨機變數 X 與 Y 間存在**完全的線性負相關** (perfect linear negative correlation)。總而言之，

1. $\rho_{X,Y} = 1$，表示隨機變數 X 與 Y 間存在完全的線性正相關；
2. $0 < \rho_{X,Y} < 1$，表示隨機變數 X 與 Y 間存在線性正相關；
3. $\rho_{X,Y} = 0$，表示隨機變數 X 與 Y 間存在線性零相關；
4. $-1 < \rho_{X,Y} < 0$，表示隨機變數 X 與 Y 間存在線性負相關；
5. $\rho_{X,Y} = -1$，表示隨機變數 X 與 Y 間存在完全的線性負相關。

至於相關係數的樣本估計式 ($\hat{\rho}_{X,Y}$) 則是以樣本共變異數 ($\hat{\text{cov}}(X,Y)$) 及樣本變異數 ($\hat{\text{var}}(X)$ 和 $\hat{\text{var}}(Y)$) 代入上式中，

$$\hat{\rho}_{X,Y} = \frac{\hat{\text{cov}}(X,Y)}{\sqrt{\hat{\text{var}}(X)}\sqrt{\hat{\text{var}}(Y)}} = \frac{s_{X,Y}}{s_X s_Y},$$

其中，

$$s_{X,Y} = \frac{\sum_{i=1}^{n}(x_i - \bar{x}_n)(y_i - \bar{y}_n)}{n-1} = X\text{和}Y\text{的樣本共變異數}$$

$$s_X = \sqrt{\frac{\sum_{i=1}^{n}(x_i - \bar{x}_n)^2}{n-1}} = X\text{的樣本標準差}$$

$$s_Y = \sqrt{\frac{\sum_{i=1}^{n}(y_i - \bar{y}_n)^2}{n-1}} = Y\text{的樣本標準差}$$

在此值得注意的是，兩個變數 X 和 Y 間存在零相關，表示 $\rho_{X,Y}$ 或 $\text{cov}(X, Y) = 0$，換言之，兩個變數 X 和 Y 不相關，僅表示

$$\text{cov}(X,Y) = \int_x \int_y (x - E(X))(y - E(Y)) f(x,y) dxdy = 0,$$

此條件並不隱含 $f(x,y) = f(x)f(y)$ 的條件（即 X 和 Y 相互獨立的條件），其中，$f(x,y)$ 為變數 X 和 Y 間之聯合機率密度函數，$f(x)$ 和 $f(y)$ 分別為變數 X 和 Y 之機率密度函數。也就是說，兩個變數相關係數等於零即沒有相關，並不一定表示此兩個變數相互獨立。相反地，若兩個變數相互獨立，則此兩個變數的相關係數必定為零，因為

$$\begin{aligned}
\text{cov}(X,Y) &= \int_x \int_y (x - E(X))(y - E(Y)) f(x,y) dxdy \\
&= \int_x \int_y (x - E(X))(y - E(Y)) f(x) f(y) dxdy, \text{ 因 } X \text{ 和 } Y \text{ 相互獨立} \\
&= [\int_x (x - E(X)) f(x) dx][\int_y (y - E(Y)) f(y) dy] \\
&= 0 \times 0 = 0.
\end{aligned}$$

14.2 部分相關係數

在人力資源的研究中，一個家庭的教育支出與家庭所得間的關係一直是研究的重點，但是，家庭所得與教育支出間的關係也會因家庭父母的教育水準不同而有所差異；通常教育水準較高的父母會較重視子女教育，因而，當家庭所得越高時，其教育支出亦會隨之增加；但教育水準較低的父母比較不重視子女教育，其教育支出會隨家庭所得增加而增加的相關性較低；因此，為衡量真正教育支出與家庭所得間的關係，我們必須將父母的教育固定在某一水準，然後再進行討論；此時，**部分相關係數** (partial correlation coefficient) 則提供了適當的衡量方法。假設以 X 表示家庭所得、Y 表示家庭教育支出和 Z 代表父母教育水準，再者，令

$\rho_{X,Y}$ = 家庭所得和家庭教育支出間的相關係數

$\rho_{X,Z}$ = 家庭所得和父母教育水準間的相關係數

$\rho_{Y,Z}$ = 家庭教育支出和父母教育水準間的相關係數

則在維持父母教育水準固定下，家庭所得和家庭教育支出間的部分相關係數定義為

$$\rho_{X,Y|Z} = \frac{\rho_{X,Y} - \rho_{X,Z}\rho_{Y,Z}}{\sqrt{(1-\rho_{X,Z}^2)(1-\rho_{Y,Z}^2)}}.$$

而在維持家庭所得固定下，家庭教育支出和父母教育水準間的部分相關係數定義為

$$\rho_{Y,Z|X} = \frac{\rho_{Y,Z} - \rho_{X,Y}\rho_{X,Z}}{\sqrt{(1-\rho_{X,Y}^2)(1-\rho_{X,Z}^2)}}.$$

14.3 習 題

1. 利用 80 位同學的資料，請以 Excel 計算身高與體重間的樣本共變異數。
2. 利用 80 位同學的資料，請以 Excel 計算統計與英文分數間的樣本共變異數。
3. 利用 80 位同學的資料，請以 Excel 計算經濟系同學微積分與英文分數間的樣本共變異數。
4. 利用 80 位同學的資料，請以 Excel 計算財金系同學身高與體重間的樣本共變異數。

15. 簡單線性迴歸分析

對於兩個隨機變數 X 和 Y 之間的關係，除了檢驗它們是否相互獨立外，若存在相關，則以相關係數或等級相關衡量其間相關的程度；除此，有些隨機變數間存在因果關係，若隨機變數 X 和 Y 之間存在因果關係，即 $Y = f(X)$，此表示隨機變數 Y 受隨機變數 X 的影響，換言之，任何一個隨機變數 X 的實現值代入函數 $f(\cdot)$ 中，即可得到一個隨機變數 Y 的實現值；因此，隨機變數 X 為因而隨機變數 Y 為果，而其間的因果關係即為函數 $f(\cdot)$ 所表示，如何利用樣本資料估算函數 $f(\cdot)$ 的形式與參數的數值，即為迴歸分析的主要工作。在初等統計的討論中，以線性的函數 $f(\cdot)$ 為主；因此，我們所考慮的線性關係為：$Y = \alpha + \beta X$，當然我們無法知道 α 和 β 真實的數值，迴歸分析的工作即在於以觀察到的一組包含 n 個成對觀察值 $\{(x_i,y_i)\}_{i=1}^{n}$ 的樣本，進行對參數值 α 和 β 的估計與統計檢定，由於實際蒐集到的樣本觀察值 $\{(x_i,y_i)\}_{i=1}^{n}$ 不可能百分之百符合 $Y = \alpha + \beta X$ 的線性關係，因此，我們加入一個隨機「誤差項」ε 於線性關係中，使得成對的 $\{(x_i, y_i), i = 1,\cdots,n\}$ 能符合以下線性關係式：

$$y_i = \alpha + \beta x_i + \varepsilon_i,\ i = 1,2,\cdots,n.$$

隨機誤差項 ε_i 的加入，乃在於使允許實際觀察值 x_i 與 y_i 的關係與**確定** (deterministic) 的直線 $Y = \alpha + \beta X$ 間存在差異，而這差異隨著觀察值 i 的不同存在隨機的差異；因此，誤差項的加入，使得上述方程式呈現出觀察值 x_i 與 y_i 的**隨機** (stochastic) 線性關係。由於，隨機變數 Y 的實現值決定於隨機變數 X 的實現值，因此，隨機變數 Y 被稱為**被解釋變數** (explained variable) 或**應變數** (dependent variable)，而隨機變數 X 則被稱為**解釋變數** (explanatory variable) 或**獨立變數** (independent variable)。因此，對於一個線性關係式我們設定的迴歸模型為：

$$y_i = a + bx_i + u_i$$

15.1 簡單線性迴歸模型參數之估計

對於一個迴歸模型，我們要從事的實證分析主要包括：**參數估計** (parameter estimation)、**統計推論** (statistical inference) 及**預測** (forecasting) 等；為了能進行這些實證分析，一些假設條件是必須加入的，首先我們先假設以下的**古典假設** (classical assumptions) 是成立的：

(a)所有觀察值 $\{x_i, y_i\}_{i=1}^{n}$ 均滿足 $y_i = \alpha + \beta x_i + \varepsilon_i$ 的線性關係，其中 ε_i 為誤差項；

(b)x_i 為非隨機的且不為固定的常數；

(c)$E(\varepsilon_i) = 0, i = 1, \cdots, n$；

(d)$E(\varepsilon_i^2) = \sigma^2$，且對於任何觀察值 i, j 而 $i \neq j$，$E(\varepsilon_i \varepsilon_j) = 0$；

(e)ε_i 是獨立且均等的常態分配，即 $\varepsilon_i \sim N(0, \sigma^2)$。

對於上述的古典假設，我們進一步說明如下：假設條件(a)在於表示變數 X 和 Y 間的關係確如分析的簡單線性關係，當然，我們無法確知 X 和 Y 間真正的關係，可能關係是非線性的，或者，可能有其他的變數被遺漏了，即存在**遺漏變數** (omitted variables)，這些我們均將在往後的章節中有所討論；假設條件(b)中，x_i 為非隨機的表示 x_i 的數值是可控制的，即假設我們可以重複抽取樣本資料，則在每一組抽出的樣本中每一個第 i 個觀察值 x_i 是相同的數值，因此，該數值是必然發生於第 i 個觀察值，是故其為非隨機的（發生的機率為 1)，至於 x_i 不為固定常數的假設條件，表示樣本資料中所有 x_i 的觀察值不全為相同的數值，如此方能使 $\sum_{i=1}^{n}(x_i - \bar{x}_n)^2 \neq 0$，而 $\bar{x}_n$ 為 X 的樣本平均數；假設條件(c)和(d)表示誤差項是平均數固定為 0 而變異數固定為 σ^2 的隨機變數，且 $E(\varepsilon_i\ \varepsilon_j)=0$ 表示 $\text{cov}(\varepsilon_i\ \varepsilon_j)=0$ 即 ε_i 與 ε_j 為相互獨立的隨機變數；至於假設條件(e)乃對於誤差項加入常態分配的假設，此假設條件使我們能在小樣本下進行對 α 和 β 的統計推論，當然，常態分配的假設通常是不切實際的，如果不為常態分配，則**大樣本理論** (large sample theory) 的討論是必要的。由簡單線性迴歸的這些古典假設中，我們知道所要估計的未知參數包括 α、β 和 σ^2，以下我們先討論最小平方估計式。

15.2 最小平方估計式

在前面章節對於母體參數估計式的討論中，我們知道具有較小**均方差** (mean square errors, MSE) 的估計式才是較好的估計式，對於一個母體參數 θ 而言，任一個 θ 的估計式 $\hat{\theta}$，其所定義的均方差為

$$
\begin{aligned}
MSE(\hat{\theta}) &= E[(\hat{\theta}-\theta)^2] \\
&= E[\hat{\theta}-E(\hat{\theta})]^2+[E(\hat{\theta})-\theta]^2.
\end{aligned}
$$

由於 $MSE(\hat{\theta})$ 是無法由樣本資料觀察而得，因此，只得以樣本平均數予以取代；在簡單線性迴歸模型的問題中，$\theta=y=\alpha+\beta x+\varepsilon$，而估計式則為 $\hat{\theta}=\hat{y}=a+bx$，因此，所對應的均方差為

$$
MSE(\hat{y})=E[(\hat{y}-y)^2]=E[(a+bx)-(\alpha+\beta x+\varepsilon)]^2.
$$

是故，一個好的估計式 $\hat{y}$ (亦即 $\hat{a}$ 和 $\hat{b}$) 即使上述均方差最小；換言之，一個好的估計式即等於使均方差最小的解答，即

$$
\begin{aligned}
\{\hat{a},\hat{b}\} &= \arg\min E[(a+bx)-(\alpha+\beta x+\varepsilon)]^2 \\
&= \arg\min E[y-(a+bx)]^2.
\end{aligned}
$$

由於 $E[y-(a+bx)]^2$ 無法由樣本資料 $\{(y_i,x_i)\}_{i=1}^n$ 觀察得知，因而只能以樣本平均估計值予以代替，即以 $\sum_{i=1}^n (y_i-a-bx_i)^2/n$ 替代 $E[y-(a+bx)]^2$，而估計式 $\hat{a}_n$ 和 $\hat{b}_n$ 滿足 $\sum_{i=1}^n (y_i-a-bx_i)^2/n$ 為最小，即

$$\{\hat{a}_n,\hat{b}_n\} = \arg\min \frac{1}{n}\sum_{i=1}^n (y_i-a-bx_i)^2.$$

此估計式 $\hat{a}_n$ 和 $\hat{b}_n$ 即為簡單線性迴歸模型參數 a 和 b 的**最小平方估計式** (ordinary least square estimator, OLS)。

令函數 $f(a,b)$ 表示樣本均方差，即

$$f(a,b) = \frac{1}{n}\sum_{i=1}^n (y_i-a-bx_i)^2.$$

則使樣本均方差達到極值（極大值或極小值）的**一階條件** (first order condition, FOC) 為

$$\frac{\partial}{\partial a} f(a,b) = -2\frac{1}{n}\sum_{i=1}^n (y_i-\hat{a}_n-\hat{b}_n x_i) = 0, \tag{12}$$

$$\frac{\partial}{\partial b} f(a,b) = -2\frac{1}{n}\sum_{i=1}^n (y_i-\hat{a}_n-\hat{b}_n x_i)x_i = 0, \tag{13}$$

上兩式 (12) 和 (13) 通常稱為**正規方程式** (normal equation)。又由於**二階條件** (second order condition, SOC) 為

$$\frac{\partial^2}{\partial a^2} f(a,b) = -2\frac{1}{n}\sum_{i=1}^n (-1) = 2 > 0,$$

$$\frac{\partial^2}{\partial b^2} f(a,b) = -2\frac{1}{n}\sum_{i=1}^n (-x_i^2) = \frac{2}{n}\sum_{i=1}^n x_i^2 > 0.$$

因二階條件均大於零，因此滿足一階條件的極值為極小值，符合我們極小值的求解。

由式 (12) 的一階條件，我們得到：

$$\hat{a}_n = \frac{1}{n}\sum_{i=1}^{n} y_i - \hat{b}_n \frac{1}{n}\sum_{i=1}^{n} x_i = \bar{y}_n - \hat{b}_n \bar{x}_n, \tag{14}$$

將此結果代入式 (13) 的一階條件中即得到

$$\frac{1}{n}\sum_{i=1}^{n} y_i x_i = (\bar{y}_n - \hat{b}_n \bar{x}_n)\frac{1}{n}\sum_{i=1}^{n} x_i + \hat{b}_n \frac{1}{n}\sum_{i=1}^{n} x_i^2$$

進而得到

$$\hat{b}_n\left(\frac{1}{n}\sum_{i=1}^{n} x_i(x_i - \bar{x}_n)\right) = \frac{1}{n}\sum_{i=1}^{n} x_i(y_i - \bar{y}_n). \tag{15}$$

從式 (14) 和 (15) 我們即可得到 α 和 β 的最小平方估計式：

$$\hat{b}_n = \frac{\sum_{i=1}^{n}(y_i - \bar{y}_n)(x_i - \bar{x}_n)}{\sum_{i=1}^{n}(x_i - \bar{x}_n)^2}, \tag{16}$$

$$\hat{a}_n = \bar{y}_n - \hat{b}_n \bar{x}_n. \tag{17}$$

此外， 我們也可以利用 Cramer’s rule 來進行正規方程式即式 (12) 和式 (13) 聯立方程式的求解，由式 (12) 和式 (13) 所形成的聯立方程式為

$$n\hat{a}_n + \sum_{i=1}^{n} x_i \hat{b}_n = \sum_{i=1}^{n} y_i$$

$$\sum_{i=1}^{n} x_i \hat{a}_n + \sum_{i=1}^{n} x_i^2 \hat{b}_n = \sum_{i=1}^{n} x_i y_i$$

則依 Cramer’s rule 的求解為：

$$\hat{a}_n = \frac{\begin{vmatrix} \sum_{i=1}^{n} y_i & \sum_{i=1}^{n} x_i \\ \sum_{i=1}^{n} x_i y_i & \sum_{i=1}^{n} x_i^2 \end{vmatrix}}{\begin{vmatrix} n & \sum_{i=1}^{n} x_i \\ \sum_{i=1}^{n} x_i & \sum_{i=1}^{n} x_i^2 \end{vmatrix}} = \frac{(\sum_{i=1}^{n} y_i)(\sum_{i=1}^{n} x_i^2) - (\sum_{i=1}^{n} x_i)(\sum_{i=1}^{n} x_i y_i)}{n\sum_{i=1}^{n} x_i^2 - (\sum_{i=1}^{n} x_i)^2}, \tag{18}$$

$$\hat{b}_n = \frac{\begin{vmatrix} n & \sum_{i=1}^n y_i \\ \sum_{i=1}^n x_i & \sum_{i=1}^n x_i y_i \end{vmatrix}}{\begin{vmatrix} n & \sum_{i=1}^n x_i \\ \sum_{i=1}^n x_i & \sum_{i=1}^n x_i^2 \end{vmatrix}} = \frac{n\sum_{i=1}^n x_i y_i - (\sum_{i=1}^n x_i)(\sum_{i=1}^n y_i)}{n\sum_{i=1}^n x_i^2 - (\sum_{i=1}^n x_i)^2}. \tag{19}$$

此外，上兩式中的分母項為：

$$\begin{aligned} n\sum_{i=1}^n x_i^2 - (\sum_{i=1}^n x_i)^2 &= n\sum_{i=1}^n x_i^2 - n^2(\sum_{i=1}^n x_i/n)^2 \\ &= n\sum_{i=1}^n x_i^2 - n^2\bar{x}_n^2 \\ &= n[\sum_{i=1}^n (x_i - \bar{x}_n)^2]. \end{aligned}$$

而式 (19) 中的分子項為：

$$\begin{aligned} n\sum_{i=1}^n x_i y_i - (\sum_{i=1}^n x_i)(\sum_{i=1}^n y_i) &= n\sum_{i=1}^n x_i y_i - n^2\bar{x}_n\bar{y}_n \\ &= n\sum_{i=1}^n x_i y_i - n^2\bar{x}_n\bar{y}_n - n^2\bar{x}_n\bar{y}_n + n^2\bar{x}_n\bar{y}_n \\ &= n\sum_{i=1}^n x_i y_i - n\sum_{i=1}^n x_i\bar{y}_n - n\bar{x}_n\sum_{i=1}^n y_i + n^2\bar{x}_n\bar{y}_n \\ &= n(\sum_{i=1}^n x_i y_i - \sum_{i=1}^n x_i\bar{y}_n - \bar{x}_n\sum_{i=1}^n y_i + n\bar{x}_n\bar{y}_n) \\ &= n\sum_{i=1}^n (x_i - \bar{x}_n)(y_i - \bar{y}_n). \end{aligned}$$

因此，我們得到

$$\hat{b}_n = \frac{\sum_{i=1}^n (x_i - \bar{x}_n)(y_i - \bar{y}_n)}{\sum_{i=1}^n (x_i - \bar{x}_n)^2}$$

再者，因為 $\sum_{i=1}^n (x_i - \bar{x}_n)\bar{y}_n = \bar{y}_n\sum_{i=1}^n (x_i - \bar{x}_n) = 0$，上式可進一步簡化為

$$\hat{b}_n = \frac{\sum_{i=1}^{n}(x_i - \overline{x}_n)y_i}{\sum_{i=1}^{n}(x_i - \overline{x}_n)^2}.$$

綜合以上結果，我們依然可以得到如同 α 和 β 之最小平方估計式：

$$\hat{b}_n = \frac{\sum_{i=1}^{n}(x_i - \overline{x}_n)y_i}{\sum_{i=1}^{n}(x_i - \overline{x})^2},$$

$$\hat{a}_n = \overline{y}_n - \hat{b}_n\overline{x}_n.$$

通常，方程式 $\hat{y} = \hat{a}_n + \hat{b}_n x$ 稱為**迴歸線** (regression line)，而 $\{\hat{y}_i\}_{i=1}^{n}$ 稱為**配適值** (fitted values)，而 $e_i = y_i - \hat{y}_i$, $i = 1,\cdots,n$ 則稱為**殘差值** (residuals)。其間關係我們以圖 15.1 表示。

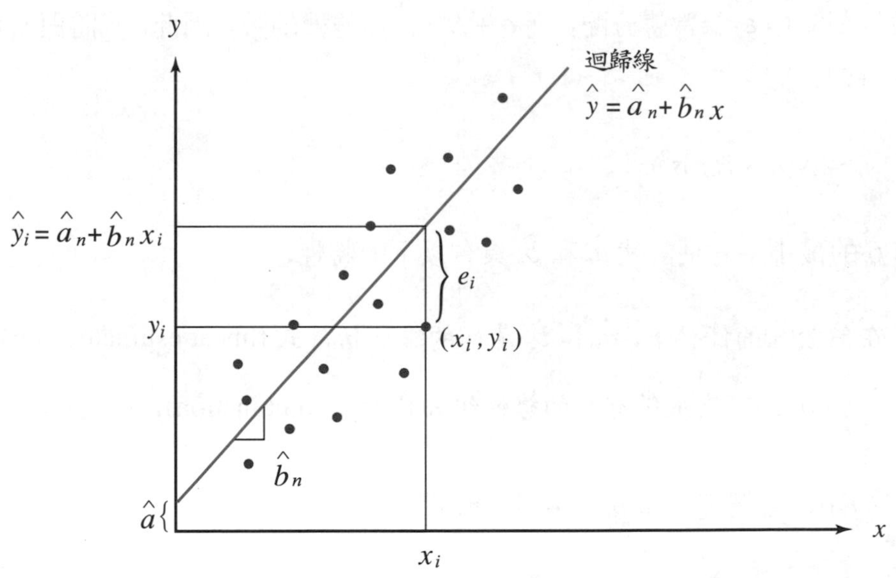

圖 15.1　線性迴歸線估計結果

至於，另一個待估計的未知參數為誤差項 (ε_i) 的變異數 (σ^2)，其最小平方估計式為

$$\hat{\sigma}_n^2 = \frac{1}{n-2}\sum_{i=1}^{n}(y_i - \hat{y}_i)^2 = \frac{1}{n-2}\sum_{i=1}^{n}e_i^2.$$

15.3 最小平方估計式的特性

簡單線性迴歸模型：$y_i = a + bx_i + u_i$ 中，由於假設(e)隱含假設(c)和(d)的成立，且在假設(a)下：$y_i = \alpha + \beta x_i + \varepsilon_i$，

$$\begin{aligned} E(y_i) &= E(\alpha + \beta x_i + \varepsilon_i) \\ &= \alpha + \beta E(x_i) + E(\varepsilon_i), \text{因 } \alpha \text{ 和 } \beta \text{ 為常數} \\ &= \alpha + \beta x_i, \text{因 } x_i \text{ 為非隨機的且} E(\varepsilon_i) = 0 \\ \text{var}(y_i) &= \text{var}(\alpha + \beta x_i + \varepsilon_i) \\ &= \text{var}(\varepsilon_i) = \sigma^2. \end{aligned}$$

由於假設(e)中 ε_i 為常態分配，而 $\alpha + \beta x_i$ 為非隨機的數，因此，y_i 將與 ε_i 同為常態分配，即

$$y_i \sim N(\alpha + \beta x_i, \sigma^2).$$

α 和 β 的最小平方估計式 $\hat{a}_n$ 和 $\hat{b}_n$ 具有以下的特性：

1. 在假設(a)的條件下，$\hat{a}_n$ 和 $\hat{b}_n$ 是 y_i 的線性估計式 (linear estimator in y_i)，即 $\hat{a}_n$ 和 $\hat{b}_n$ 均可寫成所有 y_i 的線性組合 (linear combination)，如 $\sum_{i=1}^{n}k_i y_i$。

   證明：我們先討論 $\hat{b}_n$，由其估計式

$$\begin{aligned} \hat{b}_n &= \frac{\sum_{i=1}^{n}(x_i - \bar{x}_n)y_i}{\sum_{i=1}^{n}(x_i - \bar{x}_n)^2} \\ &= \sum_{i=1}^{n}\frac{x_i - \bar{x}_n}{\sum_{i=1}^{n}(x_i - \bar{x}_n)^2}y_i \end{aligned}$$

$$= \sum_{i=1}^{n} k_i y_i.$$

所以，$\hat{b}_n$ 是所有 $\{y_i\}$ 觀察值的線性組合，故 $\hat{b}_n$ 是 y_i 的線性估計式；很明顯的，$\sum_{i=1}^{n} k_i = 0$，因為 $\sum_{i=1}^{n}(x_i - \bar{x}_n) = 0$。另者，

$$\hat{a}_n = \bar{y}_n - \hat{b}_n \bar{x}_n$$
$$= \frac{1}{n}\sum_{i=1}^{n} y_i - \bar{x}_n \sum_{i=1}^{n} k_i y_i$$
$$= \sum_{i=1}^{n}\left(\frac{1}{n} - \bar{x}_n k_i\right) y_i = \sum_{i=1}^{n} h_i y_i.$$

故 $\hat{a}_n$ 亦是 y_i 的線性估計式。

2. 在假設(b)和(c)的條件下，$\hat{a}_n$ 和 $\hat{b}_n$ 分別是 α 和 β 不偏估計式 (unbiased estimator)，即 $E(\hat{a}_n) = \alpha$ 和 $E(\hat{b}_n) = \beta$。

證明：由於 $\sum_{i=1}^{n}(x_i - \bar{x}_n)x_i = \sum_{i=1}^{n}(x_i - \bar{x}_n)^2$，則

$$\hat{b}_n = \frac{\sum_{i=1}^{n}(x_i - \bar{x}_n) y_i}{\sum_{i=1}^{n}(x_i - \bar{x}_n)^2}$$

$$= \frac{\sum_{i=1}^{n}(x_i - \bar{x}_n)(\alpha + \beta x_i + \varepsilon_i)}{\sum_{i=1}^{n}(x_i - \bar{x}_n)^2}, \text{假設條件(a)}$$

$$= \frac{\sum_{i=1}^{n}(x_i - \bar{x}_n)\alpha}{\sum_{i=1}^{n}(x_i - \bar{x}_n)^2} + \frac{\sum_{i=1}^{n}(x_i - \bar{x}_n)x_i\beta}{\sum_{i=1}^{n}(x_i - \bar{x}_n)^2} + \frac{\sum_{i=1}^{n}(x_i - \bar{x}_n)\varepsilon_i}{\sum_{i=1}^{n}(x_i - \bar{x}_n)^2}$$

$$= \frac{\sum_{i=1}^{n}(x_i - \bar{x}_n)^2\beta}{\sum_{i=1}^{n}(x_i - \bar{x}_n)^2} + \frac{\sum_{i=1}^{n}(x_i - \bar{x}_n)\varepsilon_i}{\sum_{i=1}^{n}(x_i - \bar{x}_n)^2}, \text{因 } \sum_{i=1}^{n} k_i = 0$$

$$= \beta + \frac{\sum_{i=1}^{n}(x_i - \bar{x}_n)\varepsilon_i}{\sum_{i=1}^{n}(x_i - \bar{x}_n)^2}.$$

因此，在上式中最後一個等號兩邊取期望值即得

$$E(\hat{b}_n) = E\left(\beta + \frac{\sum_{i=1}^{n}(x_i - \overline{x}_n)\varepsilon_i}{\sum_{i=1}^{n}(x_i - \overline{x}_n)^2}\right)$$

$$= \beta + \frac{\sum_{i=1}^{n}(x_i - \overline{x}_n)E(\varepsilon_i)}{\sum_{i=1}^{n}(x_i - \overline{x}_n)^2}, \text{在假設條件(b)下}$$

$$= \beta, \text{在假設條件(c)下，} E(\varepsilon_i) = 0$$

故 $\hat{b}_n$ 是 β 的不偏估計式。另者，由於

$$\hat{a}_n = \overline{y}_n - \hat{b}_n\overline{x}_n$$

$$= \frac{1}{n}\sum_{i=1}^{n}(\alpha + \beta x_i + \varepsilon_i) - \hat{b}_n\overline{x}_n$$

$$= \alpha + \beta\overline{x}_n + \sum_{i=1}^{n}\varepsilon_i/n - \hat{b}_n\overline{x}_n, \text{假設條件(a)下}$$

$$= \alpha + (\beta - \hat{b}_n)\overline{x}_n + \sum_{i=1}^{n}\varepsilon_i/n,$$

因此，在上式中最後一個等號兩邊取期望值即得

$$E(\hat{a}_n) = E[\alpha + (\beta - \hat{b}_n)\overline{x}_n + \sum_{i=1}^{n}\varepsilon_i/n]$$

$$= \alpha + E(\beta - \hat{b}_n)\overline{x}_n, \text{假設條件(b)和(c)下}$$

$$= \alpha, \text{因 } \hat{b}_n \text{ 為 } \beta \text{ 的不偏估計式}$$

故 $\hat{a}_n$ 亦為 α 的不偏估計式。在此值得注意的是，我們證明 $\hat{a}_n$ 和 $\hat{b}_n$ 的不偏性時，假設條件(a)、(b)和(c)是必須成立在先。

3. 在假設(b)、(c)和(d)的條件下，$\hat{a}_n$ 和 $\hat{b}_n$ 的變異數和共變異數分別為：

$$\sigma^2_{\hat{a}_n} \equiv \text{var}(\hat{a}_n) = \sigma^2\left(\frac{1}{n} + \frac{\bar{x}_n^2}{\sum_{i=1}^{n}(x_i - \bar{x}_n)^2}\right),$$

$$\sigma^2_{\hat{b}_n} = \text{var}(\hat{b}_n) = \frac{\sigma^2}{\sum_{i=1}^{n}(x_i - \bar{x}_n)^2},$$

$$\sigma_{\hat{a}_n,\hat{b}_n} := \text{cov}(\hat{a}_n, \hat{b}_n) = \sigma^2 \frac{-\bar{x}_n}{\sum_{i=1}^{n}(x_i - \bar{x}_n)^2}.$$

證明：我們先推導 $\hat{b}_n$ 的變異數，在假設條件(a)和(b)下，$y_i = \alpha + \beta x_i + \varepsilon_i$ 且 x_i 為非隨機的，則 $\text{var}(y_i) = \text{var}(\varepsilon_i) = \sigma^2$，再者由假設條件(d)，$\text{cov}(y_i, y_j) = \text{cov}(\varepsilon_i, \varepsilon_j) = 0$，我們可得到

$$\begin{aligned}
\text{var}(\hat{b}_n) &= \text{var}(\sum_{i=1}^{n} k_i y_i) \\
&= \sum_{i=1}^{n} k_i^2 \text{var}(y_i) + 2\sum_{i=1}^{n-1}\sum_{j=i+1}^{n} \text{cov}(y_i, y_j) \\
&= \sum_{i=1}^{n} k_i^2 \text{var}(y_i) \\
&= \sum_{i=1}^{n}\left(\frac{x_i - \bar{x}_n}{\sum_{i=1}^{n}(x_i - \bar{x}_n)^2}\right)^2 \sigma^2, \text{假設條件(d)之 } \text{var}(\varepsilon_i) = \sigma^2 \\
&= \frac{\sum_{i=1}^{n}(x_i - \bar{x}_n)^2}{[\sum_{i=1}^{n}(x_i - \bar{x}_n)^2]^2}\sigma^2 \\
&= \frac{\sigma^2}{\sum_{i=1}^{n}(x_i - \bar{x}_n)^2}.
\end{aligned}$$

再者，

$$\begin{aligned}\text{var}(\hat{a}_n) &= \text{var}(\sum_{i=1}^n h_i y_i)\\ &= \sum_{i=1}^n h_i^2 \text{var}(y_i)\\ &= \sum_{i=1}^n \left(\frac{1}{n} - k_i \bar{x}_n\right)^2 \sigma^2\\ &= \sigma^2 \sum_{i=1}^n \left(\frac{1}{n^2} - \frac{2}{n}\bar{x}_n k_i + k_i^2 \bar{x}_n^2\right)\\ &= \sigma^2\left(\frac{1}{n} - \frac{2\bar{x}_n}{n}\sum_{i=1}^n k_i + \bar{x}_n^2 \sum_{i=1}^n k_i^2\right)\\ &= \sigma^2\left(\frac{1}{n} + \frac{\bar{x}_n^2}{\sum_{i=1}^n (x_i - \bar{x}_n)^2}\right).\end{aligned}$$

最後，對於兩個隨機變數 X 和 Y，a,b,c 和 d 為常數，則

$$\text{cov}(aX + bY, cX + dY) = ac\text{var}(X) + bd\text{var}(Y) + (ad + bc)\text{cov}(X,Y).$$

因此，

$$\begin{aligned}\text{cov}(\hat{a}_n, \hat{b}_n) &= \text{cov}(\sum_{i=1}^n h_i y_i, \sum_{i=1}^n k_i y_i)\\ &= \sum_{i=1}^n h_i k_i \text{var}(y_i) + 2\sum_{i=1}^{n-1}\sum_{j=i+1}^n \text{cov}(y_i, y_j)\\ &= \sum_{i=1}^n k_i \left(\frac{1}{n} - k_i \bar{x}_n\right)\sigma^2\\ &= \sum_{i=1}^n (-k_i^2 \bar{x}_n \sigma^2)\\ &= \frac{-\bar{x}_n}{\sum_{i=1}^n (x_i - \bar{x}_n)^2}\sigma^2.\end{aligned}$$

4. 在假設(b)和(c)的條件下，$\hat{a}_n$ 和 $\hat{b}_n$ 分別是 α 和 β 的最佳線性不偏估計式 (best linear unbiased estimators, BLUE)。此即為有名的高斯—馬可夫定理 (Gauss - Markov theorem)。

證明：由前面的特性，$\hat{a}_n$ 和 $\hat{b}_n$ 均是 $\{y_i\}$ 的線性估計式，假定另外有個線性估計式為 $\tilde{b}_n = \sum_{i=1}^{n}(k_i + c_i)y_i$，其中 c_i 為任一常數，則

$$\begin{aligned}\tilde{b}_n &= \sum_{i=1}^{n}(k_i + c_i)y_i \\ &= \sum_{i=1}^{n}(k_i + c_i)(\alpha + \beta x_i + \varepsilon_i) \\ &= \alpha\sum_{i=1}^{n}(k_i + c_i) + \beta\sum_{i=1}^{n}(k_i + c_i)x_i + \sum_{i=1}^{n}(k_i + c_i)\varepsilon_i.\end{aligned}$$

如果 $\tilde{b}_n$ 要為不偏估計式，必須 $\sum_{i=1}^{n}(k_i + c_i) = 0$ 及 $\sum_{i=1}^{n}(k_i + c_i)x_i = 1$；因此，

$$\sum_{i=1}^{n}c_i = 0$$
$$\sum_{i=1}^{n}x_i c_i = 0,$$

是 $\tilde{b}_n$ 要為不偏估計式的必要條件。而若 $\tilde{b}_n$ 為不偏估計式，則 $\tilde{b}_n$ 的變異數為

$$\begin{aligned}\operatorname{var}(\tilde{b}_n) &= \operatorname{var}(\sum_{i=1}^{n}(k_i + c_i)y_i) \\ &= \sum_{i=1}^{n}(k_i + c_i)^2\operatorname{var}(y_i) + 2\sum_{i=1}^{n-1}\sum_{j=i+1}^{n}k_i k_j \operatorname{cov}(y_i, y_j) \\ &= \sum_{i=1}^{n}(k_i + c_i)^2\operatorname{var}(y_i) \\ &= \sum_{i=1}^{n}k_i^2\sigma^2 + \sum_{i=1}^{n}c_i^2\sigma^2 + 2\sum_{i=1}^{n}k_i c_i \sigma^2.\end{aligned}$$

由於

$$\sum_{i=1}^{n}k_i c_i = \frac{\sum_{i=1}^{n}(x_i - \bar{x}_n)c_i}{\sum_{i=1}^{n}(x_i - \bar{x}_n)^2} = \frac{\sum_{i=1}^{n}x_i c_i - \bar{x}_n \sum c_i}{\sum_{i=1}^{n}(x_i - \bar{x}_n)^2} = 0,$$

則

$$\text{var}(\tilde{b}_n) = \frac{\sigma^2}{\sum_{i=1}^{n}(x_i - \bar{x}_n)^2} + \sigma^2\sum_{i=1}^{n}c_i^2$$

$$= \sigma^2\sum_{i=1}^{n}k_i^2 + \sigma^2\sum_{i=1}^{n}c_i^2 \geq \text{var}(\hat{b}_n) = \sigma^2\sum_{i=1}^{n}k_i^2$$

所以 $\text{var}(\tilde{b}_n) \geq \text{var}(\hat{b}_n)$，亦即 $\hat{b}_n$ 較 $\tilde{b}_n$ 有效率；因此，$\hat{b}_n$ 較任何其他 β 的線性不偏估計式具有較小的變異數。同樣的過程可用以證明 $\hat{a}_n$ 較任何其他 α 的線性不偏估計式具有較小的變異數。

由於 σ^2 的最小平方估計式 $\hat{\sigma}_n^2 = \sum_{i=1}^{n}e_i^2/(n-2)$ 並不是 $\{y_i\}$ 的線性估計式，因此，高斯—馬可夫定理不適用於 $\hat{\sigma}_n^2$。

5. 在假設(e)：$\varepsilon_i \sim N(0,\sigma^2)$ 的條件下，以及假設(b)之 x_i 為非隨機的，且 $E(y_i) = \alpha + \beta x_i$；因此

$$y_i = \alpha + \beta x_i + \varepsilon_i \sim N(\alpha + \beta x_i, \sigma^2),$$

再者

$$\begin{aligned}\text{cov}(y_i, y_j) &= E[(y_i - E(y_i))(y_i - E(y_j))] \\ &= E\{[\alpha + \beta x_i + \varepsilon_i - (\alpha + \beta x_i)][\alpha + \beta x_j + \varepsilon_j \\ &\quad - (\alpha + \beta x_j)]\} \\ &= E(\varepsilon_i \varepsilon_j) = 0. \text{ 假設(d)條件下}\end{aligned}$$

因 $\hat{a}_n$ 和 $\hat{b}_n$ 是 y_i 的線性估計式，而 y_i 為獨立的常態分配，根據常態分配的特性：許多常態分配的線性組合仍為常態分配，因此，$\hat{a}_n$ 和 $\hat{b}_n$ 均為常態分配；綜合前面兩個特性，則 $\hat{a}_n$ 為具平均數 α 和變異數 $\text{var}(\hat{a}_n)$ 的常態分配，而 $\hat{b}_n$ 為具平均數 β 和變異數 $\text{var}(\hat{b}_n)$ 的常態分配。亦即

$$\hat{a}_n \sim N\left(\alpha, \sigma^2\left[\frac{1}{n} + \frac{\bar{x}_n^2}{\sum_{i=1}^{n}(x_i - \bar{x}_n)^2}\right]\right)$$

$$\hat{b}_n \sim N\left(\beta, \frac{\sigma^2}{\sum_{i=1}^{n}(x_i - \bar{x}_n)^2}\right).$$

6. **對於最小平方迴歸殘差 e_i，其具有以下特性：**

$$\begin{aligned} E(e_i) &= E(y_i - \hat{y}_i) = E(\alpha + \beta x_i + \varepsilon_i - \hat{a}_n - \hat{b}_n x_i) \\ &= E[(\alpha - \hat{a}_n) + (\beta - \hat{b}_n)x_i + \varepsilon_i] \\ &= E(\alpha - \hat{a}_n) + E(\beta - \hat{b}_n)x_i + E(\varepsilon_i) = 0. \end{aligned}$$

且

$$\begin{aligned} \text{var}(e_i) &= \text{var}[(\alpha - \hat{a}_n) + (\beta - \hat{b}_n)x_i + \varepsilon_i] \\ &= \text{var}(\hat{a}_n) + \text{var}(\hat{b}_n)x_i^2 + \text{var}(\varepsilon_n) + 2x_i\text{cov}(\hat{a}_n, \hat{b}_n) \\ &= \sigma^2[1/n + \bar{x}_n^2/\sum_{i=1}^{n}(x_i - \bar{x}_n)^2] + \sigma^2 x_i^2/\sum_{i=1}^{n}(x_i - \bar{x}_n)^2 \\ &\quad + \sigma^2 + 2x_i\sigma^2[-\bar{x}_n/\sum_{i=1}^{n}(x_i - \bar{x}_n)^2] \\ &= \sigma^2\{1 + 1/n + [x_i^2 - 2x_i\bar{x}_n + \bar{x}_n^2]/\sum_{i=1}^{n}(x_i - \bar{x}_n)^2\} \\ &= \sigma^2\left[1 + \frac{1}{n} + \frac{(x_i - \bar{x}_n)^2}{\sum_{i=1}^{n}(x_i - \bar{x}_n)^2}\right]. \end{aligned}$$

7. 因為 σ^2 的最小平方估計式為 $\hat{\sigma}_n^2$，$\text{var}(\hat{a}_n)$、$\text{var}(\hat{b}_n)$ 和 $\text{cov}(\hat{a}_n, \hat{b}_n)$ 的最小平方估計式為

$$s_{\hat{a}_n}^2 \equiv \hat{\text{var}}(\hat{a}_n) = \hat{\sigma}_n^2\left(\frac{1}{n} + \frac{\bar{x}_n^2}{\sum_{i=1}^{n}(x_i - \bar{x}_n)^2}\right),$$

$$s_{\hat{b}_n}^2 \equiv \hat{\text{var}}(\hat{b}_n) = \frac{\hat{\sigma}_n^2}{\sum_{i=1}^{n}(x_i - \bar{x}_n)^2},$$

$$s_{\hat{a}_n,\hat{b}_n} \equiv \hat{\text{cov}}(\hat{a}_n, \hat{b}_n) = \hat{\sigma}_n^2 \frac{-\bar{x}_n}{\sum_{i=1}^{n}(x_i - \bar{x}_n)^2}.$$

8. $\hat{\sigma}_n^2 = \sum_{i=1}^{n} e_i^2/(n-2)$ 是 σ^2 的不偏估計式。因為

$$\begin{aligned} e_i &= y_i - \hat{y}_i = y_i - \hat{a}_n - \hat{b}_n x_i \\ &= (\alpha + \beta x_i + \varepsilon_i) - (\bar{y}_n - \hat{b}_n \bar{x}_n) - \hat{b}_n x_i \\ &= (\alpha + \beta x_i + \varepsilon_i) - (\sum_{i=1}^{n}(\alpha + \beta x_i + \varepsilon_i)/n - \hat{b}_n \bar{x}_n) - \hat{b}_n x_i \\ &= \beta x_i + \varepsilon_i - \beta \bar{x}_n - \bar{\varepsilon}_n + \hat{b}_n \bar{x}_n - \hat{b}_n x_i, \text{ 其中 } \bar{\varepsilon}_n = \sum_{i=1}^{n} \varepsilon_i / n \\ &= -(\hat{b}_n - \beta)(x_i - \bar{x}_n) + (\varepsilon_i - \bar{\varepsilon}_n), \end{aligned}$$

$$\begin{aligned} \sum_{i=1}^{n} e_i^2 &= \sum_{i=1}^{n}(\varepsilon_i - \bar{\varepsilon}_n)^2 + (\hat{b}_n - \beta)^2 \sum_{i=1}^{n}(x_i - \bar{x}_n)^2 \\ &\quad - 2(\hat{b}_n - \beta)\sum_{i=1}^{n}(\varepsilon_i - \bar{\varepsilon}_n)(x_i - \bar{x}_n). \end{aligned}$$

再者,

$$\begin{aligned} E[\sum_{i=1}^{n}(\varepsilon_i - \bar{\varepsilon}_n)^2] &= E(\sum_{i=1}^{n}\varepsilon_i^2 - n\bar{\varepsilon}_n^2) \\ &= \sum_{i=1}^{n}\text{var}(\varepsilon_i) - n\text{var}(\bar{\varepsilon}_n) \\ &= n\sigma^2 - n(\sigma^2/n) = (n-1)\sigma^2. \end{aligned}$$

且

$$\begin{aligned} E[(\hat{b}_n - \beta)^2 \sum_{i=1}^{n}(x_i - \bar{x}_n)^2] &= \sum_{i=1}^{n}(x_i - \bar{x}_n)^2 E(\hat{b}_n - \beta)^2 \\ &= \sum_{i=1}^{n}(x_i - \bar{x}_n)^2[\sigma^2/\sum_{i=1}^{n}(x_i - \bar{x}_n)^2] \\ &= \sigma^2. \end{aligned}$$

又因 $\hat{b}_n = \beta + \sum_{i=1}^{n} k_i \varepsilon_i$, 則

$$E[(\hat{b}_n-\beta)\varepsilon_i]=E[(\sum_{i=1}^{n}k_i\varepsilon_i)\varepsilon_i]$$
$$=k_i\,E(\varepsilon_i^2)=k_i\,\sigma^2,$$

以及

$$E[(\hat{b}_n-\beta)\overline{\varepsilon}_n]=E[(\sum_{i=1}^{n}k_i\varepsilon_i)(\sum_{i=1}^{n}\varepsilon_i/n)]$$
$$=\frac{1}{n}\sum_{i=1}^{n}k_i\sigma^2=0.$$

因此，

$$E[-2(\hat{b}_n-\beta)\sum_{i=1}^{n}(\varepsilon_i-\varepsilon_n)(x_i-\overline{x}_n)]$$
$$=-2[\sum_{i=1}^{n}(x_i-\overline{x}_n)E[(\hat{b}_n-\beta)\varepsilon_i]]+\sum_{i=1}^{n}(x_i-\overline{x}_n)E[(\hat{b}_n-\beta)\overline{\varepsilon}_n]$$
$$=-2\sum_{i=1}^{n}(x_i-\overline{x}_n)k_i\sigma^2$$
$$=-2\sigma^2.$$

最後

$$E(\sum_{i=1}^{n}e_i^2)=(n-1)\sigma^2+\sigma^2-2\sigma^2=(n-2)\sigma^2.$$

因 $E(\hat{\sigma}_n^2)=\sigma^2$，所以 $\hat{\sigma}_n^2$ 是 σ^2 的不偏估計式。

9. $s^2_{\hat{a}_n}$、$s^2_{\hat{b}_n}$ 和 $s_{\hat{a}_n,\hat{b}_n}$ 分別是 $\sigma^2_{\hat{a}_n}$、$\sigma^2_{\hat{b}_n}$ 和 $\sigma_{\hat{a}_n,\hat{b}_n}$ 的不偏估計式。

在完成了簡單線性迴歸模型參數 α 和 β 最小平方估計式的討論後，迴歸分析的下一個目的是假設檢定，即我們對 α 和 β 是否等於特定數值 α 和 β 進行檢定，尤其是對 β 是否等於 0 特別感興趣；因為，若 $\beta=0$ 表隨機變數 X 對於 Y 完全不具影響效果，亦即隨機變數 X 和 Y 相互獨立。

15.4 假設檢定

由前面關於 $\hat{a}_n$ 及 $\hat{b}_n$ 特性的討論中，我們知道

$$\hat{a}_n \sim N(\alpha,\sigma^2_{\hat{a}_n}),$$
$$\hat{b}_n \sim N(\beta,\sigma^2_{\hat{b}_n}),$$

則經常態分配標準化後，我們得到

$$\frac{\hat{a}_n-\alpha}{\sigma_{\hat{a}_n}} \sim N(0,1),$$
$$\frac{\hat{b}_n-\beta}{\sigma_{\hat{b}_n}} \sim N(0,1).$$

此外，如同在 $X \sim N(\mu_X,\sigma^2_X)$ 的假設下，$\sum_{i=1}^{n}(x_i-\overline{x}_n)^2/\sigma^2_X \sim \chi^2(n-1)$ 的結果，

$$\frac{\sum_{i=1}^{n}(y_i-\hat{y}_i)^2}{\sigma^2}=\frac{\sum_{i=1}^{n}e_i^2}{\sigma^2}=\frac{(n-2)\hat{\sigma}^2_n}{\sigma^2} \sim \chi^2(n-2).$$

證明：因為

$$e_i=-(\hat{b}_n-\beta)(x_i-\overline{x}_n)+(\varepsilon_i-\overline{\varepsilon}_n),$$

則

$$\sum_{i=1}^{n}e_i^2=\sum_{i=1}^{n}(\varepsilon_i-\overline{\varepsilon}_n)^2+(\hat{b}_n-\beta)^2\sum_{i=1}^{n}(x_i-\overline{x}_n)^2 -2(\hat{b}_n-\beta)\sum_{i=1}^{n}(x_i-\overline{x}_n)(\varepsilon_i-\overline{\varepsilon}_n). \tag{20}$$

在式 (20) 中的第一項，我們知道

$$\begin{aligned}
&\sum_{i=1}^{n}(\varepsilon_i-\overline{\varepsilon}_n)^2\\
&=\sum_{i=1}^{n}[(\varepsilon_i-E(\varepsilon_i))-(\overline{\varepsilon}_n-E(\varepsilon_i))]^2\\
&=\sum_{i=1}^{n}[\varepsilon_i-E(\varepsilon_i)]^2+\sum_{i=1}^{n}[\overline{\varepsilon}_n-E(\varepsilon_i)]^2-2\sum_{i=1}^{n}[(\varepsilon_i-E(\varepsilon_i))(\overline{\varepsilon}_n-E(\varepsilon_i))]\\
&=\sum_{i=1}^{n}[\varepsilon_i-E(\varepsilon_i)]^2+\sum_{i=1}^{n}[\overline{\varepsilon}_n-E(\varepsilon_i)]^2-2(\overline{\varepsilon}_n-E(\varepsilon_i))(\sum_{i=1}^{n}\overline{\varepsilon}_n-nE(\varepsilon_i))\\
&=\sum_{i=1}^{n}[\varepsilon_i-E(\varepsilon_i)]^2+\sum_{i=1}^{n}[\overline{\varepsilon}_n-E(\varepsilon_i)]^2-2(\overline{\varepsilon}_n-E(\varepsilon_i))(n\overline{\varepsilon}_n-nE(\varepsilon_i))\\
&=\sum_{i=1}^{n}[\varepsilon_i-E(\varepsilon_i)]^2+\sum_{i=1}^{n}[\overline{\varepsilon}_n-E(\varepsilon_i)]^2-2n(\overline{\varepsilon}_n-E(\varepsilon_i))^2,
\end{aligned}$$

因此

$$\begin{aligned}
&\sum_{i=1}^{n}(\varepsilon_i-\overline{\varepsilon}_n)^2/\sigma^2\\
&=\sum_{i=1}^{n}\left[\frac{\varepsilon_i-E(\varepsilon_i)}{\sigma}\right]^2+\sum_{i=1}^{n}\left[\frac{\overline{\varepsilon}_n-E(\varepsilon_i)}{\sigma}\right]^2-2\left[\frac{\overline{\varepsilon}_n-E(\varepsilon_i)}{\sigma/\sqrt{n}}\right]^2\\
&\sim\chi^2(n)+\chi^2(1)-2\chi^2(2)=\chi^2(n-1).
\end{aligned}$$

而在式 (20) 中的第二項，

$$\begin{aligned}
&(\hat{b}_n-\beta)^2\sum_{i=1}^{n}(x_i-\overline{x}_n)^2/\sigma^2\\
&=\left(\frac{\hat{b}_n-\beta}{\sqrt{\sigma^2/\sum_{i=1}^{n}(x_i-\overline{x}_n)^2}}\right)^2\\
&\sim\chi^2(1).
\end{aligned}$$

最後在式 (20) 中的第三項，由於 $\hat{b}_n-\beta=\sum_{i=1}^{n}k_i\varepsilon_i$，因此

$$
\begin{aligned}
&2(\hat{b}_n-\beta)\sum_{i=1}^{n}(x_i-\bar{x}_n)(\varepsilon_i-\bar{\varepsilon}_n)/\sigma^2\\
&= 2(\hat{b}_n-\beta)\sum_{i=1}^{n}(x_i-\bar{x}_n)\varepsilon_i/\sigma^2\\
&= \frac{2(\hat{b}_n-\beta)}{\sigma^2}\sum_{i=1}^{n}(x_i-\bar{x}_n)^2\sum_{i=1}^{n}\frac{x_i-\bar{x}_n}{\sum_{i=1}^{n}(x_i-\bar{x}_n)^2}\varepsilon_i\\
&= \frac{2(\hat{b}_n-\beta)}{\sigma^2}\sum_{i=1}^{n}(x_i-\bar{x}_n)^2(\hat{b}_n-\beta)\\
&= \frac{\frac{2(\hat{b}_n-\beta)^2}{\sigma^2}}{\sum_{i=1}^{n}(x_i-\bar{x}_n)^2}\\
&= 2\left(\frac{\hat{b}_n-\beta}{\sqrt{\frac{\sigma^2}{\sum_{i=1}^{n}(x_i-\bar{x}_n)^2}}}\right)^2\\
&\sim 2N(0,1)^2 = 2\chi^2(1).
\end{aligned}
$$

所以

$$
\begin{aligned}
\frac{(n-2)\hat{\sigma}_n^2}{\sigma^2} &= \sum_{i=1}^{n}e_i^2/\sigma^2\\
&\sim \chi^2(n-1)+\chi^2(1)-2\chi^2(1)=\chi^2(n-2).
\end{aligned}
$$

亦如同在母體平均數的假設檢定的討論一樣，

$$
\frac{\bar{x}_n-\mu_X}{s_{\bar{x}_n}}=\frac{\bar{x}_n-\mu_X}{\sqrt{s_x^2/n}}\sim t(n-1),
$$

其中 $s_x^2=\sum_{i=1}^{n}(x_i-\bar{x}_n)^2/(n-1)$ 為樣本變異數，而 $s_{\bar{x}_n}^2$ 為樣本平均數 $\bar{x}_n$ 的樣本變異數。值得注意的是，假定我們考慮一個迴歸模型：$x_i=a+u_i$，則迴歸模型參數 a 的最小平方估計式定義為

$$\hat{a}_n = \arg\min_{\alpha} \frac{1}{n}\sum_{i=1}^{n}(x_i - \bar{x}_n)^2.$$

而最小化的一階條件為

$$\frac{-2}{n}\sum_{i=1}^{n}(x_i - \hat{a}_n) = 0.$$

因此，$\hat{a}_n = \sum_{i=1}^{n} x_i / n = \bar{x}_n$；亦即參數 a 的最小平方估計式就等於樣本觀察值 $\{x_i\}_{i=1}^{n}$ 的算術平均數，因樣本觀察值 $\{x_i\}_{i=1}^{n}$ 的算術平均數是一種**位置衡量** (location measure)，故此迴歸模型稱為**位置模型** (location model)；在此模型中，最小平方迴歸配適值為 $\hat{x}_i = \hat{a}_n = \bar{x}_n$，而迴歸殘差值為 $e_i = x_i - \hat{x}_i = x_i - \bar{x}_n$，進而 σ^2 的估計式為 $\hat{\sigma}_n^2 = \sum_{i=1}^{n}(x_i - \bar{x}_n)^2/(n-1)$。所以，在樣本變異數估計式中的 $s_x^2 = \sum_{i=1}^{n}(x_i - \bar{x}_n)^2 / (n-1)$ 即等於 $\sum_{i=1}^{n}(x_i - \hat{x}_i)^2 = \sum_{i=1}^{n} e_i^2$，因此，$s_x^2 = \hat{\sigma}_n^2$。

因此，

$$\frac{\hat{a}_n - \alpha}{s_{\hat{a}_n}} \sim t(n-2),$$
$$\frac{\hat{b}_n - \beta}{s_{\hat{b}_n}} \sim t(n-2).$$

證明：

$$\begin{aligned}
\frac{\hat{a}_n - \alpha}{s_{\hat{a}_n}} &= \frac{\hat{a}_n - \alpha}{\sqrt{\hat{\sigma}_n^2[1/n + \bar{x}_n^2/\sum_{i=1}^{n}(x_i - \bar{x}_n)^2]}} \\
&= \frac{\dfrac{\hat{a}_n - \alpha}{\sqrt{\sigma^2[1/n + \bar{x}_n^2/\sum_{i=1}^{n}(x_i - \bar{x}_n)^2]}}}{\sqrt{[(n-2)\hat{\sigma}_n^2/\sigma^2]/(n-2)}} \\
&\sim \frac{N(0,1)}{\sqrt{\dfrac{\chi^2(n-2)}{n-2}}} = t(n-2).
\end{aligned}$$

同樣地,

$$\frac{\hat{b}_n-\beta}{s_{\hat{b}_n}}=\frac{\hat{b}_n-\beta}{\sqrt{\hat{\sigma}_n^2/\sum_{i=1}^{n}(x_i-\bar{x}_n)^2}}$$

$$=\frac{\dfrac{\hat{b}_n-\beta}{\sqrt{\sigma^2/\sum_{i=1}^{n}(x_i-\bar{x}_n)^2}}}{\sqrt{[(n-2)\hat{\sigma}_n^2/\sigma^2]/(n-2)}}$$

$$\sim\frac{N(0,1)}{\sqrt{\dfrac{\chi^2(n-2)}{n-2}}}=t(n-2).$$

以上有關 $\hat{b}_n$ 的抽樣分配可用圖 15.2 說明:

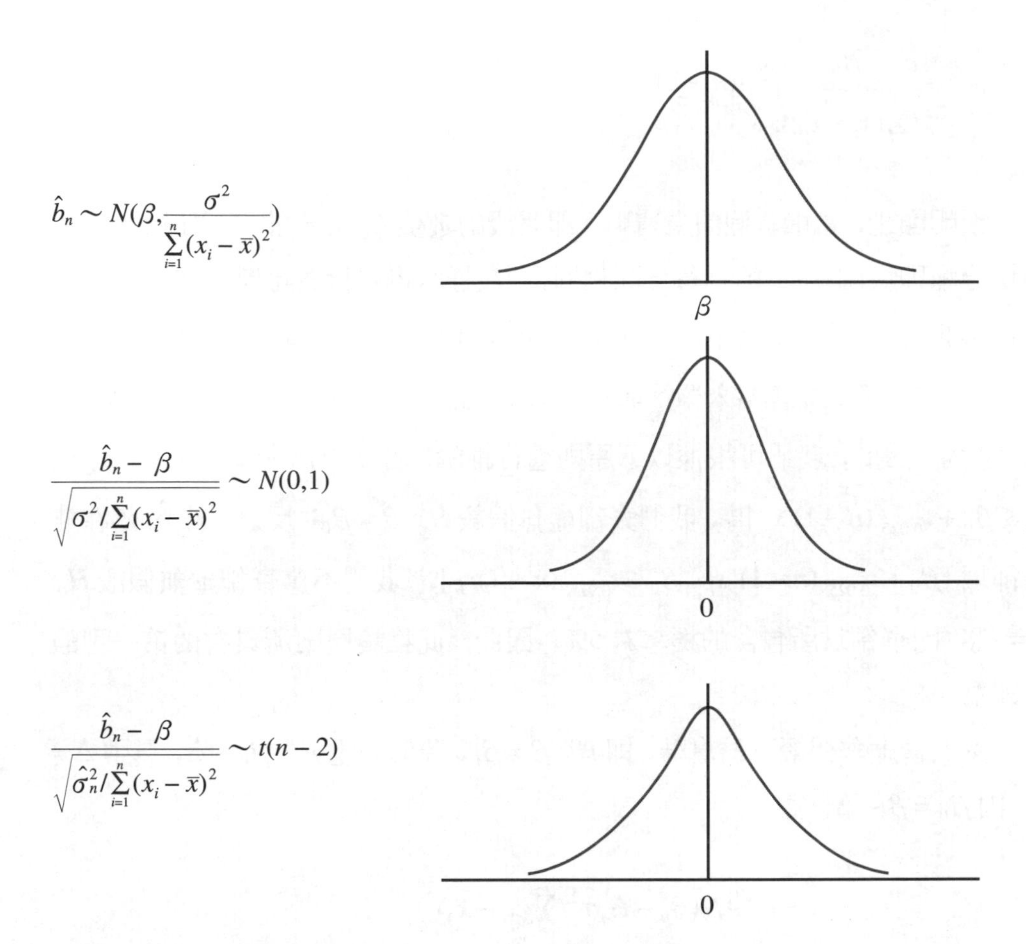

圖 15.2　$\hat{b}_n$ 的抽樣分配

在實際情況，我們無法知道真實的 α 和 β 數值，在迴歸分析中，我們較有興趣的是想知道被解釋變數 Y 是否真受到解釋變數 X 的影響，因此，最常見到的虛無假設為 H_0: $\beta = 0$；為便於討論，以下我們假設所面對的虛無假設為 H_0: $\beta = \beta_0$，則在此虛無假設下，我們從前述所討論 $\hat{b}_n$ 的抽樣分配可得到：

$$\hat{b}_n \overset{H_0}{\sim} N(\beta_0, \sigma^2 / \sum_{i=1}^{n}(x_i - \bar{x}_n)^2)$$

$$\frac{\hat{b}_n - \beta_0}{\sqrt{\sigma^2 / \sum_{i=1}^{n}(x_i - \bar{x}_n)^2}} \overset{H_0}{\sim} N(0,1)$$

$$\frac{\hat{b}_n-\beta_0}{\sqrt{\hat{\sigma}_n^2/\sum_{i=1}^{n}(x_i-\bar{x}_n)^2}}\overset{H_0}{\sim}t(n-2)$$

很明顯地，當虛無假設為真時，即假設的數值β_0恰等於β，則上述$\hat{b}_n$的抽樣分配即與圖 15.2 的抽樣分配相同， 在樣本資料具有母體代表性的前提下，$\hat{b}_n$將會有 95% 的機率落入非棄卻域 $[\beta_0+t_{0.025}\,(n-1)\,s_{\hat{b}_n}, \beta_0+t_{0.975}\,(n-1)\,s_{\hat{b}_n}]$ 內，而有 5% 的機率落入棄卻域 $(-\infty,\beta_0+t_{0.025}\,(n-1)s_{\hat{b}_n}]$ 和 $[\beta_0+t_{0.975}\,(n-1)\,s_{\hat{b}_n},\infty)$ 內，因此，我們可根據以下原則進行推論：若 $\hat{b}_n\geq\beta_0+t_{0.975}\,(\mathrm{n}-1)s_{\hat{b}_n}$ 或 $\hat{b}_n\leq\beta_0+t_{0.025}\,(\mathrm{n}-1)\,s_{\hat{b}_n}$ 時，我們棄卻虛無假設 H_0: $\beta=\beta_0$；反之，若 $\hat{b}_n$ 落在非棄卻域 $[\beta_0+t_{0.025}\,(n-1)\,s_{\hat{b}_n}, \beta_0+t_{0.975}\,(n-1)s_{\hat{b}_n}]$， 我們不應棄卻虛無假設 H_0: $\beta=\beta_0$；因棄卻域所包含的機率為 5%，因此，此推論原則所具有的第一型誤差即為 5%。

然而當虛無假設不為真時，即 H_a: $\beta\neq\beta_0$，我們假定 $\beta=\beta_0+\Delta$，其中 $\Delta\neq 0$，因 $\beta_0=\beta-\Delta$，則

$$\hat{b}_n\overset{H_a}{\sim}N(\beta_0-\Delta,\sigma^2/\sum_{i=1}^{n}(x_i-\bar{x}_n)^2)$$

$$\frac{\hat{b}_n-\beta_0}{\sqrt{\sigma^2/\sum_{i=1}^{n}(x_i-\bar{x}_n)^2}}\overset{H_a}{\sim}N\left(\frac{-\Delta}{\sqrt{\sigma^2/\sum_{i=1}^{n}(x_i-\bar{x}_n)^2}},1\right).$$

$$\frac{\hat{b}_n-\beta_0}{\sqrt{\hat{\sigma}_n^2/\sum_{i=1}^{n}(x_i-\bar{x}_n)^2}}=\frac{\hat{b}_n-\beta_0}{\sqrt{\hat{\sigma}_n^2/\sum_{i=1}^{n}(x_i-\bar{x}_n)^2}}+\frac{-\Delta}{\sqrt{\hat{\sigma}_n^2/\sum_{i=1}^{n}(x_i-\bar{x}_n)^2}}$$

$$\overset{H_a}{\sim}t(n-2)+\frac{-\Delta}{\sqrt{\hat{\sigma}_n^2/\sum_{i=1}^{n}(x_i-\bar{x}_n)^2}}.$$

由上述推導可知，當虛無假設錯誤時，在樣本資料具有母體代表性的前提下，$\hat{b}_n$的平均數不為β，而為$\beta_0=\beta-\Delta$， 此時，$(\hat{b}_n-\beta_0)/s_{\hat{b}_n}$ 的抽樣分配不再是 $t(n-2)$ 的分配， 而是 $t(n-2)$ 再加上 $-\Delta/\ s_{\hat{b}_n}$， 因此， $\hat{b}_n$ 落在非棄卻域 $[\beta_0+$

$t_{0.025}\ (n-1)\ s_{\hat{b}_n},\ \beta_0 + t_{0.975}\ (n-1)\ s_{\hat{b}_n}]$ 的機率不再為 95%，而將有較大的機率落在棄卻域內，亦即有較大的機率做出棄卻虛無假設的推論結果，該機率值稱為上述推論原則的**檢定力** (testing power)；很明顯地，當 Δ 越大，檢定力越高，而 Δ 越小，則檢定力越低。

此外，我們也可用 $t-$ 檢定從事虛無假設檢定：

$$t_{\hat{b}_n} = \frac{\hat{b}_n - \beta_0}{s_{\hat{b}_n}} \overset{H_0}{\sim} t(n-2).$$

若 $t_{\hat{b}_n} > t_{0.95}(n-2)$，則我們在顯著水準 5% 下，棄卻虛無假設 H_0: $\beta \leq \beta_0$；若 $t_{\hat{b}_n} < t_{0.05}(n-2)$，則我們在顯著水準 5% 下，棄卻虛無假設 H_0: $\beta \geq \beta_0$；最後，若 $t_{\hat{b}_n} \geq t_{0.975}(n-2)$ 或 $t_{\hat{b}_n} \leq t_{0.025}(n-2)$，則我們在顯著水準 5% 下，棄卻虛無假設 H_0: $\beta = \beta_0$。

至於有關 α 和 β 的 95% 信賴區間的計算如下：

$$\begin{aligned}
&P(t_{0.025}(n-2) \leq t_{\hat{a}_n} \leq t_{0.975}(n-2)) \\
&= P\left(t_{0.025}(n-2) \leq \frac{\hat{a}_n - \alpha}{s_{\hat{a}_n}} \leq t_{0.975}(n-2)\right) \\
&= P(t_{0.025}(n-2)s_{\hat{a}_n} \leq \hat{a}_n - \alpha \leq t_{0.975}(n-2)s_{\hat{a}_n}) \\
&= P(t_{0.025}(n-2)s_{\hat{a}_n} - \hat{a}_n \leq -\alpha \leq t_{0.975}(n-2)s_{\hat{a}_n} - \hat{a}_n) \\
&= P(\hat{a}_n - t_{0.025}(n-2)s_{\hat{a}_n} \geq \alpha \geq \hat{a}_n - t_{0.975}(n-2)s_{\hat{a}_n}) \\
&= P(\hat{a}_n + t_{0.25}(n-2)s_{\hat{a}_n}) \leq \alpha \leq P(\hat{a}_n + t_{0.975}(n-2)s_{\hat{a}_n}) \\
&= P(\hat{a}_n + t_{0.025}(n-2)s_{\hat{a}_n} \leq \alpha \leq \hat{a}_n + t_{0.975}(n-2)s_{\hat{a}_n}),
\end{aligned}$$

因 $-t_{0.025}(\mathrm{n}-2) = t_{0.975}(\mathrm{n}-2)$ 及 $-t_{0.975}(\mathrm{n}-2) = t_{0.025}(\mathrm{n}-2)$；此外，

$$\begin{aligned}
&P(t_{0.025}(n-2) \leq t_{\hat{b}_n} \leq t_{0.975}(n-2)) \\
&= P\left(t_{0.025}(n-2) \leq \frac{\hat{b}_n - \beta}{s_{\hat{b}_n}} \leq t_{0.975}(n-2)\right) \\
&= P\,(t_{0.025}(n-2)s_{\hat{b}_n} \leq \hat{b}_n - \beta \leq t_{0.975}(n-2)s_{\hat{b}_n}) \\
&= P(\hat{b}_n + t_{0.025}(n-2)s_{\hat{b}_n} \leq \beta \leq \hat{b}_n + t_{0.975}(n-2)s_{\hat{b}_n}).
\end{aligned}$$

因此，α 和 β 的 95% 信賴區間分別為

$$[\hat{a}_n + t_{0.025}(n-2)s_{\hat{a}_n}, \hat{a}_n + t_{0.975}(n-2)s_{\hat{a}_n}],$$

和

$$[\hat{b}_n + t_{0.025}(n-2)s_{\hat{b}_n}, \hat{b}_n + t_{0.975}(n-2)s_{\hat{b}_n}].$$

在求得 95% 信賴區間後，我們可利用以下原則進行推論：若虛無假設下的參數值 β_0 落在估計的信賴區間中，則表在顯著水準 5% 下，我們不棄卻虛無假設 H_0: $\beta = \beta_0$；若參數值 β_0 落在估計的信賴區間外，則表在顯著水準 5% 下，我們棄卻虛無假設 H_0: $\beta = \beta_0$。

15.5 配適度檢定

對於一組樣本資料 $\{(y_i, x_i), i = 1, \cdots, n\}$，我們以一個線性關係 $y_i = \alpha + \beta x_i + \varepsilon_i$ 來描述變數 Y 的實現值與數值 x_i 間的關係，而以最小平方估計法估計 α 和 β 的參數值，得到 y_i 的**配適值** (fitted values)($\hat{y}_i$)；所以要評估線性模型設定與最小平方估計法的參數估計是否適切，我們可以比較所有配適值 $\hat{y}_i$ 與實際觀察數值 y_i 間的差異，假若其間差異大，表示有可能是線性模型設定的不適當，抑或是最小平方估計法的參數估計的不適當；而其間差異小，則表示線性模型設定與最小平方估計法的參數估計是適當的。而所有配適值 $\hat{y}_i$ 與實際觀察數值 y_i 間的差異可以用 $\sum_{i=1}^{n}(y_i - \hat{y}_i)^2$ 加以衡量，此數值越大，表示配適度差，而數值越小表配適度佳；然在前面的討論中，我們已定義了 σ^2 的最小平方估計式為 $\hat{\sigma}_n^2 = \sum_{i=1}^{n}(y_i - \hat{y}_i)^2/(n-2) = \sum_{i=1}^{n}e_i^2/(n-2)$，因此，我們可以直接以 $\hat{\sigma}_n^2$ 作為衡量所有 y_i 與 $\hat{y}_i$ 間的差異，進而作為配適度的衡量。這個直接以 y_i 和 $\hat{y}_i$ 的距離作為衡量配適度的方法，稱為**絕對衡量法** (absolute measure)；很明顯的，這

個絕對衡量法所得到的數值會受到 y_i 衡量單位的影響，故不是優良的衡量方法。以下我們介紹一些**相對的衡量法** (relative measure) 來衡量配適度，而這些衡量方法將不再受 y_i 衡量單位的影響。

由於 $y_i = \hat{y}_i + e_i$，且

$$\begin{aligned} y_i^2 &= (\hat{y}_i + e_i)^2 \\ &= \hat{y}_i^2 + e_i^2 + 2\hat{y}_i e_i \\ &= \hat{y}_i^2 + e_i^2 + 2(\hat{a}_n + \hat{b}_n x_i)e_i \end{aligned}$$

因此，

$$\begin{aligned} \sum_{i=1}^{n} y_i^2 &= \sum_{i=1}^{n} \hat{y}_i^2 + \sum_{i=1}^{n} e_i^2 + 2\sum_{i=1}^{n}(\hat{a}_n + \hat{b}_n x_i)e_i \\ &= \sum_{i=1}^{n} \hat{y}_i^2 + \sum_{i=1}^{n} e_i^2 + 2\hat{a}_n\sum_{i=1}^{n} e_i + 2\hat{b}_n\sum_{i=1}^{n} x_i e_i \end{aligned}$$

如果簡單線性迴歸模型中具有**截距項** (intercept)，則由正規方程式可得 $\sum_{i=1}^{n} e_i = 0$，且 $\sum_{i=1}^{n} x_i e_i = 0$；因此，

$$\begin{aligned} \sum_{i=1}^{n} y_i^2 &= \sum_{i=1}^{n} \hat{y}_i^2 + \sum_{i=1}^{n} e_i^2 + 2\sum_{i=1}^{n}(\hat{a}_n + \hat{b}_n x_i)e_i \\ &= \sum_{i=1}^{n} \hat{y}_i^2 + \sum_{i=1}^{n} e_i^2. \end{aligned}$$

我們定義：

$$TSS \text{ (Total Sum of Squares)} = \sum_{i=1}^{n} y_i^2.$$

$$ESS \text{ (Error Sum of Squares)} = \sum_{i=1}^{n} e_i^2.$$

$$RSS \text{ (Regression Sum of Squares)} = \sum_{i=1}^{n} \hat{y}_i^2.$$

則上式可書寫為

$$\sum_{i=1}^{n} y_i^2 = \sum_{i=1}^{n} \hat{y}_i^2 + \sum_{i=1}^{n} e_i^2$$
$$TSS = RSS + ESS.$$

在此值得一提的是，有些統計書或**計量經濟** (econometrics) 書，會將 *ESS* 定義成 Explained Sum of Squares，此與我們所定義的 *RSS* 相同，而將 *RSS* 定義為 Residual Sum of Squares，此則與我們所定義的 *ESS* 相同。由於我們很容易即可證明 $TSS = ESS + RSS$，則一個相對衡量配適度的方法，**判定係數** (coefficient of determination) 即定義為

$$R^2 = RSS/TSS = 1 - (ESS/TSS).$$

再者，由於 $y_i = \hat{y}_i + e_i$，而

$$\begin{aligned}\bar{y}_n &= \frac{1}{n}\sum_{i=1}^{n} y_i \\ &= \frac{1}{n}\sum_{i=1}^{n} (\hat{y}_i + e_i) \\ &= \frac{1}{n}\sum_{i=1}^{n} \hat{y}_i + \frac{1}{n}\sum_{i=1}^{n} e_i \\ &= \bar{\hat{y}}_n + \bar{e}_n.\end{aligned}$$

因此，

$$y_i - \bar{y}_n = (\hat{y}_i - \bar{\hat{y}}_n) + (e_i - \bar{e}_n).$$

進一步我們可得到

$$(y_i - \bar{y}_n)^2 = (\hat{y}_i - \bar{\hat{y}}_n)^2 + (e_i - \bar{e}_n)^2 + 2(\hat{y}_i - \bar{\hat{y}}_n)(e_i - \bar{e}_n),$$

而且

$$\sum_{i=1}^{n} (y_i - \bar{y}_n)^2 = \sum_{i=1}^{n} (\hat{y}_i - \bar{\hat{y}}_n)^2 + \sum_{i=1}^{n} (e_i - \bar{e}_n)^2 + 2\sum_{i=1}^{n} (\hat{y}_i - \bar{\hat{y}}_n)(e_i - \bar{e}_n).$$

然由於

$$\begin{aligned}
&\sum_{i=1}^{n}(\hat{y}_i-\overline{\hat{y}}_n)(e_i-\bar{e}_n)\\
&=\sum_{i=1}^{n}(\hat{a}_n+\hat{b}_nx_i)e_i-\overline{\hat{y}}_n\sum_{i=1}^{n}e_i-\bar{e}_n\sum_{i=1}^{n}\hat{y}_i+n\overline{\hat{y}}_n\bar{e}_n\\
&=\hat{a}_n\sum_{i=1}^{n}e_i+\hat{b}_n\sum_{i=1}^{n}x_ie_i-\overline{\hat{y}}_n\sum_{i=1}^{n}e_i-\bar{e}_n\sum_{i=1}^{n}\hat{y}_i+n\overline{\hat{y}}_n\bar{e}_n.
\end{aligned}$$

如果簡單線性迴歸模型中具有截距項，則 $\sum_{i=1}^{n}e_i=0$ 或 $\bar{e}_n=0$，且 $\sum_{i=1}^{n}x_ie_i=0$，因此，上式等於 0，且 $\sum_{i=1}^{n}y_i=\sum_{i=1}^{n}\hat{y}_i$ 或 $\bar{y}_n=\overline{\hat{y}}_n$，因而

$$\sum_{i=1}^{n}(y_i-\bar{y}_n)^2=\sum_{i=1}^{n}(\hat{y}_i-\bar{y}_n)^2+\sum_{i=1}^{n}e_i^2$$

若我們定義：

$$\text{Centered } TSS=\sum_{i=1}^{n}(y_i-\bar{y}_n)^2.$$

$$ESS\text{ (Error Sum of Squares)}=\sum_{i=1}^{n}e_i^2.$$

$$\text{Centered } RSS=\sum_{i=1}^{n}(\hat{y}_i-\bar{y}_n)^2.$$

因此 Centered $TSS=ESS+$ Centered RSS，則令一個相對衡量配適度的方法，**中央化判定係數** (centered coefficient of determination) 即定義為

$$R_c^2=\text{Centered } RSS/\text{Centered } TSS=1-(ESS/\text{Centered } TSS).$$

這個中央化判定係數即衡量在所有 y_i 的總變異中 $(\Sigma(y_i-\bar{y}_n)^2)$ 由迴歸線所解釋部分 $(\sum_{i=1}^{n}(\hat{y}_i-\bar{y}_n)^2)$ 所佔的比例；顯而易見的是，$0\le R_c^2\le 1$，當然，越大的 R_c^2 值，表示迴歸線配適的越好；若 $R_c^2=1$，表示 Centered $TSS=$ Centered RSS 或 $ESS=\sum_{i=1}^{n}e_i^2=0$，則 $e_i=0$ 或 $y_i=\hat{y}_i$, $i=1,\cdots,n$，此時，稱為**完全配適** (perfect fitted)；另一方面，若 $R_c^2=0$，表示 Centered $TSS=ESS$ 或 Centered $RSS=\sum_{i=1}^{n}(\hat{y}_i$

$-\bar{y}_n)^2=0$，則 $\hat{y}_i-\bar{y}_n=0, i=1,\cdots,n$，因此，

$$\begin{aligned}0&=\hat{y}_i-\bar{y}_n\\&=\hat{a}+\hat{b}_nx_i-\bar{y}_n\\&=\bar{y}_n-\hat{b}_n\bar{x}_n+\hat{b}_nx_i-\bar{y}_n\\&=\hat{b}_n(x_i-\bar{x}_n),\end{aligned}$$

然由假設條件(b)，x_i 不全然相同，因此，上式對於所有觀察值 i 要成立，必然 $\hat{b}_n=0$；因 $\hat{y}_i=\hat{a}_n+\hat{b}_nx_i$，在 $\hat{b}_n=0$ 下，表示配適值 $\hat{y}_i$ 不受到 x_i 值的影響。

再者，假定解釋變數 X 不再是非隨機的而是隨機變數，由於

$$\begin{aligned}R_c^2&=\frac{\sum_{i=1}^{n}(\hat{y}_i-\bar{y}_n)^2}{\sum_{i=1}^{n}(y_i-\bar{y}_n)^2}\\&=\hat{b}^2\frac{\sum_{i=1}^{n}(x_i-\bar{x}_n)^2}{\sum_{i=1}^{n}(y_i-\bar{y}_n)^2}\\&=\frac{[\sum_{i=1}^{n}(x_i-\bar{x}_n)(y_i-\bar{y}_n)]^2}{[\sum_{i=1}^{n}(y_i-\bar{y}_n)^2][\sum_{i=1}^{n}(x_i-\bar{x}_n)^2]}\\&=\frac{\hat{\text{cov}}(X,Y)^2}{\hat{\text{var}}(X)\hat{\text{var}}(Y)}\\&=(\hat{\rho}_{X,Y})^2.\end{aligned}$$

在簡單線性迴歸中，判定係數即等於兩個變數間樣本相關係數的平方；因此，唯有 $\hat{\rho}_{X,Y}=1$ 或 $\hat{\rho}_{X,Y}=-1$ 時，R_c^2 方等於 1。

藉由 R_c^2 的數值，根據上式結果，我們可以用 R_c^2 來檢定隨機變數 X 與 Y 的相關性；假定我們想檢定隨機變數 X 與 Y 間不存在相關性，因此虛無假設為 H_0: $\rho_{X,Y}=0$；對於這個虛無假設，假若 R_c^2 的數值不等於 0，表示樣本相關係數 $\hat{\rho}_{X,Y}$ 不等於 0，使得以棄卻虛無假設；此時，我們所運用的檢定統計量為

$$\psi = \frac{R_c^2(n-2)}{1-R_c^2} \sim F(1,n-2).$$

證明：由於

$$\psi = \frac{R_c^2(n-2)}{1-R_c^2}$$

$$= \frac{(n-2)\left[\dfrac{\sum_{i=1}^{n}(\hat{y}_i-\overline{y}_n)^2}{\sum_{i=1}^{n}(y_i-\overline{y}_n)^2}\right]}{1-\left[\dfrac{\sum_{i=1}^{n}(\hat{y}_i-\overline{y}_n)^2}{\sum_{i=1}^{n}(y_i-\overline{y}_n)^2}\right]}$$

$$= \frac{(n-2)\sum_{i=1}^{n}(\hat{y}_i-\overline{y}_n)^2}{\sum_{i=1}^{n}(y_i-\overline{y}_n)^2-\sum_{i=1}^{n}(\hat{y}_i-\overline{y}_n)^2}$$

上式的分子項中

$$\sum_{i=1}^{n}(\hat{y}_i-\overline{y}_n)^2$$

$$= \sum_{i=1}^{n}[\hat{a}_n+\hat{b}_nx_i-\overline{y}_n]^2$$

$$= \sum_{i=1}^{n}[\overline{y}_n-\hat{b}_n\overline{x}_n+\hat{b}_nx_i-\overline{y}_n]^2$$

$$= \sum_{i=1}^{n}[\hat{b}_n(x_i-\overline{x}_n)]^2$$

$$= \hat{b}_n^2\sum_{i=1}^{n}(x_i-\overline{x}_n)^2.$$

而分母項為

$$\sum_{i=1}^{n}(y_i-\overline{y}_n)^2-\sum_{i=1}^{n}(\hat{y}_i-\overline{y}_n)^2=\sum_{i=1}^{n}e_i^2.$$

因此在虛無假設 H_0: $\rho_{X,Y}=0$ 或 H_0: $\beta=0$ 下，

$$\psi = \frac{(n-2)\sum_{i=1}^{n}(\hat{y}_i - \bar{y}_n)^2}{\sum_{i=1}^{n}(y_i - \bar{y}_n)^2 - \sum_{i=1}^{n}(\hat{y}_i - \bar{y}_n)^2}$$

$$= \frac{(\hat{b}_n - \beta)^2 \sum_{i=1}^{n}(x_i - \bar{x}_n)^2}{\sum_{i=1}^{n} e_i^2 / (n-2)}, \text{因 } H_0\colon \beta = 0$$

$$= \frac{\dfrac{(\hat{b}_n - \beta)^2}{\sigma^2 / \sum_{i=1}^{n}(x_i - \bar{x}_n)^2}}{\dfrac{(n-2)\hat{\sigma}_n^2}{\sigma^2} / (n-2)}$$

$$\sim \frac{\dfrac{\chi^2(1)}{1}}{\dfrac{\chi^2(n-2)}{n-2}} = F(1, n-2).$$

由此結果，我們得到 $t(n-2)^2 = F(1,n-2)$，亦即一個自由度為 $(n-2)$ 的 $t-$ 分配之隨機變數，其平方後，成為第一自由度固定為 1 而第二自由度為 $(n-2)$ 的 $F-$ 分配。

15.6 預 測

迴歸分析的第三個目的即在於**預測** (prediction)，尤其在時間序列迴歸模型的分析上；在我們以 n 個樣本觀察值 (y_i, x_i), $i = 1, \cdots, n$ 估計迴歸模型得到 $\hat{y}_i = \hat{a}_n + \hat{b}_n x_i$ 的結果；若我們得到一個關於 X 的新觀察值 x_{n+1}，則我們對 y_{n+1} 的預測為 $\hat{y}_{n+1} = \hat{a}_n + \hat{b}_n x_{n+1}$。這一個預測值的**預測誤差** (prediction error) $(\hat{y}_{n+1} - y_{n+1})$ 的平均數為

$$\begin{aligned} E(\hat{y}_{n+1} - y_{n+1}) &= E[(\hat{a}_n + \hat{b}_n x_{n+1}) - (\alpha + \beta x_{n+1} + \varepsilon_{n+1})] \\ &= [E(\hat{a}_n) - \alpha] + [E(\hat{b}_n) - \beta] x_{n+1} - E(\varepsilon_{n+1}) = 0. \end{aligned}$$

而變異數

$$
\begin{aligned}
E(\hat{y}_{n+1}-y_{n+1})^2 &= E[(\hat{a}_n-\alpha)+(\hat{b}_n-\beta)x_{n+1}-\varepsilon_{n+1}]^2 \\
&= \mathrm{var}(\hat{a}_n)+\mathrm{var}(\hat{b}_n)x_{n+1}^2+\sigma^2+2x_{n+1}\mathrm{cov}(\hat{a}_n,\hat{b}_n) \\
&= \sigma^2\left(1+\frac{1}{n}+\frac{(x_{n+1}-\bar{x}_n)^2}{\sum_{i=1}^{n}(x_i-\bar{x}_n)^2}\right).
\end{aligned}
$$

由這個變異數，我們可知當 $x_{n+1}=\bar{x}_n$ 時，預測誤差的變異數最小；因此，若 x_{n+1} 越接近 $\bar{x}_n$，則可得到較精確的預測值，即變異數較小的預測值。

15.7 範例：Excel 中的迴歸分析

人類的身高與體重的關係一直是人類學或考古學家研究的課題，如果我們想瞭解臺灣的大學生的身高與體重間的關係，而假定其間的關係為線性，因此，我們所考慮的迴歸模型為 $Y=a+bX+u$，其中，X 和 Y 分別代表臺灣的大學生身高和體重的隨機變數，在這個迴歸模型中，迴歸係數 b 表示體重增加 1 單位將造成 b 單位身高的變動；假定在統計學課堂上的 80 位同學具有臺灣大學生的代表性，則其身高與體重的資料 $\{(x_i,y_i)\}_{i=1}^{80}$ 即為一組樣本資料，假定其儲存在 H – Weight.xls 的 Excel 檔案中，A2 – A81 為身高資料而 B2 – B81 為體重資料，點選『工具 (T)』中的『資料分析 (D)』，在「資料分析」的對話框中的「分析工具 (A)」選取『迴歸』，即進入「迴歸」對話框，在「輸入 Y 範圍 (Y)」中輸入 A2:A81，在「輸入 X 範圍 (X)」中輸入 B2:B81，選擇「輸出範圍 (O)」為 C1，並勾選「殘差」框中的「殘差圖 (D)」及「樣本迴歸線圖 (I)」，按下『確定』即可得到輸出結果；以下為其摘要輸出結果：

摘要輸出

迴歸統計	
R 的倍數	0.77252643
R 平方	0.596797085
調整的 R 平方	0.591627817
標準誤	4.183935566
觀察值個數	80

ANOVA

	自由度	SS	MS	F	顯著值
迴歸	1	2021.006	2021.006	115.451	4.76886E – 17
殘差	78	1365.415	17.50532		
總和	79	3386.421			

	係數	標準誤	t 統計	p – 值	下限 95%	上限 95%
截距	112.6048	4.86961	23.12399	1.17972E – 36	102.9102	122.2995
X 變數 1	0.865353	0.080537	10.74481	4.76886E – 17	0.705017	1.02569

在最上層表中,「R 平方」即為判定係數 R^2, 其值為 0.596797085,「調整的 R 平方」為經自由度調整後的判定係數(此將於下一章的複迴歸中討論), 其值為 0.591627817,「標準誤」即為 $\hat{\sigma}_n$, 其值為 4.183935566。至於在中間的 ANOVA 表中,「SS」表示 sum of squares∑, 故在「迴歸」列中的「SS」即為 RSS, $RSS=\sum_{i=1}^{n}(\hat{y}_i-\bar{y}_n)^2=2021.006$, 在「殘差」列中的「$SS$」即為 ESS, $ESS=\sum_{i=1}^{n}(y_i-\hat{y}_i)^2=1365.415$, 而在「總和」列中的「$SS$」即為 TSS, $TSS=\sum_{i=1}^{n}(y_i-\bar{y}_n)^2=3386.421$; 由於樣本變異數 $s_y^2=TSS/(n-1)$ 為母體變異數 σ_Y^2 的不偏估計式, 故 TSS 的自由度為 $(n-1)=79$, 而 $\hat{\sigma}_n^2=ESS/(n-2)$ 為 σ^2 的不偏估計式, 因此 ESS 的自由度為 $(n-2)=78$, 當然 RSS 的自由度為 $1=79-78$; 至於「MS」表示 mean of squares∑, 定義為「SS」除以自由度, 故在「殘差」列中的「MS」即為 $\hat{\sigma}_n^2$, 其值為 17.50532, 其平方根為 4.183935566, 即等於最上層表中的「標準誤」, 而在「總和」列中的「MS」即為 s_y^2, 將「迴歸」列的「MS」除以「殘差」列中

的「MS」，即得到 $\psi-$ 統計量，因其抽樣分配為 $F-$ 分配，故又稱為 $F-$ 統計量，即

$$\psi=\frac{2021.006}{17.50532}=115.451.$$

而表中所謂的「顯著值」即為 $\psi-$ 統計量的 $p-$ 值，即 $P(F(1,78)\geq 115.451)=$ 4.76886E − 17，此數值小於 0.05，因此，在顯著水準 5% 下棄卻身高與體重不相關的虛無假設。

在最下層的迴歸結果輸出表中，「截距項」的「係數」為 $\hat{a}_n=112.6048$，其「標準誤」為 $s_{\hat{a}_n}=4.86961$，而其針對於 H_0: $\alpha=0$ 的 $t-$ 統計量為 $\hat{a}_n/s_{\hat{a}_n}=$ 112.6048/4.86961 = 23.12399，在此統計量下，其 $p-$ 值為 1.17972E − 36 小於 0.025，或在虛無假設下的數值 0 不在 95% 的下限 102.9102、上限 122.2995 的範圍內，故在顯著水準 5% 下應棄卻虛無假設。而「X 變數 1」的「係數」為 $\hat{b}_n=0.865353$，其「標準誤」為 $s_{\hat{b}_n}=0.080537$，而其針對於 H_0: $\beta=0$ 的 $t-$ 統計量為 $\hat{b}_n/s_{\hat{b}_n}=0.865353/0.080537=10.74481$，在此統計量下，其 $p-$ 值為 4.76886E − 17 小於 0.025，或在虛無假設下的數值 0 不在 95% 的下限 0.705017、上限 1.02569 的範圍內，故在顯著水準 5% 下應棄卻虛無假設，身高與體重間存在顯著的關係，一般而言，其關係為每增加 1 公斤體重將伴隨 0.865353 公分身高的增加；若將 $t-$ 統計量平方，其值即等於 ANOVA 表中的 $F-$ 統計量，而二者相對應的 $p-$ 值均為 4.76886E − 17，故二者是一樣的檢定方法。上述 Excel 的計算過程，請參考作者網頁子目錄 chapter15 中的 chapt15_1.ppt 及 H − Weight.xls。

15.8 習 題

1. 請以統計學課堂 80 位同學的資料，以迴歸分析檢驗臺灣人的身高是否存在性別上的差異；此外，以兩母體平均數是否相等之統計檢定，檢驗

臺灣人的身高是否存在性別上的差異；請比較這兩種檢定方法的結果是否一致。

2. 請以統計學課堂 80 位同學的資料， 以迴歸分析檢驗臺灣的管理學院的學生在統計學上的表現是否存在科系別上的差異；此外，以變異數分析 (ANOVA) 之統計檢定法，進行相同的檢定；請比較這兩種檢定方法的結果是否一致。

3. 請以統計學課堂 80 位同學的資料， 以迴歸分析檢驗臺灣的管理學院的學生在英文與微積分的表現是否相互獨立；此外，以相關性之統計檢定法，進行相同的檢定；請比較這兩種檢定方法的結果是否一致。

4. 令 $e_i = y_i - \hat{a}_n - \hat{b}_n x_i$，$\hat{a}_n$ 和 $\hat{b}_n$ 為最小平方估計式，證明

(1) $\sum_{i=1}^{n} e_i = 0$;

(2) $\sum_{i=1}^{n} y_i = \sum_{i=1}^{n} \hat{y}_i$;

(3) $\sum_{i=1}^{n} x_i e_i = 0$;

(4) $\sum_{i=1}^{n} \hat{y}_i e_i = 0$.

16. 複迴歸

在實際問題的分析上，應變數或被解釋變數會受到不只一個變數的影響，此時，我們即要討論**複迴歸模型** (multiple regression model) 的分析了，當然複迴歸模型可為線性亦可為非線性，在此，為簡單起見，我們以**線性複迴歸** (multiple linear regression) 為討論的重點，亦即我們所要討論的是一個應變數 Y 的實現值決定於許多個（如 k 個）解釋變數 $X_1,X_2,\cdots,X_k$ 出現的數值，而其間的關係是為線性的關係，即

$$y_i=\beta_1x_{1i}+\beta_2x_{2i}+\cdots+\beta_kx_{ki}+\varepsilon_i,\ i=1,\cdots,n.$$

而複迴歸分析的主要工作即在以實際資料估計出模型中的參數 $\beta_1,\beta_2,\cdots,\beta_k$，以瞭解某一個解釋變數數值的變動將對應變數造成多少的影響。因而我們設定的複迴歸模型為：

$$y_i=b_1x_{1i}+b_2x_{2i}+\cdots+b_kx_{ki}+u_i,\ i=1,\cdots,n.$$

為考慮截距項，我們將所有 x_{1i} 均設定為 1，即 $x_{1i}=1$，則複迴歸模型成為

$$y_i=b_1+b_2x_{2i}+\cdots+b_kx_{ki}+u_i,\ i=1,\cdots,n.$$

16.1 最小平方估計方法

在線性複迴歸的討論中，我們依然分為估計、檢定和預測三項主要工作進行說明；而線性複迴歸模型參數的估計，我們以最普遍使用的最小平方估計式加以討論，而為能延續檢定與預測的討論，如同在簡單線性模型的討論

一般，我們需要以下的假設條件：

(a) $y_i = \beta_1 + \beta_2 x_{2i} + \cdots + \beta_k x_{ki} + \varepsilon_i$，$i = 1,\cdots,n$，且 $n > k$。

(b) 所有的解釋變數 x_j，$j = 2,\cdots,k$ 為非隨機的且不為線性相依 (linearly dependent) 的。

(c) $E(\varepsilon_i) = 0$。

(d) $E(\varepsilon_i^2) = \sigma^2$ 且任何兩個不同的觀察值不存在相關性，即 $E(\varepsilon_i \varepsilon_j) = 0$。

(e) 每一個 ε_i 為相互獨立且相等的常態分配，即 $\varepsilon_i \sim i.i.d.N(0,\sigma^2)$。

以上陳述的假設條件與在簡單線性模型中所假設的條件相似，除了假設(a)中的兩個變數間的線性關係改為多個變數間的線性關係外，增加了假設(b)中解釋變數間不為線性相依的條件，亦即解釋變數間為**線性獨立** (linearly independent) 的；所謂解釋變數 $X_1,X_2,\cdots,X_k$ 為線性獨立 * 表示其中的任何一個解釋變數無法由其他 $(k-1)$ 個解釋變數的線性組合來描述，也就是說，我們所考慮的 k 個解釋變數中沒有一個是**多餘的變數** (redundant variable)；而解釋變數 $X_1,X_2,\cdots,X_k$ 為線性獨立的假設條件也使得最小平方估計式具有**唯一解** (unique solution)。

線性複迴歸模型參數的最小平方估計式依然是由**平方誤差樣本平均數** (sample average of squared errors) 的最小化求解所導出，令 $(\hat{b}_{1n},\hat{b}_{2n},\cdots,\hat{b}_{kn})$ 表示線性複迴歸模型參數的最小平方估計式，則

$$\{\hat{b}_{1n},\cdots,\hat{b}_{kn}\} = \arg\min_{b_1,\cdots,b_k} f(b_1,\cdots,b_k)$$

$$= \arg\min_{b_1,\cdots,b_k} \frac{1}{n}\sum_{i=1}^{n}(y_i - b_1 x_{1i} - \cdots - b_k x_{ki})^2.$$

則極小化求解的一階條件為：

* $X_1,X_2,\cdots,X_k$ 的線性組合 $a_1X_1 + a_2X_2 + \cdots + a_kX_k = 0$，若存在 $(a_1,a_2,\cdots,a_k)$ 不全為零的參數解，則稱 $X_1,X_2,\cdots,X_k$ 為線性相依，若僅存在全為零的參數解，則稱 $X_1,X_2,\cdots,X_k$ 為線性獨立。

$$\frac{\partial}{\partial b_1} f(b_1,\cdots,b_k) = -2\frac{1}{n}\sum_{i=1}^{n}(y_i - \hat{b}_{1n} - \cdots - \hat{b}_{kn}x_{ki}) = 0,$$

$$\frac{\partial}{\partial b_2} f(b_1,\cdots,b_k) = -2\frac{1}{n}\sum_{i=1}^{n}(y_i - \hat{b}_{1n} - \cdots - \hat{b}_{kn}x_{ki}) = 0,$$

$$\vdots$$

$$\frac{\partial}{\partial b_k} f(b_1,\cdots,b_k) = -2\frac{1}{n}\sum_{i=1}^{n}(y_i - \hat{b}_{1n} - \cdots - \hat{b}_{kn}x_{ki}) = 0.$$

這個一階條件包含了 k 個方程式的聯立方程式，而我們則要解出 k 個未知數 $b_1,\cdots,b_k$ 的解，此解即為最小平方估計式 $\hat{b}_{1n},\hat{b}_{2n},\cdots,\hat{b}_{kn}$；為能有 k 個唯一解，則解釋變數 $X_1,X_2,\cdots,X_k$ 為線性獨立的條件是必要的。至於求解的方法，當然我們可以利用 Cramer's rule 求解，也可藉電腦軟體(如 Excel、SHAZAM 和 SAS 等)求解，在此我們不予討論。

在以實際資料 (x_i,y_i), $i=1,\cdots,n$ 代入最小平方估計式 $\hat{b}_{1n},\hat{b}_{2n},\cdots,\hat{b}_{kn}$ 中，即可得到**最小平方估計值** (ordinary least square estimates)，而方程式

$$\hat{y} = \hat{b}_{1n}x_1 + \cdots + \hat{b}_{kn}x_k$$

即稱為**迴歸平面** (regression hyperplane)；而 $\hat{y}_i = \hat{b}_{1n}x_{1i} + \cdots + \hat{b}_{kn}x_{ki}$ 為**配適值** (fitted values)，$e_i = y_i - \hat{y}_i$ 則為**殘差值** (residuals)。至於，誤差項變異數的最小平方估計式依然為

$$\hat{\sigma}_n^2 = \frac{1}{n-k}\sum_{i=1}^{n} e_i^2.$$

解釋變數 X_j 的參數估計值 $\hat{b}_{jn}$ 的涵義為：在其他解釋變數不變下，解釋變數 X_j 一個衡量單位的變動，將使得被解釋變數 $\hat{b}_{jn}$ 衡量單位的變動，因為 $\partial y/\partial x_j = b_j$；至於兩個解釋變數迴歸參數估計值間是否進行大小的比較呢？如果 $\hat{b}_{jn} > \hat{b}_{hn}$，是否隱含解釋變數 X_j 比解釋變數 X_h 對應變數具較大的影響效果呢？答案當然是否定的，因為迴歸參數估計值會因解釋變數的衡量單位的不同而有所不同，假設解釋變數 X_j 為以公斤為衡量單位的體重變數，而所得到

的估計值為 $\hat{b}_{jn}$，若將衡量單位改為公克，則將得到 $1000\times\hat{b}_{jn}$ 的估計值，很顯然 $|1000\times\hat{b}_{jn}|>|\hat{b}_{jn}|$，此外，體重變動 1 公斤與變動 1 公克的困難度也是不一樣的；因此，我們不能直接以估計值的大小比較解釋變數對應變數的影響效果。此時，為能直接比較不同解釋變數迴歸估計值間的大小，我們改以**標準化迴歸** (standardized regression) 模型為分析對象。

所謂的標準化迴歸模型即是以原來迴歸模型的應變數與解釋變數的觀察資料，分別減去個別的樣本平均數，再除以個別的樣本標準差，即計算 Z – scores 的標準化過程，之後再以標準化後的應變數資料對標準化後的解釋變數資料進行迴歸，即因

$$\frac{y_i-\bar{y}_n}{s_y}=b_2\frac{x_{2i}-\bar{x}_{2n}}{s_y}+\cdots+b_k\frac{x_{ki}-\bar{x}_{kn}}{s_y}+\frac{\varepsilon_i-\bar{\varepsilon}_n}{s_y},$$

因此，得到以下的標準化迴歸模型

$$y_i^*=b_2^*x_{2i}^*+\cdots+b_k^*x_{ki}^*+\varepsilon_i^*,$$

其中

$$y_i^*=\frac{y_i-\bar{y}_n}{s_y},\ x_{ji}^*=\frac{x_{ji}-\bar{x}_{jn}}{s_{x_j}},\ b_j^*=\frac{b_js_{x_j}}{s_y}.$$

$\bar{x}_{jn}$ 及 s_{x_j} 分別為解釋變數 x_j 的樣本平均數與樣本，$\bar{y}_n$ 及 s_y 分別為應變數 Y 的樣本平均數與樣本標準差。

標準化迴歸模型中的參數通常被稱為 **beta 係數** (beta coefficients)，其估計值的大小即可直接用來進行比較，而標準化迴歸模型中的解釋變數均為標準化後的 Z – scores，因此，是以樣本標準差為衡量單位，是以每一個標準化後的解釋變數變動 1 單位 (即 1 個樣本標準差) 的困難度是相同的；而解釋變數 X_j 的 beta 係數估計值 $\hat{b}_{jn}^*$ 的涵義為：在其他解釋變數不變下，解釋變數 X_j 變動 1 個樣本標準差將造成應變數 $\hat{b}_{jn}^*$ 個樣本標準差的變動。

16.2 配適度衡量

如同在簡單線性迴歸模型的討論，我們可以用判定係數來衡量所估計的迴歸模型與實際資料間的配適度；對於線性複迴歸估計結果的配適度衡量，判定係數 (R^2) 的定義為

$$R^2 = \frac{RSS}{TSS} = 1 - \left(\frac{ESS}{TSS}\right),$$

其中，

$$TSS = \sum_{i=1}^{n}(y_i - \bar{y}_n)^2$$

$$RSS = \sum_{i=1}^{n}(\hat{y}_i - \bar{y}_n)^2, \text{因迴歸模型具截距項，} \bar{y}_n = \bar{\hat{y}}_n$$

$$ESS = \sum_{i=1}^{n}(y_i - \hat{y}_i)^2.$$

依據定義，最小平方估計式是在所觀察到的樣本資料中使平方誤差最小的參數解，亦即沒有其他的參數值會比最小平方估計值 $(\hat{b}_{1n},\cdots,\hat{b}_{kn})$ 使平方誤差 $\sum_{i=1}^{n}(y_i - b_1x_{1i} - \cdots - b_kx_{ki})^2$ 更小，所以，$\sum_{i=1}^{n}(y_i - \hat{b}_{1n}x_{1i} - \cdots - \hat{b}_{kn}x_{ki})^2 = ESS$ 為最小的數值，相對地，最小平方估計值亦是使 RSS 最大的解，此時以 R_k^2 為此迴歸模型的判定係數；令 $(\tilde{b}_{1n},\cdots,\tilde{b}_{(k-1)n})$ 為迴歸模型 $y_i = b_1x_{1i} + \cdots + b_{k-1}x_{(k-1)i} + u_i$ 的最小平方估計式，此結果亦可將 $(\tilde{b}_{1n},\cdots,\tilde{b}_{(k-1)n},0)$ 視為迴歸模型 $y_i = b_1x_{1i} + \cdots + b_{k-1}x_{(k-1)i} + 0x_{ki} + u_i$ 的參數估計式，此時以 R_{k-1}^2 為此迴歸模型的判定係數，顯而易見，因 $\sum_{i=1}^{n}(y_i - \hat{b}_{1n}x_{1i} - \cdots - \hat{b}_{kn}x_{ki})^2$ 必定比 $\sum_{i=1}^{n}(y_i - \tilde{b}_{1n}x_{1i} - \cdots - \tilde{b}_{(k-1)n}x_{(k-1)i} - 0x_{ki})^2$ 來得小，而兩個模型具有相同的 TSS，所以，R_k^2 必定大於 R_{k-1}^2，因此我們得到結論：判定係數 R^2 為解釋變數個數 k 的**非遞減函數** (nondecreasing function)。

雖然在實證分析時，我們希望有更佳的配適度迴歸模型，亦即我們迴歸模型的判定係數越大越好，但根據 R^2 為解釋變數個數 k 的非遞減函數的特性，我們只要儘可能的加入新的解釋變數於迴歸模型中， 即可得到更大的判定係數值，表示我們得到更好的迴歸模型；但是，加入新的解釋變數雖可提高判定係數值，但是迴歸模型中也增加了待估計的參數，因而，在固定的樣本觀察資料下，使得估計式的自由度因而降低，這是增加解釋變數的負面效果；從誤差項變異數的樣本估計式：$\hat{\sigma}_n^2 = \sum_{i=1}^{n} e_i^2 / (n-k)$ 可知，解釋變數增加將使 $\sum_{i=1}^{n} e_i^2$ 變小，卻也使自由度 $(n-k)$ 變小，如果 $\sum_{i=1}^{n} e_i^2$ 變小的幅度小於 $(n-k)$ 變小的幅度，則 $\hat{\sigma}_n^2$ 會變大，進而使得迴歸參數估計式的變異數變大，也就是越不準確，如此解釋變數的增加反而不利。因此，一個好的配適度判定準則，不但能考量 $\sum_{i=1}^{n} e_i^2$ 的變動效果，也應能考慮到對自由度的影響效果；因此，經自由度調整後的判定係數，即所謂**調整後的判定係數** (adjusted R^2) 定義為：

$$\bar{R}^2 = 1 - \frac{ESS/(n-k)}{TSS/(n-1)}.$$

由這個定義式，可看出若解釋變數增加使 ESS 降低的幅度大於 $(n-k)$ 降低的幅度，將使得 $ESS/(n-k)$ 變小，而 $TSS/(n-1)$ 為固定的數，因而使 $\bar{R}^2$ 變大，此時，解釋變數的增加是適當的；反之，若解釋變數增加使 ESS 降低的幅度小於 $(n-k)$ 降低的幅度，反將使得 $ESS/(n-k)$ 變大，因而使 $\bar{R}^2$ 變小，此時，解釋變數的增加是不適當的。

調整後的判定係數 $\bar{R}^2$ 可進一步改寫為

$$\bar{R}^2 = R^2 - \frac{k-1}{n-k}(1-R^2).$$

因此，上式等號右邊的第二項為因解釋變數增加而使自由度減少的**處罰項** (penalty)。此外，由上式可知，$\bar{R}^2$ 將永遠小於 R^2，且將永遠小於 1；雖然

R^2 必定大於零，但 $\bar{R}^2$ 卻有可能小於零。

16.3 模型選擇的其他準則

除了調整後的判定係數 $(\bar{R}^2)$ 外，尚有以下的準則作為**模型選擇** (model selection) 的依據；令 $\tilde{\sigma}_n^2 = \sum_{i=1}^{n} e_i^2 / n$，

1. AIC (Akaike Information Criterion): $\tilde{\sigma}_n^2 e^{2k/n}$ 或 $\ln\tilde{\sigma}_n^2 + 2k/n$。
2. SIC (Schwarz Information Criterion): $\tilde{\sigma}_n^2 n^{k/n}$ 或 $\ln\tilde{\sigma}_n^2 + (k/n)(\ln n)$。
3. HQ (Hannan and Quinn Criterion): $\tilde{\sigma}_n^2 (\ln n)^{2k/n}$ 或 $\ln\tilde{\sigma}_n^2 + (2k/n)(\ln\ln n)$。

這些準則均是由 $\ln\tilde{\sigma}_n^2$ 再加上一個處罰項；我們選擇的模型是具有最小 AIC (SIC, HQ) 數值的模型，至於哪個準則比較好，則沒有定論。

16.4 假設檢定

為對線性複迴歸模型參數進行假設檢定，我們必須先討論最小平方估計式的分配，在誤差項分配的假設(e)：$\varepsilon_i \sim i.i.d.N(0,\sigma^2)$ 下，應變數觀察值 y_i 的分配為獨立的常態分配 $N(\beta_1 x_{1i} + \beta_2 x_{2i} + \cdots + \beta_k x_{ki}, \sigma^2)$，因為

$$\begin{aligned}
E(y_i) &= E(\beta_1 + \beta_2 x_{2i} + \cdots + \beta_k x_{ki} + \varepsilon_i) \\
&= \beta_1 + \beta_2 x_{2i} + \cdots + \beta_k x_{ki} + E(\varepsilon_i), \text{ 因 } \beta_j \text{ 為常數而 } x_{ji} \text{ 非隨機的} \\
&= \beta_1 + \beta_2 x_{2i} + \cdots + \beta_k x_{ki}, \text{ 因 } E(\varepsilon_i) = 0
\end{aligned}$$

且

$$\begin{aligned}
\text{var}(y_i) &= \text{var}(\beta_1 x_{1i} + \beta_2 x_{2i} + \cdots + \beta_k x_{ki} + \varepsilon_i) \\
&= \text{var}(\varepsilon_i), \text{ 因 } \beta_j \text{ 為常數而 } x_{ji} \text{ 非隨機的} \\
&= \sigma^2.
\end{aligned}$$

在常態分配的假設(e)下，不但 y_i 為常態分配，我們也可得到以下結果：

$$\hat{b}_{jn} \sim N(\beta_j, s_{\hat{b}_{jn}}), j = 1,\cdots,k$$

即迴歸模型參數之最小平方估計式具有常態分配的抽樣分配；則經過標準化後，得到

$$\frac{\hat{b}_{jn} - b_j}{s_{\hat{b}_{jn}}} \sim N(0,1), j = 1,\cdots,k.$$

再者，如同在簡單線性迴歸模型中的討論一般，誤差項變異數 σ^2 的最小平方估計式 $\hat{\sigma}_n^2$ 的抽樣分配為

$$\sum_{i=1}^{n} e_i^2 / \sigma^2 = (n-k)\hat{\sigma}_n^2 / \sigma^2 \sim \chi^2(n-k)$$

亦如同在簡單線性迴歸模型中的結果：

$$\frac{\hat{b}_{jn} - \beta_j}{s_{\hat{b}_{jn}}} \sim t(n-k), j = 1,\cdots,k$$

根據這個抽樣分配結果，我們就可以進行迴歸模型參數的假設檢定了。

由於在線性複迴歸模型中，存在許多個解釋變數，因此，對這些解釋變數的迴歸參數的假設檢定，可分為單獨對單一迴歸參數和同時對多個迴歸參數進行假設檢定。對於**單一虛無假設** (single null hypothesis)H_0: $\beta_j = \beta_{j0}$ 的統計檢定量為

$$t_{\hat{b}_{jn}} = \frac{\hat{\beta}_{jn} - \beta_{j0}}{s_{\hat{b}_{jn}}} \overset{H_0}{\sim} (n-k). \tag{21}$$

此即為所謂的 $t-$ 檢定；若統計檢定量 $t_{\hat{b}_{jn}} \geq t_{0.975}(n-k)$ 或 $t_{\hat{b}_{jn}} \leq t_{0.025}(n-k)$，則在顯著水準 5% 下棄卻虛無假設 H_0: $\beta_j = \beta_{j0}$；另者，對於單尾檢定而言，若統計檢定量 $t_{\hat{b}_{jn}} \geq t_{0.95}(n-k)$，則在顯著水準 5% 下棄卻虛無假設 H_0: $\beta_j < \beta_{j0}$，

或若統計檢定量 $t_{\hat{b}_{jn}} \leq t_{0.05}(n-k)$，則在顯著水準 5% 下棄卻虛無假設 H_0: $\beta_j > \beta_{j0}$。通常在實證分析上，我們想要知道的是解釋變數 X_j 是否對應變數具有顯著的影響效果，亦即其所對應的迴歸參數是否顯著異於零，因此，虛無假設設定為 H_0: $\beta_j = 0$。

此外，單一虛無假設也可包含多個迴歸參數，例如，虛無假設為 H_0: $a\beta_h + b\beta_j = c$，在這個虛無假設下，表示迴歸參數存在一個限制式，亦即在虛無假設中僅存在一個等號，若令 $Z = a\beta_h + b\beta_j$，則虛無假設 H_0: $a\beta_h + b\beta_j = c$ 即成為 H_0: $Z = c$，這個虛無假設與 H_0: $\beta_j = \beta_{j0}$ 相類似，所以其統計檢定量如同式 (21) 一般，為

$$t_{\hat{Z}} = \frac{\hat{Z} - c}{s_{\hat{Z}}} \overset{H_0}{\sim} t(n-k).$$

由於 $Z = a\beta_h + b\beta_j$，則其最小平方估計式為 $\hat{Z} = a\hat{b}_{hn} + b\hat{b}_{jn}$，而其變異數為

$$\begin{aligned}\text{var}(\hat{Z}) &= \text{var}(a\hat{b}_{hn} + b\hat{b}_{jn}) \\ &= a^2\text{var}(\hat{b}_{hn}) + b^2\text{var}(\hat{b}_{jn}) + 2ab\text{cov}(\hat{b}_{hn}, \hat{b}_{jn})\end{aligned}$$

其樣本估計式為

$$s_{\hat{Z}}^2 = a^2 s_{\hat{b}_{hn}}^2 + b^2 s_{\hat{b}_{jn}}^2 + 2ab s_{\hat{b}_{hn}, \hat{b}_{jn}}.$$

利用同樣的過程，我們可以對包含更多個迴歸參數的單一虛無假設進行檢定。

對於包含多個迴歸參數及兩個以上等式虛無假設檢定，我們稱之為**聯合檢定** (joint hypothesis test)，因此，單一檢定與聯合檢定之區別不在於所包含迴歸參數的多寡，而在於所包含限制式 (等式) 的個數，若僅包含一個限制式，即稱為單一虛無假設，而若包含一個以上的限制式，即稱為聯合虛無假設；假設我們想要知道兩個解釋變數 X_j 和 X_h 是否對應變數具有顯著的影響效果，則所對應的聯合虛無假設為

$$H_0: \beta_j = 0$$
$$\beta_h = 0$$

對於這個聯合假設檢定的統計檢定量，可藉由兩個線性迴歸所估計之判定係數 (R^2) 計算而得；令 R_u^2 表示來自**未受限迴歸模型** (unconstrained regression) $y_i = b_1 x_{1i} + \cdots + b_k x_{ki} + u_i$ 的估計結果，而 R_c^2 表示來自**受限迴歸模型** (constrained regression)

$$y_i = b_1 + b_2 x_{2i} + \cdots + b_{j-1} x_{(j-1)i} + b_{j+1} x_{(j+1)i} + \cdots + b_{h-1} x_{(h-1)i} + b_{h+1} x_{(h+1)i} + \cdots + b_k x_{ki} + u_i$$

的估計結果，此所謂受限迴歸模型乃是在原來未受限迴歸模型中將解釋變數 X_j 和 X_h 剔除，因為在 $\beta_j = 0$ 和 $\beta_h = 0$ 的假設下，$\beta_j x_{ji} = 0$ 和 $\beta_h x_{hi} = 0$，所以在虛無假設下的受限迴歸模型， 即等於應變數對剔除 X_j 和 X_h 後的其他解釋變數的迴歸模型。而虛無假設的檢定統計量則為

$$\psi = \frac{(R_u^2 - R_c^2)/2}{(1 - R_u^2)/(n-k)} \overset{H_0}{\sim} F(2, n-k).$$

若統計檢定量 $\psi \geq F_{0.95}(2, n-k)$，則在顯著水準 5% 下棄卻虛無假設 $H_0: \beta_j = \beta_h = 0$；統計量 ψ 的邏輯在於比較 R_u^2 和 R_c^2 的差距是否顯著，因為理論上，R_u^2 必定大於或等於 R_c^2，若解釋變數 X_j 和 X_h 對應變數完全沒有影響效果，即虛無假設 $H_0: \beta_j = \beta_h = 0$ 成立，則 R_u^2 將等於 R_c^2，而統計量 ψ 將等於零；而若解釋變數 X_j 和 X_h 對應變數的確有影響效果，即虛無假設 $H_0: \beta_j = \beta_h = 0$ 不成立，則 R_u^2 將恆大於 R_c^2，而統計量 ψ 亦將顯著大於零；因此，越大的 ψ 值表示越有可能棄卻虛無假設。

在一般的統計軟體或計量軟體所提供的迴歸模型估計結果，其中包括了一個變異數分析表，提供了一個 $F-$ 統計量，這個統計量即是對所有解釋變數的迴歸參數全為零的虛無假設的檢定統計量，即虛無假設

$$H_0: \beta_2 = \beta_3 = \cdots = \beta_k = 0$$

的檢定統計量；在此虛無假設下，受限的迴歸模型成為 $y_i = b_1 + \varepsilon_i$，則 b_1 的最小平方估計式為 $\tilde{b}_1 = \sum_{i=1}^{n} y_i / n = \bar{y}_n$ 而配適值 $\hat{y}_i = \bar{y}_n$，所以 $RSS = \sum_{i=1}^{n} (\hat{y}_i - \bar{y}_n)^2 = 0$ 而 $ESS = TSS$，因此 $R_c^2 = 0$，則 $\psi-$ 統計量成為

$$\psi = \frac{R_u^2/(k-1)}{(1-R_u^2)/(n-k)} \overset{H_0}{\sim} F(k-1, n-k).$$

再者，對於比較一般化的聯合虛無假設：

$$H_0: \beta_j = \beta_{j0}$$
$$\beta_h = \beta_{h0}$$

的假設檢定，也可利用比較受限與未受限迴歸的判定係數值進行檢定，令 R_u^2 仍為未受限迴歸的判定係數，而在虛無假設下的受限迴歸模型則為

$$y_i - \beta_{j0} x_{ji} - \beta_{h0} x_{hi} = b_1 x_{1i} + \cdots + b_{j-1} x_{(j-1)i} + b_{j+1} x_{(j+1)i} + \cdots + b_{h-1} x_{(h-1)i} + b_{h+1} x_{(h+1)i} + \cdots + b_k x_{ki} + u_i$$

亦即以應變數資料 (y_i) 減去 $(\beta_{j0} x_{ji} + \beta_{h0} x_{hi})$ 後再對其他解釋變數進行迴歸；令 R_c^2 為由此受限迴歸模型所估計的判定係數，則虛無假設的檢定統計量仍為

$$\psi = \frac{(R_u^2 - R_c^2)/2}{(1-R_u^2)/(n-k)} \overset{H_0}{\sim} F(2, n-k).$$

當然，上述的 $\psi-$ 統計檢定量可應用到更多個別迴歸參數限制的虛無假設。

然而，對於以下的虛無假設，就無法利用比較受限與未受限迴歸的判定係數值進行檢定，如虛無假設為

$$H_0: a_1\beta_h + b_1\beta_j = c_1$$
$$a_2\beta_j - b_2\beta_l = c_2$$

在這樣的虛無假設下，我們無法建構受限迴歸模型，因而無法得到 R_c^2，以計算統計量 ψ；此時，我們可藉助於電腦軟體進行統計量的計算，如在 SHAZAM 的程式中，可以 TEST 指令求算統計量，一般所算得的統計量，通常具有 $F(q,n-k)$ 的抽樣分配，其中，q 為虛無假設中限制式（等式）的個數。

16.5 虛擬變數

在迴歸分析中，有時被解釋變數 (Y) 與解釋變數 $(X_1,X_2,\cdots,X_k)$ 間的關係，會因研究對象某種特徵的不同，而有不同的迴歸模型參數；例如身高和體重間的直線關係會因研究對象性別上的差異而不同，因此，對於男性研究對象身高 (y) 與體重 (x) 間的線性關係為

$$y_i=\alpha_0+\beta_0 x_i+\varepsilon_i,$$

而女性研究對象身高與體重間的線性關係為

$$y_i=\alpha_1+\beta_1 x_i+\varepsilon_i.$$

所以，如果 $\alpha_0\neq\alpha_1$ 或 $\beta_0\neq\beta_1$ 均代表身高與體重間的線性關係存在性別間的差異。對於上述男、女性的兩個線性關係，可以藉由**虛擬變數** (dummy variable) 的使用，將兩個線性關係合而為一；其做法為定義一個性別虛擬變數：

$$\begin{aligned} d_i &= 1, \text{若第 } i \text{ 個研究對象為男性} \\ &= 0, \text{若第 } i \text{ 個研究對象為女性} \end{aligned}$$

考慮以下線性關係：

$$y_i=\alpha_1+\gamma_0 d_i+\beta_1 x_i+\gamma_1(d_i\times x_i)+\varepsilon_i.$$

在這個線性關係中，當第 i 個研究對象為男性 $(d_i=1)$ 時，此線性關係成

為

$$y_i = (\alpha_1 + \gamma_0) + (\beta_1 + \gamma_1)x_i + \varepsilon_i,$$
$$= \alpha_0 + \beta_0 x_i + \varepsilon_i$$

而當第 i 個研究對象為女性 ($d_i = 0$) 時，此線性關係成為

$$y_i = \alpha_1 + \beta_1 x_i + \varepsilon_i.$$

所以，如果男、女性研究對象身高與體重間的線性關係存在**截距項** (intercept) 的差異，則 $\gamma_0 \neq 0$；若男、女性研究對象身高與體重間的線性關係存在**斜率** (slope) 的差異，則 $\gamma_1 \neq 0$；當 $\gamma_0 \neq 0$ 且 $\gamma_1 \neq 0$ 時，表示身高與體重間的線性關係在性別間存在截距項與斜率的差異； 這三種情形可以用圖 16.1 加以說明。

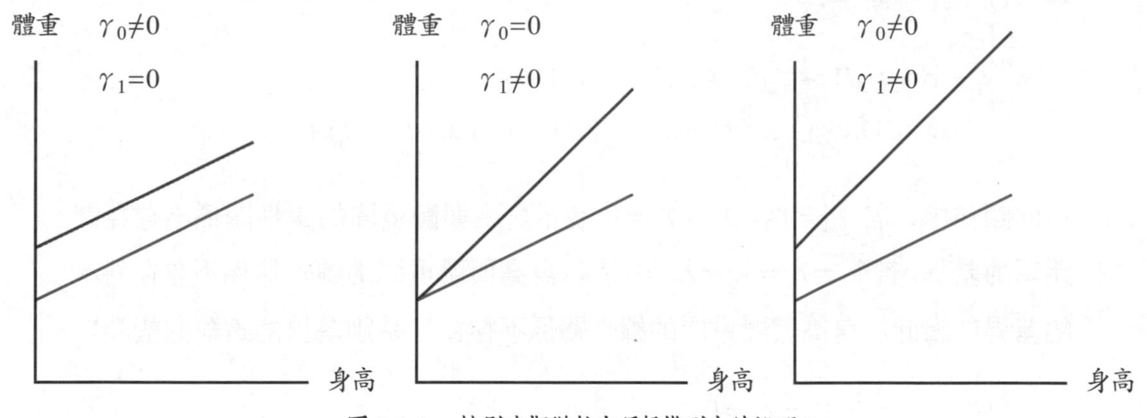

圖 16.1　性別虛擬變數在迴歸模型中的說明

由以上的討論知道，利用性別虛擬變數的設計，我們可以設計一個複迴歸模型檢定身高與體重是否存在性別差異

$$y_i = b_1 + b_2 x_i + b_3 d_i + b_4(d_i \times x_i) + u_i,\ i = 1, \cdots, n, \tag{22}$$

若要檢定是否存在截距項差異的虛無假設為 H_0: $\gamma_0 = 0$，若要檢定是否存在斜率差異的虛無假設為 H_0: $\gamma_1 = 0$， 至於是否存在二者差異的虛無假設則為 H_0:

$\gamma_0 = 0, \gamma_1 = 0$。

此外，純為了好玩，我們想瞭解臺灣管理學院學生身高與體重間的線性關係是否在不同科系間有所不同，也可以設計以下 4 個科系虛擬變數：

$d1_i = 1$, 若第 i 個學生屬經濟系
$= 0$, 若第 i 個學生屬其他科系
$d2_i = 1$, 若第 i 個學生屬財金系
$= 0$, 若第 i 個學生屬其他科系
$d3_i = 1$, 若第 i 個學生屬企管系
$= 0$, 若第 i 個學生屬其他科系
$d4_i = 1$, 若第 i 個學生屬會計系
$= 0$, 若第 i 個學生屬其他科系

考慮以下線性關係：

$$y_i = \alpha + \gamma_1 d1_i + \gamma_2 d2_i + \gamma_3 d3_i + \gamma_4 d4_i + \beta x_i + \lambda_1(d1_i \times x_i) + \lambda_2(d2_i \times x_i) + \lambda_3(d3_i \times x_i) + \lambda_4(d4_i \times x_i) + \varepsilon_i$$

在此關係中，若 $\gamma_1 = \gamma_2 = \gamma_3 = \gamma_4 = 0$ 表示身高與體重間的線性關係不存在截距項的差異，若 $\lambda_1 = \lambda_2 = \lambda_3 = \lambda_4 = 0$ 表示身高與體重間的線性關係不存在斜率的差異，因此，身高與體重間的線性關係不存在科系別差異的虛無假設為：

$$H_0: \gamma_1 = \gamma_2 = \gamma_3 = \gamma_4 = 0$$
$$\lambda_1 = \lambda_2 = \lambda_3 = \lambda_4 = 0.$$

在此值得注意的是，在設計性別虛擬變數時，因性別特徵只有 2 個類項，所以只設計一個虛擬變數；假定我們多設計了一個虛擬變數

$s_i = 1$, 若第 i 個研究對象為女性
$= 0$, 若第 i 個研究對象為男性

並將這個虛擬變數加入迴歸模型 (22) 中即成為

$$y_i = b_1 + b_2x_i + b_3d_i + b_4(d_i \times x_i) + b_5s_i + b_6(s_i \times x_i) + u_i \tag{23}$$

由於對所有的 i 而言，若 $d_i = 1$ 則 $s_i = 0$，或若 $d_i = 0$ 則 $s_i = 1$，因此 $d_i + s_i = 1$ 且 $d_i \times x_i + s_i \times x_i = x_i$，這樣在迴歸模型 (23) 中的解釋變數將不為線性獨立，違反了假設條件 (b)，將使得最小平方估計式不存在唯一解。同樣道理，在科系別虛擬變數的設計上，因科系別有 5 個，因此，我們只設計了 4 個虛擬變數。

16.6 範例 1：Excel 中的複迴歸分析

如果我們想瞭解臺灣的大學生的身高與體重間的關係，而假定其間的關係為線性，並且，我們會懷疑其間關係在不同性別間存在不同的線性關係，因此，我們所考慮的迴歸模型為 $Y = b_1 + b_2X + b_3D + u$，其中，$X$ 和 Y 分別代表臺灣的大學生身高和體重的隨機變數，D 為性別特徵虛擬變數，在這個迴歸模型中，迴歸係數 γ 表示身高與體重間的線性關係在性別間存在截距項的不同；假定在統計學課堂上的 80 位同學具有臺灣大學生的代表性，則其身高、體重及性別虛擬變數的資料 $\{(y_i,x_i,d_i)\}_{i=1}^{80}$ 即為一組樣本資料， 假定其儲存在 H – W – Sex.xls 的 Excel 檔案中，A2 – A81 為身高資料、B2 – B81 為體重資料而 C2 – C81 為性別虛擬變數的資料，點選『工具 (T)』中的『資料分析 (D)』，在「資料分析」的對話框中的「分析工具 (A)」選取『迴歸』，即進入「迴歸」對話框，在「輸入 Y 範圍 (Y)」中輸入 A2 – A81，在「輸入 X 範圍 (X)」中輸入 B2 – C81，選擇「輸出範圍 (O)」為 D1，並勾選「殘差」框中的「殘差圖 (D)」及「樣本迴歸線圖 (I)」，按下『確定』即可得到輸出結果；以下為其摘要輸出結果：

摘要輸出

迴歸統計	
R的倍數	0.80890221
R平方	0.65432278
調整的R平方	0.64534415
標準誤	3.899065
觀察值個數	80

ANOVA

	自由度	SS	MS	F	顯著值
迴歸	2	2215.812	1107.906	72.87558	1.73E－18
殘差	77	1170.609	15.20271		
總和	79	3386.421			

	係數	標準誤	t統計	P－值	下限95%	上限95%
截距	147.535583	10.76175	13.70925	2.33E－22	126.1062	168.965
X變數1	0.21725337	0.195991	1.108486	0.271102	－0.17302	0.6075218
X變數2	8.14990403	2.27673	3.579653	0.0006	3.61635	12.683459

在最上層表中，判定係數 $R^2 = 0.65432278$，經自由度調整後的判定係數為

$$\bar{R}^2 = R^2 - \frac{k-1}{n-k}(1-R^2)$$
$$= 0.65432278 - \frac{3-1}{80-3}(1-0.65432278) = 0.65434415$$

至於在中間的ANOVA表中，將「迴歸」列的「MS」除以「殘差」列中的「MS」，即得到ψ－統計量，因其抽樣分配為F－分配，故又稱為F－統計量，即

$$\psi = \frac{1107.906}{15.20271} = 72.87558.$$

而表中的「顯著值」即為ψ－統計量的p－值，即$P(F(2,77) \geq 72.87558) =$

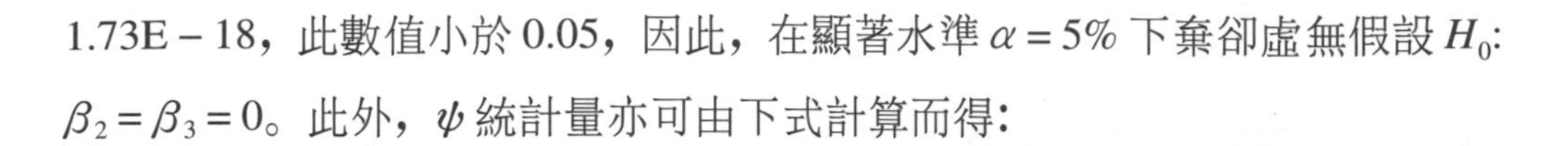

1.73E − 18，此數值小於 0.05，因此，在顯著水準 $\alpha = 5\%$ 下棄卻虛無假設 H_0: $\beta_2 = \beta_3 = 0$。此外，ψ 統計量亦可由下式計算而得：

$$\psi = \frac{R_u^2/(k-1)}{(1-R_u^2)/(n-k)}$$

$$= \frac{0.65432278/(3-1)}{(1-0.65432278)/(80-3)} = 72.87558.$$

在最下層的迴歸結果輸出表中,「X 變數 1」的「係數」為 $\hat{b}_{2n} = 0.21725337$，其「標準誤」為 $s_{\hat{b}_{2n}} = 0.195991$，而其針對於 H_0: $\beta_2 = 0$ 的 $t-$ 統計量為 $\hat{b}_{2n}/s_{\hat{b}_{2n}} = 0.21725337/0.195991 = 1.108486$, 在此統計量下，其 $p-$ 值為 0.271102 大於 0.025，或在虛無假設下的數值 0 在 95% 的下限 −0.17302、上限 0.6075218 的範圍內，故在顯著水準 $\alpha = 5\%$ 下應不棄卻虛無假設，身高與體重間不存在顯著的關係，而「X 變數 2」的「係數」為$\hat{b}_{3n} = 8.14990403$，其「標準誤」為 $s_{\hat{b}_{3n}} = 2.27673$,而其針對於 H_0: $\beta_3 = 0$ 的 $t-$ 統計量為 $\hat{b}_{3n}/s_{\hat{b}_{3n}} = 8.14990403/2.27673 = 3.579653$，在此統計量下，其 $p-$ 值為 0.006 小於 0.025，或在虛無假設下的數值 0 不在 95% 的下限 3.61635、 上限 12.683459 的範圍內， 故在顯著水準 $\alpha = 5\%$ 下應棄卻虛無假設，身高與體重間的線性關係，在性別間存在截距項上的顯著差異。

由於判定係數為解釋變數個數 k 的**非遞減函數** (nondecreasing function)，因此，相較於前一章中身高對體重的簡單迴歸結果，此迴歸模型的判定係數將變大，簡單迴歸的 $R^2 = 0.65432278$，的確大於此迴歸的 $R^2 = 0.64534415$；然由於性別虛擬變數的 $t-$ 統計量大於 1，因此，相較於前一章中身高對體重的簡單迴歸結果，此迴歸模型的調整後判定係數將變大，對照於簡單迴歸的 $\bar{R}^2 = 0.591627817$，的確小於此迴歸的 $\bar{R}^2 = 0.65432278$。上述 Excel 的計算過程，請參考作者網頁子目錄 chapter16 中的 chap16_1.ppt 及 H − W − Sex.xls。

16.7 範例 2：Excel 中的複迴歸分析

如果我們想瞭解臺灣的大學生的身高與體重間的關係，而假定其間的關係為線性，並且，我們會懷疑其間關係在不同性別間存在不同的線性關係，因此，我們所考慮的迴歸模型為 $Y = b_1 + b_2X + b_3D + b_4(D \times X) + u$，其中，$X$ 和 Y 分別代表臺灣的大學生身高和體重的隨機變數，D 為性別特徵虛擬變數，而 u 為迴歸誤差項，在這個迴歸模型中，迴歸係數 b_3 表示身高與體重間的線性關係在性別間存在截距項的不同，而迴歸係數 b_4 表示身高與體重間的線性關係在性別間存在斜率項的不同，因此，身高與體重間的線性關係在性別間是否存在差異的虛無假設為 H_0: $\beta_3 = \beta_4 = 0$；假定在統計學課堂上的 80 位同學具有臺灣大學生的代表性，則其身高、體重及性別虛擬變數的資料 $\{(y_i, x_i, d_i, d_i \times x_i)\}_{i=1}^{80}$ 即為一組樣本資料，假定其儲存在 H – W – Sex1.xls 的 Excel 檔案中，A2 – A81 為身高資料、B2 – B81 為體重資料、C2 – C81 為性別虛擬變數的資料、而 D2 – D81 為性別虛擬變數乘上體重的資料，點選『工具 (T)』中的『資料分析 (D)』，在「資料分析」的對話框中的「分析工具 (A)」選取『迴歸』，即進入「迴歸」對話框，在「輸入 Y 範圍 (Y)」中輸入 A2: A81，在「輸入 X 範圍 (X)」中輸入 B2: D81，選擇「輸出範圍 (O)」為 E2，並勾選「殘差」框中的「殘差圖 (D)」及「樣本迴歸線圖 (I)」，按下『確定』即可得到輸出結果；以下為其摘要輸出結果：

摘要輸出

迴歸統計	
R 的倍數	0.81415
R 平方	0.66284
調整的 R 平方	0.649531
標準誤	3.875982
觀察值個數	80

ANOVA

	自由度	SS	MS	F	顯著值
迴歸	3	2244.655	748.2183	49.80407	6.575E－18
殘差	76	1141.766	15.02324		
總和	79	3386.421			

	係數	標準誤	t 統計	P－值	下限 95%	上限 95%
截距	161.1246	14.51317	11.10195	1.43E－17	132.21903	190.030086
X 變數 1	－0.03063	0.26451	－0.11581	0.908107	－0.557451	0.49618409
X 變數 2	－24.7101	23.82329	－1.03723	0.30292	－72.1584	22.7381261
X 變數 3	0.541876	0.391079	1.385591	0.169925	－0.237027	1.32077933

在最上層表中，判定係數 $R^2 = 0.66284$，此數值較前一範例中之 R^2 為大，因迴歸模型中之解釋變數增加所造成，經自由度調整後的判定係數為

$$\bar{R}^2 = R^2 - \frac{k-1}{n-k}(1-R^2)$$
$$= 0.66284 - \frac{4-1}{80-4}(1-0.66284) = 0.649531$$

至於在中間的 ANOVA 表中，將「迴歸」列的「MS」除以「殘差」列中的「MS」，即得到 $\psi-$ 統計量，因其抽樣分配為 $F-$ 分配，故又稱為 $F-$ 統計量，即

$$\psi = \frac{748.2183}{15.02324} = 49.80407.$$

而表中的「顯著值」即為 $\psi-$ 統計量的 $p-$ 值，即 $P(F(3,76) \geq 49.80407) = 6.575E-18$，此數值小於 0.05，因此，在顯著水準 $\alpha = 5\%$ 下棄卻虛無假設 $H_0: \beta_2 = \beta_3 = \beta_4 = 0$。此外，$\psi-$ 統計量亦可由下式計算而得：

$$\psi = \frac{R_u^2/(k-1)}{(1-R_u^2)/(n-k)}$$
$$= \frac{0.66284/(4-1)}{(1-0.66284)/(80-4)} = 49.80407.$$

在最下層的迴歸結果輸出表中,「X 變數 1」的「係數」為 $\hat{b}_{2n} = -0.03063$，其「標準誤」為 $s_{\hat{b}_{2n}} = 0.26451$，而其針對於 H_0: $\beta_2 = 0$ 的 $t-$ 統計量為 $\hat{b}_{2n}/s_{\hat{b}_{2n}} = -0.03063/0.26451 = -0.11581$，在此統計量下，其 $p-$ 值為 0.908107 大於 0.025，或在虛無假設下的數值 0 在 95% 的下限 −0.557451、上限 0.49618409 的範圍內，故在顯著水準 $\alpha = 5\%$ 下應不棄卻虛無假設，身高與體重間不存在顯著的關係；「X 變數 2」的「係數」為 $\hat{b}_{3n} = 10.9011$，其「標準誤」為 $s_{\hat{b}_{3n}} = 9.971$， 而其針對於 H_0: $\beta_3 = 0$ 的 $t-$ 統計量為 $\hat{b}_{3n}/s_{\hat{b}_{3n}} = 10.9011/9.971 = 1.0932$，在此統計量下，其 $p-$ 值為 0.277752715 大於 0.025，或在虛無假設下的數值 0 不在 95% 的下限 −8.959、上限 130.761 的範圍內，故在顯著水準 $\alpha = 5\%$ 下應不棄卻虛無假設，身高與體重間的線性關係，在性別間不存在截距項上的顯著差異；「X 變數 3」的「係數」為 $\hat{b}_{4n} = -0.1763$，其「標準誤」為 $s_{\hat{b}_{4n}} = 0.164$，而其針對於 H_0: $\beta_4 = 0$ 的 $t-$ 統計量為 $\hat{b}_{4n}/s_{\hat{b}_{4n}} = -0.1763/0.164 = -1.070$，在此統計量下，其 $p-$ 值為 0.287664812 大於 0.025， 或在虛無假設下的數值 0 不在 95% 的下限 −0.504、上限 0.15165 的範圍內，故在顯著水準 $\alpha = 5\%$ 下不應棄卻虛無假設，身高與體重間的線性關係，在性別間不存在斜率項上的顯著差異。上述 Excel 的計算過程，請參考作者網頁子目錄 chapter16 中的 chapt16_2.ppt 及 H − W − Sex1.xls。

至於在檢定身高與體重間的線性關係是否在性別間有所不同，此時，我們需同時檢定在截距項與斜率項是否存在顯著差異，故所對應的虛無假設為 H_0: $\beta_3 = \beta_4 = 0$，這個聯合檢定可藉由受限迴歸的 R_c^2 與非受限迴歸的 R_u^2 的比較進行，由於在虛無假設下之受限迴歸即為前一章中的簡單迴歸，其 $R^2 = R_c^2 = 0.596797085$，而非受限迴歸之 $R^2 = R_u^2 = 0.66284$，因此，$\psi-$ 統計量為

$$\psi = \frac{(R_u^2 - R_c^2)/2}{1 - R_u^2} = \frac{(0.66284 - 0.596797085)/2}{1 - 0.66284} = 0.0097940021.$$

從範例 1 和範例 2 的複迴歸估計結果發現，80 位同學的身高與體重間的線性關係不存在截距項與斜率上之差異，這個結果令人不敢相信，然而為何會出

現如此不符合常理的結果呢？當然會有人說這就是結果，我們只得接受；但是由迴歸估計結果發現，範例 1 中的虛擬變數 (d_i) 迴歸參數的 $t-$ 統計量不顯著，而範例 2 中的所有變數 (d_i、x_i 及 $d_i\, x_i$) 迴歸參數的 $t-$ 統計量亦均不顯著，然而其 ANOVA 表中之 $F-$ 統計量結果顯示所有迴歸參數十分顯著異於 0，此結果與個別迴歸參數的 $t-$ 統計量不顯著的結果相互矛盾；為何會出現如此矛盾情形呢？為回答這個問題，我們以 Excel 進行身高對性別、體重對性別及體重對 (性別 × 體重) 進行簡單迴歸，這三個迴歸的估計結果如下：

摘要輸出：身高對性別

迴歸統計	
R 的倍數	0.805485
R 平方	0.648807
調整的 *R* 平方	0.644304
標準誤	3.904778
觀察值個數	80

ANOVA

	自由度	*SS*	*MS*	*F*	顯著值
迴歸	1	2197.132	2197.132	144.0998	2.1E − 19
殘差	78	1189.289	15.24729		
總和	79	3386.421			

	係數	標準誤	*t* 統計	*p* − 值	下限 95%	上限 95%
截距	159.4453	0.6174	258.2529	3.9E − 116	158.2161	160.6744
X 變數 1	10.48125	0.873135	12.00416	2.1E − 19	8.742972	12.21953

摘要輸出：體重對性別

迴歸統計	
R 的倍數	0.923772
R 平方	0.853355
調整的 *R* 平方	0.851475
標準誤	2.252563
觀察值個數	80

ANOVA

	自由度	SS	MS	F	顯著值
迴歸	1	2303.087	2303.087	453.8961	2.97E – 34
殘差	78	395.7752	5.074041		
總和	79	2698.862			

	係數	標準誤	t 統計	p – 值	下限 95%	上限 95%
截距	54.81925	0.356162	153.9168	1.21E – 98	54.11019	55.52831
X 變數 1	10.731	0.503688	21.30484	2.97E – 34	9.728233	11.73377

摘要輸出：體重對(性別 × 體重)

迴歸統計	
R 的倍數	0.934676
R 平方	0.87362
調整的 R 平方	0.872
標準誤	2.091137
觀察值個數	80

ANOVA

	自由度	SS	MS	F	顯著值
迴歸	1	2357.78	2357.78	539.1858	8.88E – 37
殘差	78	341.0825	4.372853		
總和	79	2698.862			

	係數	標準誤	t 統計	p – 值	下限 95%	上限 95%
截距	54.76162	0.330464	165.7114	3.9E – 101	54.10372	55.41953
X 變數 1	0.165465	0.007126	23.22037	8.88E – 37	0.151278	0.179651

由上述前兩個迴歸結果，我們可以發現性別迴歸參數均呈現顯著異於 0 的結果，表示 80 位同學的身高與體重均存在性別間的差異，而在體重對性別的迴歸結果得到 $R^2 = 0.853354815$，表示體重與性別間存在高度的相關性，因為 $R^2 = \hat{\rho}_{XY}^2$，因此樣本相關係數 $\hat{\rho}_{XY} = 0.923772058$，而且在體重對(性別 × 體重)的迴歸結果得到 $R^2 = 0.873619898$，表示體重與(性別 × 體重)間存在高度的相關性，因樣本相關係數 $\hat{\rho}_{XY} = 0.93467636$。上述 Excel 的計算過程，

請參考作者網頁子目錄 chapter16 中的 chapt16_3.ppt 及 H – W – Sex2.xls。

由於體重、性別及 (性別 × 體重) 均為範例 2 複迴歸的解釋變數，而此三者間又存在高度的相關性， 此高度相關性將造成所謂的 「**共線性**」 (multi-collinearity) 的問題。在迴歸分析中，共線性問題的發生乃是因為在解釋變數間存在高度的相關性所致，而對於迴歸結果產生以下三種現象：

1. 比較大的判定係數值 R^2 和 ANOVA 中的 F – 統計量，如範例 1 和範例 2 中分別具有 0.654322781 和 0.662839898 的 R^2 及 72.87557778 和 49.80406622 的 F – 統計量；
2. 比較小 (不顯著) 的個別迴歸參數 t – 統計量；
3. 增加或剔除少數個解釋變數將使迴歸估計結果迥然不同。

對於共線性問題的解決，最簡單、有效的方法是不要將相關性高的隨機變數一併當成迴歸解釋變數； 例如在範例 1 和範例 2 中所討論身高與體重的線性關係是否存在性別間差異，因為體重與性別間存在高度相關性，同時當成解釋變數將使迴歸發生共線性問題，因此，我們可分別以 40 位男同學與 40 位女同學的資料進行身高對體重的簡單迴歸，以判定其間是否存在性別的差異性。

當然，迴歸分析的相關研究課題眾多，在這本書中，我們僅就符合古典模型假設的條件下進行討論，以作為往後修習計量經濟學、多變量分析等相關課程的基礎，至於更一般化的討論，有興趣的讀者可進一步參考迴歸分析或計量經濟的相關書籍。

16.8 附 錄

16.8.1 最小平方估計式的矩陣說明

令矩陣 $A = [a_1, a_2, \cdots, a_k]$ 是由 n 個向量 $a_1, a_2, \cdots, a_k$ 所組成，而每一個向量

包含 n 元素 (element)，故 A 為一個 $n \times k$ 的矩陣，其可表現如下：

$$A = \begin{bmatrix} a_{11} & a_{12} & a_{13} & \cdots & a_{1k} \\ a_{21} & a_{22} & a_{23} & \cdots & a_{2k} \\ a_{31} & a_{32} & a_{33} & \cdots & a_{3k} \\ \vdots & \vdots & \vdots & \vdots & \vdots \\ a_{n1} & a_{n2} & a_{n3} & \cdots & a_{nk} \end{bmatrix},$$

而此矩陣亦可以 $[a_{ij}]$ 表示，即此矩陣內所包含第 i 列 (row)、第 j 行 (column) 的元素為 a_{ij} 的數值。考慮 n 個向量 $a_1, a_2, \cdots, a_k$ 的**線性組合** (linear combination) 並令其為 0，即成為下式的**聯立方程式** (system equations)：

$$\alpha_1 a_1 + \alpha_2 a_2 + \cdots + \alpha_k a_k = 0,$$

或

$$\alpha_1 \begin{bmatrix} a_{11} \\ a_{21} \\ a_{31} \\ \vdots \\ a_{n1} \end{bmatrix} + \alpha_2 \begin{bmatrix} a_{12} \\ a_{22} \\ a_{32} \\ \vdots \\ a_{n2} \end{bmatrix} + \cdots + \alpha_n \begin{bmatrix} a_{1k} \\ a_{2k} \\ a_{3k} \\ \vdots \\ a_{nk} \end{bmatrix} = \begin{bmatrix} 0 \\ 0 \\ 0 \\ \vdots \\ 0 \end{bmatrix}.$$

這個聯立方程式因等號右邊為 0 向量，故稱為**均質聯立方程式** (homogeneous system)， 若等號右邊不為 0 向量，則稱為**非均質聯立方程式** (non-homogeneous system)。

一個均質聯立方程式必定存在一個解，$(\alpha_1, \alpha_2, \cdots, \alpha_k) = (0, 0, \cdots, 0)$，此均為 0 的一組解稱為**必然解** (trivial solution)；而若此均質聯立方程式存在一組非全為 0 的解 $(\alpha_1^*, \alpha_2^*, \cdots, \alpha_k^*)$，則此解稱為**非必然解** (non-trivial solution)。假設此均質聯立方程式存在一組非必然解，並假定 $\alpha_2^* \neq 0$，則

$$a_2 = -\frac{\alpha_1^*}{\alpha_2^*}a_1 - \frac{\alpha_3^*}{\alpha_2^*}a_3 - \cdots - \frac{\alpha_k^*}{\alpha_2^*}a_k,$$

此表示向量 a_2 可由其他的 $(k-1)$ 個向量的線性組合來表示，亦即向量 a_2 依附於其他的 $(k-1)$ 個向量，因此，包含於矩陣 A 內的 k 個向量 $a_1, a_2, \cdots, a_k$ 是為**線性相依** (linearly dependent)。假若向量 $a_1, a_2, \cdots, a_k$ 所組成的均質聯立方程式僅存在必然解而不存在非必然解，則向量 $a_1, a_2, \cdots, a_k$ 是為**線性獨立** (linearly independent)。假若向量 $a_1, a_2, \cdots, a_k$ 為線性相依，則其所組成的矩陣 A，其 $A'A$ 不存在**反矩陣** (inverse matrix)，即 $(A'A)^{-1}$ 不存在。

在複迴歸中，假設條件(a)：$y_i = \beta_{10}x_{1i} + \beta_{20}x_{2i} + \cdots + \beta_{k0}x_{ki} + \varepsilon_i$，$i = 1, \cdots, n$，可以以向量與矩陣表示為 $y = X\beta_0 + \varepsilon$，其中

$$y = \begin{bmatrix} y_1 \\ y_2 \\ y_3 \\ \vdots \\ y_n \end{bmatrix}, X = [x_1 \ x_2 \cdots x_k] = \begin{bmatrix} x_{11} & x_{12} & x_{13} & \cdots & x_{1k} \\ x_{21} & x_{22} & x_{23} & \cdots & x_{2k} \\ x_{31} & x_{32} & x_{33} & \cdots & x_{3k} \\ \vdots & \vdots & \vdots & \vdots & \vdots \\ x_{n1} & x_{n2} & x_{n3} & \cdots & x_{nk} \end{bmatrix},$$

$$\beta_0 = \begin{bmatrix} \beta_{10} \\ \beta_{20} \\ \beta_{30} \\ \vdots \\ \beta_{k0} \end{bmatrix}, \varepsilon = \begin{bmatrix} \varepsilon_1 \\ \varepsilon_2 \\ \varepsilon_3 \\ \vdots \\ \varepsilon_n \end{bmatrix}.$$

而在假設條件(b)中除了對解釋變數 x_j, $j = 1, \cdots, k$ 為非隨機的假設外，也假設其不為線性相依，故 $(X'X)^{-1}$ 存在。

在複迴歸模型：$y = X\beta + U$ 的考量下，最小平方估計式 $\hat{\beta}_n$ 是以下極小值問題的解：

$$\min_{\hat{\beta}} \frac{1}{n}\sum_{i=1}^{n}(y_i - \beta_1 x_{1i} - \beta_2 x_{2i} - \cdots - \beta_k x_{ki})^2,$$

而此極小值問題可用矩陣表示成

$$\min_{\hat{\beta}} \frac{1}{n}(\mathrm{y} - \mathrm{X}\beta)'(\mathrm{y} - \mathrm{X}\beta).$$

其極小值求解的一階條件為

$$\frac{-2}{n}\mathrm{X}'(\mathrm{y} - \mathrm{X}\hat{\beta}_n) = 0.$$

由此一階條件即可得到**正規方程式** (normal equation):

$$\mathrm{X}'\mathrm{X}\hat{\beta}_n = \mathrm{X}'\mathrm{y}.$$

因為假設條件(b)假設解釋變數 x_j, $j = 1,\cdots,k$ 為線性獨立，因而 $(\mathrm{X}'\mathrm{X})^{-1}$ 存在，因而我們可以在上式等號兩邊前乘以 $(\mathrm{X}'\mathrm{X})^{-1}$，即

$$(\mathrm{X}'\mathrm{X})^{-1}\mathrm{X}'\mathrm{X}\hat{\beta}_n = (\mathrm{X}'\mathrm{X})^{-1}\mathrm{X}'\mathrm{y},$$

進而得到最小平方估計式

$$\hat{\beta}_n = (\mathrm{X}'\mathrm{X})^{-1}\mathrm{X}'\mathrm{y}.$$

而其二階條件為 $(2/n)\mathrm{X}'\mathrm{X}$，此矩陣為**正定** (positive definite)，故一階條件的解為極小值解。也由於 $(\mathrm{X}'\mathrm{X})^{-1}$ 的存在，$\hat{\beta}_n$ 是最小平方誤差的唯一解。

再者，定義 $\hat{\mathrm{y}} = [\hat{\mathrm{y}}_1, \hat{\mathrm{y}}_2, \cdots, \hat{\mathrm{y}}_n]' = \mathrm{X}\hat{\beta}_n$ 為 n 配適值所組成的向量，而 $\hat{\varepsilon} = [\hat{\varepsilon}_1, \hat{\varepsilon}_2, \cdots, \hat{\varepsilon}_n]' = \mathrm{y} - \hat{\mathrm{y}}$ 為 n 個殘差值所組成的向量，其極小值求解的一階條件可改為

$$\begin{aligned}
&\mathrm{X}'(\mathrm{y} - \mathrm{X}\hat{\beta}_n) \\
&= \mathrm{X}'(\mathrm{y} - \hat{\mathrm{y}}) \\
&= \mathrm{X}'\mathrm{e} = [\mathrm{x}_1 \cdot \mathrm{e}\ \mathrm{x}_2 \cdot \mathrm{e} \cdots \mathrm{x}_k \cdot \mathrm{e}]' = 0.
\end{aligned}$$

其中 $\mathrm{x}_1 \cdot \mathrm{e}$ 表 x_1 和 e 兩個向量的**內積** (inner product)，其值為 0，表示這兩個向量相互**垂直** (orthogonal)；因此，一階條件的正規方程式隱含殘差值向量 e 與

$x_1, x_2, \cdots, x_k$ 均相互垂直，而且

$$
\begin{aligned}
& y \cdot e \\
&= [\hat{\beta}_{1n} x_1 + \hat{\beta}_{2n} x_2 + \cdots + \hat{\beta}_{kn} x_k] \cdot e \\
&= [\hat{\beta}_{1n} x_1 \cdot e + \hat{\beta}_{2n} x_2 \cdot e + \cdots + \hat{\beta}_{kn} x_k \cdot e] \\
&= 0.
\end{aligned}
$$

即殘差值向量 e 與 $\hat{y}$ 相互垂直，且 $y = \hat{y} + e$，因此，$\hat{y}$ 為向量 y **垂直映射** (orthogonal project) 在由 $x_1, x_2, \cdots, x_k$ 向量所擴展的空間上。

16.8.2 最小平方估計式的特性

由於

$$
\begin{aligned}
\hat{\beta}_n &= (X'X)^{-1} X' y \\
&= (X'X)^{-1} X' (X\beta + \varepsilon) \\
&= (X'X)^{-1} X' X \beta + (X'X)^{-1} X' \varepsilon \\
&= \beta_0 + (X'X)^{-1} X' \varepsilon,
\end{aligned}
$$

因此，$\hat{\beta}_n$ 的期望值為

$$
\begin{aligned}
E(\hat{\beta}_n) &= E[\beta_0 + (X'X)^{-1} X' \varepsilon] \\
&= \beta_0 + E[(X'X)^{-1} X' \varepsilon] \\
&= \beta_0 + (X'X)^{-1} X' E(\varepsilon), \text{ 因假設條件(b)：X為非隨機的} \\
&= \beta_0, \text{ 因假設條件(c):} E(\varepsilon_i) = 0
\end{aligned}
$$

所以，$\hat{\beta}_n$ 在假設條件(a)、(b)和(c)下，不但是最小平方誤差的解，也是真正參數 β 的不偏估計式。

此外，$\hat{\beta}_n$ 的變異一共變異數矩陣為

$$\mathrm{VAR}(\hat{\beta}_n)=\begin{bmatrix} \mathrm{var}(\hat{\beta}_{1n}) & \mathrm{cov}(\hat{\beta}_{1n},\hat{\beta}_{2n}) & \mathrm{cov}(\hat{\beta}_{1n},\hat{\beta}_{3n}) & \cdots & \mathrm{cov}(\hat{\beta}_{1n},\hat{\beta}_{kn}) \\ \mathrm{cov}(\hat{\beta}_{2n},\hat{\beta}_{1n}) & \mathrm{var}(\hat{\beta}_{2n}) & \mathrm{cov}(\hat{\beta}_{2n},\hat{\beta}_{3n}) & \cdots & \mathrm{cov}(\hat{\beta}_{2n},\hat{\beta}_{kn}) \\ \mathrm{cov}(\hat{\beta}_{3n},\hat{\beta}_{1n}) & \mathrm{cov}(\hat{\beta}_{3n},\hat{\beta}_{2n}) & \mathrm{var}(\hat{\beta}_{3n}) & \cdots & \mathrm{cov}(\hat{\beta}_{3n},\hat{\beta}_{kn}) \\ \vdots & \vdots & \vdots & \vdots & \vdots \\ \mathrm{cov}(\hat{\beta}_{kn},\hat{\beta}_{1n}) & \mathrm{cov}(\hat{\beta}_{kn},\hat{\beta}_{2n}) & \mathrm{cov}(\hat{\beta}_{kn},\hat{\beta}_{3n}) & \cdots & \mathrm{var}(\hat{\beta}_{kn}) \end{bmatrix}$$

$$=\begin{bmatrix} \sigma^2_{\hat{\beta}_{1n}} & \sigma_{\hat{\beta}_{1n},\hat{\beta}_{2n}} & \sigma_{\hat{\beta}_{1n},\hat{\beta}_{3n}} & \cdots & \sigma_{\hat{\beta}_{1n},\hat{\beta}_{kn}} \\ \sigma_{\hat{\beta}_{2n},\hat{\beta}_{1n}} & \sigma^2_{\hat{\beta}_{2n}} & \sigma_{\hat{\beta}_{2n},\hat{\beta}_{3n}} & \cdots & \sigma_{\hat{\beta}_{2n},\hat{\beta}_{kn}} \\ \sigma_{\hat{\beta}_{3n},\hat{\beta}_{1n}} & \sigma_{\hat{\beta}_{3n},\hat{\beta}_{2n}} & \sigma^2_{\hat{\beta}_{3n}} & \cdots & \sigma_{\hat{\beta}_{3n},\hat{\beta}_{kn}} \\ \vdots & \vdots & \vdots & \vdots & \vdots \\ \sigma_{\hat{\beta}_{kn},\hat{\beta}_{1n}} & \sigma_{\hat{\beta}_{kn},\hat{\beta}_{2n}} & \sigma_{\hat{\beta}_{kn},\hat{\beta}_{3n}} & \cdots & \sigma^2_{\hat{\beta}_{kn}} \end{bmatrix}$$

$$=E[(\hat{\beta}_n-E(\hat{\beta}_n))(\hat{\beta}_n-E(\hat{\beta}_n))']$$

$$=E[((X'X)^{-1}X'\varepsilon)((X'X)^{-1}X'\varepsilon)']$$

$$=(X'X)^{-1}X'E(\varepsilon\varepsilon')X(X'X)^{-1}$$

$$=(X'X)^{-1}X'\sigma_0^2 I_n X(X'X)^{-1}$$

$$=\sigma_0^2(X'X)^{-1},$$

其中，$E(\varepsilon\varepsilon')$ 為誤差向量的變異一共變異數矩陣，其定義為

$$E(\varepsilon\varepsilon')=\mathrm{VAR}(\varepsilon)$$

$$=E\begin{bmatrix} \varepsilon_1^2 & \varepsilon_1\varepsilon_2 & \varepsilon_1\varepsilon_3 & \cdots & \varepsilon_1\varepsilon_n \\ \varepsilon_2\varepsilon_1 & \varepsilon_2^2 & \varepsilon_2\varepsilon_3 & \cdots & \varepsilon_2\varepsilon_n \\ \varepsilon_3\varepsilon_1 & \varepsilon_3\varepsilon_2 & \varepsilon_3^2 & \cdots & \varepsilon_3\varepsilon_n \\ \vdots & \vdots & \vdots & \vdots & \vdots \\ \varepsilon_n\varepsilon_1 & \varepsilon_n\varepsilon_2 & \varepsilon_n\varepsilon_3 & \cdots & \varepsilon_n^2 \end{bmatrix}$$

$$=\begin{bmatrix} E(\varepsilon_1^2) & E(\varepsilon_1\varepsilon_2) & E(\varepsilon_1\varepsilon_3) & \cdots & E(\varepsilon_1\varepsilon_n) \\ E(\varepsilon_2\varepsilon_1) & E(\varepsilon_2^2) & E(\varepsilon_2\varepsilon_3) & \cdots & E(\varepsilon_2\varepsilon_n) \\ E(\varepsilon_3\varepsilon_1) & E(\varepsilon_3\varepsilon_2) & E(\varepsilon_3^2) & \cdots & E(\varepsilon_3\varepsilon_n) \\ \vdots & \vdots & \vdots & \vdots & \vdots \\ E(\varepsilon_n\varepsilon_1) & E(\varepsilon_n\varepsilon_2) & E(\varepsilon_n\varepsilon_3) & \cdots & E(\varepsilon_n^2) \end{bmatrix}$$

$$= \begin{bmatrix} var(\varepsilon_1) & cov(\varepsilon_1,\varepsilon_2) & cov(\varepsilon_1,\varepsilon_3) & \cdots & cov(\varepsilon_1,\varepsilon_n) \\ cov(\varepsilon_2,\varepsilon_1) & var(\varepsilon_2) & cov(\varepsilon_2,\varepsilon_3) & \cdots & cov(\varepsilon_2,\varepsilon_n) \\ cov(\varepsilon_3,\varepsilon_1) & cov(\varepsilon_3,\varepsilon_2) & var(\varepsilon_3) & \cdots & cov(\varepsilon_3,\varepsilon_n) \\ \vdots & \vdots & \vdots & \vdots & \vdots \\ cov(\varepsilon_n,\varepsilon_1) & cov(\varepsilon_n,\varepsilon_2) & cov(\varepsilon_n,\varepsilon_3) & \cdots & var(\varepsilon_n) \end{bmatrix}$$

$$= \begin{bmatrix} \sigma_0^2 & 0 & 0 & \cdots & 0 \\ 0 & \sigma_0^2 & 0 & \cdots & 0 \\ 0 & 0 & \sigma_0^2 & \cdots & 0 \\ \vdots & \vdots & \vdots & \vdots & \vdots \\ 0 & 0 & 0 & \cdots & \sigma_0^2 \end{bmatrix}, \text{假設條件 (4) 下}$$

$$= \sigma_0^2 \begin{bmatrix} 1 & 0 & 0 & \cdots & 0 \\ 0 & 1 & 0 & \cdots & 0 \\ 0 & 0 & 1 & \cdots & 0 \\ \vdots & \vdots & \vdots & \vdots & \vdots \\ 0 & 0 & 0 & \cdots & 1 \end{bmatrix} = \sigma_0^2 \, I_n.$$

又如同在簡單線性迴歸中，$\hat{\sigma}_n^2 = \sum_{i=1}^{n} e_i^2 / (n-k) = e'e/(n-k)$ 是 σ_0^2 的不偏估計式，因此,$V\hat{A}R(\hat{\beta}_n) = \hat{\sigma}_n^2(X'X)^{-1}$ 也是 $VAR(\hat{\beta}_n) = \sigma_0^2(X'X)^{-1}$ 的不偏估計式，且定義

$$V\hat{A}R(\hat{\beta}_n) = \hat{\sigma}_n^2(X'X)^{-1}$$

$$= \begin{bmatrix} v\hat{a}r(\hat{\beta}_{1n}) & c\hat{o}v(\hat{\beta}_{1n},\hat{\beta}_{2n}) & c\hat{o}v(\hat{\beta}_{1n},\hat{\beta}_{3n}) & \cdots & c\hat{o}v(\hat{\beta}_{1n},\hat{\beta}_{kn}) \\ c\hat{o}v(\hat{\beta}_{2n},\hat{\beta}_{1n}) & v\hat{a}r(\hat{\beta}_{2n}) & c\hat{o}v(\hat{\beta}_{2n},\hat{\beta}_{3n}) & \cdots & c\hat{o}v(\hat{\beta}_{2n},\hat{\beta}_{kn}) \\ c\hat{o}v(\hat{\beta}_{3n},\hat{\beta}_{1n}) & c\hat{o}v(\hat{\beta}_{3n},\hat{\beta}_{2n}) & v\hat{a}r(\hat{\beta}_{3n}) & \cdots & c\hat{o}v(\hat{\beta}_{3n},\hat{\beta}_{kn}) \\ \vdots & \vdots & \vdots & \vdots & \vdots \\ c\hat{o}v(\hat{\beta}_{kn},\hat{\beta}_{1n}) & c\hat{o}v(\hat{\beta}_{kn},\hat{\beta}_{2n}) & c\hat{o}v(\hat{\beta}_{kn},\hat{\beta}_{3n}) & \cdots & v\hat{a}r(\hat{\beta}_{kn}) \end{bmatrix}$$

$$
= \begin{bmatrix} s^2_{\hat{\beta}_{1n}} & s_{\hat{\beta}_{1n},\hat{\beta}_{2n}} & s_{\hat{\beta}_{1n},\hat{\beta}_{3n}} & \cdots & s_{\hat{\beta}_{1n},\hat{\beta}_{kn}} \\ s_{\hat{\beta}_{2n},\hat{\beta}_{1n}} & s^2_{\hat{\beta}_{2n}} & s_{\hat{\beta}_{2n},\hat{\beta}_{3n}} & \cdots & s_{\hat{\beta}_{2n},\hat{\beta}_{kn}} \\ s_{\hat{\beta}_{3n},\hat{\beta}_{1n}} & s_{\hat{\beta}_{3n},\hat{\beta}_{2n}} & s^2_{\hat{\beta}_{3n}} & \cdots & s_{\hat{\beta}_{3n},\hat{\beta}_{kn}} \\ \vdots & \vdots & \vdots & \vdots & \vdots \\ s_{\hat{\beta}_{kn},\hat{\beta}_{1n}} & s_{\hat{\beta}_{kn},\hat{\beta}_{2n}} & s_{\hat{\beta}_{kn},\hat{\beta}_{3n}} & \cdots & s^2_{\hat{\beta}_{kn}} \end{bmatrix}.
$$

如前所述，$\hat{\beta}_n = (X'X)^{-1}X'y$ 為 y 的線性估計式，且

$$y \sim N(X\beta_0, \sigma_0^2 I_n),$$

因此，

$$\hat{\beta}_n \sim N(\beta_0, \sigma_0^2 (X'X)^{-1}).$$

或

$$[\sigma_0^2 (X'X)^{-1}]^{-1/2}(\hat{\beta}_n - \beta_0) \sim N(0, I_n).$$

而就單一個迴歸參數估計式 $\hat{\beta}_{in}$ 而言，

$$\hat{\beta}_{in} \sim N(\beta_{i0}, \sigma^2_{\hat{\beta}_{in}}),$$

或

$$\frac{\hat{\beta}_{in} - \beta_{i0}}{\sigma_{\hat{\beta}_{in}}} \sim N(0,1).$$

再者，因

$$\frac{(n-k)\hat{\sigma}_n^2}{\sigma_0^2} \sim \chi^2(n-k),$$

因此，

$$\frac{\hat{\beta}_{in} - \beta_{i0}}{s_{\hat{\beta}_{in}}} \sim t(n-k).$$

16.9 習　題

1. 請導出何時 $\bar{R}^2$ 會是小於零的數值。

2. 試證明

$$\phi = \frac{(ESS_c - ESS_u)/2}{ESS_u/(n-k)}$$

ESS_u 和 ESS_c 分別為未受限和受限迴歸模型的 ESS。

3. 請以迴歸分析檢定個別統計、微積分及英文成績不存在性別間的差異。

4. 請以迴歸分析檢定個別統計、微積分及英文成績不存在科系別間的差異。

17. 抽樣方法

在這本書中，我們一直強調統計分析的目的在於以一組有限個數的樣本觀察值，達成描述一個隨機母體所有實現值在實數線上的分布情形；在母體參數估計的討論上，唯有在每一個隨機樣本具有與母體相同的分配下，樣本估計式才具不偏性和一致性，所謂每一個隨機樣本具有與母體相同的抽樣分配，即是樣本觀察值必須具有母體的代表性，假若樣本觀察值不具有母體的代表性，則樣本估計式的不偏性與一致性將不復存在；此外，在統計檢定上，統計檢定的基本邏輯，在於以樣本觀察值所得到的樣本估計值$\hat{\theta}_n$，以作為母體參數θ的樣本訊息，統計量即在衡量樣本訊息$\hat{\theta}_n$與虛無假設下的特定數值θ_0間的標準化差異，由於在樣本觀察值具母體代表性的信念下，真正母體參數值θ與θ_0間的差異，可以用樣本訊息$\hat{\theta}_n$與θ_0間的差異予以估計，因此，$\hat{\theta}_n$與θ_0間的差異大，隱含θ_0與θ間的差異大，所以應棄卻虛無假設，若差異小則不棄卻虛無假設；但如果樣本觀察值不具母體代表性，則樣本估計式將不具不偏性與一致性，即$\hat{\theta}_n-\theta_0$的期望值將不再等於0，因而，即使虛無假設確實為真，$\theta=\theta_0$，$\hat{\theta}_n-\theta_0$的期望值亦將不再等於0，其間的偏誤，將使$\hat{\theta}_n-\theta_0$總是存在較大的差異，進而獲致棄卻虛無假設的錯誤結論，由此可見樣本觀察值具有母體代表性的重要性了。所以，在統計分析上，具有母體代表性的樣本觀察值是從事統計分析者必要的信念，如果樣本觀察值不具母體代表性，再好、再嚴謹的統計分析也無法瞭解母體實現值的真正分布情形。如何才能擁有一組具有代表性的樣本資料呢？這就必須借重於好的**抽樣方法** (sampling method) 了。在本章中，我們就常用的抽樣方法加以介紹。

在隨機變數的定義中，隨機變數的實現值是研究母體中所有研究對象身上某一特徵的數值表象，例如研究的問題是以臺灣成人的身高為母體，則所有的臺灣成人均為研究對象，而表現其身高的數值（以公分、公尺、或英寸為衡量單位)，即為定義於實現值；又如體重數值，也是研究對象身上體重特徵的公斤數或英磅數，因此亦為定義於體重隨機變數的實現值；這些數值可經由客觀的衡量獲得，因此，只要利用適當的抽樣方法決定了作為樣本的研究對象，即可很容易地得到樣本研究對象的特徵實現值；但是，如果研究的問題是有關於研究對象的主觀意見，由於主觀意見不容易明確表達，縱然已利用適當的抽樣方法決定了研究對象，尚須利用有技巧的**問卷題目** (questionnaire) 設計，方能使受訪的研究對象表達出真實的主觀意見；對於問卷題目的設計，在統計學或心理學中另有專門課程介紹，在此，我們著重於抽樣方法的介紹。

一般而言，統計上常用的抽樣方法包括：**簡單隨機抽樣法** (simple random sampling)、**分層簡單隨機抽樣法** (stratified simple random sampling)、**群聚抽樣法** (cluster sampling) 及**系統抽樣法** (systematic sampling)，本章中，我們將一一予以介紹。

17.1 簡單隨機抽樣法

在一個具 N 個實現值的有限母體中 (其中 N 稱為**母體大小** (population size)) 中，若包含 n 個樣本觀察值的可能樣本具有相同的被抽出機率，則其中的任何一組樣本稱為**簡單隨機樣本** (simple random sample)；通常，一組簡單隨機樣本取得的過程包括：

1. **先將有限母體中的所有實現值任意給予不同的號碼；**
2. **利用亂數表以決定抽取的樣本觀察值。**

例如要在 $N = 10000$ 個實現值的有限母體抽取一組 $n = 100$ 簡單隨機樣本，先將所有 10000 個實現值給予任意的號碼，譬如，由 50001 到 60000；之後，在亂數表中，以任何一個數字為起點，取連續的 6 個數字，假若形成的 6 位數字介於 50001 到 60000，則將該號碼的觀察值取出，若不在 50001 到 60000

之間，則再往後取連續的 6 個數字，依此類推，一直到抽出 100 個觀察值為止，此 100 個觀察值即為一組簡單隨機樣本；由於亂數表中由 0 到 9 的數字，每一個數字出現的機率均為 0.1，即為均等機率，且一個數字出現的機率與前面一個出現的數字無關，即獨立機率，因此，任何個數的數字所形成的號碼具有相同的出現機率，又因為每一個號碼出現的機率值均相等，因而任何一組包含 100 個觀察值的樣本也具有相同的出現機率，故這種過程抽出的任一組樣本為簡單隨機樣本。

假定 n 個觀察值 $\{x_1, x_2, \cdots, x_n\}$，為一組抽自一個具 N 個實現值母體的簡單隨機樣本，則此母體平均數的點估計式為

$$\bar{x}_n = \frac{1}{n}\sum_{i=1}^{n} x_i,$$

而母體變異數的點估計式為

$$s_x^2 = \frac{1}{n-1}\sum_{i=1}^{n}(x_i - \bar{x}_n)^2.$$

則樣本平均數的變異數為

$$s_{\bar{x}_n}^2 = \frac{N-n}{N-1}\left(\frac{s_x^2}{n}\right).$$

其中 $(N-n)/(N-1)$ 為**有限母體校正因子** (finite population correction factor)。

若樣本觀察值 $\{x_1, x_2, \cdots, x_n\}$ 為 0 或 1 的數值，則母體比例的點估計式為

$$\bar{p}_n = \frac{1}{n}\sum_{i=1}^{n} x_i,$$

則樣本比例的變異數為

$$s_{\bar{p}_n}^2 = \frac{N-n}{N-1}\left(\frac{\bar{p}_n(1-\bar{p}_n)}{n-1}\right).$$

17.2 分層簡單隨機抽樣法

由於簡單隨機抽樣所抽出的樣本具有相同的機率值，因此所有可能的樣本觀察值組合均可能出現，亦即，一組簡單隨機樣本有可能是由母體局部的實現值所構成；例如在臺灣家庭收支調查研究上，一組簡單隨機樣本有可能完全來自臺北市的家庭，這樣的簡單隨機樣本很顯然會造成推論結果的偏誤，因為此組樣本並未具有臺灣家庭的代表性，這是因為全臺灣各縣市的家庭收支存有顯著差異；所以，具有代表性的樣本應涵蓋來自各縣市的樣本；為使樣本中確能涵蓋不同縣市的家庭，在所有縣市中以簡單隨機抽樣抽取若干個數的家庭，使得所有抽出的家庭樣本數為 n，如此的樣本將較簡單隨機樣本具母體代表性。換言之，當母體實現值間的差異性較小、齊質性較高時，以簡單隨機抽樣法即可取得具母體代表性的樣本；然而，當母體實現值間的差異性較高、齊質性較低時，以簡單隨機抽樣法有可能取得不具母體代表性的樣本；當母體中的實現值存在明顯的異質性，若將其分割成若干群體，則在單一群體中存在高度齊質性，而異質性僅存在群體間，則只要刻意在每一個群體中隨機抽取若干樣本觀察值，才有可能抽取到一組具有母體代表性的樣本，這樣的抽樣方法稱為**分層簡單隨機抽樣法** (stratified simple random sampling)，每一個群體稱為**分層** (stratum)，而所有的群體則稱為**層群** (strata)。

假定母體中的實現值分為 H 個分層後，在每一個分層中實現值存在高度齊質性，而在分層間的異質性較高；此時，在第 h 個分層中依亂數表隨機抽取 n_h 個實現值，則 $\sum_{h=1}^{H} n_h = n$ 為分層隨機樣本的樣本個數，為使樣本具母體代表性，每一個分層所抽取的實現值個數應為 $n_h = (N_h / N)n$，其中，N_h 為第 h 個分層中實現值的個數；令 x_{ih} 代表由第 h 個分層中所抽取第 i 個觀察值，則母體平均數的樣本估計式為

$$\begin{aligned}\bar{x}_{st} &= \frac{1}{n}\sum_{h=1}^{H}\sum_{i=1}^{n_h}x_{ih} \\ &= \frac{1}{n}\sum_{h=1}^{H}n_h\bar{x}_h \\ &= \sum_{h=1}^{H}\frac{n_h}{n}\bar{x}_h \\ &= \sum_{h=1}^{H}\frac{N_h}{N}\bar{x}_h, \text{因} n_h/n = N_h/N,\end{aligned}$$

其中 $\bar{x}_h$ 為由第 h 個分層中所抽取 n_h 個實現值的算術平均數。假設 s_h^2 為由第 h 個分層中所抽取 n_h 個實現值的樣本變異數，即

$$s_h^2 = \frac{1}{n_h - 1}\sum_{i=1}^{n_h}(x_{ih} - \bar{x}_h)^2.$$

則此樣本平均數的標準誤為

$$s_{\bar{x}_{st}} = \sqrt{\frac{1}{N^2}\sum_{h=1}^{H}N_h^2\frac{N_h - n_h}{N_h - 1}\frac{s_h^2}{n_h}}.$$

由於在分層抽樣法中，簡單隨機抽樣是應用於每一分層內樣本觀察值抽取的決定上，因此，一組分層抽樣的樣本，其隨機性來自於每一分層內的隨機抽樣，因此在標準誤的計算上需對每一分層之隨機抽樣予以有限母體校正，故上式中 $(N_h - n_h)/(N_h - 1)$ 為有限母體校正因子。

至於樣本比例的樣本估計式為

$$\begin{aligned}\bar{p}_{st} &= \frac{1}{n}\sum_{h=1}^{H}\sum_{i=1}^{n_h}x_{ih} \\ &= \frac{1}{n}\sum_{h=1}^{H}n_h\bar{p}_h \\ &= \sum_{h=1}^{H}\frac{n_h}{n}\bar{p}_h \\ &= \sum_{h=1}^{H}\frac{N_h}{N}\bar{p}_h, \text{因} n_h/n = N_h/N,\end{aligned}$$

其中 $\overline{p}_h$ 為由第 h 個分層中所抽取 n_h 個實現值的算術平均數；而樣本比例的樣本標準誤則為

$$s_{\overline{p}_{st}} = \sqrt{\frac{1}{N^2}\sum_{h=1}^{H} N_h^2 \frac{N_h - n_h}{N_h - 1}\frac{\overline{p}_h(1-\overline{p}_h)}{n_h}}$$

在分層抽樣法的應用上，除了須決定完整一組樣本觀察值的個數 n 外，我們也需要決定每一個分層中所應抽取的觀察值個數 n_h，而 n_h 的決定，在為使樣本具有母體的代表性，在 N_h 數較大的分層中須有較大的 n_h，因此，較簡單的決定方法為 $n_h = n(N_h/N)$，即按每一個分層中的實現值個數佔母體總實現值個數的比例分配；但除了母體代表性的考量外，參數樣本估計式的精確度也是須考慮的因素， 亦即 n_h 的決定希望能有較小的參數樣本估計式標準誤；由樣本平均數的標準誤 $s_{\overline{x}_{st}}$ 中可看出隨著 s_h^2 的增加或隨 N_h 的減少而增加，因此， 在 n_h 的決定上須同時考慮 s_h^2 和 N_h， 故為使參數樣本估計式標準誤較小，在較大的 s_h^2 中應選擇較大的 n_h；除了須使能有較小的參數樣本估計式標準誤外，當然也須考量抽樣的成本，例如在臺北市中訪查研究對象的成本一定會比在花蓮、臺東較便宜，因為花蓮、臺東地區幅員較廣且交通較為不便，所產生的訪查成本也就較高了； 以上的分析說明了 n_h 的決定所應考慮的因素，在統計文獻上，存在一個決定 n_h 的方法，此方法即為「**尼曼分配法**」(Neyman allocation)，這個方法是在固定水準的參數樣本估計式標準誤下，使抽樣成本最小的決定方法，其方法為

$$n_h = n\left(\frac{N_h s_h}{\sum_{h=1}^{H} N_h s_h}\right).$$

17.3 群聚抽樣法

在分層簡單隨機抽樣法中，是藉由人為的分層，將母體實現值的異質性表現為分層間的差異，而在每一個分層中的實現值則存在較高的齊質性，如此所得到較具母體代表性的樣本；假定在整個母體中，原本就已經被區分成若干個完全不重疊的群體，例如臺灣的人民依據戶籍登記可區分為不同縣市的群體，這些群體稱為**群聚** (cluster)；當然如前一章節所述，如果是家庭所得的研究，則各縣市的差異顯著，因此在抽樣上，應選擇分層隨機抽樣方可抽取到具代表性的樣本，但是我們必須在決定抽樣樣本後，到所有的縣市訪談樣本家庭以蒐集相關資料；但如果所研究的問題是身高與體重間的關係，當然這關係在不同縣市間不會有太大的差異，表示每一個縣市的居民可視為一個與全臺灣居民相同的小母體，因此為節省資料蒐集成本，我們可以隨機選擇幾個縣市，進而在這些選擇的縣市中，隨機抽取若干樣本組成一個完整的樣本，此種方法稱為**群聚抽樣法** (cluster sampling)。

通常群聚抽樣法有兩種：

1. **單階段群聚抽樣：將隨機選取的群聚內所有的實現值當作樣本觀察值。**
2. **二階段群聚抽樣：在隨機選取的群聚內再隨機抽取若干實現值當作樣本觀察值。**

就單階段群聚抽樣而言，所抽取樣本的隨機性來自於隨機群聚的選取上，至於二階段群聚抽樣而言，所抽取樣本的隨機性來自於隨機群聚的選取及所選取群聚內樣本觀察值的選取上，即其隨機性來自於群聚選取及樣本觀察值選取。在抽樣成本的考量上，通常以單階段群聚抽樣方法的成本較小，尤其對幅員遼闊的國家而言；以下我們討論單階段群聚抽樣方法所取得樣本的母體平均數與母體比例的估計。

假定整個母體內存在 N 個群聚，並在其中隨機抽取 n 個群聚，而在選取

的第 j 個群聚中抽取所有 M_j 個樣本觀察值，令 x_{ij} 表示自第 j 個群聚內第 i 個樣本觀察值，則此群聚抽樣樣本的樣本平均數為

$$\bar{x}_c = \frac{\sum_{j=1}^{n}\sum_{i=1}^{M_j} x_{ij}}{\sum_{j=1}^{n} M_j} = \frac{\sum_{j=1}^{n} T_j}{\sum_{j=1}^{n} M_j},$$

如前所述，隨機樣本觀察值 x_{ij} 的隨機性來自於群聚 j 的選取，而不是來自於群聚內樣本觀察值 i 的選取，因此，自第 j 個群聚所有樣本的樣本總和 T_j 仍為隨機變數，因而 $\bar{x}_c$ 的隨機性來自於 T_j 的隨機性；至於 $\bar{x}_c$ 的樣本標準誤為

$$s_{\bar{x}_c} = \sqrt{\left(\frac{N-n}{Nn\bar{M}^2}\right)\sum_{j=1}^{n}\frac{(T_j - \bar{x}_c M_j)^2}{n-1}},$$

其中 $\bar{M}$ 為平均的群聚大小，$\sum_{j=1}^{n} M_j / N$。至於在母體比例的估計上，樣本比例 $\bar{p}_c$ 為

$$\bar{p}_c = \frac{\sum_{j=1}^{n} T_j}{\sum_{j=1}^{n} M_j},$$

其中 $T_j = \sum_{i=1}^{M_j} x_{ij}$ 為樣本總和，而 x_{ij} 為 0 或 1 的數值；而樣本比例的樣本標準誤為

$$s_{\bar{p}_c} = \sqrt{\left(\frac{N-n}{Nn\bar{M}^2}\right)\sum_{j=1}^{n}\frac{(T_j - \bar{p}_c M_j)^2}{n-1}}$$

17.4 系統抽樣法

在簡單隨機抽樣中，樣本觀察值是藉由亂數表而逐個決定的，遇到不在實現值號碼的範圍內，則看下一組數字，這樣的過程，當所要抽取的樣本個數很大時，就顯得非常沒有效率；為提升抽樣的效率，假定要在 N 個實現值的母體中抽出 n 個觀察值，則只要以亂數表決定第一個樣本觀察值的號碼，然後每隔 M/n 的間隔抽取下一個樣本觀察值，一直到抽完 n 個樣本觀察值為止，此抽樣方法即稱為**系統抽樣法** (systematic sampling)。至於母體平均數與母體比例的估計與前述之簡單隨機抽樣相同。

17.5 隨機亂數表的製作

在前面抽樣方法的敘述中，不論是對樣本觀察值的隨機抽取，或是分層和群聚的隨機抽取，皆需藉由亂數表的使用，在本節中，我們將介紹利用 Excel 製作隨機亂數表。開啟一個命名為 random.xls 的 Excel 檔案，在其中的 A1 – A10 分別輸入 0 – 9 十個數字，並在 B1 – B10 中均輸入 0.1，此表示 0 – 9 十個數字出現的機率均為 0.1；利用『工具 (T)』中的『資料分析 (D)』，在「分析工具 (A)」的對話框中點選「亂數產生器」，即進入「亂數產生器」的對話框；在『變數個數 (V)』框中輸入 70，在『亂數個數 (B)』框中輸入 30，在「參數」框中的『值及機率 (I)』框中輸入 A1:B10，並在「輸出選項」中的『輸出範圍 (O)』輸入 C1，按下『確定』即可得到 30×70 個亂數，將這些亂數即可製作成附錄中的表 9，即為隨機亂數表。上述 Excel 的計算過程，請參考作者網頁子目錄 chapter17 中的 chapt17_1.ppt 及 random.xls。

17.6 習　題

1. 請依簡單隨機抽樣法自80位同學中抽出30位同學。
2. 請依分層簡單隨機抽樣法，以科系別為分層，自80位同學中抽出30位同學。

附　錄

表 1　二項分配機率值: $P(X = x) = C_x^n p^x (1 - p)^{n-x}$

		p												
n	*x*	0.01	0.05	0.10	0.20	0.30	0.40	0.50	0.60	0.70	0.80	0.90	0.95	0.99
2	0	.9801	.9025	.8100	.6400	.4900	.3600	.2500	.1600	.0900	.0400	.0100	.0025	.0001
	1	.0198	.0950	.1800	.3200	.4200	.4800	.5000	.4800	.4200	.3200	.1800	.0950	.0198
	2	.0001	.0025	.0100	.0400	.0900	.1600	.2500	.3600	.4900	.6400	.8100	.9025	.9801
3	0	.9703	.8574	.7290	.5120	.3430	.2160	.1250	.0640	.0270	.0080	.0010	.0001	.0000
	1	.0294	.1354	.2430	.3840	.4410	.4320	.3750	.2880	.1890	.0960	.0270	.0071	.0003
	2	.0003	.0071	.0270	.0960	.1890	.2880	.3750	.4320	.4410	.3840	.2430	.1354	.0294
	3	.0000	.0001	.0010	.0080	.0270	.0640	.1250	.2160	.3430	.5120	.7290	.8574	.9703
4	0	.9606	.8145	.6561	.4096	.2401	.1296	.0625	.0256	.0081	.0016	.0001	.0000	.0000
	1	.0388	.1715	.2916	.4096	.4116	.3456	.2500	.1536	.0756	.0256	.0036	.0005	.0000
	2	.0006	.0135	.0486	.1536	.2646	.3456	.3750	.3456	.2646	.1536	.0486	.0135	.0006
	3	.0000	.0005	.0036	.0256	.0756	.1536	.2500	.3456	.4116	.4096	.2916	.1715	.0388
	4	.0000	.0000	.0001	.0016	.0081	.0256	.0625	.1296	.2401	.4096	.6561	.8145	.9606
5	0	.9510	.7738	.5905	.3277	.1681	.0778	.0313	.0102	.0024	.0003	.0000	.0000	.0000
	1	.0480	.2036	.3281	.4096	.3602	.2592	.1563	.0768	.0284	.0064	.0004	.0000	.0000
	2	.0010	.0214	.0729	.2048	.3087	.3456	.3125	.2304	.1323	.0512	.0081	.0011	.0000
	3	.0000	.0011	.0081	.0512	.1323	.2304	.3125	.3456	.3087	.2048	.0729	.0214	.0010
	4	.0000	.0000	.0004	.0064	.0284	.0768	.1563	.2592	.3602	.4096	.3281	.2036	.0480
	5	.0000	.0000	.0000	.0003	.0024	.0102	.0313	.0778	.1681	.3277	.5905	.7738	.9510
6	0	.9415	.7351	.5314	.2621	.1176	.0467	.0156	.0041	.0007	.0001	.0000	.0000	.0000
	1	.0571	.2321	.3543	.3932	.3025	.1866	.0938	.0369	.0102	.0015	.0001	.0000	.0000
	2	.0014	.0305	.0984	.2458	.3241	.3110	.2344	.1382	.0595	.0154	.0012	.0001	.0000
	3	.0000	.0021	.0146	.0819	.1852	.2765	.3125	.2765	.1852	.0819	.0146	.0021	.0000
	4	.0000	.0001	.0012	.0154	.0595	.1382	.2344	.3110	.3241	.2458	.0984	.0305	.0014
	5	.0000	.0000	.0001	.0015	.0102	.0369	.0938	.1866	.3025	.3932	.3543	.2321	.0571
	6	.0000	.0000	.0000	.0001	.0007	.0041	.0156	.0467	.1176	.2621	.5314	.7351	.9415
7	0	.9321	.6983	.4783	.2097	.0824	.0280	.0078	.0016	.0002	.0000	.0000	.0000	.0000
	1	.0659	.2573	.3720	.3670	.2471	.1306	.0547	.0172	.0036	.0004	.0000	.0000	.0000
	2	.0020	.0406	.1240	.2753	.3177	.2613	.1641	.0774	.0250	.0043	.0002	.0000	.0000
	3	.0000	.0036	.0230	.1147	.2269	.2903	.2734	.1935	.0972	.0287	.0026	.0002	.0000
	4	.0000	.0002	.0026	.0287	.0972	.1935	.2734	.2903	.2269	.1147	.0230	.0036	.0000
	5	.0000	.0000	.0002	.0043	.0250	.0774	.1641	.2613	.3177	.2753	.1240	.0406	.0020
	6	.0000	.0000	.0000	.0004	.0036	.0172	.0547	.1306	.2471	.3670	.3720	.2573	.0659
	7	.0000	.0000	.0000	.0000	.0002	.0016	.0078	.0280	.0824	.2097	.4783	.6983	.9321
8	0	.9227	.6634	.4305	.1678	.0576	.0168	.0039	.0007	.0001	.0000	.0000	.0000	.0000
	1	.0746	.2793	.3826	.3355	.1977	.0896	.0313	.0079	.0012	.0001	.0000	.0000	.0000
	2	.0026	.0515	.1488	.2936	.2965	.2090	.1094	.0413	.0100	.0011	.0000	.0000	.0000
	3	.0001	.0054	.0331	.1468	.2541	.2787	.2188	.1239	.0467	.0092	.0004	.0000	.0000
	4	.0000	.0004	.0046	.0459	.1361	.2322	.2734	.2322	.1361	.0459	.0046	.0004	.0000
	5	.0000	.0000	.0004	.0092	.0467	.1239	.2188	.2787	.2541	.1468	.0331	.0054	.0001
	6	.0000	.0000	.0000	.0011	.0100	.0413	.1094	.2090	.2965	.2936	.1488	.0515	.0026
	7	.0000	.0000	.0000	.0001	.0012	.0079	.0313	.0896	.1977	.3355	.3826	.2793	.0746
	8	.0000	.0000	.0000	.0000	.0001	.0007	.0039	.0168	.0576	.1678	.4305	.6634	.9227
9	0	.9135	.6302	.3874	.1342	.0404	.0101	.0020	.0003	.0000	.0000	.0000	.0000	.0000
	1	.0830	.2985	.3874	.3020	.1556	.0605	.0176	.0035	.0004	.0000	.0000	.0000	.0000
	2	.0034	.0629	.1722	.3020	.2668	.1612	.0703	.0212	.0039	.0003	.0000	.0000	.0000
	3	.0001	.0077	.0446	.1762	.2668	.2508	.1641	.0743	.0210	.0028	.0001	.0000	.0000
	4	.0000	.0006	.0074	.0661	.1715	.2508	.2461	.1672	.0735	.0165	.0008	.0000	.0000
	5	.0000	.0000	.0008	.0165	.0735	.1672	.2461	.2508	.1715	.0661	.0074	.0006	.0000
	6	.0000	.0000	.0001	.0028	.0210	.0743	.1641	.2508	.2668	.1762	.0446	.0077	.0001
	7	.0000	.0000	.0000	.0003	.0039	.0212	.0703	.1612	.2668	.3020	.1722	.0629	.0034
	8	.0000	.0000	.0000	.0000	.0004	.0035	.0176	.0605	.1556	.3020	.3874	.2985	.0830
	9	.0000	.0000	.0000	.0000	.0000	.0003	.0020	.0101	.0404	.1342	.3874	.6302	.9135

表1 二項分配機率值: $P(X=x)=C_x^n p^x(1-p)^{n-x}$ (續)

n	x	p 0.01	0.05	0.10	0.20	0.30	0.40	0.50	0.60	0.70	0.80	0.90	0.95	0.99
10	0	.9044	.5987	.3487	.1074	.0282	.0060	.0010	.0001	.0000	.0000	.0000	.0000	.0000
	1	.0914	.3151	.3874	.2684	.1211	.0403	.0098	.0016	.0001	.0000	.0000	.0000	.0000
	2	.0042	.0746	.1937	.3020	.2335	.1209	.0439	.0106	.0014	.0001	.0000	.0000	.0000
	3	.0001	.0105	.0574	.2013	.2668	.2150	.1172	.0425	.0090	.0008	.0000	.0000	.0000
	4	.0000	.0010	.0112	.0881	.2001	.2508	.2051	.1115	.0368	.0055	.0001	.0000	.0000
	5	.0000	.0001	.0015	.0264	.1029	.2007	.2461	.2007	.1029	.0264	.0015	.0001	.0000
	6	.0000	.0000	.0001	.0055	.0368	.1115	.2051	.2508	.2001	.0881	.0112	.0010	.0000
	7	.0000	.0000	.0000	.0008	.0090	.0425	.1172	.2150	.2668	.2013	.0574	.0105	.0001
	8	.0000	.0000	.0000	.0001	.0014	.0106	.0439	.1209	.2335	.3020	.1937	.0746	.0042
	9	.0000	.0000	.0000	.0000	.0001	.0016	.0098	.0403	.1211	.2684	.3874	.3151	.0914
	10	.0000	.0000	.0000	.0000	.0000	.0001	.0010	.0060	.0282	.1074	.3487	.5987	.9044
15	0	.8601	.4633	.2059	.0352	.0047	.0005	.0000	.0000	.0000	.0000	.0000	.0000	.0000
	1	.1303	.3658	.3432	.1319	.0305	.0047	.0005	.0000	.0000	.0000	.0000	.0000	.0000
	2	.0092	.1348	.2669	.2309	.0916	.0219	.0032	.0003	.0000	.0000	.0000	.0000	.0000
	3	.0004	.0307	.1285	.2501	.1700	.0634	.0139	.0016	.0001	.0000	.0000	.0000	.0000
	4	.0000	.0049	.0428	.1876	.2186	.1268	.0417	.0074	.0006	.0000	.0000	.0000	.0000
	5	.0000	.0006	.0105	.1032	.2061	.1859	.0916	.0245	.0030	.0001	.0000	.0000	.0000
	6	.0000	.0000	.0019	.0430	.1472	.2066	.1527	.0612	.0116	.0007	.0000	.0000	.0000
	7	.0000	.0000	.0003	.0138	.0811	.1771	.1964	.1181	.0348	.0035	.0000	.0000	.0000
	8	.0000	.0000	.0000	.0035	.0348	.1181	.1964	.1771	.0811	.0138	.0003	.0000	.0000
	9	.0000	.0000	.0000	.0007	.0116	.0612	.1527	.2066	.1472	.0430	.0019	.0000	.0000
	10	.0000	.0000	.0000	.0001	.0030	.0245	.0916	.1859	.2061	.1032	.0105	.0006	.0000
	11	.0000	.0000	.0000	.0000	.0006	.0074	.0417	.1268	.2186	.1876	.0428	.0049	.0000
	12	.0000	.0000	.0000	.0000	.0001	.0016	.0139	.0634	.1700	.2501	.1285	.0307	.0004
	13	.0000	.0000	.0000	.0000	.0000	.0003	.0032	.0219	.0916	.2309	.2669	.1348	.0092
	14	.0000	.0000	.0000	.0000	.0000	.0000	.0005	.0047	.0305	.1319	.3432	.3658	.1303
	15	.0000	.0000	.0000	.0000	.0000	.0000	.0000	.0005	.0047	.0352	.2059	.4633	.8601
20	0	.8179	.3585	.1216	.0115	.0008	.0000	.0000	.0000	.0000	.0000	.0000	.0000	.0000
	1	.1652	.3774	.2702	.0576	.0068	.0005	.0000	.0000	.0000	.0000	.0000	.0000	.0000
	2	.0159	.1887	.2852	.1369	.0278	.0031	.0002	.0000	.0000	.0000	.0000	.0000	.0000
	3	.0010	.0596	.1901	.2054	.0716	.0123	.0011	.0000	.0000	.0000	.0000	.0000	.0000
	4	.0000	.0133	.0898	.2182	.1304	.0350	.0046	.0003	.0000	.0000	.0000	.0000	.0000
	5	.0000	.0022	.0319	.1746	.1789	.0746	.0148	.0013	.0000	.0000	.0000	.0000	.0000
	6	.0000	.0003	.0089	.1091	.1916	.1244	.0370	.0049	.0002	.0000	.0000	.0000	.0000
	7	.0000	.0000	.0020	.0545	.1643	.1659	.0739	.0146	.0010	.0000	.0000	.0000	.0000
	8	.0000	.0000	.0004	.0222	.1144	.1797	.1201	.0355	.0039	.0001	.0000	.0000	.0000
	9	.0000	.0000	.0001	.0074	.0654	.1597	.1602	.0710	.0120	.0005	.0000	.0000	.0000
	10	.0000	.0000	.0000	.0020	.0308	.1171	.1762	.1171	.0308	.0020	.0000	.0000	.0000
	11	.0000	.0000	.0000	.0005	.0120	.0710	.1602	.1597	.0654	.0074	.0001	.0000	.0000
	12	.0000	.0000	.0000	.0001	.0039	.0355	.1201	.1797	.1144	.0222	.0004	.0000	.0000
	13	.0000	.0000	.0000	.0000	.0010	.0146	.0739	.1659	.1643	.0545	.0020	.0000	.0000
	14	.0000	.0000	.0000	.0000	.0002	.0049	.0370	.1244	.1916	.1091	.0089	.0003	.0000
	15	.0000	.0000	.0000	.0000	.0000	.0013	.0148	.0746	.1789	.1746	.0319	.0022	.0000
	16	.0000	.0000	.0000	.0000	.0000	.0003	.0046	.0350	.1304	.2182	.0898	.0133	.0000
	17	.0000	.0000	.0000	.0000	.0000	.0000	.0011	.0123	.0716	.2054	.1901	.0596	.0010
	18	.0000	.0000	.0000	.0000	.0000	.0000	.0002	.0031	.0278	.1369	.2852	.1887	.0159
	19	.0000	.0000	.0000	.0000	.0000	.0000	.0000	.0005	.0068	.0576	.2702	.3774	.1652
	20	.0000	.0000	.0000	.0000	.0000	.0000	.0000	.0000	.0008	.0115	.1216	.3585	.8179

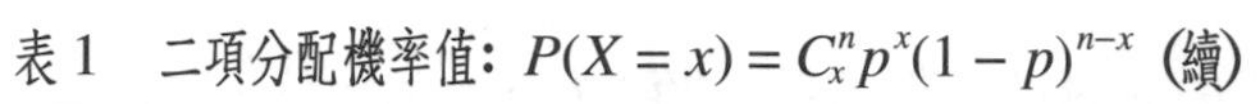

表 1 二項分配機率值：$P(X=x)=C_x^n p^x(1-p)^{n-x}$ (續)

		p												
n	x	0.01	0.05	0.10	0.20	0.30	0.40	0.50	0.60	0.70	0.80	0.90	0.95	0.99
30	0	.7397	.2146	.0424	.0012	.0000	.0000	.0000	.0000	.0000	.0000	.0000	.0000	.0000
	1	.2242	.3389	.1413	.0093	.0003	.0000	.0000	.0000	.0000	.0000	.0000	.0000	.0000
	2	.0328	.2586	.2277	.0337	.0018	.0000	.0000	.0000	.0000	.0000	.0000	.0000	.0000
	3	.0031	.1270	.2361	.0785	.0072	.0003	.0000	.0000	.0000	.0000	.0000	.0000	.0000
	4	.0002	.0451	.1771	.1325	.0208	.0012	.0000	.0000	.0000	.0000	.0000	.0000	.0000
	5	.0000	.0124	.1023	.1723	.0464	.0041	.0001	.0000	.0000	.0000	.0000	.0000	.0000
	6	.0000	.0027	.0474	.1795	.0829	.0115	.0006	.0000	.0000	.0000	.0000	.0000	.0000
	7	.0000	.0005	.0180	.1538	.1219	.0263	.0019	.0000	.0000	.0000	.0000	.0000	.0000
	8	.0000	.0001	.0058	.1106	.1501	.0505	.0055	.0002	.0000	.0000	.0000	.0000	.0000
	9	.0000	.0000	.0016	.0676	.1573	.0823	.0133	.0006	.0000	.0000	.0000	.0000	.0000
	10	.0000	.0000	.0004	.0355	.1416	.1152	.0280	.0020	.0000	.0000	.0000	.0000	.0000
	11	.0000	.0000	.0001	.0161	.1103	.1396	.0509	.0054	.0001	.0000	.0000	.0000	.0000
	12	.0000	.0000	.0000	.0064	.0749	.1474	.0806	.0129	.0005	.0000	.0000	.0000	.0000
	13	.0000	.0000	.0000	.0022	.0444	.1360	.1115	.0269	.0015	.0000	.0000	.0000	.0000
	14	.0000	.0000	.0000	.0007	.0231	.1101	.1354	.0489	.0042	.0000	.0000	.0000	.0000
	15	.0000	.0000	.0000	.0002	.0106	.0783	.1445	.0783	.0106	.0002	.0000	.0000	.0000
	16	.0000	.0000	.0000	.0000	.0042	.0489	.1354	.1101	.0231	.0007	.0000	.0000	.0000
	17	.0000	.0000	.0000	.0000	.0015	.0269	.1115	.1360	.0444	.0022	.0000	.0000	.0000
	18	.0000	.0000	.0000	.0000	.0005	.0129	.0806	.1474	.0749	.0064	.0000	.0000	.0000
	19	.0000	.0000	.0000	.0000	.0001	.0054	.0509	.1396	.1103	.0161	.0001	.0000	.0000
	20	.0000	.0000	.0000	.0000	.0000	.0020	.0280	.1152	.1416	.0355	.0004	.0000	.0000
	21	.0000	.0000	.0000	.0000	.0000	.0006	.0133	.0823	.1573	.0676	.0016	.0000	.0000
	22	.0000	.0000	.0000	.0000	.0000	.0002	.0055	.0505	.1501	.1106	.0058	.0001	.0000
	23	.0000	.0000	.0000	.0000	.0000	.0000	.0019	.0263	.1219	.1538	.0180	.0005	.0000
	24	.0000	.0000	.0000	.0000	.0000	.0000	.0006	.0115	.0829	.1795	.0474	.0027	.0000
	25	.0000	.0000	.0000	.0000	.0000	.0000	.0001	.0041	.0464	.1723	.1023	.0124	.0000
	26	.0000	.0000	.0000	.0000	.0000	.0000	.0000	.0012	.0208	.1325	.1771	.0451	.0002
	27	.0000	.0000	.0000	.0000	.0000	.0000	.0000	.0003	.0072	.0785	.2361	.1270	.0031
	28	.0000	.0000	.0000	.0000	.0000	.0000	.0000	.0000	.0018	.0337	.2277	.2586	.0328
	29	.0000	.0000	.0000	.0000	.0000	.0000	.0000	.0000	.0003	.0093	.1413	.3389	.2242
	30	.0000	.0000	.0000	.0000	.0000	.0000	.0000	.0000	.0000	.0012	.0424	.2146	.7397

表2 波氏分配機率值：$P(X=x)=\frac{\mu^{x}e^{-\mu}}{x!}$

	μ									
x	0.1	0.2	0.3	0.4	0.5	0.6	0.7	0.8	0.9	1.0
0	.9048	.8187	.7408	.6703	.6065	.5488	.4966	.4493	.4066	.3679
1	.0905	.1637	.2222	.2681	.3033	.3293	.3476	.3595	.3659	.3679
2	.0045	.0164	.0333	.0536	.0758	.0988	.1217	.1438	.1647	.1839
3	.0002	.0011	.0033	.0072	.0126	.0198	.0284	.0383	.0494	.0613
4	.0000	.0001	.0003	.0007	.0016	.0030	.0050	.0077	.0111	.0153
5	.0000	.0000	.0000	.0001	.0002	.0004	.0007	.0012	.0020	.0031
6	.0000	.0000	.0000	.0000	.0000	.0000	.0001	.0002	.0003	.0005
7	.0000	.0000	.0000	.0000	.0000	.0000	.0000	.0000	.0000	.0001
8	.0000	.0000	.0000	.0000	.0000	.0000	.0000	.0000	.0000	.0000
9	.0000	.0000	.0000	.0000	.0000	.0000	.0000	.0000	.0000	.0000
10	.0000	.0000	.0000	.0000	.0000	.0000	.0000	.0000	.0000	.0000

	μ									
x	1.5	2.0	2.5	3.0	3.5	4.0	4.5	5.0	5.5	6.0
0	.2231	.1353	.0821	.0498	.0302	.0183	.0111	.0067	.0041	.0025
1	.3347	.2707	.2052	.1494	.1057	.0733	.0500	.0337	.0225	.0149
2	.2510	.2707	.2565	.2240	.1850	.1465	.1125	.0842	.0618	.0446
3	.1255	.1804	.2138	.2240	.2158	.1954	.1687	.1404	.1133	.0892
4	.0471	.0902	.1336	.1680	.1888	.1954	.1898	.1755	.1558	.1339
5	.0141	.0361	.0668	.1008	.1322	.1563	.1708	.1755	.1714	.1606
6	.0035	.0120	.0278	.0504	.0771	.1042	.1281	.1462	.1571	.1606
7	.0008	.0034	.0099	.0216	.0385	.0595	.0824	.1044	.1234	.1377
8	.0001	.0009	.0031	.0081	.0169	.0298	.0463	.0653	.0849	.1033
9	.0000	.0002	.0009	.0027	.0066	.0132	.0232	.0363	.0519	.0688
10	.0000	.0000	.0002	.0008	.0023	.0053	.0104	.0181	.0285	.0413
11	.0000	.0000	.0000	.0002	.0007	.0019	.0043	.0082	.0143	.0225
12	.0000	.0000	.0000	.0001	.0002	.0006	.0016	.0034	.0065	.0113
13	.0000	.0000	.0000	.0000	.0001	.0002	.0006	.0013	.0028	.0052
14	.0000	.0000	.0000	.0000	.0000	.0001	.0002	.0005	.0011	.0022
15	.0000	.0000	.0000	.0000	.0000	.0000	.0001	.0002	.0004	.0009
16	.0000	.0000	.0000	.0000	.0000	.0000	.0000	.0000	.0001	.0003
17	.0000	.0000	.0000	.0000	.0000	.0000	.0000	.0000	.0000	.0001
18	.0000	.0000	.0000	.0000	.0000	.0000	.0000	.0000	.0000	.0000
19	.0000	.0000	.0000	.0000	.0000	.0000	.0000	.0000	.0000	.0000
20	.0000	.0000	.0000	.0000	.0000	.0000	.0000	.0000	.0000	.0000

表2 波氏分配機率值：$P(X=x)=\dfrac{\mu^x e^{-\mu}}{x!}$ (續)

	μ									
x	6.5	7.5	8.5	9.0	9.5	10.0	11.0	12.0	15.0	20.0
0	.0015	.0006	.0002	.0001	.0001	.0000	.0000	.0000	.0000	.0000
1	.0098	.0041	.0017	.0011	.0007	.0005	.0002	.0001	.0000	.0000
2	.0318	.0156	.0074	.0050	.0034	.0023	.0010	.0004	.0000	.0000
3	.0688	.0389	.0208	.0150	.0107	.0076	.0037	.0018	.0001	.0000
4	.1118	.0729	.0443	.0337	.0254	.0189	.0102	.0053	.0004	.0000
5	.1454	.1094	.0752	.0607	.0483	.0378	.0224	.0127	.0014	.0001
6	.1575	.1367	.1066	.0911	.0764	.0631	.0411	.0255	.0036	.0002
7	.1462	.1465	.1294	.1171	.1037	.0901	.0646	.0437	.0079	.0005
8	.1188	.1373	.1375	.1318	.1232	.1126	.0888	.0655	.0153	.0013
9	.0858	.1144	.1299	.1318	.1300	.1251	.1085	.0874	.0264	.0029
10	.0558	.0858	.1104	.1186	.1235	.1251	.1194	.1048	.0409	.0058
11	.0330	.0585	.0853	.0970	.1067	.1137	.1194	.1144	.0577	.0106
12	.0179	.0366	.0604	.0728	.0844	.0948	.1094	.1144	.0745	.0176
13	.0089	.0211	.0395	.0504	.0617	.0729	.0926	.1056	.0888	.0271
14	.0041	.0113	.0240	.0324	.0419	.0521	.0728	.0905	.0983	.0387
15	.0018	.0057	.0136	.0194	.0265	.0347	.0534	.0724	.1016	.0516
16	.0007	.0026	.0072	.0109	.0157	.0217	.0367	.0543	.0984	.0646
17	.0003	.0012	.0036	.0058	.0088	.0128	.0237	.0383	.0897	.0760
18	.0001	.0005	.0017	.0029	.0046	.0071	.0145	.0255	.0773	.0844
19	.0000	.0002	.0008	.0014	.0023	.0037	.0084	.0161	.0630	.0888
20	.0000	.0001	.0003	.0006	.0011	.0019	.0046	.0097	.0489	.0888
21	.0000	.0000	.0001	.0003	.0005	.0009	.0024	.0055	.0361	.0846
22	.0000	.0000	.0001	.0001	.0002	.0004	.0012	.0030	.0254	.0769
23	.0000	.0000	.0000	.0000	.0001	.0002	.0006	.0016	.0171	.0669
24	.0000	.0000	.0000	.0000	.0000	.0001	.0003	.0008	.0111	.0557
25	.0000	.0000	.0000	.0000	.0000	.0000	.0001	.0004	.0069	.0446
26	.0000	.0000	.0000	.0000	.0000	.0000	.0000	.0002	.0041	.0343
27	.0000	.0000	.0000	.0000	.0000	.0000	.0000	.0001	.0023	.0254
28	.0000	.0000	.0000	.0000	.0000	.0000	.0000	.0000	.0013	.0181
29	.0000	.0000	.0000	.0000	.0000	.0000	.0000	.0000	.0007	.0125
30	.0000	.0000	.0000	.0000	.0000	.0000	.0000	.0000	.0004	.0083
31	.0000	.0000	.0000	.0000	.0000	.0000	.0000	.0000	.0002	.0054
32	.0000	.0000	.0000	.0000	.0000	.0000	.0000	.0000	.0001	.0034
33	.0000	.0000	.0000	.0000	.0000	.0000	.0000	.0000	.0000	.0020
34	.0000	.0000	.0000	.0000	.0000	.0000	.0000	.0000	.0000	.0012
35	.0000	.0000	.0000	.0000	.0000	.0000	.0000	.0000	.0000	.0007
36	.0000	.0000	.0000	.0000	.0000	.0000	.0000	.0000	.0000	.0004
37	.0000	.0000	.0000	.0000	.0000	.0000	.0000	.0000	.0000	.0002
38	.0000	.0000	.0000	.0000	.0000	.0000	.0000	.0000	.0000	.0001
39	.0000	.0000	.0000	.0000	.0000	.0000	.0000	.0000	.0000	.0001
40	.0000	.0000	.0000	.0000	.0000	.0000	.0000	.0000	.0000	.0000

表3　標準常態分配分量表: $P(-\infty<Z<z_\alpha)=\alpha$

	μ									
z_α	.00	.01	.02	.03	.04	.05	.06	.07	.08	.09
0.0	0.5000	0.5039	0.5079	0.5119	0.5159	0.5199	0.5239	0.5279	0.5318	0.5358
0.1	0.5398	0.5437	0.5477	0.5517	0.5556	0.5596	0.5635	0.5674	0.5714	0.5753
0.2	0.5792	0.5831	0.5870	0.5909	0.5948	0.5987	0.6025	0.6064	0.6102	0.6140
0.3	0.6179	0.6217	0.6255	0.6293	0.6330	0.6368	0.6405	0.6443	0.6480	0.6517
0.4	0.6554	0.6590	0.6627	0.6664	0.6700	0.6736	0.6772	0.6808	0.6843	0.6879
0.5	0.6914	0.6949	0.6984	0.7019	0.7054	0.7088	0.7122	0.7156	0.7190	0.7224
0.6	0.7257	0.7290	0.7323	0.7356	0.7389	0.7421	0.7453	0.7485	0.7517	0.7549
0.7	0.7580	0.7611	0.7642	0.7673	0.7703	0.7733	0.7763	0.7793	0.7823	0.7852
0.8	0.7881	0.7910	0.7938	0.7967	0.7995	0.8023	0.8051	0.8078	0.8105	0.8132
0.9	0.8159	0.8185	0.8212	0.8238	0.8263	0.8289	0.8314	0.8339	0.8364	0.8389
1.0	0.8413	0.8437	0.8461	0.8484	0.8508	0.8531	0.8554	0.8576	0.8599	0.8621
1.1	0.8643	0.8665	0.8686	0.8707	0.8728	0.8749	0.8769	0.8789	0.8810	0.8829
1.2	0.8849	0.8868	0.8887	0.8906	0.8925	0.8943	0.8961	0.8979	0.8997	0.9014
1.3	0.9031	0.9049	0.9065	0.9082	0.9098	0.9114	0.9130	0.9146	0.9162	0.9177
1.4	0.9192	0.9207	0.9221	0.9236	0.9250	0.9264	0.9278	0.9292	0.9305	0.9318
1.5	0.9331	0.9344	0.9357	0.9369	0.9382	0.9394	0.9406	0.9417	0.9429	0.9440
1.6	0.9452	0.9463	0.9473	0.9484	0.9494	0.9505	0.9515	0.9525	0.9535	0.9544
1.7	0.9554	0.9563	0.9572	0.9581	0.9590	0.9599	0.9607	0.9616	0.9624	0.9632
1.8	0.9640	0.9648	0.9656	0.9663	0.9671	0.9678	0.9685	0.9692	0.9699	0.9706
1.9	0.9712	0.9719	0.9725	0.9731	0.9738	0.9744	0.9750	0.9755	0.9761	0.9767
2.0	0.9772	0.9777	0.9783	0.9788	0.9793	0.9798	0.9803	0.9807	0.9812	0.9816
2.1	0.9821	0.9825	0.9829	0.9834	0.9838	0.9842	0.9846	0.9849	0.9853	0.9857
2.2	0.9860	0.9864	0.9867	0.9871	0.9874	0.9877	0.9880	0.9883	0.9886	0.9889
2.3	0.9892	0.9895	0.9898	0.9900	0.9903	0.9906	0.9908	0.9911	0.9913	0.9915
2.4	0.9918	0.9920	0.9922	0.9924	0.9926	0.9928	0.9930	0.9932	0.9934	0.9936
2.5	0.9937	0.9939	0.9941	0.9942	0.9944	0.9946	0.9947	0.9949	0.9950	0.9952
2.6	0.9953	0.9954	0.9956	0.9957	0.9958	0.9959	0.9960	0.9962	0.9963	0.9964
2.7	0.9965	0.9966	0.9967	0.9968	0.9969	0.9970	0.9971	0.9971	0.9972	0.9973
2.8	0.9974	0.9975	0.9975	0.9976	0.9977	0.9978	0.9978	0.9979	0.9980	0.9980
2.9	0.9981	0.9981	0.9982	0.9983	0.9983	0.9984	0.9984	0.9985	0.9985	0.9986
3.0	0.9986	0.9986	0.9987	0.9987	0.9988	0.9988	0.9988	0.9989	0.9989	0.9989
3.1	0.9990	0.9990	0.9990	0.9991	0.9991	0.9991	0.9992	0.9992	0.9992	0.9992
3.2	0.9993	0.9993	0.9993	0.9993	0.9994	0.9994	0.9994	0.9994	0.9994	0.9994
3.3	0.9995	0.9995	0.9995	0.9995	0.9995	0.9995	0.9996	0.9996	0.9996	0.9996
3.4	0.9996	0.9996	0.9996	0.9996	0.9997	0.9997	0.9997	0.9997	0.9997	0.9997
3.5	0.9997	0.9997	0.9997	0.9997	0.9998	0.9998	0.9998	0.9998	0.9998	0.9998

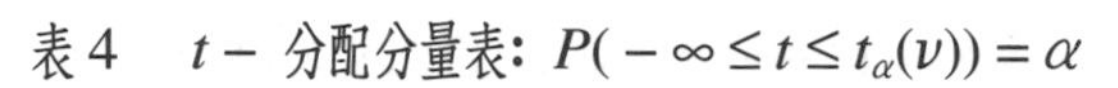

表4　$t-$ 分配分量表：$P(-\infty \le t \le t_{\alpha}(\nu)) = \alpha$

ν	$t_{0.90}$	$t_{0.95}$	$t_{0.975}$	$t_{0.99}$	$t_{0.995}$
1	3.0776	6.3137	12.7061	31.8209	63.6558
2	1.8856	2.9199	4.3026	6.9645	9.9249
3	1.6377	2.3533	3.1824	4.5407	5.8408
4	1.5332	2.1318	2.7764	3.7469	4.6040
5	1.4758	2.0150	2.5705	3.3649	4.0321
6	1.4397	1.9431	2.4469	3.1426	3.7074
7	1.4149	1.8945	2.3646	2.9979	3.4994
8	1.3968	1.8595	2.3060	2.8964	3.3553
9	1.3830	1.8331	2.2621	2.8214	3.2498
10	1.3721	1.8124	2.2281	2.7637	3.1692
11	1.3634	1.7958	2.2009	2.7180	3.1058
12	1.3562	1.7822	2.1788	2.6809	3.0545
13	1.3501	1.7709	2.1603	2.6503	3.0122
14	1.3450	1.7613	2.1447	2.6244	2.9768
15	1.3406	1.7530	2.1314	2.6024	2.9467
16	1.3367	1.7458	2.1199	2.5834	2.9207
17	1.3333	1.7396	2.1098	2.5669	2.8982
18	1.3303	1.7340	2.1009	2.5523	2.8784
19	1.3277	1.7291	2.0930	2.5394	2.8609
20	1.3253	1.7247	2.0859	2.5279	2.8453
21	1.3231	1.7207	2.0796	2.5176	2.8313
22	1.3212	1.7171	2.0738	2.5083	2.8187
23	1.3194	1.7138	2.0686	2.4998	2.8073
24	1.3178	1.7108	2.0638	2.4921	2.7969
25	1.3163	1.7081	2.0595	2.4851	2.7874
26	1.3149	1.7056	2.0555	2.4786	2.7787
27	1.3137	1.7032	2.0518	2.4726	2.7706
28	1.3125	1.7011	2.0484	2.4671	2.7632
29	1.3114	1.6991	2.0452	2.4620	2.7563
30	1.3104	1.6972	2.0422	2.4572	2.7499
50	1.2987	1.6759	2.0085	2.4032	2.6777
60	1.2958	1.6706	2.0002	2.3901	2.6602
100	1.2900	1.6602	1.9839	2.3642	2.6258
120	1.2886	1.6576	1.9799	2.3578	2.6174
150	1.2872	1.6550	1.9759	2.3514	2.6090
200	1.2857	1.6525	1.9718	2.3451	2.6006
300	1.2843	1.6499	1.9679	2.3388	2.5923

表5 χ^2- 分配分量表: $P(\chi \le \chi^2_\alpha(\nu))=\alpha$

ν	$\chi^2_{0.005}$	$\chi^2_{0.010}$	$\chi^2_{0.025}$	$\chi^2_{0.050}$	$\chi^2_{0.10}$	$\chi^2_{0.90}$	$\chi^2_{0.95}$	$\chi^2_{0.975}$	$\chi^2_{0.99}$	$\chi^2_{0.995}$
1	0.0000	0.0002	0.0010	0.0039	0.0158	2.7055	3.8415	5.0239	6.6349	7.8794
2	0.0100	0.0201	0.0506	0.1026	0.2107	4.6052	5.9915	7.3778	9.2104	10.5965
3	0.0717	0.1148	0.2158	0.3518	0.5844	6.2514	7.8147	9.3484	11.3449	12.8381
4	0.2070	0.2971	0.4844	0.7107	1.0636	7.7794	9.4877	11.1433	13.2767	14.8602
5	0.4118	0.5543	0.8312	1.1455	1.6103	9.2363	11.0705	12.8325	15.0863	16.7496
6	0.6757	0.8721	1.2373	1.6354	2.2041	10.6446	12.5916	14.4494	16.8119	18.5475
7	0.9893	1.2390	1.6899	2.1673	2.8331	12.0170	14.0671	16.0128	18.4753	20.2777
8	1.3444	1.6465	2.1797	2.7326	3.4895	13.3616	15.5073	17.5345	20.0902	21.9549
9	1.7349	2.0879	2.7004	3.3251	4.1682	14.6837	16.9190	19.0228	21.6660	23.5893
10	2.1558	2.5582	3.2470	3.9403	4.8652	15.9872	18.3070	20.4832	23.2093	25.1881
11	2.6032	3.0535	3.8157	4.5748	5.5778	17.2750	19.6752	21.9200	24.7250	26.7569
12	3.0738	3.5706	4.4038	5.2260	6.3038	18.5493	21.0261	23.3367	26.2170	28.2997
13	3.5650	4.1069	5.0087	5.8919	7.0415	19.8119	22.3620	24.7356	27.6882	29.8193
14	4.0747	4.6604	5.6287	6.5706	7.7895	21.0641	23.6848	26.1189	29.1412	31.3194
15	4.6009	5.2294	6.2621	7.2609	8.5468	22.3071	24.9958	27.4884	30.5780	32.8015
16	5.1422	5.8122	6.9077	7.9616	9.3122	23.5418	26.2962	28.8453	31.9999	34.2671
17	5.6973	6.4077	7.5642	8.6718	10.0852	24.7690	27.5871	30.1910	33.4087	35.7184
18	6.2648	7.0149	8.2307	9.3904	10.8649	25.9894	28.8693	31.5264	34.8052	37.1564
19	6.8439	7.6327	8.9065	10.1170	11.6509	27.2036	30.1435	32.8523	36.1908	38.5821
20	7.4338	8.2604	9.5908	10.8508	12.4426	28.4120	31.4104	34.1696	37.5663	39.9969
21	8.0336	8.8972	10.2829	11.5913	13.2396	29.6151	32.6706	35.4789	38.9322	41.4009
22	8.6427	9.5425	10.9823	12.3380	14.0415	30.8133	33.9245	36.7807	40.2894	42.7957
23	9.2604	10.1957	11.6885	13.0905	14.8480	32.0069	35.1725	38.0756	41.6383	44.1814
24	9.8862	10.8563	12.4011	13.8484	15.6587	33.1962	36.4150	39.3641	42.9798	45.5584
25	10.5196	11.5240	13.1197	14.6114	16.4734	34.3816	37.6525	40.6465	44.3140	46.9280
26	11.1602	12.1982	13.8439	15.3792	17.2919	35.5632	38.8851	41.9231	45.6416	48.2898
27	11.8077	12.8785	14.5734	16.1514	18.1139	36.7412	40.1133	43.1945	46.9628	49.6450
28	12.4613	13.5647	15.3079	16.9279	18.9392	37.9159	41.3372	44.4608	48.2782	50.9936
29	13.1211	14.2564	16.0471	17.7084	19.7677	39.0875	42.5569	45.7223	49.5878	52.3355
30	13.7867	14.9535	16.7908	18.4927	20.5992	40.2560	43.7730	46.9792	50.8922	53.6719
50	27.9908	29.7067	32.3574	34.7642	37.6886	63.1671	67.5048	71.4202	76.1538	79.4898
60	35.5344	37.4848	40.4817	43.1880	46.4589	74.3970	79.0820	83.2977	88.3794	91.9518
100	67.3275	70.0650	74.2219	77.9294	82.3581	118.4980	124.3421	129.5613	135.8069	140.1697

表6　$F-$ 分配分量表：$P(F \le F_{0.9}(n,m)) = 0.9$

n/m	2	4	6	8	10	15	20	30	40	50	60	100	120
1	8.526	4.544	3.775	3.457	3.285	3.073	2.974	2.880	2.835	2.808	2.791	2.756	2.747
2	9.000	4.324	3.463	3.113	2.924	2.695	2.589	2.488	2.440	2.411	2.393	2.356	2.347
3	9.161	4.190	3.288	2.923	2.727	2.489	2.380	2.276	2.226	2.196	2.177	2.139	2.129
4	9.243	4.107	3.180	2.806	2.605	2.361	2.248	2.142	2.090	2.060	2.040	2.001	1.992
5	9.292	4.050	3.107	2.726	2.521	2.273	2.158	2.049	1.996	1.966	1.945	1.905	1.895
6	9.325	4.009	3.054	2.668	2.460	2.208	2.091	1.980	1.926	1.895	1.874	1.833	1.823
7	9.349	3.978	3.014	2.624	2.413	2.158	2.039	1.926	1.872	1.840	1.819	1.777	1.767
8	9.366	3.954	2.983	2.589	2.377	2.118	1.998	1.884	1.828	1.796	1.774	1.732	1.721
9	9.380	3.935	2.957	2.561	2.347	2.086	1.964	1.848	1.792	1.759	1.738	1.694	1.684
10	9.391	3.919	2.936	2.538	2.322	2.059	1.936	1.819	1.762	1.729	1.707	1.663	1.652
11	9.400	3.906	2.919	2.518	2.301	2.036	1.912	1.794	1.736	1.702	1.680	1.636	1.625
12	9.408	3.895	2.904	2.501	2.284	2.017	1.892	1.772	1.714	1.680	1.657	1.612	1.601
13	9.414	3.885	2.891	2.487	2.268	2.000	1.874	1.753	1.695	1.660	1.637	1.591	1.580
14	9.419	3.877	2.880	2.475	2.255	1.985	1.858	1.737	1.677	1.642	1.619	1.573	1.561
15	9.424	3.870	2.871	2.464	2.243	1.972	1.844	1.722	1.662	1.626	1.603	1.556	1.545
16	9.428	3.863	2.862	2.454	2.233	1.960	1.832	1.708	1.648	1.612	1.589	1.541	1.529
17	9.432	3.858	2.854	2.445	2.223	1.950	1.821	1.697	1.636	1.600	1.576	1.528	1.516
18	9.435	3.853	2.848	2.438	2.215	1.940	1.811	1.686	1.624	1.588	1.564	1.515	1.503
19	9.438	3.848	2.841	2.431	2.207	1.932	1.802	1.676	1.614	1.577	1.553	1.504	1.492
20	9.441	3.844	2.836	2.424	2.200	1.924	1.793	1.667	1.605	1.568	1.543	1.494	1.482
21	9.443	3.840	2.831	2.418	2.194	1.917	1.786	1.659	1.596	1.559	1.534	1.484	1.472
22	9.445	3.837	2.826	2.413	2.188	1.910	1.779	1.651	1.588	1.550	1.525	1.475	1.463
23	9.447	3.833	2.822	2.408	2.183	1.904	1.772	1.644	1.581	1.543	1.518	1.467	1.455
24	9.449	3.830	2.818	2.404	2.178	1.899	1.766	1.637	1.574	1.536	1.510	1.459	1.447
25	9.451	3.828	2.814	2.399	2.173	1.893	1.761	1.631	1.567	1.529	1.503	1.452	1.439
26	9.452	3.825	2.811	2.396	2.169	1.889	1.755	1.625	1.561	1.523	1.497	1.445	1.433
27	9.454	3.823	2.808	2.392	2.165	1.884	1.751	1.620	1.556	1.517	1.491	1.439	1.426
28	9.455	3.821	2.805	2.389	2.162	1.880	1.746	1.615	1.550	1.511	1.485	1.433	1.420
29	9.456	3.819	2.802	2.385	2.158	1.876	1.742	1.610	1.545	1.506	1.480	1.428	1.414
30	9.457	3.817	2.799	2.383	2.155	1.872	1.738	1.606	1.541	1.501	1.475	1.422	1.409
40	9.466	3.803	2.781	2.361	2.131	1.845	1.708	1.573	1.505	1.464	1.437	1.381	1.367
50	9.471	3.795	2.769	2.348	2.117	1.828	1.689	1.552	1.482	1.440	1.412	1.354	1.340
60	9.474	3.789	2.761	2.339	2.107	1.816	1.676	1.537	1.467	1.424	1.395	1.335	1.320
100	9.481	3.778	2.746	2.320	2.086	1.792	1.650	1.506	1.433	1.388	1.357	1.293	1.276
120	9.482	3.775	2.742	2.316	2.081	1.786	1.643	1.498	1.424	1.378	1.347	1.281	1.264
200	9.486	3.769	2.734	2.306	2.071	1.774	1.629	1.482	1.406	1.359	1.326	1.257	1.238
300	9.487	3.766	2.730	2.302	2.066	1.767	1.622	1.473	1.396	1.348	1.315	1.243	1.224
400	9.488	3.765	2.728	2.299	2.063	1.764	1.618	1.469	1.391	1.343	1.309	1.236	1.216

表6　F − 分配分量表：$P(F \le F_{0.95}(n,m)) = 0.95$（續）

n/m	2	4	6	8	10	15	20	30	40	50	60	100	120
1	18.512	7.708	5.987	5.317	4.964	4.543	4.351	4.170	4.084	4.034	4.001	3.936	3.920
2	19.000	6.944	5.143	4.458	4.102	3.682	3.492	3.315	3.231	3.182	3.150	3.087	3.071
3	19.164	6.591	4.757	4.066	3.708	3.287	3.098	2.922	2.838	2.790	2.758	2.695	2.680
4	19.246	6.388	4.533	3.837	3.478	3.055	2.866	2.689	2.605	2.557	2.525	2.462	2.447
5	19.296	6.256	4.387	3.687	3.325	2.901	2.710	2.533	2.449	2.400	2.368	2.305	2.289
6	19.329	6.163	4.283	3.580	3.217	2.790	2.598	2.420	2.335	2.286	2.254	2.190	2.175
7	19.353	6.094	4.206	3.500	3.135	2.706	2.514	2.334	2.249	2.199	2.166	2.102	2.086
8	19.370	6.041	4.146	3.438	3.071	2.640	2.447	2.266	2.180	2.129	2.096	2.032	2.016
9	19.384	5.998	4.099	3.388	3.020	2.587	2.392	2.210	2.124	2.073	2.040	1.974	1.958
10	19.395	5.964	4.059	3.347	2.978	2.543	2.347	2.164	2.077	2.026	1.992	1.926	1.910
11	19.404	5.935	4.027	3.312	2.942	2.506	2.309	2.125	2.037	1.986	1.952	1.885	1.869
12	19.412	5.911	3.999	3.283	2.912	2.475	2.277	2.092	2.003	1.951	1.917	1.850	1.833
13	19.418	5.891	3.976	3.259	2.887	2.448	2.249	2.062	1.973	1.921	1.887	1.819	1.802
14	19.424	5.873	3.955	3.237	2.864	2.424	2.224	2.037	1.947	1.894	1.860	1.791	1.775
15	19.429	5.857	3.938	3.218	2.845	2.403	2.203	2.014	1.924	1.871	1.836	1.767	1.750
16	19.433	5.844	3.922	3.201	2.827	2.384	2.183	1.994	1.903	1.850	1.815	1.745	1.728
17	19.437	5.831	3.908	3.186	2.812	2.368	2.166	1.976	1.885	1.831	1.795	1.725	1.708
18	19.440	5.821	3.895	3.173	2.798	2.353	2.151	1.960	1.868	1.814	1.778	1.707	1.690
19	19.443	5.811	3.884	3.161	2.785	2.339	2.137	1.945	1.852	1.798	1.762	1.691	1.673
20	19.445	5.802	3.874	3.150	2.774	2.327	2.124	1.931	1.838	1.784	1.747	1.676	1.658
21	19.448	5.794	3.864	3.140	2.763	2.316	2.112	1.919	1.825	1.770	1.734	1.662	1.644
22	19.450	5.787	3.856	3.131	2.754	2.306	2.101	1.907	1.814	1.758	1.722	1.649	1.631
23	19.452	5.780	3.848	3.122	2.745	2.296	2.091	1.897	1.803	1.747	1.710	1.637	1.619
24	19.454	5.774	3.841	3.115	2.737	2.287	2.082	1.887	1.792	1.737	1.700	1.626	1.608
25	19.455	5.768	3.834	3.108	2.729	2.279	2.073	1.878	1.783	1.727	1.690	1.616	1.597
26	19.457	5.763	3.828	3.101	2.722	2.272	2.065	1.869	1.774	1.718	1.680	1.606	1.588
27	19.458	5.758	3.823	3.095	2.716	2.265	2.058	1.861	1.766	1.709	1.672	1.597	1.578
28	19.460	5.754	3.817	3.089	2.710	2.258	2.051	1.854	1.758	1.701	1.664	1.588	1.570
29	19.461	5.749	3.812	3.084	2.704	2.252	2.045	1.847	1.751	1.694	1.656	1.580	1.562
30	19.462	5.745	3.808	3.079	2.699	2.246	2.039	1.840	1.744	1.687	1.649	1.573	1.554
40	19.470	5.716	3.774	3.042	2.660	2.204	1.993	1.791	1.692	1.633	1.594	1.515	1.495
50	19.475	5.699	3.753	3.020	2.637	2.177	1.965	1.760	1.660	1.599	1.559	1.477	1.456
60	19.479	5.687	3.739	3.005	2.621	2.160	1.946	1.739	1.637	1.575	1.534	1.450	1.429
100	19.485	5.664	3.711	2.974	2.588	2.123	1.906	1.695	1.589	1.524	1.481	1.391	1.368
120	19.487	5.658	3.704	2.966	2.580	2.114	1.896	1.683	1.576	1.511	1.467	1.375	1.351
200	19.490	5.646	3.690	2.951	2.563	2.095	1.875	1.659	1.550	1.483	1.437	1.341	1.316
300	19.492	5.640	3.683	2.943	2.554	2.085	1.864	1.647	1.537	1.468	1.422	1.323	1.296
400	19.493	5.637	3.679	2.939	2.550	2.080	1.859	1.641	1.530	1.461	1.414	1.313	1.286

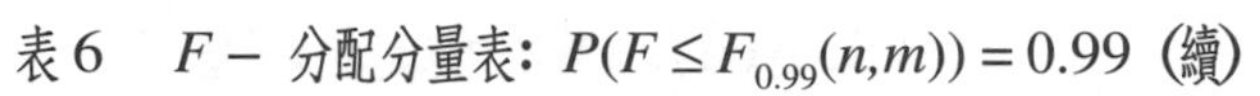

表6 $F-$ 分配分量表：$P(F \le F_{0.99}(n,m)) = 0.99$（續）

n/m	2	4	6	8	10	15	20	30	40	50	60	100	120
1	98.501	21.197	13.745	11.258	10.044	8.683	8.095	7.562	7.314	7.170	7.077	6.895	6.850
2	99.000	17.999	10.924	8.649	7.559	6.358	5.848	5.390	5.178	5.056	4.977	4.823	4.786
3	99.164	16.694	9.779	7.590	6.552	5.416	4.938	4.509	4.312	4.199	4.125	3.983	3.949
4	99.251	15.977	9.148	7.006	5.994	4.893	4.430	4.017	3.828	3.719	3.649	3.512	3.479
5	99.302	15.521	8.745	6.631	5.636	4.555	4.102	3.699	3.513	3.407	3.338	3.205	3.173
6	99.331	15.206	8.466	6.370	5.385	4.318	3.871	3.473	3.291	3.186	3.118	2.987	2.955
7	99.356	14.975	8.260	6.177	5.200	4.141	3.698	3.304	3.123	3.020	2.953	2.823	2.791
8	99.375	14.798	8.101	6.028	5.056	4.004	3.564	3.172	2.992	2.890	2.823	2.694	2.662
9	99.389	14.659	7.976	5.910	4.942	3.894	3.456	3.066	2.887	2.784	2.718	2.589	2.558
10	99.396	14.546	7.874	5.814	4.849	3.804	3.368	2.979	2.800	2.698	2.631	2.503	2.472
11	99.407	14.452	7.789	5.734	4.771	3.729	3.294	2.905	2.727	2.625	2.558	2.430	2.398
12	99.418	14.373	7.718	5.666	4.705	3.666	3.231	2.843	2.664	2.562	2.496	2.367	2.336
13	99.422	14.306	7.657	5.608	4.649	3.611	3.176	2.789	2.610	2.508	2.441	2.313	2.281
14	99.425	14.248	7.604	5.558	4.600	3.563	3.129	2.741	2.563	2.460	2.394	2.265	2.233
15	99.433	14.198	7.559	5.515	4.558	3.522	3.088	2.700	2.521	2.418	2.352	2.223	2.191
16	99.436	14.154	7.518	5.476	4.520	3.485	3.051	2.663	2.484	2.381	2.314	2.185	2.153
17	99.440	14.114	7.482	5.442	4.486	3.452	3.018	2.630	2.451	2.348	2.281	2.151	2.119
18	99.444	14.079	7.450	5.411	4.456	3.422	2.988	2.600	2.421	2.317	2.250	2.120	2.088
19	99.447	14.048	7.421	5.384	4.429	3.396	2.961	2.573	2.393	2.290	2.223	2.092	2.060
20	99.447	14.019	7.395	5.359	4.405	3.371	2.937	2.548	2.368	2.265	2.197	2.066	2.034
21	99.451	13.993	7.372	5.336	4.383	3.349	2.915	2.526	2.346	2.242	2.174	2.043	2.010
22	99.455	13.970	7.350	5.315	4.362	3.329	2.895	2.505	2.325	2.221	2.153	2.021	1.989
23	99.455	13.948	7.330	5.296	4.344	3.311	2.876	2.486	2.305	2.201	2.133	2.001	1.968
24	99.455	13.928	7.312	5.279	4.326	3.294	2.859	2.468	2.288	2.183	2.115	1.982	1.950
25	99.458	13.910	7.295	5.263	4.311	3.278	2.843	2.452	2.271	2.166	2.098	1.965	1.932
26	99.462	13.893	7.280	5.248	4.296	3.263	2.828	2.437	2.255	2.150	2.082	1.948	1.916
27	99.462	13.878	7.266	5.234	4.282	3.249	2.814	2.423	2.241	2.136	2.067	1.933	1.900
28	99.462	13.863	7.252	5.221	4.269	3.237	2.801	2.410	2.227	2.122	2.053	1.919	1.886
29	99.462	13.850	7.240	5.209	4.258	3.225	2.789	2.397	2.215	2.109	2.040	1.905	1.872
30	99.465	13.837	7.228	5.198	4.246	3.214	2.778	2.385	2.203	2.097	2.028	1.893	1.860
40	99.476	13.745	7.143	5.115	4.165	3.131	2.694	2.299	2.114	2.006	1.936	1.797	1.762
50	99.476	13.689	7.091	5.065	4.115	3.081	2.642	2.245	2.058	1.948	1.877	1.735	1.700
60	99.484	13.652	7.056	5.031	4.081	3.047	2.607	2.207	2.019	1.909	1.836	1.691	1.655
100	99.491	13.576	6.986	4.963	4.013	2.977	2.535	2.130	1.938	1.824	1.749	1.597	1.559
120	99.491	13.558	6.969	4.946	3.996	2.959	2.516	2.110	1.917	1.802	1.726	1.572	1.532
200	99.491	13.520	6.933	4.911	3.961	2.923	2.479	2.069	1.873	1.756	1.678	1.518	1.477
300	99.498	13.500	6.915	4.893	3.944	2.905	2.460	2.049	1.851	1.732	1.653	1.489	1.446
400	99.498	13.491	6.906	4.885	3.935	2.896	2.450	2.038	1.839	1.720	1.640	1.474	1.431

表7 Wilcoxon 加符號名次檢定之 T^+ 值

	0.005	0.01	0.025	0.05	0.1	0.2	0.3	0.4	0.5	$n(n+1)/2$
$n=4$	0	0	0	0	1	3	3	4	5	10
5	0	0	0	1	3	4	5	6	7.5	15
6	0	0	1	3	4	6	8	9	10.5	21
7	0	1	3	4	6	9	11	12	14	28
8	1	2	4	6	9	12	14	16	18	36
9	2	4	6	9	11	15	18	20	22.5	45
10	4	6	9	11	15	19	22	25	27.5	55
11	6	8	11	14	18	23	27	30	33	66
12	8	10	14	18	22	28	32	36	39	78
13	10	13	18	22	27	33	38	42	45.5	91
14	13	16	22	26	32	39	44	48	52.5	105
15	16	20	26	31	37	45	51	55	60	120
16	20	24	30	36	43	51	58	63	68	136
17	24	28	35	42	49	58	65	71	76.5	153
18	28	33	41	48	56	66	73	80	85.5	171
19	33	38	47	54	63	74	82	89	95	190
20	38	44	53	61	70	83	91	98	105	210
21	44	50	59	68	78	91	100	108	115.5	231
22	49	56	67	76	87	100	110	119	126.5	253
23	55	63	74	84	995	110	120	130	138	276
24	62	70	82	92	105	120	131	141	150	300
25	69	77	90	101	114	131	143	153	162.5	325
26	76	85	99	111	125	142	155	165	175.5	351
27	84	94	108	120	135	154	167	178	189	378
28	92	102	117	131	146	166	180	192	203	406
29	101	111	127	141	158	178	193	206	217.5	435
30	110	121	138	152	170	191	207	220	232.5	465
31	119	131	148	164	182	205	221	235	248	496
32	129	141	160	176	195	219	236	250	264	528
33	139	152	171	188	208	233	251	266	280.5	561
34	149	163	183	201	222	248	266	282	297.5	595
35	160	175	196	214	236	263	283	299	315	630
36	172	187	209	228	251	279	299	317	333	666
37	184	199	222	242	266	295	316	335	351.5	703
38	196	212	236	257	282	312	334	353	370.5	741
39	208	225	250	272	298	329	352	372	390	780
40	221	239	265	287	314	347	371	391	410	820
41	235	253	280	303	331	365	390	411	430.5	861
42	248	267	295	320	349	384	409	431	451.5	903
43	263	282	311	337	366	403	429	452	473	946
44	277	297	328	354	385	422	450	473	495	990
45	292	313	344	372	403	442	471	495	517.5	1035
46	308	329	362	390	423	463	492	517	540.5	1081
47	324	346	379	408	442	484	514	540	564	1128
48	340	363	397	428	463	505	536	563	588	1176
49	357	381	416	447	483	527	559	587	612.5	1225
50	374	398	435	467	504	550	583	611	637.5	1275

表 8 Mann-Whitney-Wilcoxon 檢定之 T_L 值

$\alpha = 0.05$		n_2								
		2	3	4	5	6	7	8	9	10
n_1	2	3	3	3	3	3	3	4	4	4
	3	6	6	6	7	8	8	9	9	10
	4	10	10	11	12	13	14	15	15	16
	5	15	16	17	18	19	21	22	23	24
	6	21	23	24	25	27	28	30	32	33
	7	28	30	32	34	35	37	39	41	43
	8	37	39	41	43	45	47	50	52	54
	9	46	48	50	53	56	58	61	63	66
	10	56	59	61	64	67	70	73	76	79

$\alpha = 0.10$		n_2								
		2	3	4	5	6	7	8	9	10
n_1	2	3	3	3	4	4	4	5	5	5
	3	6	7	7	8	9	9	10	11	11
	4	10	11	12	13	14	15	16	17	18
	5	16	17	18	20	21	22	24	25	27
	6	22	24	25	27	29	30	32	34	36
	7	29	31	33	35	37	40	42	44	46
	8	38	40	42	45	47	50	52	55	57
	9	47	50	52	55	58	61	64	67	70
	10	57	60	63	67	70	73	76	80	83

表9　隨機亂數表

1	31588	90481	20012	02353	33944	39892	90789	43737	01034	53902	09127	68701
2	57821	81077	99955	64107	67518	32233	38629	07452	28767	96793	85842	82773
3	57418	30776	62778	06905	99559	42848	69410	05645	69510	58026	43432	75865
4	58901	78101	56116	52511	89245	97959	21880	84102	68445	38397	71892	30985
5	19130	95689	41288	60042	28244	90141	00736	08031	45932	27908	92527	55137
6	85276	71795	35905	48890	76764	96444	06574	79907	42799	53415	37168	16784
7	28569	22830	80301	75095	94450	29532	18984	14338	36750	57400	26294	88301
8	70331	45184	72619	71930	36274	70195	81144	88368	22360	89505	95886	23967
9	09928	78183	80193	37305	88369	65264	99059	85884	21101	77831	03382	86887
10	58154	69397	99894	59251	49652	02084	88877	64324	94929	16619	71003	01023
11	79624	70163	15703	26435	11390	46690	61671	42166	46691	60481	32384	93174
12	48490	52496	31328	23528	54415	41278	76180	70896	86008	86312	12619	74326
13	09519	09012	28391	36077	99351	40042	21380	74331	90778	78197	32599	78062
14	27149	25874	24129	52684	22915	93585	92398	62892	71400	11815	39570	61816
15	53085	52340	20514	63676	27819	47621	45373	39150	56524	68248	68151	73413
16	02216	77451	18130	40332	80624	47612	57808	16494	77567	71668	20395	38040
17	29221	15617	11626	50093	91916	37157	30811	85543	70514	59770	12411	08010
18	45372	47739	80005	63540	46712	56837	97301	32716	38222	21004	65950	49108
19	13969	44351	28207	20838	54008	85604	38908	83224	98510	02002	26372	85396
20	37329	42482	46151	96901	52504	50497	70435	43027	71907	24738	05846	67183
21	94365	76643	89406	73133	27825	98420	65142	84260	38265	23956	79566	17675
22	33079	28814	52305	21458	82642	59127	89782	43808	37637	12963	97033	48090
23	21207	33070	08902	20824	35890	81716	71812	87173	73509	25359	79799	17196
24	65051	54460	21317	93030	85080	07667	47586	61553	75613	14188	00463	83613
25	23894	57188	99499	53113	11044	50281	87260	39401	88332	51226	04402	08415
26	22959	26722	79749	12512	07634	90188	69815	22608	14817	51832	74554	54418
27	90007	27155	40614	01540	35540	01963	88389	87652	08995	27674	66260	21450
28	79856	51102	74631	97239	84667	87842	17212	60789	43597	04370	88295	48208
29	64822	35790	47914	55919	37316	73325	29601	49339	59363	27748	41093	54457
30	95675	88593	86807	85624	34305	47664	75587	77477	26144	72858	76895	54468

索 引

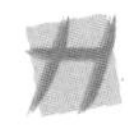

三民大專用書書目——經濟・財政

書名	作者		單位
經濟學新辭典	高叔康	編	
經濟學通典	林華德	著	國際票券公司
經濟思想史	史考特	著	
西洋經濟思想史	林鐘雄	著	臺灣大學
歐洲經濟發展史	林鐘雄	著	臺灣大學
近代經濟學說	安格爾	著	
比較經濟制度	孫殿柏	著	前政治大學
通俗經濟講話	邢慕寰	著	香港大學
經濟學原理	歐陽勛	著	前政治大學
經濟學（修訂版）	歐陽勛 黃仁德	著	前政治大學 政治大學
經濟學（上）、（下）	陸民仁	編著	前政治大學
經濟學（上）、（下）	陸民仁	著	前政治大學
經濟學（上）、（下）	黃柏農	著	中正大學
經濟學導論（增訂版）	徐育珠	著	南康乃狄克州立大學
經濟學概要	趙鳳培	著	前政治大學
經濟學概論	陸民仁	著	前政治大學
國際經濟學	白俊男	著	東吳大學
國際經濟學	黃智輝	著	前東吳大學
個體經濟學	劉盛男	著	臺北商專
個體經濟分析	趙鳳培	著	前政治大學
總體經濟分析	趙鳳培	著	前政治大學
總體經濟學	鍾甦生	著	西雅圖銀行
總體經濟學	張慶輝	著	政治大學
總體經濟理論	孫震	著	工研院
數理經濟分析	林大侯	著	臺灣綜合研究院
計量經濟學導論	林華德	著	國際票券公司
計量經濟學	陳正澄	著	臺灣大學
經濟政策	湯俊湘	著	前中興大學
平均地權	王全祿	著	考試委員
運銷合作	湯俊湘	著	前中興大學
合作經濟概論	尹樹生	著	中興大學
農業經濟學	尹樹生	著	中興大學

書名	作者	單位
工程經濟	陳寬仁 著	中正理工學院
銀行法	金桐林 著	
銀行法釋義	楊承厚編著	銘傳大學
銀行學概要	林葭蕃 著	
銀行實務	邱潤容 著	台中技術學院
商業銀行之經營及實務	文大熙 著	
商業銀行實務	解宏賓編著	臺北大學
貨幣銀行學	何偉成 著	中正理工學院
貨幣銀行學	白俊男 著	東吳大學
貨幣銀行學	楊樹森 著	文化大學
貨幣銀行學	李穎吾 著	前臺灣大學
貨幣銀行學	趙鳳培 著	前政治大學
貨幣銀行學	謝德宗 著	臺灣大學
貨幣銀行學（修訂版）	楊雅惠編著	中華經濟研究院
貨幣銀行學 ——理論與實際	謝德宗 著	臺灣大學
現代貨幣銀行學（上）（下）（合）	柳復起 著	澳洲新南威爾斯大學
貨幣學概要	楊承厚 著	銘傳大學
貨幣銀行學概要	劉盛男 著	臺北商專
金融市場概要	何顯重 著	
金融市場	謝劍平 著	政治大學
現代國際金融	柳復起 著	澳洲新南威爾斯大學
國際金融 ——匯率理論與實務	黃仁德 蔡文雄 著	政治大學
國際金融理論與實際	康信鴻 著	成功大學
國際金融理論與制度（革新版）	歐陽勛 黃仁德 編著	前政治大學 政治大學
金融交換實務	李麗 著	中央銀行
衍生性金融商品	李麗 著	中央銀行
衍生性金融商品 ——以日本市場為例	三宅輝幸 著 林炳奇 譯 李麗審閱	
財政學	徐育珠 著	南康乃狄克州立大學
財政學	李厚高 著	國策顧問
財政學	顧書桂 著	

書名	作者		單位
財政學	林華德	著	國際票券公司
財政學	吳家聲	著	前財政部
財政學原理	魏　萼	著	中山大學
財政學概要	張則堯	著	前政治大學
財政學表解	顧書桂	著	臺北大學
財務行政（含財務會審法規）	莊義雄	著	成功大學
商用英文	張錦源	著	前政治大學
商用英文	程振粵	著	前臺灣大學
商用英文	黃正興	著	實踐大學
實用商業美語 I ── 實況模擬	杉田敏 張錦源	著 校譯	前政治大學
實用商業美語 I ── 實況模擬（錄音帶）	杉田敏 張錦源	著 校譯	前政治大學
實用商業美語 II ── 實況模擬	杉田敏 張錦源	著 校譯	前政治大學
實用商業美語 II ── 實況模擬（錄音帶）	杉田敏 張錦源	著 校譯	前政治大學
實用商業美語 III ── 實況模擬	杉田敏 張錦源	著 校譯	前政治大學
實用商業美語 III ── 實況模擬（錄音帶）	杉田敏 張錦源	著 校譯	前政治大學
國際商務契約 ── 實用中英對照範例集	陳春山	著	臺北大學
貿易契約理論與實務	張錦源	著	前政治大學
貿易英文實務	張錦源	著	前政治大學
貿易英文實務習題	張錦源	著	前政治大學
貿易英文實務題解	張錦源	著	前政治大學
信用狀理論與實務	蕭啟賢	著	輔仁大學
信用狀理論與實務 ── 國際商業信用證實務	張錦源	著	前政治大學
國際貿易	李穎吾	著	前臺灣大學
國際貿易	陳正順	著	臺灣大學
國際貿易概要	何顯重	著	
國際貿易實務詳論（精）	張錦源	著	前政治大學
國際貿易實務（增訂版）	羅慶龍	著	逢甲大學
國際貿易實務	張錦源 劉　玲	編著	前政治大學 松山家商
國際貿易實務新論（修訂版）	張錦源 康蕙芬	著	前政治大學 崇右企專

書名	作者		單位
國際貿易實務新論題解	張錦源 康蕙芬	著	前政治大學 崇右企專
國際貿易理論與政策（修訂版）	歐陽勛 黃仁德	編著	前政治大學 政治大學
國際貿易原理與政策	黃仁德	著	政治大學
國際貿易原理與政策	康信鴻	著	成功大學
國際貿易政策概論	余德培	著	東吳大學
國際貿易論	李厚高	著	國策顧問
國際商品買賣契約法	鄧越今	編著	外貿協會
國際貿易法概要（修訂版）	于政長	編著	東吳大學
國際貿易法	張錦源	著	前政治大學
現代國際政治經濟學——富強新論	戴鴻超	著	底特律大學
外匯、貿易辭典	于政長 張錦源	編著 校訂	東吳大學 前政治大學
貿易實務辭典	張錦源	編著	前政治大學
貿易貨物保險	周詠棠	著	前中央信託局
貿易慣例——FCA、FOB、CIF、CIP等條件解說（修訂版）	張錦源	著	前政治大學
國際匯兌	林邦充	著	前長榮管理學院
國際匯兌	于政長	著	東吳大學
貿易法規	張錦源 白允宜	編著	前政治大學 中華徵信所
保險學	陳彩稚	著	政治大學
保險學	湯俊湘	著	前中興大學
保險學概要	袁宗蔚	著	前政治大學
人壽保險學	宋明哲	著	銘傳大學
人壽保險的理論與實務（增訂版）	陳雲中	編著	臺灣大學
火災保險及海上保險	吳榮清	著	文化大學
保險實務（增訂版）	胡宜仁	主編	淡江大學
關稅實務	張俊雄	著	淡江大學
保險數學	許秀麗	著	成功大學
意外保險	蘇文斌	著	成功大學
商業心理學	陳家聲	著	臺灣大學
商業概論	張鴻章	著	臺灣大學
營業預算概念與實務	汪承運	著	會計師
財產保險概要	吳榮清	著	文化大學

稅務法規概要	劉代洋 著 林長友 著	臺灣科技大學 臺北商專
證券交易法論	吳光明 著	臺北大學
證券投資分析 ——會計資訊之應用	張仲岳 著	臺北大學

三民大專用書書目——會計・審計・統計

書名	著者		學校
會計制度設計之方法	趙仁達	著	
銀行會計	文大熙	著	
銀行會計（上）（下）（革新版）	金桐林	著	
銀行會計實務	趙仁達	著	
初級會計學（上）（下）	洪國賜	著	前淡水工商學院
中級會計學（上）（下）（增訂版）	洪國賜	著	前淡水工商學院
中級會計學題解（增訂版）	洪國賜	著	前淡水工商學院
中等會計（上）（下）	薛光圻 張鴻春	著	美國西東大學 臺灣大學
會計學（上）（下）（修訂版）	幸世間	著	前臺灣大學
會計學題解	幸世間	著	前臺灣大學
會計學概要	李兆萱	著	前臺灣大學
會計學概要習題	李兆萱	著	前臺灣大學
成本會計	張昌齡	著	成功大學
成本會計（上）（下）	費鴻泰 王怡心	著	臺北大學
成本會計習題與解答（上）（下）	費鴻泰 王怡心	著	臺北大學
成本會計（上）（下）（增訂版）	洪國賜	著	前淡水工商學院
成本會計題解（上）（下）（增訂版）	洪國賜	著	前淡水工商學院
成本會計	盛禮約	著	真理大學
成本會計習題	盛禮約	著	真理大學
成本會計概要	童綷	著	
管理會計	王怡心	著	中興大學
管理會計習題與解答	王怡心	著	中興大學
政府會計	李增榮	著	政治大學
政府會計－與非營利會計（增訂版）	張鴻春	著	臺灣大學
政府會計題解－與非營利會計（增訂版）	張鴻春 劉淑貞	著	臺灣大學
財務報表分析	洪國賜 盧聯生	著	前淡水工商學院 輔仁大學
財務報表分析題解	洪國賜	著	前淡水工商學院
財務報表分析（增訂版）	李祖培	著	臺北大學

書名	作者		單位
財務報表分析題解	李祖培	著	臺北大學
稅務會計（最新版）（含兩稅合一）	卓敏枝 盧聯生 莊傳成	著	臺灣大學 輔仁大學 文化大學
珠算學（上）（下）	邱英祧	著	
珠算學（上）（下）	楊渠弘	著	臺中技術學院
商業簿記（上）（下）	盛禮約	著	真理大學
審計學	殷文俊 金世朋	著	政治大學
統計學	成灝然	著	臺中技術學院
統計學	柴松林	著	交通大學
統計學	劉南溟	著	前臺灣大學
統計學	張浩鈞	著	臺灣大學
統計學	楊維哲	著	臺灣大學
統計學	顏月珠	著	臺灣大學
統計學題解	顏月珠	著	臺灣大學
統計學	張健邦 蔡淑女	著	前政治大學
統計學題解	蔡淑女 著 張健邦 校訂		前政治大學
統計學（上）（下）	張素梅	著	臺灣大學
現代統計學	顏月珠	著	臺灣大學
現代統計學題解	顏月珠	著	臺灣大學
商用統計學	顏月珠	著	臺灣大學
商用統計學題解	顏月珠	著	臺灣大學
商用統計學	劉一忠	著	舊金山州立大學
推理統計學	張碧波	著	銘傳大學
應用數理統計學	顏月珠	著	臺灣大學
統計製圖學	宋汝濬	著	臺中技術學院
統計概念與方法	戴久永	著	交通大學
統計概念與方法題解	戴久永	著	交通大學
迴歸分析	吳宗正	著	成功大學
變異數分析	呂金河	著	成功大學
多變量分析	張健邦	著	前政治大學
抽樣方法	儲全滋	著	成功大學
抽樣方法 ——理論與實務	鄭光甫 韋端	著	中央大學 前行政院主計處
商情預測	鄭碧娥	著	成功大學